SOUVENIRS HISTORIQUES

DES PRINCIPAUX

MONUMENTS

DE PARIS

PAR

M. LE VICOMTE WALSH.

PARIS.

J. VERMOT, LIBRAIRE-ÉDITEUR,

Successeur de M. Hivert,

QUAI DES AUGUSTINS, N° 33.

SOUVENIRS HISTORIQUES

DES PRINCIPAUX

MONUMENTS

DE PARIS.

PARIS. — IMPRIMERIE DE POMMERET ET MOREAU,
17, quai des Augustins.

CLOTAIRE ET S.T GERMAIN   Page 18

Il vint vers lui se jeta à ses pieds et baisa le bas de sa robe

SOUVENIRS HISTORIQUES

DES PRINCIPAUX

MONUMENTS

DE PARIS

PAR

M. LE VICOMTE WALSH.

PARIS.

J. VERMOT, LIBRAIRE-ÉDITEUR,

Successeur de M. Hivert,

QUAI DES AUGUSTINS, N° 33.

SOUVENIRS HISTORIQUES.

Dans les fastes de la France, après les années de la terreur, il y aura une autre année qui fera tache sur notre histoire, celle de 1830! Malheureuse époque de défaillance et d'ingratitude, de faiblesse et d'astuce qui a fait alors honteusement déroger le vieux caractère franc.

Est-ce donc à dire qu'à cette épreuve, la fidélité a fait défaut dans toutes les âmes françaises? Oh! non, dans ces jours d'inconstance, où tant de gens se parjuraient, on apercevait, séparé des masses mobiles et changeantes, comme un autre peuple de Dieu, comme un autre Israël, en face de nouveaux Philistins et Moabites ennemis du vrai Dieu; ce peuple d'élite n'avait pu voir sans désolation le bannissement de trois générations de rois.... Parmi ces rois, il y avait un enfant, qui, à sa naissance avait été salué du nom d'*enfant de l'Europe!* Ce roi de dix ans venait d'être exilé de Paris, sa ville natale, avant d'avoir pu la connaître ; la tempête révolutionnaire, en l'enlevant des palais de ses pères, l'avait emporté *du tant beau pays de France* jusque sous le ciel brumeux et glacé de l'Écosse, du château des Tuileries au château d'Holy-Rood !

Cet exil si rude et si peu mérité excita dans toutes les âmes royalistes une profonde pitié et un vif intérêt. « Pauvre enfant ! disions-nous alors, le voilà déshérité non seulement des royales demeures de ses pères, mais encore de ce bonheur dont l'enfant de l'ouvrier et de l'artisan n'est pas privé, celui de jouer et de grandir aux lieux où il est né ! » Moins heureux que l'enfant du peuple, le fils de France est condamné à ne pas connaître ce Paris, que Philippe-Auguste, saint Louis et Louis XIV ont embelli ! Eh bien ! ajoutions-nous, il faut que malgré l'éloignement, que malgré l'exil, le petit fils de Henri IV apprenne sur la terre étrangère ce qu'est sa ville natale. Il faut que, sous le triste toit des Stuarts, il reçoive de nous des dessins et des vues de la patrie absente, et que le crayon que tiennent des mains habiles et fidèles lui retracent les *monuments du vieux Paris*.

Avec cette pensée et dans ce but, des dessinateurs, des peintres et des écrivains royalistes se réunirent et publièrent, en 1833, un album dédié à monseigneur le duc de Bordeaux. Je n'ai pas en ce moment tous les noms de ces fidèles Français sous les yeux; mais je me souviens que madame la princesse de Craon, que madame de Meulan, que le comte de Turpin de Crissé, que MM. Raoul Rochette, Huyot, Beauchesne, de Courchamps, Édouard Ménechet, le comte de Clarac et Amédée de Pastoret, aujourd'hui sénateur de l'empire, signèrent les premières livraisons de ce *recueil légitimiste*.

C'est à ce dernier titre que je dus l'honneur d'être invité à joindre mon nom à ceux *des courtisans du malheur et des flatteurs de l'infortune.*

Plus de vingt ans se sont passés depuis la publication de l'Album royaliste, et le livre que je publie aujourd'hui, je le compose en partie avec les notes et les documents que j'avais amassés alors, dans la pensée et le désir de distraire sur la terre du bannissement une haute et sainte infortune; l'infortune n'a pas cessé, et mon dévouement est resté le même.

En mettant sous les yeux du prince enfant les vieux témoins de notre histoire, les reliques des siècles passés, nous aidions les hommes si chrétiens et si loyaux, si distingués et si capables que la tendresse du roi Charles X avait donnés comme gouverneurs à son petit-fils.

« Tout se liait dans l'existence des anciens peuples, tout y était d'accord dans leurs institutions et leurs monuments, dans leurs croyances et dans leurs arts. Il en a été longtemps de même de la France, tant qu'elle eut sur son sol antique son développement régulier dans les traditions héréditaires de sa monarchie nationale; alors aussi son architecture avait un langage qui lui était propre, comme sa religion, comme sa littérature (1).

« Son histoire s'exprimait aussi bien dans ses monuments que dans ses annales; et les formes diverses de la civilisation se trouvaient imprimées sur la pierre de ses édifices comme dans toutes les œuvres de son génie. »

(1) Raoul Rochette.

La révolution de 1793 avec son marteau et son pic de fer a mis fin à cette longue et brillante histoire de notre chère et noble France ; elle a créé des ruines comme les seuls monuments qui fussent dignes d'elle.

Dans l'ouvrage que je publie aujourd'hui sous le titre de MONUMENTS ET SOUVENIRS, je chercherai à faire parler les pierres : elles ont aussi leur éloquence et leurs enseignements. « Des novateurs (1) altèrent et vicient les langues, des sophistes faussent les institutions, des sectaires corrompent les croyances. La poésie, la littérature, l'histoire deviennent factieuses, infidèles ou flatteuses comme la politique du jour ; et un peuple peut être tourmenté de tant de manières par ceux qui sont chargés de le conduire, qu'on ne puisse le reconnaître dans ses écrits ni dans ses lois, dans son gouvernement ni dans son langage. Mais, où il se retrouve encore tout entier, c'est dans ses édifices ; son architecture est la seule chose qui ne lui manque jamais, qui ne le trahisse en rien. Tout dans la vie de ce peuple est devenu imposteur et faux, ses institutions et ses livres, ses arts et ses élections ; son architecture seule ne trompe pas, seule elle le représente fidèlement au milieu de tant de déceptions qui le déguisent à ses propres yeux. L'art des rhéteurs qui subjugue les esprits et les volontés échouent contre les pierres. »

Nous allons donc les interroger en visitant avec respect et scrupule les plus vieux monuments de Paris et de ses environs. A chacun d'eux, nous demanderons son passé, ses souvenirs ; les vieilles églises, les antiques basiliques nous parleront de Dieu et des saints ; et les palais, les

---

(1) M. Huyot, *Introduction au vieux Paris.*

féodales demeures nous rediront les hauts faits des rois et des princes; et de tous ces enseignements que l'art et la matière donneront à notre esprit, il résultera pour nous cette conviction, c'est que les puissants du monde n'ont pu encore trouver ici-bas d'*assurance* contre les caprices de la fortune, et que, dans tous les siècles, on en a vu déserter leurs somptueuses résidences pour venir se réfugier dans les maisons de Dieu!

LE PALAIS DES THERMES

ET

L'ABBAYE DE SAINT-GERMAIN-DES-PRÉS.

Lorsque les soldats de Jules César étaient venus camper parmi les cabanes des pêcheurs de Lutèce, leurs chefs n'y avaient point trouvé de palais, et pour avoir des demeures semblables à celles de Rome, ils avaient été obligés de s'en construire. Ce fut alors que ce palais s'éleva sur une des collines qui avoisinent la Seine.

Ce palais a eu dans son temps assez d'importance pour que Grégoire de Tours et Fortunat en aient fait mention dans leurs vieux écrits, commentés par Sauval et Sainte-Foix ; ce dernier rapporte, que Childebert allait de ses jardins jusqu'aux environs de l'église Saint-Vincent, autrefois un temple d'Isis et depuis Saint-Germain-des-Prés.

Ce qui subsiste aujourd'hui de la demeure de Constance

Chlore et de Julien l'Apostat, montre ce qu'était cette puissance qui construisait pour l'éternité, après avoir soumis le monde, et dont les institutions, cimentées comme ses édifices, savaient imprimer à tant de localités diverses tant d'éléments de force, toujours en y imprimant le génie de Rome. Cet imposant débris du palais de César et de ses lieutenants forme pour ainsi dire le premier chapitre de notre histoire. Pendant trop longtemps cette ruine, dont l'origine remonte si haut, a été comme perdue parmi les maisons vulgaires, et les rues étroites des hauteurs du quartier Saint-Jacques. Le *quartier latin*, plus lettré que tous les autres, avait bien connaissance des noms de Constance Chlore et de l'empereur Julien, mais avait eu assez peu de respect envers l'ancienne demeure impériale pour l'étreindre et la masquer par de laides et bourgeoises constructions. Il n'y a pas trente ans qu'arrivé de ma province, je demandais à des boutiquiers de la rue Saint-Jacques, où se voyait *l'ancien palais des Thermes*, et que ces braves gens me répondaient qu'en fait de palais, ils ne connaissaient à Paris que le *palais de Justice*, le *palais du Luxembourg*, le *Palais-Bourbon* et le *Palais-Royal!* Aujourd'hui le peuple parisien, qui a perdu beaucoup de choses, a gagné de l'instruction, il ne s'est pas fait beaucoup plus moral, mais lui aussi s'est *fait artiste* et parfois antiquaire. Il commence à respecter les vieilles pierres historiques. Il s'est épris d'amour pour la gothique architecture de nos vieilles églises, et nous pouvons espérer qu'il en viendra à reconnaître et à aimer le Dieu qui y réside.

Aujourd'hui le *palais des Thermes* n'est plus masqué et montre ses épaisses et indestructibles murailles, composées de petites pierres carrées, tout à côté du *Musée du moyen-âge.* C'est le fondateur de ce musée, l'aimable et bon M. du Sommerard, qui le premier m'a conduit *aux Thermes du Julien;* sa parole y ressuscitait et animait tout ; sous ces voûtes, sur ces degrés qui descendent aux bains il me faisait réapparaître la vie romaine, comme quelques instants auparavant il avait fait revivre les mœurs et les usages des plus brillants jours de la gaie science et de la chevalerie.

Là donc, sur le sommet de la petite colline appelée *Lucotitia*, et qui porte aujourd'hui le nom d'un des douze apôtres (saint Jacques), là, où tant de rues étroites, noires et de pauvre apparence se croisent, se mêlent et se confondent en un inextricable labyrinthe, d'où s'élèvent trop souvent l'agitation et le bruit, au-dessus du quartier des écoles, s'étendait, il y a plus de seize cents ans, un vaste enclos planté d'arbres de toutes espèces et provenant des divers pays conquis par les Romains : c'était le jardin de César. Du palais des Thermes, cette enceinte verdoyante s'étendait jusqu'à un temple d'Isis, divinité égyptienne nouvellement adoptée par le peuple conquérant et corrompu *qui se faisait des dieux de tout, excepté Dieu même !*

De ces hauteurs, le vainqueur despote et ombrageux surveillait la population lutécienne ; avec son sang gaulois, elle ne devait pas être très-docile au joug. Peut-être aussi sa légèreté, son amour de changement, sa passion de spectacles la rendaient-ils aisée à maintenir dans l'obéissance ; et peut-être qu'à cette époque les habitants de Lutèce s'amusant à dire des bons mots et à colporter des vers satiriques contre ceux qui s'étaient faits leurs maîtres, prenaient-ils patience, et se façonnaient-ils à l'oppression. Quelquefois on a vu des nations descendre jusque-là !

Voici un tableau de l'antique village de Lutèce, au temps de Constance Chlore, tracé par un grand maître (1).

« Je vous ai dit, seigneurs, que Zacharie m'avait laissé sur la frontière des Gaules. Constance se trouvait alors à Lutèce. Après plusieurs jours de fatigue, j'arrivai chez les Belges (2) de la Sequana. Le premier objet qui me frappa dans les marais des Parisii, ce fut une tour octogone consacrée à huit dieux gaulois. Du côté du midi, à deux mille pas de Lutèce et par de là le fleuve qui l'embrasse, on découvrait le temple d'Hésus; plus près, dans une prairie au bord du fleuve, s'élevait un second temple dédié à Isis; et vers le nord, sur une colline, on voyait les ruines d'un troisième temple, jadis bâti en honneur de Teutatès. Cette colline était le mont de Mars (3), où Denis avait reçu la palme du martyre.

« En approchant de la Sequana, j'aperçus à travers un rideau de saules et de noyers ses eaux claires, transparentes et d'un goût excellent, et qui rarement croissent ou diminuent; des jardins, plantés de quelques figuiers, qu'on avait entourés de paille pour les préserver de la gelée, étaient le seul ornement de ses rives. J'eus quelque peine à découvrir le village que je cherchais et qui porte le nom de Lutèce, c'est-à-dire la belle pierre ou la belle colonne. Un berger me la montra enfin au milieu de la Sequana, dans une île (4) qui s'allonge en forme de vaisseau. Deux ponts de bois, défendus par deux châteaux, où l'on paie le tribut à César, joignent ce misérable hameau aux deux rives opposées du fleuve.

(1) Chateaubriand, dans *les Martyrs*.
(2) Les habitants de l'Ile-de-France.
(3) Montmartre.
(4) L'Ile Saint-Louis.

« J'entrai dans la capitale des Parisii par le pont du septentrion, et je ne vis dans l'intérieur du village que des huttes de bois et des terres recouvertes de paille et échauffées par des fourneaux. Je n'y remarquai qu'un seul monument, un autel élevé à Jupiter par la compagnie des nautes. Mais hors de l'île, de l'autre côté méridional de la Sequana, on voyait sur la colline Leucotitius un aqueduc romain, un cirque, un amphithéâtre et le palais des Thermes, habité par Constance. . . . . »

Eudore ajoute : « Je trouvai réunis dans le palais de ce prince les chrétiens les plus illustres de la Gaule et de l'Italie. Là brillaient Donatien et Rogatien, aimables frères; Gervais et Protais, l'Oreste et le Pylade des adorateurs du Christ; Procula de Marseille, Just de Lugdunum, enfin le fils du préfet des Gaules, Ambroise, modèle de science, de fermeté et de candeur. Ainsi que Xénophon, on racontait qu'il avait été nourri par des abeilles. L'église attendait de lui un orateur et un grand homme.

« J'avais un désir extrême d'apprendre de la bouche de Constance les changements survenus à la cour de Dioclétien depuis ma captivité. Il me fit bientôt appeler dans les jardins du palais, qui descendent en amphithéâtre sur la colline Lucotitius, où s'élève le temple d'Isis. »

Sur l'emplacement même où la déesse égyptienne avait eu son culte, se dressèrent enfin les autels du vrai Dieu; lorsqu'en 556 Childebert jeta les fondements de l'église que nous voyons aujourd'hui sous le nom de *Saint-Germain-des-Prés*. Des vestiges du temple païen existaient encore à l'endroit que les Romains avait appelé *Lucotitia*.

La fondation de cette abbaye renommée remonte donc à

une époque très-reculée de notre histoire; brûlée plusieurs fois par les Normands, rebâtie et restaurée à diverses époques depuis Childebert. Elle présentait dans son ensemble une suite d'édifices et de styles différents. C'est pourquoi l'histoire complète de cette église et des vastes bâtiments qui en dépendaient offriraient l'histoire presque complète de l'architecture de Paris pendant environ douze siècles, si la frénésie révolutionnaire de 1793 n'avait pas porté le fer, le feu, la ruine et la désolation dans la maison consacrée à Dieu et aux études sacrées.

Ce fut sous la protection de la Sainte-Croix et sous l'invocation de saint Vincent que fut faite la dédicace de l'église qui porte aujourd'hui le nom de Saint-Germain-des-Prés, et qui, par les travaux de restauration qui viennent d'être faits, est redevenue un de nos plus beaux monuments religieux. « Ce fut à la sollicitation de saint Germain, qui était alors évêque de Paris (1), que le roi, après la guerre qu'il fit en Espagne contre les Visigoths, exécuta le projet qu'il avait conçu de bâtir une église pour y déposer les reliques apportées de Sarragosse et de Tolède, et fit en même temps ériger un monastère dont la direction fut confiée à saint Germain.

« Cette première église avait la forme d'une croix, et l'on prétend que la croix, ornée de pierres précieuses et apportée de Tolède, avait servi de modèle pour en tracer le plan. »

« Le plafond, orné de lambris dorés, était soutenu par de grandes colonnes de marbre. Les murailles étaient embellies de peintures sur fond d'or. Le pavé était en mosaïque, et le

---

(1) M. Huyot.

toit, couvert de cuivre doré, fit donner par la suite à cette église le nom de *Saint-Germain-le-doré.* »

La construction de cette basilique ne dura que deux ans. Lorsque la foi est vive les travaux s'en ressentent, et, parfois, l'on serait tenté de croire que les anges viennent aider les hommes dans le saint ouvrage qu'ils ont entrepris.

Childebert, dont le palais se trouvait aussi sur le mont *Lucotitia,* visitait souvent les travaux ; *il se faisait grande fête* d'aller prier le Dieu des rois dans le temple qu'il lui élevait ; mais il mourut le jour même de la dédicace, et il y fut enterré : volonté de roi comme volonté de pâtre s'efface devant celle du Seigneur.

Clotaire continua la pensée de son prédécesseur et dota l'abbaye d'importants priviléges ; mais le saint mourut en 576.

Chilpéric avait toujours eu, comme ses devanciers couronnés, une grande vénération pour le pieux prélat évêque de Paris ; il composa même une épitaphe à sa louange ; il fit bâtir une chapelle où les fidèles venaient en foule honorer son tombeau. Le monarque était d'accord avec son peuple en ajoutant de nouvelles constructions et de nouveaux embellissements à l'église et à l'abbaye déjà célèbre.

On pense que le portail que l'on voit encore aujourd'hui, et sur lequel semble poser la grosse tour, est de ce temps-là. Ce seraient donc les restes d'une autre église érigée par Chilpéric sur l'emplacement de la première, ou tout au moins une addition qu'il y aurait faite.

« Il y avait sous ce portail huit figures de grandeur naturelle, que l'on croit avoir représenté saint Germain, revêtu de ses habits pontificaux, Clovis, tenant le sceptre surmonté d'un aigle, sainte Clotide et Clodomir ; les quatre autres figures, à droite, étaient Chilpéric, Childebert, Ultrogothe et Clotaire. Ces statues ont été enlevées et remplacées par des colonnes en pierre ; il ne reste plus que les chapiteaux ornés, et les bas-reliefs au-dessus de la porte, représentant notre Seigneur Jésus-Christ faisant la cène avec ses apôtres (1). Ce bas-relief peut donner une idée de l'éclat de la sculpture dans le sixième siècle. »

La tour s'élevant au-dessus du portail doit être de la même époque, si toutefois elle ne date pas de plus loin.

La basilique de Saint-Vincent prit successivement les différents noms des saints dont les reliques y furent religieusement et pompeusement déposées ; mais, par la suite, elle fut particulièrement nommée basilique de Saint-Germain-Confesseur, lorsque, par les ordres du roi Pépin, le corps du saint fut transféré dans la chapelle Saint-Symphorien. Cependant la situation de l'église de Saint-Germain, au milieu des prairies, s'étendant par une douce pente des hauteurs de *Lucotitia* aux rives de la Seine, riant espace qui, au sixième siècle, se couvrait d'édifices publics et particuliers, lui fit donner encore le nom de *Saint-Germain-des-Prés*.

Germain, évêque de Paris, qui, sous trois règnes différents, conserva une puissante influence et les moyens de répandre d'immenses aumônes, était né à Authun. Aujourd'hui nous écrivons mal la vie des saints ; aussi, pour faire connaître l'élu du ciel qui a donné son nom à l'abbaye célèbre que je veux décrire, j'emprunterai le langage naïf d'un vieux légendiste (2).

« Germain naquit en la ville d'Authun ; son père s'ap-

(1) Raoul Rochette.
(2) Ribadeyra.

peloit Eleuthère et sa mère Eusèbe. Chose rare et lamentable, sa mère et sa grand'mère lui furent de cruels ennemys.

.... Saint Germain voyant l'animosité de sa mère, se retira au logis de son oncle Scopilie, qui menoit une vie très-sainte ; il commença avec luy à jetter les fondements de son admirable sainteté. Il jeunoit, mortifioit sa chair et alloit avec son oncle toutes les nuits à une église fort éloignée pour y entendre les matines, où il recevoit de Dieu de grandes faveurs ; tellement, qu'à l'âge de quinze ans, saint Agripin ne douta point de l'ordonner diacre et prestre à dix-huit ans, et, à quelque temps de là, il fut abbé de Saint-Symphorien au faubourg de Paris, où il persévéra en toutes sortes de mortifications intérieures et extérieures. Pendant que les religieux dormoient, il demeuroit longtemps à l'église en oraison. Ses rares vertus rejaillissoient jusques sur sa face ; de sorte qu'une fois, entrant au logis du seigneur Evron, sa femme n'osoit le regarder de peur des rayons lumineux qui brilloient en luy. Et même ce seigneur, l'ayant retenu à dîner, n'osa, par révérence, s'asseoir près de luy, tant il lui portoit respect !

« Germain avoit en luy une si grande compatissance pour les pauvres que jamais il n'en éconduisoit aucun ; de sorte que, donnant librement toutes les provisions de l'abbaye, sans rien réserver que la divine Providence, les religieux s'en fâchèrent et s'en révoltèrent contre luy, disant que puisqu'il étoit si prodigue il ne méritoit point d'estre abbé. Là-dessus, s'étant enfermé en sa cellule et priant avec larmes, une pieuse demoiselle lui envoya deux charretées de vivres, et le lendemain encore plus ! Si bien que ses religieux eurent depuis une grande créance en luy. Mais cette créance s'accrut encore beaucoup par le miracle suivant, c'est qu'il éteignit le feu qui s'estoit mis au grenier, et menaçoit le monastère d'un embrasement général, en jettant dessus les flammes de l'eau bénite et chantant doucement *alléluia*, comme assuré de la merveille qui arriveroit !

« . Avec la grâce des miracles le saint abbé avoit aussi celle de la prophétie, prédisant souvent les choses futures, comme il arriva lorsqu'il alla trouver Théodebert, roy de Bourgogne, pour des métairies usurpées sur l'église d'Authun. Il lui prédit qu'il mourroit bientôt, et l'hexhorta de penser au salut de son âme.

« Le roy Sigebert ne voulant point, à sa prière, se déporter de la guerre contre son frère Chilpéric, qui s'estoit réfugié à Rouen, il l'avertit qu'il n'entreroit point dans cette ville et qu'il rencontreroit la mort sur le chemin, et la mort s'y trouva.

« L'ombre suit le corps, et l'envie poursuit la vertu : saint Germain encourut l'envie de plusieurs qui ne pouvoient endurer l'éclat de ses rares et héroïques vertus, parmy lesquels il faut lamentablement placer l'évêque de Paris, qui, non content de détracter du saint et d'interpréter en mal ses actions, le mit en prison. Mais il n'y fut pas sitôt que les portes s'étant ouvertes d'elles-mêmes, par permission divine, il n'en voulut pas sortir sans la bénédiction de l'évêque.

« Une fois, s'estant endormy, il aperceut un homme d'un port et d'un regard vénérable qui lui donnait les clefs des portes de Paris. Saint Germain, étonné de cette offre, lui demanda ce que cela pouvoit signifier. L'inconnu vieillard luy fit réponse : *C'est afin que tu sauves ceux qui sont dans Paris ;* ce qui fut un présage, un avertissement qu'il en seroit évêque.

« En effet, après la mort d'Eusèbe, suivant la volonté du roy Childebert, il fut sacré évêque et ne changea rien à ses mortifications et à ses abstinences, mais augmenta ses aumônes et ses bienfaits envers les nécessiteux.

« Environ neuf heures du soir il entroit dans l'église, il y passoit la nuit en oraison, et souvent en extase. Vers la petite pointe du jour le pieux prélat sortoit de la maison de Dieu pour aller prendre un peu de repos ; mais aussitôt les pauvres, les prisonniers et les malades, tant de corps que d'esprit, venoient ou envoyoient vers lui pour recevoir du soulagement ; si bien qu'à l'heure du repos il ne trouvoit point de repos.

« Sa table, où il invitoit ordinairement les pauvres, estoit couverte de viandes communes, plutôt grossières que délicates, et pour rassasier l'âme plutôt que le corps............

« Il traita avec le roy Childebert, peu porté d'abord à la piété, si adroitement et avec tant de douceur et d'industrie, qu'il réforma sa vie et sa cour, bâtit et dota de beaux monastères en beaucoup de provinces et même y envoya six mille francs pour les pauvres. Le saint ne pouvant suffisamment trouver des pauvres, n'en employa que la moitié, dont le roy estant adverty, au lieu de n'en plus envoyer rompit sa vaisselle d'argent, ôta les chaînes d'or et de pierreries de son col et le pria de ne cesser de donner, lui promettant que de sa part il ne se lasserait aucunement. Peu de temps, après le monarque passa de vie à trépas.

« Clotaire, son neveu, luy succéda au trône, mais non pas dans sa piété, tellement que, ne tenant compte du saint prélat, il le fit attendre une fois si longtemps à sa porte, que l'évêque fut contraint de s'en retourner ; mais Clotaire endura la nuit suivante de si grandes douleurs par le corps, qu'il reconnut sa faute et le mépris qu'il avait osé faire du saint. Il vint vers lui, se jeta à ses pieds et baisa le bas de sa robe. Germain porta sa main sur le mal et à l'heure même le roy fut guéry.

« Il n'y a pas moyen de dire le nombre prodigieux de ses insignes miracles, ce nombre estant si grand que Fortunat, évêque de Poitiers, en rapporte des centaines.......... Quand il sortoit de l'église on rangeoit les malades par troupes, et par troupes ils estoient guérys. A Meudon, près Paris, les habitants estant malades de la contagion furent délivrés, le saint leur ayant envoyé du pain béni de sa main. Avec la santé du corps, il rendait d'ordinaire celle de l'âme. Un seigneur de Touraine avait sa fille qui tirait à sa fin, saint Germain, compatissant aux larmes de sa mère, monta à sa chambre, la guérit et l'exhorta si bien au mépris du monde et de ses vanitez, qu'elle les quitta et se rendit religieuse au monastère de Poitiers.

« Enfin, après avoir employé quatre-vingts ans en tant de bonnes œuvres, et converty tant d'âmes à Jésus-Christ, l'heure de son trépas luy estant révélée, il fit son testament et choisit pour sépulture le monastère de Saint-Vincent, aujourd'hui appelé Saint-Germain, où il avait été abbé, et, depuis peu, honoré par lui de saintes et précieuses reliques qu'il avoit rapportées du Levant, et fit écrire sur son chevet *le cinquième des calendes de juin*. On n'en sceut point la cause qu'à sa mort, qui arriva ce même jour. Son corps fut solemnellement porté en cette abbaye ; mais, passant près des prisons, le cercueil devint si pesant qu'on ne pouvoit plus le remuer jusques à ce qu'on eut relâché les prisonniers qui, pour lui rendre grâces, suivirent avec larmes de gratitude et de regrets son corps à la veue de tout le peuple.

« Le roy Chilpéric, bien versé en poésie, fit son épitathe, qui se lit à présent sur le tombeau du saint; sa vie a esté décrite par Fortunat de Poitiers. Aimon-le-Religieux, Grégoire de Tours et saint Antonin, rapportent ses miracles; le Martyrologe romain, celui de Usuard et d'Adon en font mémoire le 28 may. »

Nous venons de voir dans les pages naïves et édifiantes du légendiste que la vertu dominante de saint Germain avait été la charité. Je puis donc croire, sans invraisemblance, que l'abbé mitré de saint Vincent, que l'évêque de Paris, ami des rois et des pauvres, aura plus d'une fois, dans ses visites à la royale abbaye, demandé à Dieu de répandre sur ce lieu consacré à la méditation, à l'étude et à la prière, ses grâces les plus efficaces et ses dons les plus précieux. Dans ses invocations au Seigneur il aura répété souvent : « Seigneur! Dieu de Clovis et de Clotilde, du haut des cieux faites descendre la rosée de vos grâces et de votre miséricorde sur cette colline, où jadis l'idolâtrie avait des temples, où maintenant vous êtes adoré par de pieux solitaires et par tout un peuple. Faites, Seigneur, que, dans la succession des âges, les générations qui suivront la nôtre soient à jamais éclairées des divines clartés de l'Évangile et animées de l'esprit de foi et de charité. »

Cette prière du saint évêque a été entendue de Dieu; et, sur les hauteurs de *Lucotitia*, depuis les règnes de Childebert, de Chilpéric et de Clotaire, plusieurs églises et couvents se sont élevés comme pour sanctifier encore cette partie de Paris que nous appelons le *faubourg Saint-Germain*, quartier qui, de nos jours, n'est pas le moins catholique de la capitale du royaume, honoré du beau titre de royaume très-chrétien. La plupart des familles qui l'habitent de nos jours ont eu beaucoup des leurs parmi les victimes immolées pour l'établissement de cette république française qui devait être *impérissable, immortelle* et qui s'est noyée dans le sang français.

Ces familles, décimées par le bourreau et ruinées par le vol et la confiscation, ont souffert, ont pleuré et ont cru, et les générations qui, depuis 1793, sont revenues habiter, vivre et mourir dans les demeures héréditaires que le fisc révolutionnaire n'avait ni saisies ni démolies ont dû apprendre à compatir, puisque, pendant leur long bannissement, elles avaient connu et éprouvé la pauvreté. Aussi, disons-le tout de suite, le faubourg Saint-Germain, dans Paris, devenu charitable, se distingue par sa charité.

Vers l'an 787, Charlemagne ayant fait venir en France des savants afin d'instruire la noblesse, dans son palais même, exhorta les évêques et les abbés à suivre son exemple en établissant des écoles dans les cathédrales et dans les monastères pour l'instruction des ecclésiastiques. Robert, qui était alors abbé de Saint-Germain, établit, dans son abbaye, une académie d'où sortirent plusieurs écrivains distingués pour leur siècle.

C'est encore dans le huitième siècle qu'il se forma, entre les différents monastères, des associations qui n'avaient pas seulement pour but de s'envoyer réciproquement chaque année les noms des religieux et ceux des bienfaiteurs de l'ordre, des vers ou épitaphes en l'honneur des morts, mais encore de s'instruire mutuellement dans les sciences et les lettres, et ce fut une des causes de la célébrité de cette abbaye.

Dans ces temps reculés, les abbés n'étaient pas malheureusement tous ecclésiastiques, c'étaient parfois des séculiers puissants, plus animés d'esprit guerrier que de la mansuétude évangélique ; ces hommes allaient à l'armée revêtus de fer, à la tête de leurs vassaux, avec les autres seigneurs, pour secourir le roi. C'est ainsi qu'en 644 Ebroïn, abbé de Saint-Germain, fut fait prisonnier en voulant rejoindre le roi Charles qui était à Toulouse.

Mais voici venir le grand fléau de la France ! voici venir les terribles Normands ! torrent armé, avalanche vivante, roulant du nord vers le midi pour dévaster le monde !

Paris était encore renfermé dans l'île qu'entourait un mur flanqué de tours. Sur les deux bras du fleuve s'élevaient deux ponts, dont les extrémités se trouvaient défendues par deux forteresses. Hors de cette île, sur les deux rives opposées, s'étendaient de longs faubourgs. Une enceinte protégeait en partie celui du nord. Eudes et Robert, son frère, commandaient la ville, le premier la gouvernait et en était le comte. Leurs casques furent plus tard surmontés de la couronne royale.

Depuis les premières apparitions des Normands en 820, et en 841, les habitants de Paris se tenaient sur leur garde, car la frayeur que ces hordes barbares avaient inspirée dans tous les pays traversés par elles, était encore immense, et dès que le peuple croyait entendre le bruit de leurs pas et le cliquetis de leurs armures, il se précipitait avec ses prêtres aux pieds des autels, en criant au Seigneur : Sauvez-nous de la fureur des Normands ! *à furore Normanorum libera nos, Domine !*

Les habitants de Paris se souvenaient qu'en l'an 841, le 28 mars, veille de Pâques, ces redoutables exécuteurs des vengeances de Dieu étaient arrivés jusque sous leurs murailles, et qu'alors les religieux de Sainte-Geneviève et de Saint-Germain-des-Prés avaient été obligés de fuir de leurs cloîtres, emportant avec eux les précieuses châsses vénérées de leurs saints patrons.

Quarante-deux ans plus tard, en 885, le 20 novembre, les sentinelles qui veillaient sur les remparts formant ceinture de sûreté autour de l'île, découvrirent au loin des tourbillons de poussière, d'où sortaient des bruits confus et de longues clameurs. C'étaient les populations des campagnes et des faubourgs, signalant une nouvelle flotte de Normands, et accourant avec leurs troupeaux et ce qu'elles avaient de précieux chercher un refuge dans la cité murée. L'alarme n'avait point été donnée en vain, et avant que le soleil ne fût couché on aperçut sur le fleuve les nombreuses voiles des pirates. Sept cents nefs portaient ensemble quarante mille barbares; et plus tard, on apprit que leur chef était le puissant Sigefroy (1). Les nefs, qui occupaient en longueur un espace de plus de deux lieues sur la Seine, vomirent leurs nombreux bataillons sur la rive droite, auprès d'une enceinte, où les veneurs des *rois chevelus* avaient jadis renfermé leurs équipages pour la *chasse aux loups;* de là était venu à ce pavillon fortifié le nom de *Lupara*. Du mot latin est dérivé le mot français *Louvre*.

Il serait beau et poétique de redire toutes les phases du siége qui commença dès le lendemain du débarquement des Normands; pareil travail est bien au-dessus de mes forces; de plus habiles et de plus jeunes que moi devraient l'entreprendre, et trouveraient dans les brillantes pages de

(1) *Gaule poétique,* Marchangy. 5 vol.

Marchangy un plan tout tracé. Je n'emprunterai aux sommaires de son épopée en prose, qu'un passage, celui qui nous montre le chef des sauvages forçant les portes sacrées de l'abbaye de Saint-Germain-des-Prés, et miraculeusement arrêté dans son projet sacrilége.

« Les barbares (1) poursuivant leurs dévastations, s'étendent depuis la porte funeste où se rompit naguère le chariot chargé de l'or que Chilpéric avait pris à ses peuples, et dont il fit la dot de Rigonte, promise au roi Recarède, jusqu'aux murs du célèbre monastère de Saint-Germain, dominant les prairies du côté du couchant. Les cloîtres sombres, les voûtes sépulcrales de cette abbaye, alors abandonnée et silencieuse, frappent les Scandinaves d'une terreur secrète; prêts à franchir le seuil de l'église, ils s'arrêtent comme contenus par quelque force surnaturelle. Tout à coup une de leurs prophétesses se sent agitée d'un trouble inconnu, et avec le sceptre dont le respect supersticieux armait ces femmes singulières, elle écarte les ronces qui couvraient un tombeau, où, reconnaissant avec effroi une inscription runique, elle approche, et ses cheveux se hérissent d'horreur en lisant ces mots à la horde stupéfaite :

« Ragenaire, chef des Scandinaves, ayant osé péné-
« trer dans le temple du Seigneur, y fut flagellé par
« une main invisible et tomba mort au milieu de ses
« guerriers, qui, en fuyant les bords miraculeux, lui
« ont laissé ce monument (2). »

« A ces paroles foudroyantes reprises lentement par les

(1) *Gaule poétique, Siége de Paris.*
(2) Ce miracle est attesté par plusieurs chroniques ecclésiastiques. Voyez *Libr. miracul. sancti Germani, epis. Paris.*

échos de la gothique enceinte, les guerriers pâlissent et, craignant de lever les yeux sur les portes du temple s'éloignent précipitamment de ces lieux marqués par la vengeance divine.

« Sigefroy, que ces prodiges ont à demi vaincu, délibère s'il doit continuer le siége de Paris ; enfin, l'orgueil l'emportant sur la crainte, il résout que l'attaque de la ville héroïque recommencera avec une nouvelle ardeur. Dès le surlendemain les chariots des Normands roulent vers la grosse tour du grand pont ; les béliers et la catapulte ébranlent si fortement les murailles, que dans toute la ville les cris des femmes et des enfants se mêlent au son des cloches et des trompettes. Les Parisiens, intrépides à leurs postes, lancent sur les machines des Normands des quartiers de rochers, du plomb fondu, des torches allumées, et font jouer contre les chariots, qu'ils brisent, de grosses poutres hérissées de pointes de fer (1).

« Sigefroy ordonne à ses soldats de former la tortue, en couvrant leurs têtes de leurs larges boucliers, et d'essayer de poser des échelles contre les murs de la forteresse. Le fossé qui l'environne est un obstacle à leur bouillante ardeur. Ils y jettent pour le combler des fascines, des débris, mais les matériaux manquent pour aplanir le fossé ; les forcenés, par une atrocité inouïe et à peine croyable, si elle n'était attestée par des contemporains, font approcher tous les prisonniers qu'ils avaient faits aux environs de Paris et les égorgent pour remplir le fossé de leurs corps. Alors, s'élançant à l'assaut sur ce sol palpitant, et foulant les cadavres entassés, ils font venir à la surface

---

(1) Abbon, religieux de Saint-Germain-des-Prés, poète et légendaire du 8e siècle.

un sang écumant et fumant!!! A ce spectacle les assiégés frissonnent d'épouvante. L'évêque Gozlin, couvert de ses habits pontificaux, lève ses mains au ciel, puis, saisissant un javelot le lance contre les Normands et renverse mort un des chefs. Eudes, altéré de leur sang, voulant de plus près frapper les ennemis, commande une sortie, et, à la tête des Parisiens, fait jusqu'à la fin du jour des prodiges de valeur. »

Tous ces détails du siége, tous ces récits de combats, l'auteur de la *Gaule poétique* les a pris dans le poëme d'Abbon, moine de l'abbaye de Saint-Germain, qui s'inspirait, non de ce que la tradition avait raconté, mais de ce qu'il voyait du haut des remparts, où son courage et son patriotisme le faisaient souvent monter. Il redit en vers latins, parfois un peu barbares, de grandes et terribles scènes. En voici une, qui semble une plante de notre sol, un vrai et beau prélude à notre chevalerie française!

Les eaux de la Seine étaient hautes, la crue semblait venir en aide aux barbares; les flots courroucés du fleuve allaient se joindre aux attaques des soldats, comptant sur le fleuve sorti de son lit. Les Scandinaves suspendent leurs assauts et deviennent spectateurs : on dirait qu'ils accueillent des auxiliaires et des compagnons depuis longtemps attendus.

Déjà les assiégeants ont voulu incendier un pont de bois qui communique de l'enceinte murée à la rive; plusieurs fois, ils ont chargé des barques remplies de matières combustibles, et y ont laissé des brandons enflammés après les avoir conduites contre les piliers de bois; l'alarme s'accroît parmi les Parisiens; soudain trois d'entre eux se dévouent pour empêcher le feu de dévorer ce pont qui, vers la rive du nord, joint la Cité à la grosse tour ; sous une grêle de traits, ils se sont jetés dans le fleuve, afin d'écarter des piles des arches les bateaux incendiaires. Leur courage fut ce jour-là couronné de succès ; mais, plus tard, le pont de bois, ébranlé par les grandes eaux, ne put résister et s'écroula dans les vagues jaunâtres et chargées d'écume. Cette chute interdit toute communication entre la ville et la tour de madriers et de planches qui défendait l'accès du pont.

Eudes en avait donné la garde à douze seigneurs ; aux premières secousses causées par l'eau furieuse ces nobles enfants de Paris, que leurs frères d'armes appellent à grands cris pour les inviter à les rejoindre, restent volontairement dans cette tour où ils s'étaient renfermés, jurant de ne l'abandonner qu'à la mort.

Les Normands l'investirent comme une proie, dix mille d'entre eux en forment l'attaque ; mais ni la vue des lances nombreuses dressées vers eux, ni la faim menaçante, ni l'évidence de leur perte prochaine ne purent engager ces douze Français à quitter ce poste d'honneur.

Alors les assiégeants rassemblent les débris du pont dont le rivage était couvert, en forment un grand bûcher autour de cette forteresse, qui bientôt est enveloppée de flammes. A la vue du danger, les guerriers assiégés se rappellent que cette même tour sert de volière à des faucons, apanages de leur noblesse et compagnons de leurs plaisirs. A ce moment si voisin de leur perte, les gentilshommes se hâtent de délivrer ces oiseaux qui s'envolent vers la ville.

La tour embrasée s'écroule et ces héroïques défenseurs périssent tous dans ce grand incendie, à l'exception d'un seul.

D'après ce que dit le barde religieux (Abbon), ce jeune héros était d'une beauté si grande, qu'on ne pouvait la comparer qu'à son courage. Restant debout sur les ruines, il se montre à l'ennemi lançant sa dernière flèche, puis sous lui les madriers enflammés s'affaissent et s'écroulent.... et lui disparaît dans le vaste embrasement!

Voici les noms des douze héroïques défenseurs de la tour : ERMENFROY, ARNOLDE, SOLIÉ, ERILANDE, GOSBERT, ERVÉ, VIDON, ODOACAR, ARRADE, ERVIC, EMAR et GOSVIN (1).

Ces moines, contre lesquels le philosophisme a si longtemps déclamé, étaient donc encore bons à quelque chose. En voici un, arraché à la paix de son cloître et aux prières du sanctuaire, qui, au milieu du tumulte et des périls d'un siége, a le sang-froid et trouve des loisirs pour écrire et faire passer à la postérité les noms et les hauts faits de ses compatriotes!

Aujourd'hui, une manie a saisi la France entière, c'est celle d'élever des statues à ce qu'elle appelle — *ses illustrations et ses gloires*. Certes, la pensée est bonne, juste et généreuse, mais, depuis quelques années, on l'a poussée au ridicule, tant on l'a étendue! Non seulement les villes veulent avoir *leur monument*, mais le village et le hameau prétendent au même honneur, et le peuple qui passait pour être le plus léger et le plus ingrat des peuples pourra bientôt montrer aux autres nations *plus de pierres de souvenir, plus de colonnes commémoratives, plus de bustes, plus de statues* érigés sur son sol aux grands hommes et aux bienfaiteurs du pays, qu'il n'en existe dans le reste du monde.

Avec un si grand désir d'être juste envers tous, avec ce

---

(1) Abbo, *de Bell. Paris, urb. Carmin.*

besoin d'honorer toutes les gloires, comment l'Hôtel-de-Ville de Paris, qui, sur les quatre magnifiques façades, a tant de niches occupées par des illustrations parisiennes, n'en a-t-il pas réservé quelques-unes pour ces douze héroïques enfants de Paris, glorieusement morts en défendant contre les barbares du nord l'antique capitale des rois chevelus?

Lorsque, dans notre histoire, nous remontons au neuvième siècle, l'esprit s'égare et se perd dans toutes les incursions et les retraites, les succès et les revers de ces terribles hommes du nord. Pour eux la douceur de notre climat, la beauté de notre ciel, la fertilité de notre terre, la renommée de nos vins, la splendeur de nos églises, les trésors de nos abbayes étaient une forte et incessante attraction. A quatre fois différentes ils viennent assiéger Paris; à leur acharnement contre cette ville naissante, on dirait qu'ils ont deviné ce qu'elle doit être un jour, et quelle influence dans les siècles à venir elle aura sur le monde.

Parmi ceux qui ont le plus contribué à délivrer la France de ce redoutable fléau, nos pères plaçaient avant tous les autres les saints patrons du pays, SAINT DENYS, SAINTE GENEVIÈVE et SAINT GERMAIN. Après ces puissants amis de Dieu, nous citerons EUDES et ROBERT, GOZLIN et son neveu EBLE ou EBOLE.

Ce ne fut qu'en 911 que la France devint tranquille après avoir été troublée et dévastée par les Normands pendant plus de soixante-dix années. Charles-le-Simple fit enfin un traité avec eux, et l'abbaye de Saint-Germain, tant de fois pillée et brûlée, n'eut désormais plus rien à craindre.

L'église qui avait été dévastée à plusieurs reprises, ainsi que je l'ai dit plus haut, se ressentait trop du passage des dévastateurs et des impies; non seulement elle avait perdu ses trésors, mais ses murailles et ses voûtes avaient été ébranlées et lézardées, de promptes et grandes réparations étaient urgentes. Morard, abbé de Saint-Germain, aidé du pieux roi Robert, la reconstruisit en entier, en 990.

C'est de cette époque que paraîtraient dater presque toutes les constructions de l'église maintenant existante, à l'exception du clocher. La partie du chœur et le porche ne datent pas de plus loin, à en juger par la sculpture des chapiteaux et par les ogives de la voûte.

Cette église se distinguait de toutes ses contemporaines par ses trois clochers ; car, indépendamment de celui qui s'élève encore aujourd'hui au-dessus du portail, il y en avait deux autres, un sur chaque extrémité de la croix ; celui du septentrion fut construit par Morard, qui y fit mettre les cloches ; celui du midi semblait être d'une date plus récente ; ces deux ornements de la maison de Dieu manquent aujourd'hui : leur destruction doit être rangée parmi les stupidités de l'ère révolutionnaire. Lorsque l'on voit, combien on entendait mal il y a cinquante ans *le grand art des restaurations*, on est désolé que nos pères aient mis la main à l'œuvre pour *restaurer* nos vieux monuments. En y touchant, s'ils en arrêtaient la destruction, ils en altéraient le caractère ; si, pour conserver la belle église de Saint-Germain, on avait pu attendre quelques années de plus, nous verrions aujourd'hui l'extérieur du saint édifice rendu à sa beauté primitive.

Vers l'an 787, Charlemagne ayant fait venir en France des savants, afin d'instruire la noblesse dans son palais même, exhorta les évêques et les abbés à suivre son exemple, en établissant des écoles dans les cathédrales et dans les monastères pour l'instruction des ecclésiastiques. « *Faites*, disait-il aux pasteurs des âmes, *pour les prêtres qui relèvent de vous, ce que je fais pour les nobles qui relèvent de moi.* »

Robert, qui était alors abbé de Saint-Germain, comprit le grand empereur; et, entrant dans sa pensée féconde, établit dans son abbaye une académie d'où sortirent plusieurs écrivains estimés pour leur siècle.

C'est encore dans le huitième siècle qu'il se forma entre les différents monastères du monde catholique des associations qui n'avaient pas seulement pour but de s'envoyer réciproquement chaque année les noms des religieux et ceux des bienfaiteurs de l'ordre, des vers, des épitaphes en l'honneur des morts, mais encore de s'instruire mutuellement dans les sciences et les lettres; il devait en être ainsi entre les enfants et les serviteurs d'un Dieu de vérité et de lumière, et cet échange de communications entre les différents monastères fut une des causes de la célébrité de *Saint-Germain-des-Prés*.

Dans ces temps reculés, les abbés n'étaient pas tous ecclésiastiques; chez le Dieu de paix il était entré des hommes de batailles, et parfois on voyait, se promenant sous les voûtes et les arcades des cloîtres, des guerriers bardés de fer côte à côte de religieux vêtus de la robe de l'antique Orient; sous l'acier de la cuirasse, le cœur pouvait battre pour Dieu comme sous le froc de laine. Ces séculiers, puissants par leur rang, leur fortune et leur habileté, pouvaient être utiles à leur ordre; ils allaient à l'armée à la tête des vassaux de leurs monastères, et l'épée qu'ils tiraient, après l'avoir fait bénir, rendait parfois de grands services.

Comme j'ai essayé de le faire voir dans les pages qui

précèdent, le neuvième siècle fut pour Paris spécialement une époque de troubles et de dévastation, et pendant le quatrième siége de Paris par les Normands, Gozlin, qui était alors abbé de Saint-Germain, prouva que sa main, qui savait bénir et secourir, savait aussi terrasser les ennemis de Dieu. Il défendit vigoureusement la forteresse du *Grand-Châtelet* et repoussa la horde barbare au-delà du fleuve, contrainte à se retirer près de Saint-Germain-l'Auxerrois, qu'on appelait alors *Saint-Germain-le-Rond*.

Ce héros prélat mourut en 886, et l'on a pu graver sur la pierre de sa tombe la croix, l'épée et le bâton pastoral.

L'an 1129, il fut tenu un concile provincial à l'abbaye, en présence du roi, de la reine et de douze évêques et abbés mitrés, parmi lesquels était Suger, abbé de Saint-Denis.

L'église, bâtie par l'abbé Morard, était terminée en 1162, mais elle n'avait point été consacrée. A cette époque, le pape Alexandre, trouvant peu de sûreté en Italie à cause des troubles suscités par l'anti-pape Octavien, se rendit à Paris, où les fidèles le reçurent avec de grandes marques de respect; alors les Parisiens regardaient le malheur comme chose sacrée et savaient l'honorer. Le vicaire de Jésus-Christ fut prié de faire la dédicace de l'église; il y consentit; la cérémonie fut des plus somptueuses. Le grand autel fut consacré à la sainte Croix, à saint Étienne et à saint Vincent, et *l'autel matutinal* dédié à saint Germain.

Ce fut vers cette époque que l'université, dont la puissance grandissait chaque jour, intenta un procès aux religieux de cette abbaye; un pré, voisin du couvent, avait pris la dénomination de *Pré-aux-Clercs*, parce que les écoliers de l'université avaient depuis longtemps l'habitude d'aller s'y divertir les jours de congé ; ayant fait quelques dégâts (cet âge est sans égards), ils furent chassés et maltraités par les serviteurs de l'abbaye ; c'est là ce qui devint la cause apparente des plaintes que l'université adressa au pape.

Mais lorsque la jeunesse des écoles se mêle de sédition, elle va vite et loin ; c'est la traînée de poudre sur laquelle est tombée l'étincelle ! et les étudiants se déclarèrent bientôt ennemis jurés des habitants du faubourg Saint-Germain. En 1230, il y eut aussi tumulte au faubourg Saint-Marceau, rixe violente avec les archers et départ des professeurs et des élèves pour Angers, Orléans et Toulouse. Plus tard, nouvelle affaire à peu près semblable, dans laquelle la célèbre abbaye eut le désavantage et fut réduite à vendre son argenterie pour payer l'université triomphante.

En 1443, quatrième procès au sujet de la haute justice qu'exerçait l'abbaye sur le *Pré-aux-Clercs*.

Mais en 1548, les disputes et les séditions des écoliers devenant plus violentes qu'elles n'avaient été jusqu'alors, le Parlement informa contre les coupables, et l'un d'eux fut condamné à mort. Cet arrêt mit fin à toutes les contestations et à tous les débats entre l'abbaye et l'université.

Dans ces longs démêlés entre l'université et l'abbaye, je me persuade que les gens d'ordre, amis de la paix, penchaient pour les religieux. Ces hommes, vivant dans la retraite, et consacrant leurs jours et leurs nuits à la prière, à la méditation et à l'étude, n'étaient-ils pas les successeurs des cénobites du désert, enfants de saint Antoine ?

« C'étaient, dit M. Fleury (1), de bons chrétiens ayant renoncé au mariage, à la possession des biens temporels et à la compagnie des autres hommes, même des fidèles et de leurs parents. Vivant de leur travail en silence, afin qu'ayant combattu dans les règles, comme dit saint Paul, ils pussent arriver à la pureté du cœur, qui les rendît dignes de voir Dieu, toutes leurs pratiques étaient fondées sur ces principes. Le jeûne tendait premièrement à dompter l'intempérance, puis à prévenir les tentations et à rendre l'esprit plus libre et plus propre à s'appliquer aux choses célestes.

« Ces hommes de Dieu combattaient la colère par le silence, la paresse par le travail, la tristesse par la prière et le chant des psaumes, la vanité et l'orgueil par l'obéissance et la mortification! »

Tel était et tel est encore le *moine catholique*, et tel n'est pas le portrait qu'en ont fait (pour la jeunesse française) les écrivains de l'école voltairienne; il est temps de mettre la vérité en regard de leurs mensonges.

« Cette université (2), devenue si puissante et si peu amie des ordres religieux, était originairement composée de séculiers; aussi ce n'était qu'impatiemment qu'elle supportait les écoles qui ne relevaient pas d'elle. Elle a publié des milliers de volumes pour repousser de son sein les dominicains, les franciscains, et, plus tard, les jésuites. L'expérience a parlé plus haut que leurs détracteurs. Tandis que Guillaume de Saint-Amour exhalait sa bruyante jalousie contre les enfants de saint Dominique et de saint François, ces humbles mendiants montraient sous leur bure un saint

---

(1) *Mœurs des chrétiens*, pag. 517.
(2) Marchangy, *Annot. et Glossaire*.

Thomas d'Aquin, un saint Bonaventure, un Hugues de Saint-Cher et tant d'autres célèbres personnages. Pendant plus de cinquante ans, on agita la question de savoir si les dominicains et les franciscains participeraient à l'enseignement, et cette question, mûrement examinée, fut résolue par des bulles nombreuses en faveur de ces deux ordres.

« La Compagnie des jésuites prouva bien mieux encore comment la persévérance et l'énergie dans la volonté, aidées de la grâce de Dieu, peuvent triompher de tous les obstacles. En effet, les disciples de saint Ignace de Loyola, les compagnons de saint François-Xavier, persécutés dès leur origine, s'élevèrent et dominèrent tout du sein même des persécutions.

« Dès le quatorzième siècle, dit Tristan-le-Voyageur, Paris était plein des étudiants universitaires, écoliers bruyants, redoutables, la plupart paresseux, libertins, querelleurs et tellement ivrognes qu'ils iraient boire au baril d'un lépreux. Exténués par les mauvais traitements de leurs professeurs, ils se vengent des rigueurs de l'école par des récréations tumultueuses qui portent le désordre et l'effroi dans la ville; ils remplissent les cabarets. Cette conduite est d'autant plus révoltante que le plus grand nombre de ces écoliers sont dans l'indigence et ne vivent que du pain qu'ils vont mendier. Leur aspect est hideux; mal vêtus, décharnés, les cheveux en désordre, et cependant orgueilleux de leur vain savoir, ils mendient en despotes, supplient d'un ton menaçant et reçoivent avec un sourire dédaigneux et moqueur.

« L'université a de grands jours de congé et de réjouissances qui sont des jours sinistres pour les Parisiens. »

Dès la fin du douzième siècle, vers l'an 1188, l'abbaye

de Saint-Germain avait cédé, pour les nouvelles fortifications de Paris, une grande partie des terrains sur lesquels passaient les murs et les fossés de sa vaste enceinte.

Philippe-Auguste, roi de France, et Henri, roi d'Angleterre, s'étaient unis pour faire la guerre sainte; chacun se préparait pour le voyage de Jérusalem, et le roi, voulant laisser la capitale en sûreté, ordonna de fortifier Paris; cet ouvrage dura vingt années, pour la construction des murailles et des tours.

Il paraîtrait que les bâtiments de l'abbaye avaient beaucoup souffert de tant de changements, car en 1239, Simon, abbé de Saint-Germain, fit exécuter des améliorations importantes, dont Pierre de Montreuil ou de Montereau fut l'architecte. On fit alors un réfectoire qui passait pour un des plus beaux ouvrages de l'architecture gothique; cette salle avait 115 pieds de long sur 32 de large et 47 de hauteur; la chaire du lecteur était un chef-d'œuvre de délicatesse et d'ornements. Les vitraux étaient peints, et à la porte on voyait en pierre une statue du roi Childebert, fondateur et bienfaiteur de l'abbaye.

Aujourd'hui, sur ce même lieu où les solitaires ont médité et prié, où les rois et les reines sont venus s'agenouiller devant la châsse contenant le corps de saint Germain, là où le vicaire de Jésus-Christ est venu bénir la multitude et consacrer l'église de l'antique abbaye illustrée par la sainteté, l'étude et la science, s'élèvent des îlots de maisons vulgaires, séparés et traversés par des rues nouvelles, et ces demeures bourgeoises où s'agite la vie commune, portent encore sur leurs murailles les marques de l'édifice renommé. Au-dessus d'une boutique et d'un magasin, vous apercevez des restes de sculpture et reconnaissez des pierres historiques. Là, au-dessus de cette partie de chapiteau, commençait la voûte de ce réfectoire monumental, chef-d'œuvre de Pierre de Montreuil, moine architecte, ce fragment de dais gothique, auprès de la fenêtre d'un premier étage, couronnait autrefois la niche où trônait un saint, patron du monastère. L'amateur des choses consacrées par les siècles aime à s'arrêter devant ces débris, et cependant, lorsqu'il les considère et les étudie, son cœur se serre, car son âme regrette ce que la main des hommes, bien plus que celle du temps, a mutilé et brisé. L'art méconnu et insulté, c'est désolant à voir, mais ce qui est bien plus triste encore à regarder, c'est un sanctuaire profané et les pierres qui ont été ointes et bénites polluées et dispersées !

Le roi Charles V, ayant déclaré la guerre à l'Angleterre, en 1368, on fortifia toutes les places par où l'ennemi aurait pu pénétrer en France ; en conséquence, il fut arrêté que la ville de Paris serait mise en sûreté par de nouvelles fortifications. L'abbaye de Saint-Germain-des-Prés fut donc encore une fois entourée de nouveaux ouvrages, ce qui ne l'empêcha pas d'être pillée en 1382 par cette muable et turbulente populace de Paris, qui se fait terrible dès qu'elle s'ennuie. Peu de temps après cette *émotion populaire*, comme l'on disait alors, l'abbaye de Saint-Germain ayant réparé ses pertes et retrouvé la tranquillité, son vénérable abbé refit la châsse de son céleste patron et le rétable du grand autel, qui furent ornés de pierres précieuses et de sculptures en argent et en or.

En 1564, les huguenots, par les mouvements qu'ils ne cessaient de susciter contre les catholiques, obligèrent le roi Charles IX, pour se mettre en sûreté, à se retirer dans l'abbaye avec toute sa cour. Ainsi, ceux que la foule appelle *les heureux du monde*, celui à qui Dieu a remis la puissance, sont parfois contraints à se réfugier aux pieds des autels et à demander aux solitaires qui les entourent et les desservent asile et protection.

L'année 1589 fut fatale par les guerres civiles et par la révolte des Parisiens contre le roi. Henri IV était devant Paris avec son armée ; l'abbaye, qui était bien fortifiée, avait une garnison considérable, et dans la maison de prière le bruit des armes se mêlait aux chants et à la psalmodie des moines. Cet état ne dura pas longtemps ; l'abbaye, devenue forteresse, capitula. Henri IV entra dans le monastère ; et, accompagné d'un religieux seulement, monta à la grosse tour, celle qui est encore debout aujourd'hui ; de la plate-forme, il considéra l'ensemble de la ville. Alors le front du Béarnais était soucieux, et l'expression de son visage sombre et triste ; pas un mot ne sortit de sa bouche ; il redescendit, fit le tour du cloître sans entrer dans l'église et se retira sans avoir prononcé une autre parole qu'un remercîment au religieux qui l'avait accompagné pendant sa visite au couvent.

Le jour suivant, les soldats qui étaient entrés avec le roi furent obligés de se retirer, car les Parisiens y mirent pour la seconde fois une garnison sous le commandement d'un Italien nommé Marc-Antoine ; mais, comme il manquait de vivres et de munitions à son tour, il fut bientôt forcé de se rendre. Pendant ce temps, l'armée royale qui bloquait Paris s'empara de tous les faubourgs, et les Parisiens furent réduits à la dernière extrémité. Un instant ils respirèrent plus à l'aise, le roi venait de lever le siège pour aller à Meaux combattre les princes ligués. Alors les royalistes et les ligueurs tinrent plusieurs conférences, où l'on discuta sans s'entendre ; beaucoup de discours, peu de besogne, des emportements, pas de sang-froid, l'éloquence manquant à peu des orateurs, mais la raison à presque tous ; voilà ce qui domina dans ces conférences comme dans presque toutes les réunions françaises.

En même temps les états-généraux cherchaient à s'assembler dans la capitale du royaume pour élire un roi catholique, et l'évêque de Bourges donnait l'assurance de la conversion de Henri IV. En effet, après s'être fait consciencieusement instruire dans la foi catholique, le roi de droit, se souvenant de saint Louis, abjurait son hérésie, le 25 juillet, dans la royale abbaye de Saint-Denis.

La vieille et noble basilique était en effet un beau et bon lieu pour qu'un roi de France vînt y faire l'éclatante abjuration d'un culte anti-français. Là, des voix descendaient du ciel, tandis que d'autres montaient des caveaux funèbres pour remuer le cœur et convertir l'esprit du loyal fils de Jeanne d'Albret. Dans la chaîne d'or de la royauté, il ne fallait pas d'un anneau qui ne fût pas pur. Un roi protestant, dans la lignée des rois très-chrétiens, des rois fils aînés de l'Église, eût été une tache sur la glorieuse hisrire de notre monarchie. Aussi, le jour où Henri IV vint faire abjuration de son hérésie dans le sanctuaire consacré au Dieu de Clovis, sous l'invocation de saint Denis, patron de la France, je me figure que les *grands vassaux de la mort*, que *les majestés du sépulcre* auront tressailli dans leurs tombeaux ; et que, jetant le drap mortuaire qui les recouvrait, ils se sont soulevés dans leurs cercueils pour écouter les paroles par lesquelles Henri de Bourbon déclarait revenir à la vérité et se rattachait à l'Église catholique, apostolique et romaine.

Quand la sédition et la révolte se sont emparées du peuple, quand elles ont agité et troublé son bon sens, le repos et la raison sont longtemps à revenir; ce ne fut que deux ans après l'abjuration de Henri IV que Paris se rendait sous l'obéissance du roi et que Henri y faisait son entrée, le 22 mars 1594, à six heures du matin, au milieu des acclamations populaires.

« A cette époque, il y avait aussi un tiers-parti, dont le cardinal de Bourbon était le chef. Il avait l'ambition d'être roi, si Henri mourait sans enfant; mais il mourut lui-même de chagrin de n'avoir pu réussir; il fut enterré avec beaucoup de pompe dans l'église de l'abbaye de Saint-Germain-des-Prés (1). »

Après la mort de Henri IV, Louis XIII étant monté sur le trône, Marie de Médicis fit bâtir le palais du Luxembourg, qui devait porter le nom de la reine douairière. Jacques Debrosse, après s'être inspiré des palais italiens, a construit l'édifice que nous voyons aujourd'hui et dont les annales sont si bariolées de nos inconstances politiques! Aujourd'hui, c'est le Sénat qui y siège et Jérôme Bonaparte qui y préside ; sous la *petite république*, Louis Blanc professait en prince le droit au travail ; *sous la grande*, Barras et les quatre autres directeurs s'y étaient établis et y scandalisaient par leur luxe *les vertueux et incorruptibles républicains*. Louis-Philippe, en 1830, et avant lui les rois Louis XVIII et Charles X y avaient établi la Chambre des Pairs. *Les murs ont*, dit un vieux proverbe, *des yeux et des oreilles ;* s'ils avaient *une langue,* que de choses ceux du

---

(1) Raoul Rochette, *Abb. du vieux Paris.*

Luxembourg auraient à nous raconter ! Mais laissons là les proverbes et revenons à l'histoire.

Marie de Médicis, lorsque la chapelle de son palais fut terminée, envoya demander au prieur de Saint-Germain-des-Prés la permission de la faire bénir, afin d'y entendre la messe. Malgré les gardes qui veillent aux barrières de leurs palais, les grandeurs du monde sentent par moments qu'elles ont encore besoin d'une autre protection que celle du sabre, et alors elles appellent pour les défendre l'assistance d'en haut. C'est à la reine Marie de Médicis que la France doit l'institution des Frères de la Charité, qui avait pour but le soin des pauvres malades dans les hôpitaux. A cet effet, elle fit venir cinq religieux de l'Italie ; elle leur acheta une maison dans l'emplacement appelé depuis *les Petits-Augustins;* mais, par la suite, ils s'établirent près de l'abbaye, et Marie de Médicis, qui avait une grande vénération pour eux, posa la première pierre de leur église.

En 1631, il se fit une réforme dans l'ordre des religieux. Le général de la congrégation de Saint-Maure établit des cours de philosophie et de théologie dans différents monastères. Il y plaça des professeurs pour enseigner la langue hébraïque et la langue grecque ; il fit rechercher les anciens manuscrits des pères de l'Eglise, qui se trouvaient dans diverses bibliothèques et en fit donner des éditions plus correctes. Voilà à quoi s'occupaient *ces fainéants du cloître, ces moines grossiers, ignorants et corrompus !*

Casimir V, roi de Pologne et de Suède, fils de Sigismond, né en 1669, dès son jeune âge avait montré une grande tendance vers la piété et la vie religieuse. De bonne heure il entra dans la compagnie de Jésus. Plus tard, le pape l'éleva à la dignité de cardinal. Sa destinée devait le porter plus haut encore. A la mort de Wladislas III, son frère, il lui succéda. A peine avait-il ceint la couronne que la guerre éclata avec la Suède. Dans le métier des armes, son début ne fut pas heureux, sa première bataille fut une défaite; mais la fortune se réservant son vieux droit d'inconstance, lui accorda une glorieuse revanche; il battit l'armée ennemie et conclut le traité d'Oliva.

Peu après, en 1660, ses armées, commandées par Sobiesky, remportèrent une grande victoire sur les Tartares. Ces succès, cette gloire, ne l'enivrèrent pas. La reine étant morte, il revint à son premier penchant; il avait bu à la coupe du pouvoir et avait pu apprécier la valeur des grandeurs de ce monde, et ne les avait trouvées que vanités incapables de satisfaire le cœur d'un chrétien. Il abdiqua donc, quitta la Pologne et se retira en France, dans l'abbaye de Saint-Germain-des-Prés; il en devint abbé, ainsi que de Saint-Martin-de-Nevers, où il alla mourir. A ce religieux qui avait eu le front ceint de la couronne, un autre grand dignitaire de l'Eglise succéda. Le cardinal Fustemberg, évêque de Strasbourg, vint s'asseoir sur le siége abbatial de Saint-Germain-des-Prés. A cette époque, d'immenses changements survinrent dans l'abbaye et lui donnèrent l'éclat et la splendeur d'un palais; des marbres nouveaux, des bronzes artistement sculptés et des tableaux de prix vinrent encore embellir l'église. C'est alors que la bibliothèque s'enrichit de manuscrits curieux et que le trésor où l'on conservait les reliques s'accrut d'un grand nombre d'objets précieux en pierreries, en or et en argent.

L'antique abbaye, dans les siècles passés, avait aussi resplendi d'éclatantes richesses, et les Normands, à plusieurs reprises, l'avaient pillée et rendue pauvre. En 1691, on ne craignait plus les hordes barbares, on se croyait délivré pour jamais des spoliateurs impies et sacriléges, on s'en croyait bien loin, et cependant ils n'étaient qu'à cent ans de nous!

Car, en 1793, toute cette splendeur presque royale de l'abbaye de Saint-Germain fut anéantie par la révolution. Le feu dévora la belle bibliothèque, les terrains dépendants de la maison furent vendus par lots, et divisés par rues; il ne demeura plus debout que l'église, mais nue, profanée et dépouillée de tout ce qu'elle avait eu de précieux. Il y avait là beaucoup de tombes illustres; les révolutionnaires se ruèrent contre elles. Insulter aux morts en pillant leurs cercueils fut pour eux une immense et infernale joie.

Ainsi, ce que les temps, les guerres civiles, les incendies, les invasions des barbares n'avaient pu détruire dans l'espace de douze siècles, les inscriptions, les bas-reliefs, les statues que la reconnaissance avait érigés aux hommes savants comme aux princes qui les protégèrent, tout fut détruit en peu d'instants, à cette époque de sang, de pillage et de spoliation!

L'église de Saint-Germain, déserte et abandonnée, tombait en ruines. Un fils de la révolution, mais qui détestait ses excès et qui rougissait de sa barbarie, le général Bonaparte, devenu consul, la rendit au culte catholique. On y fit alors quelques réparations; mais la plus importante fut celle qui s'exécuta en 1820.

Les révolutionnaires ont toujours aimé les saturnales; pour eux c'est un bonheur que de changer la destination des édifices dont ils s'emparent au milieu des tourmentes; d'une chose sainte, ils font une chose profane; dans la maison du Dieu de paix, ils se hâtent d'établir un arsenal de guerre : de l'église de Saint-Germain, ils avaient fait un atelier pour la fabrication du salpêtre !

« Ce salpêtre, amoncelé le long des murs et des piliers de la nef, avait tellement endommagé toutes les assises inférieures de ces mêmes piliers, qu'en 1819 il se manifesta des signes inquiétants d'une destruction totale, fatale même pour les maisons voisines : les voûtes se lézardaient ; des feuilles de papier collées sur les lézardes se trouvaient déchirées le lendemain ; il ne fallait pas perdre un instant : attendre eût rendu le travail impossible ; les voûtes, les arcades et les piliers des deux clochers furent promptement étayés (1). »

M. le comte de Chabrol, alors préfet de la Seine et dont le nom est resté si vénéré, confia ces importantes et dangereuses réparations à M. Godde, architecte, qui refit les piliers et les murs de la nef jusqu'au-dessous de la fondation, en maintenant en l'air, sur de fortes charpentes, la voûte et les arcades. M. Huyot, devançant le bon goût d'aujourd'hui, donna à tous ces grands travaux le caractère qu'il était important de conserver à cet antique monument. Tout fut en harmonie avec la date de sa splendeur ; et nous n'avons à y regretter que les deux tours, qui, il faut bien le dire, manquent à l'aspect primitif d'une des plus belles églises de Paris.

On a, sous la Restauration, restitué à Saint-Germain-des-Prés des tombeaux sauvés par M. Lenoir et placés à son musée des Petits-Augustins. Nous nous souvenons d'avoir visité à notre retour en France ce musée. Certes, en y entrant, on se sentait reconnaissant envers l'amateur

(1) *Album du vieux Paris*, Huyot.

des arts, qui avait su soustraire aux vandales français tant de chefs-d'œuvre. Mais tous ces illustres morts exilés des églises où ils avaient voulu dormir leur grand sommeil, et rassemblés pêle-mêle dans un cloître profané et devenu bruyant, faisaient mal à voir.

Lorsqu'un descendant de saint Louis eut repris possession de son trône, les morts furent rendus aux saintes sépultures que la religion leur avait données ; alors les cendres de Boileau, de Descartes, de Mabillon et de Montfaucon furent rapportées à Saint-Germain.

Lorsque le pape Pie VII vint à Paris, le saint père bénit la première pierre de l'autel dédié à la sainte Vierge dont la statue en marbre blanc est un des meilleurs ouvrages de Dupaty.

Il y a trente ans et plus que l'on avait la bonne volonté de restaurer les monuments de la patrie. On en sentait le besoin, car on commençait à rougir de toute l'ingratitude que l'on avait eue envers le passé. C'était beaucoup que cette pensée de justice ; mais ce n'était pas tout. En relevant, en restaurant les édifices outragés et mutilés, il aurait fallu le goût et l'amour de notre vieille architecture nationale ; cet amour et ce goût étaient en train de revenir, mais malheureusement n'étaient pas encore revenus.

Aujourd'hui, grâce aux architectes, aux sculpteurs et aux peintres (1), qui ont contribué à la magnifique restauration de l'église de Saint-Germain-des-Prés, nous revoyons l'œuvre des abbés Morard et Simon, et de l'architecte Pierre de Montreuil ou Montereau, telle qu'ils l'avaient conçue et achevée.

Honneur donc et reconnaissance aux hommes d'art, de

(1) MM. Baltard (Hyp.), Flandrin et Denuelle.

goût et de foi qui viennent de rendre à la vieille basilique si vénérée de nos pères son ancienne splendeur catholique ! Aujourd'hui, l'azur et les étoiles du firmament se retrouvent et brillent sur ses voûtes; ses hautes et étroites fenêtres ne laissent plus la lumière passer sous leurs ogives qu'à travers les vives et chaudes couleurs des vitraux gothiques; ses murailles s'illustrent de pieuses peintures sur des fonds d'or; ses piliers, avec leurs chapiteaux si variés, se revêtent d'or, d'azur et de gueule; et sur mille banderoles se lisent des sentences de la Bible et de l'Évangile; là, plus de place pour le genre grec et romain; là, plus de souvenirs mythologiques, loin de là, tout y parle du Dieu créateur et sauveur, de Marie reine du ciel, des anges et des saints !

Lorsque, dans mes promenades solitaires, j'entre dans l'église de Saint-Germain, et qu'au milieu du silence qui a succédé aux chants des offices je m'agenouille pour prier quelques instants, afin de reposer mon âme en l'élevant au-dessus des intérêts journaliers, je trouve sous ses voûtes une profonde et délectable paix; dans tout Paris, il n'y a pas un coin de terre plus historique que celui-ci. Apôtres, martyrs, saints et saintes, conquérants, papes, rois, reines, princes, ducs, chevaliers, cardinaux, archevêques, évêques, suffragants, puissants abbés mitrés, saintes abbesses voilées, moines du Sinaï, religieuses de Sion, pélerins de Jérusalem, croisés partant pour la Terre-Sainte, nobles et roturiers, paysans et habitants des villes, heureux et malheureux, riches et pauvres ont foulé ce sol, l'ont broyé de leurs pieds, et usé de leurs genoux. Car là, tous se sont prosternés pour y implorer le Dieu que nous y prions aujourd'hui.

De là, pour monter au ciel, il y a comme un chemin frayé pour les élans de l'âme. Allons-y demander tous le bonheur de la France, le rappel de tous les Français, le retour au toit de famille, au sol de la patrie.

ABBAYE DE SAINT-DENIS,

SÉPULTURE

DES ROIS TRÈS-CHRÉTIENS.

On voyait autrefois, près de Paris, des sépultures fameuses entre les sépultures des hommes. Les étrangers venaient en foule visiter les merveilles de Saint-Denis. Ils y puisaient une profonde vénération pour la France, et s'en retournaient en disant au dedans d'eux-mêmes, comme saint Grégoire : « *Ce royaume est réellement le plus grand parmi les nations.* » Mais il s'est élevé un vent de la colère autour de l'édifice de la mort; les flots des peuples ont été poussés sur lui, et les hommes étonnés se demandent encore « *comment le temple d'*AMMON *a disparu sous les sables du désert.* »

« L'abbaye gothique où se rassemblaient ces grands vassaux de la mort, ne manquait pas de gloire : les richesses de la France étaient à ses portes ; la Seine passait à l'extrémité de sa plaine ; cent endroits célèbres remplissaient à quelque distance tous les sites de beaux noms, tous les champs de beaux souvenirs. La ville de Henri IV et de Louis-le-Grand était assise dans le voisinage ; et la sépulture royale se trouvait au centre de notre puissance et de notre luxe, comme un trésor où l'on déposait les débris du temps et la surabondance des grandeurs de l'empire français. »

Ecrire sur Saint-Denis, et ne pas citer le noble et immortel auteur du *Génie du Christianisme*, m'a semblé impossible. Je me souviens toujours de l'immense effet produit par les sublimes pages de l'écrivain gentilhomme lorsqu'elles parurent sous le consulat de Bonaparte. Lui qui lisait peu, mais qui, au milieu des saturnales révolutionnaires et du dévergondage littéraire d'alors, avait su garder au dedans de lui le goût du beau et du grand, fut émerveillé et profondément remué par l'admirable chapitre sur *les Sépultures* de Saint-Denis ; avec M. de Fontanes, ami de cœur du gentilhomme breton, il laissa éclater son enthousiasme, et témoigna le désir de connaître l'auteur du beau livre qu'un émigré, revenant de l'exil, donnait à sa patrie pour la régénérer par la religion. C'est après avoir lu le chapitre sur les tombeaux de Saint-Denis que l'homme qui rêvait déjà l'empire de Charlemagne décréta du haut de sa nouvelle puissance *que trois autels expiatoires seraient élevés dans cette basilique aux trois races royales qui avaient régné sur la France, et dont les cendres avaient été profanées et jetées au vent en* 1793. M. de Chateaubriand lui-même a raconté dans ses Mémoires quels rapports il y avait eu entre le premier consul et lui, comment ils avaient commencé et comment ils ont fini.

Revenons à l'antique abbaye; essayons de redire son origine et de rappeler son ancienne splendeur.

Les gens qui veulent vivre auprès des grandeurs de ce monde s'exposent à être tellement éclipsés, que personne ne fait attention à eux; il en est de même de la ville de Saint-Denis : la majesté de ses sépultures captive si bien l'imagination de tous ceux qui viennent les visiter, qu'aux pieds des hautes flèches de la cathédrale la ville est comme si elle n'était pas.

Là où la petite ville s'élève aujourd'hui, d'après plusieurs légendes, il paraît qu'il existait du temps de l'occupation romaine un village nommé *Catholicum*. C'est en ce lieu que Denis, apôtre des Gaules, aurait reçu avec ses deux compagnons Eleuthère et Rustique la palme du martyre. D'autres légendaires ont écrit que c'est sur la butte de *Montmartre* que furent décapités les trois saints dont je vient d'écrire les noms.

Voici comment l'écrivain (1) que j'ai déjà cité, en racontant la vie de saint Germain, évêque de Paris, parle de saint Denis et de ses compagnons :

« Saint Denys naquit à Athènes; ses parents étoient riches et moralement justes, bons, libéraux et hospitaliers. Il s'adonna à l'étude et profita tellement, qu'à cause de sa grande science et de sa noble extraction il fut un des premiers gouverneurs de la ville.

« Il passa en Egypte pour apprendre le mouvement des cieux, le cours des planètes et tout ce qui dépend de l'astrologie. A l'âge de vingt-cinq ans il se trouva en la ville d'Héliopolis, avec son compagnon Appollophanes, lorsque l'éclipse

---

(1) Ribadeira, *Vie des Saints*.

du soleil vint sur la terre l'espace de trois heures que Notre-Seigneur fut attaché à l'arbre de la croix. Denys reconnut bien sur l'heure que cette éclipse n'étoit pas naturelle, d'autant que la lune étoit pleine et opposée au soleil ; joint qu'elle dura beaucoup plus longtemps qu'elle ne pouvoit naturellement. Cela l'étonna fort, et l'on tient communément qu'il dit alors : *Ou le Dieu de la nature endure, ou la nature du monde se détruit.* . . . . .

« Saint Denys fut marié à une grande dame nommée Damaris, comme saint Ambroise et saint Chrysostôme rapportent. Il étoit grandement respecté en sa république. Il rendoit la justice fort équitablement et estoit honoré et estimé de tous les Athéniens, comme un très sage philosophe. En ce mesme temps, l'apôtre saint Paul vint à Athènes pour enseigner la philosophie céleste et avec la lumière de l'Evangile dissiper les ténèbres et la vaine philosophie de la terre.

« Le saint apôtre trouva, outre la pluralité des dieux que l'on adoroit à Athènes, un autel dédié *au Dieu inconnu*. Il prit *de là* son sujet, comme un prudent et divin orateur, pour prêcher le vray Dieu, créateur du ciel et de la terre, leur expliquant la qualité du Dieu qu'ils adoroient sans le connoître, ainsi qu'il le voyoit par l'inscription de l'*autel au Dieu inconnu*.

« Il y avoit à Athènes en une petite colline un tribunal de douze juges et souverains gouverneurs, qui s'y assembloit pour rendre la justice et décider les matières criminelles des accusez. Ces juges s'appeloient *aréopagites*, à cause qu'ils jugeoient en ce lieu les crimes capitaux où, selon l'ignorance des Gentils, le dieu Mars présidoit. Voilà pourquoi ils le nommoient *Aréopage*, car *Ares*, en grec, signifie *Mars*, et *pagos*, terre ou colline.

« Saint Paul ayant prêché par la ville une nouvelle religion et un Dieu que les Athéniens ne connoissoient pas, le peuple le mena devant l'Aréopage comme un criminel. Car, encore que les Romains se fussent rendus seigneurs de toute la Grèce, néantmoins ils avoient laissé aux Athéniens et aux Lacédémoniens leurs magistrats et leurs lois.

« L'apôtre estant donc amené en l'Aréopage fut environné de tous costez de philosophes, et, parlant avec majesté de Dieu, prouva avec des raisons admirables et divines qu'il est créateur et seigneur du ciel et de la terre, et qu'il estoit ce *Dieu inconnu* qu'ils adoroient. Il acheva son discours en disant : Que tous les morts ressusciteroient à un certain jour pour estre jugez, et estre rendu à un chacun selon ses œuvres. Comme ils entendirent parler de la résurrection, ils furent grandement etonnez, les uns se mocquoient de luy, les autres dirent qu'il falloit l'ouïr un autre jour plus à loisir sur cette matière. Enfin, il s'en trouva qui etans plus dociles et plus éclairés receurent la parole de Dieu et se convertirent, entre autres Denys, président du *sénat aréopagite*, et Damaris, sa femme, et autres qui lui suivirent. »

D'après le légendaire que je cite, « Denys fut ordonné évêque d'Athènes par saint Paul lui-même. Le nouveau pasteur brilla par sa charité envers son troupeau autant que par sa science et sa haute vertu. Aussi, pour le récompenser du courage qu'il avoit montré en abjurant le culte des idoles, notre Seigneur luy octroya deux insignes faveurs : Denys a vu deux fois la divine mère du Sauveur. Une fois dans le cénacle au milieu des apôtres ; une autre fois sur son lit de mort, au moment où elle allait être ravie au ciel pour en devenir la royne.

« Après que saint Denys eut longtemps gouverné l'église d'Athènes, il s'en alla à Ephèse voir Jean l'évangéliste qui retournoit de son exil à Pathmos. Clément, qui étoit déjà pape, envoya Denys en France prêcher la foi de Jésus-Christ ; il emmena avec luy Rustic prêtre, et Eleuthère diacre. Sachant que Paris étoit une ville riche, peuplée, abondante et comme la capitale des austres, il y vint planter une céleste citadelle pour battre le diable en ruine.

« Ce fut là qu'il commença à ouvrir ses divins enseignements et étaler les trésors de Dieu. . . . .

« Notre ennemy commun fut envieux de ce bien, et tâcha d'ôter saint Denys du monde ; pour cela, il suscita les prêtres des idoles, afin de machiner sa mort, qui, étans venus souvent à main armée en intention de le prendre, voyoient reluire en Denys une si éclatante lumière, que la plupart se convertissoient.

« Enfin le préfet *Fescissin Sicine* le fit arrêter avec ses courageux compagnon Rustic et Eleuthère.

« Après un interrogatoire, dans lequel le disciple de saint Paul révéla toute la force de sa foi, il fut avec ses deux amis en Jésus-Christ livré aux bourreaux ; il passa par les verges et par le feu ; et le juge, irrité de sa patience chrétienne et silencieuse, ordonna qu'il fût exposé aux bestes farouches et affamées ; mais le saint faisant le signe de la croix, elles se prosternèrent à ses pieds. Non content de cela, le préfet idolâtre le fit jeter dans un four chaud, d'où étant sorty ils le crucifièrent et du haut de sa croix il proclamait toujours notre Seigneur Jésus-Christ. Voyant qu'il ne pouvoit mourir, ils le déclouèrent et le mirent en chartre avec d'autres chrétiens. Là, le saint célébra le sacrifice de la messe pour les fortifier de la sainte communion. Et à la fraction de l'hostie Notre-Seigneur leur apparut visiblement à tous, avec une clarté merveilleuse, et encouragea Denys au martyre. Il fut derechef amené devant le juge, et tourmenté de nouveau avec ses compagnons. Enfin le préfet voyant qu'ils souffroient tous les tourments sans mourir, se leva en furie de son siége, s'écriant : « Les « dieux sont méprisés, les empereurs désobéis, les peuples « séduits par vos enchantements et vos faux miracles! Voilà « les crimes qui méritent la mort; voilà pourquoi je vous « condamne à mourir sur-le-champ. »

« Alors Denys, Rustic, Eleuthère lui répondirent sans se troubler : « Que ceux qui adorent les faux dieux leur puis-« sent ressembler! Quant à nous, nous n'adorerons jamais « que le vray Dieu. »

« On les mena donc hors de la ville sur une haute montagne, où ils furent livrez entre les mains des exécuteurs de la haute justice. Seigneur, s'écria Denys; Seigneur Père tout puissant, fils du Dieu vivant, et vous, Saint-Esprit consolateur, qui êtes un Dieu en même substance et une individue Trinité, recevez les âmes de vos serviteurs, qui pour l'amour de vous donnent aujourd'huy leur vie pour confesser leur foy!

« Rustic et Eleuthère dirent à haute voix *amen*, et incontinent on leur coupa la tête avec des hachereaux émoussés pour les faire plus cruellement souffrir...

« Voici les âmes des trois amis au ciel, glorieuses et triomphantes; elles y ont été conduites par les anges. Mais les corps des martyrs, mais leurs chefs sacrés, il faut les sauver des insultes des idolâtres. Une femme, une sainte veuve s'en chargea, et la postérité la plus reculée saura son nom pour le bénir et le glorifier. Elle avoit nom Catulle. Cette courageuse chrétienne étoit riche : elle invita les chefs de la foule qui alloit jeter les corps des saints à la rivière à se reposer chez elle. Ces ministres de Satan acceptèrent son offre, et vinrent s'asseoir en sa maison. Elle les traita très-bien, pendant que les chrétiens enlevèrent et cachèrent les corps des martyrs ; les payens ne les ayant pas trouvez, entrèrent en fureur. Catulle les apaisa avec des liqueurs et des présents, et fit emporter promptement les corps saints en une maison hors de la ville de Paris. Et à quelques années de là l'on y bâtit une église où sont leurs reliques, et où ceux qui vont les visiter obtiennent de grandes miséricordes de Notre-Seigneur.

« Le sépulchre de saint Denys a été rendu plus somptueux depuis que les très-chrétiens roys de France, l'ont ennobly de superbes édifices, enrichy de grands revenus et choisy pour le lieu de leur sépulture. »

Doublet, dans son Histoire de l'abbaye de Saint-Denis, a écrit les quelques lignes que j'ajoute au récit de l'inhumation du corps du martyr, patron de la France :

« Catulle, riche et pieuse dame (accompagnée d'une multitude d'anges que l'on entendoit chanter : *Gloire soit au Seigneur !* adjoutant souventes fois *Alleluia*, aussi environnée d'une grande lumière), receut le précieux corps, et le ayant deuesté de sa sacrée tunique, chausses et autres siens habits, luy donna sépulture après l'avoir dignement enseuelly, et laissa le tout pour servir à la postérité de mémoire et saintes reliques, fit peu après ériger un tombeau. »

Plus loin, le même écrivain ajoute que ce fut autour de cette tombe que les nouveaux chrétiens construisirent une chapelle qu'ils dédièrent *aux trois martyrs;* d'après d'autres historiens, sainte Geneviève a été une des premières à contribuer à l'érection de ce monument. De nombreux miracles furent opérés, non seulement par les héroïques martyrs auxquels il était dédié, mais aussi par la sainte bergère de Nanterre si aimée de Dieu!

Les détails qui précèdent, je les ai empruntés, comme je l'ai dit plus haut, à la vie de saint Denis, écrite par le père Ribadeira, jésuite espagnol. Des légendaires français et des historiens plus rapprochés de nous nous apprennent que *saint Denys l'aréopagite* n'est pas saint Denis l'apôtre des Gaules, fondateur de la royale abbaye nécropole de nos rois. Ce dernier est venu en France vers l'an 250, et a souffert le martyre pendant la persécution de Valérien, avec ses deux compagnons, Eleuthère et Rustic, et c'est lui qui ouvre la glorieuse et longue liste des évêques de Paris.

La chapelle élevée sur les trois tombeaux des martyrs à son origine était humble et modeste, mais dès le septième siècle était devenue une superbe basilique. Des religieux, protégés par nos premiers rois, y vinrent joindre une abbaye renommée plus tard par sa sainteté et ses royales splendeurs.

Gontran, Sigebert et Chilpéric, après la mort de Caribert leur frère, roi de Paris, arrivée en 566, s'étant partagé entre eux son royaume, firent exception de la ville de Paris. Ils convinrent de la posséder tous les trois en commun, sous la condition qu'aucun des trois ne pourrait y entrer sans le consentement des autres. Ce droit commun, qu'ils eurent sur la ville de Paris, les détermina à avoir chacun un château ou maison de plaisance aux environs de cette ville, qui avait déjà, à ce qu'il paraît, de grandes séductions et un puissant attrait.

On croit généralement que Dagobert avait son palais près du monastère construit sur le territoire de Saint-Marcel, auquel le roi Gontran portait une dévotion toute particulière ; tout fait croire que ce fut avant le grand siècle illustré par Charlemagne que la terre de Saint-Marcel fut donnée à l'évêque de Paris, et que, pour attirer ce prince à Saint-Denis, Tarduff lui fit bâtir une royale résidence, tout près de l'abbaye.

En 574, soixante-deux ans après la mort de sainte Geneviève, une bande de soldats allemands, revenant d'une course faite contre Chilpéric, brisèrent les portes de la chapelle des trois martyrs, s'y ruèrent et y commirent des irrévérences et des dégâts. Un de leurs chefs enleva de dessus le tombeau une pièce d'étoffe de soie garnie d'or et de pierreries ; un soldat se tua en montant sur le monument funéraire pour y voler une colombe d'or. La prompte punition du sacrilége ne fit qu'accroître la renommée de la chapelle de Saint-Denis.

Maintenant, en nous aidant des vieilles chroniques, nous allons raconter pourquoi le roi Dagobert portait un si grand intérêt à cet oratoire ; un pieux sentiment de gratitude l'attachait à ce sanctuaire plus qu'à tout autre de ses états.

Le fils de Clotaire II était né (comme tout descendant d'Adam) avec des défauts : le berceau drapé de soie et de poupre n'en défend pas les princes, et même si l'on en croit des sages qui ont écrit sur notre nature, l'air que l'on respire dans les palais développe nos penchants plus vite que l'atmosphère de la médiocrité.

Toujours est-il que Dagobert, dans sa première jeunesse, était vif, emporté et violent ; et, malgré tout ce qu'avait pu faire le roi son père, l'irascible tempérament du prince n'avait pu être dompté. Avec les hommes doctes et lettrés chargés de l'instruire, le jeune Dagobert avait appris bien des choses ; mais ni clercs, ni précepteurs n'étaient parvenus à lui bien enseigner patience et soumission, et le grand seigneur, que le roi Clotaire avait placé près de son fils comme gouverneur suprême, se ressentit plus que tout autre des emportements de son élève. Voulant arracher du cœur du jeune prince le péché d'orgueil dans lequel il retombait presque journellement, le gouverneur avait un jour trouvé le moyen d'humilier sa fierté et y avait réussi ; mais dès ce jour, le fils de Clotaire avait juré de reprendre sa revanche : il se tint parole, et un matin, le roi étant absent, Dagobert entra dans la chambre de son gouverneur. Armé d'un grand couteau, il s'élança sur son vieux maître, et, saisissant sa longue barbe blanche, il la lui coupa si brutalement, qu'avec elle il emporta une partie du menton, ce qui était alors une chose infamante ; puis, aidé de ses gens, il le frappa d'un bâton, suprême avanie pour un noble personnage. A peine le prince venait-il d'assouvir son ressentiment, que tout de suite il vit le châtiment qu'il méritait, et que le roi son père ne manquerait pas de lui infliger. Alors la terreur s'empara de lui à un tel point qu'il se mit à fuir comme un criminel vulgaire. Dans sa frayeur, il ne sait d'abord où il pourra se mettre à l'abri du courroux royal. Enfin, il se rappelle qu'un jour, poursuivant un cerf à la chasse, l'animal aux abois avait été se réfugier dans la chapelle des saints martyrs, et que les nombreux chiens, lancés et animés après lui par les piqueurs et par lui-même, n'avaient jamais pu franchir le seuil de ce lieu d'asile, quoique sa porte fût grande ouverte devant la meute haletante; c'est là, se dit-il, que j'irai m'abriter pour me soustraire à la colère et à la justice de mon père : peut-être les saints martyrs auront-ils pitié de moi.

Et en effet, Dagobert hâta sa course vers la chapelle, renommée par tous les miracles qui y furent si souvent opérés. Dès son enfance sa mère lui avait appris à honorer, à prier les saints patrons de la France; peut-être, voyant d'en haut son repentir, Denys, Eleuthère et Rustique lui viendraient en aide. Avec cet espoir, il va donc se renfermer dans ce sanctuaire qui leur est dédié; là, il prie et attend.

Des amis (les princes en ont toujours beaucoup) viennent lui apprendre que Clotaire, de retour dans son palais, est entré dans une grande colère lorsqu'on lui a raconté l'outrage fait au gouverneur, et que son ire est si allumée, si redoutable que la barrière la plus sacrée ne pourra l'arrêter. Et tous les amis de Dagobert lui conseillent de s'enfuir bien plus loin et dans quelque pays étranger, s'il veut échapper au châtiment qui le menace et qui est imminent. A tous les conseils, à toutes les supplications, à toutes les instances de ses jeunes amis, le prince répond : Je suis ici en sûreté, je ne fuirai pas.

Cependant le roi a envoyé quérir des hommes d'armes pour saisir son fils et le lui amener.

Les hommes d'armes obéissent, partent de Paris, arrivent au seuil de la chapelle de Saint-Denis, et, malgré les sévères

Dagobert tombé aux genoux de son père, fut relevé par lui et pressé dans ses bras.

commandements de leurs chefs, ne peuvent parvenir à y entrer; lorsqu'ils sont en face du porche, une main invisible les retient et les empêche de faire un pas de plus.

Des émissaires arrivent à Clotaire et lui apprennent le prodige dont ils viennent d'être témoins. Le roi s'emporte, les gourmande, les raille de leur crédulité, et jure par lui-même qu'il franchira le seuil de la chapelle, passera outre et arrêtera de sa main même le coupable.

A ces paroles du monarque, les courtisans tremblent, le roi monte à cheval, et il faut bien lui faire escorte. Le cortége doré, avec ses lances resplendissant au soleil et ses gonfanons claquant au vent, arrive avec Clotaire tout proche du lieu d'asile. Et le miracle se renouvelle. Les trois saints martyrs Denis, Rustique, Eleuthère ne retirent pas leurs mains protectrices de dessus la tête du prince, qui a mis toute sa confiance en eux.

Lorsque Dieu permet les miracles, ce n'est pas pour étonner les yeux et satisfaire la vaine curiosité des hommes, c'est pour toucher et remuer les cœurs. Aussi, pendant que le roi, ses courtisans et ses gendarmes étaient retenus comme attachés et rivés aux marches de la chapelle, une pensée toute miséricordieuse pénétrait dans l'esprit de Clotaire; lui, si peu porté à la clémence et au pardon, venait de se dire : La jeunesse est irréfléchie, ardente, rebelle à tout joug; il faut ne pas lui garder rancune : je pardonnerai à mon fils.

Cette bonne pensée suffit à Dieu et aux saints martyrs. A l'instant même, la main puissante et invisible se leva de dessus le roi et ses gens; et Dagobert, tombé aux genoux de son père, fut relevé par lui et pressé dans ses bras; et le second acte du jeune prince fut d'aller demander pardon à son gouverneur, si outrageusement offensé. Mais, avant d'en venir là, il y avait eu beaucoup d'allées et venues, beaucoup d'heures et la nuit même s'étaient passées. Pendant ce temps, Dagobert s'était endormi dans le sanctuaire, et là, dit l'historien Doublet, « saint Denys luy apparut en vision, luy promettant de luy garantir contre la fureur du roy, et l'assurant même qu'il luy succéderoit au royaume, pourvu qu'il luy feroit bastir un mausolée et un temple. L'adjeurant de ce faire, et de transporter hors de là ses ossements et ceux de ses confrères. »

Doublet fait alors apparaître les trois martyrs et dit qu'ils avaient la face luisante comme le soleil, et rapporte même les discours qu'ils lui tinrent. De là vinrent ses bonnes résolutions, et plus tard l'édification de la basilique royale.

L'historien de l'abbaye ajoute : « Or, cette église, quoique moins grande qu'elle l'est à présent, ayant été de beaucoup agrandie par le vénérable abbé Suger, ainsi qu'il se verra en son lieu, étoit si enrichie d'or et de pierres précieuses, que c'étoit une chose admirable, et à l'endroit où devoient reposer les sacrés corps des bienheureux martyrs, le tout fut couvert d'argent tant par le dedans que par le dessus de la couverture de l'église. »

Un autre écrivain, Félibien, affirme qu'Aimoin est le premier qui ait accusé le fils de Clotaire d'avoir orné l'eglise de Saint-Denis des dépouilles enlevées aux autres églises de France ; il dit encore, « que cet auteur ne parle que de deux portes de bronze que le même roy, à ce que l'on disoit plus de trois cents ans après Dagobert, auroit enlevées à l'église de Saint-Hilaire de Poitiers ; » encore n'ose-t-il l'assurer, et il ajoute seulement que « l'une des portes que l'on avoit embarquées sur mer tomba dans l'eau, sans qu'on n'ait plus entendu depuis parler si elle a été recouvrée. » Félibien ajoute : « quoi qu'il en soit, on voit du moins que les écrivains du dernier siècle conviennent avec les plus anciens que Dagobert n'épargna rien de tout ce qu'il crut pouvoir contribuer à l'ornement de l'église de Saint-Denis (1). »

La consécration de cette royale et merveilleuse basilique ne se passa pas sans de nouveaux miracles ; un d'eux atteste combien le Seigneur des seigneurs, le Dieu roi des rois avait pour agréable cette magnifique nécropole, qui devait un jour devenir le reliquaire où serait longtemps gardée religieusement la surabondance des grandeurs de l'empire français.

Lorsque le vœu que Dagobert avait fait aux trois apôtres martyrs, Denis, Rustique et Eleuthère, fut rempli, que l'église élevée sur l'emplacement même où leurs corps avaient été pieusement confiés à la terre fut achevée, il ne fut bruit dans toute la France que de la dédicace qui allait en être faite, et pour laquelle tous les princes, tous les évêques, tous les abbés mitrés, tous les seigneurs bannerets, tous les chevaliers de renom, toutes les princesses, toutes les abbesses ayant le droit de porter la crosse, toutes les plus grandes dames du temps avaient été invitées de la part du roi fondateur.

Plusieurs jours avant le jour fixé pour la sainte et grande cérémonie, les manoirs, les châteaux, les bourgs et les villages, les hôtelleries et les couvents étaient remplis de

---

(1) Felibien, *Histoire de l'abbaye de Saint-Denis*, pag. 20.

pèlerins et de curieux qui venaient assister à la consécration de la première église dédiée à saint Denis et à ses compagnons. Pour assister à cette fête majestueuse il n'y avait pas eu à se mettre en route seulement que les grands, les nobles et les riches, les pauvres, les malades, les infirmes avaient aussi quitté leurs misérables demeures pour être témoins de la pompe religieuse. Les fêtes de la religion sont les plus belles fêtes du peuple, il les aime de préférence à toutes les autres; car en elles il trouve des consolations que les autres n'ont pas à lui donner.

Or donc, dans la multitude immense accourue de partout, il y avait un pauvre lépreux, celui-là était venu de nuit, dans les ombres, et par des chemins que les autres ne prenaient pas. Car alors il y avait une loi qui interdisait aux ladres de suivre les routes publiques, et quand ils passaient sur un pont, il fallait qu'ils marchassent au milieu de la voie et que leurs mains ne touchassent ni aux garde-fous ni aux parapets. Ils ne devaient pas non plus voyager à la clarté du jour; le lépreux avait ses heures marquées comme son chemin, et la maladie qui l'avait rendu hideux l'avait en même temps fait esclave.

Un de ces malheureux avait cependant trouvé le moyen, en évitant tous les regards, de cheminer inaperçu et d'entrer dans la nouvelle église. Après en avoir, non sans un grand tremblement, franchi le seuil, il alla se cacher dans l'obscur enfoncement d'une chapelle où se trouvaient rejetés, pour ne pas obstruer la nef et les bas-côtés, des pupitres de chantre et des chaires de docteurs. Là, se disait-il, je ne serai pas vu et j'entreverrai quelques-unes des splendeurs de la cérémonie; j'en entendrai les cantiques et j'en respirerai l'encens. Pendant que quatre cents ouvriers travaillaient à tendre des tapisseries autour des piliers des arceaux, et pendre, aux murs du sanctuaire des guirlandes et des festons de fleurs, le ladre, blotti dans son trou, respirait à peine tant il avait peur d'être découvert et chassé. Mais quand, après la longue journée de travail, toute retentissante de coups de marteaux, tout agitée d'allées et de venues, d'ordres et de contre-ordres, de décors manqués d'abord, et recommencés vingt fois, la nuit fut descendue du ciel, quand tout ce monde travailleur fut sorti de l'église, quand aucune voix, aucun pas, aucun mouvement ne se fit plus entendre dans son enceinte, après le retentissement des grandes et petites portes que l'on venait de fermer, oh! alors le lépreux, respirant à l'aise, sortit de son étroite cache et se mit à marcher pour regarder, voir et admirer.

A travers les hautes et étroites croisées, la lune, éclatante au ciel, poussait de longues gerbes de lumière qui blanchissaient les dalles et quelques parties des murailles ; les tentures, les festons de fleurs, les cierges dans leurs chandeliers de vermeil étaient à leurs places, plus rien ne manquait aux préparatifs de la solennité ; les diacres, les prêtres, les évêques pouvaient, dès le lendemain, entrer dans la maison de Dieu, le roi avec eux. Son trône était dressé en face de l'autel, monté sur des gradins recouverts de tapis de velours, sur lesquels les princes et la cour, les ministres et les grands se tiendraient tantôt debout et tantôt agenouillés.

A l'aide de la lueur qui descendait du firmament, le lépreux admirait tout ce splendide décor, et devant tant de magnificence, rêvait déjà du paradis, quand soudain il entendit une harmonie plus douce que toutes celles qu'il avait entendues en ce monde. A ces sons si suaves et tout célestes, les parfums de la myrrhe et de l'encens se mêlèrent, puis un bruissement inconnu au-dessus de sa tête. Alors il leva les yeux et, par les fenêtres du bas de l'église, il vit des milliers de chérubins et de séraphins, d'anges et d'archanges entrer, pénétrer sous les voûtes du temple élevé au Dieu du ciel et de la terre. Tous ces esprits des régions d'en haut ne s'étaient point abaissés sur les dalles, leurs ailes déployées les soutenaient à la hauteur des chapiteaux foliés des colonnes et des corniches des murailles. Pendant assez longtemps les anges succédaient aux anges et les archanges aux archanges : on eût dit d'une armée s'emparant d'une position ; mais le chef de cette milice n'avait point encore paru. Cependant, maintenant de droite et de gauche de l'église, deux longues lignes s'étaient formées avec un ordre tout céleste, et dans les mains des enfants du paradis il y avait des lances qui brillaient, des bannières qui s'agitaient, des palmes qui verdoyaient, et des encensoirs qui se balançaient. Les chérubins portaient des corbeilles de fleurs effeuillées; ils en prenaient à pleines mains et les jetaient en l'air, et, comme une pluie parfumée, les feuilles de lis, de roses et d'hyacinthes retombaient à terre. Enfin, voici que les lances, que les bannières s'abaissent, que les fronts des anges s'inclinent davantage, que les hymnes deviennent plus harmonieuses, que les encensoirs répandent des parfums plus suaves.

Voici venir Dieu lui-même!

Le divin fils de Marie, entouré de ses douze apôtres et ayant près de lui les trois martyrs Denis, Eleuthère et Rustique, s'avance radieux de majesté. Le Sauveur est vêtu d'une longue robe, éclatante de blancheur, comme celle qu'il portait sur le mont Thabor au jour de sa glorieuse transfiguration. Les trois martyrs portent des dalmatiques rouges, et sur leur cou on aperçoit un cercle rouge qui indique la mort qu'ils ont vaillamment endurée pour la foi. Alors les anges et tout le cortége entonnent les hymnes et les psaumes que les prêtres chantent aux dédicaces des églises, et c'est Jésus-Christ lui-même qui va, de ses divines mains, toucher chaque pilier, chaque colonne et faire les onctions du Saint-Chrême que les évêques devaient donner le lendemain.

Le lépreux, qui avait vu toutes ces choses et qui avait été témoin de cette consécration, unique dans les annales des églises, restait prosterné, la face contre terre, lorsqu'il s'entendit appelé par trois fois. Dans la voix qui avait prononcé son nom, il se trouvait tant d'harmonieuse douceur et une telle expression de bonté, que le pauvre ladre releva la tête : c'était Dieu lui-même qui l'avait appelé, qui s'était avancé vers lui, et qui maintenant lui disait : « Dès que le jour naîtra, tu sortiras de l'église que je viens de consacrer; tu iras vers le roi; tu entreras dans son palais et tu lui diras ce que tu as vu cette nuit : tu lui diras que le temple qu'il m'a élevé, je l'ai béni moi-même, et que tu as vu à mes côtés les trois martyrs qu'il veut honorer, en donnant leurs noms à cette maison de prière.

« Mais, Seigneur, osa répondre le lépreux, comment pourrai-je approcher du roi pour lui redire vos divines paroles! Je suis atteint de la lèpre, et les hommes, les officiers du roi, quand ils verront que j'ai rompu mon ban, que je suis venu dans une ville, et que j'ai paru au milieu d'eux, d'après la loi, me feront mourir.

« Va, et sois sans crainte, dit encore le Sauveur, va, il ne te sera fait aucun mal, tu es guéri, tu n'es plus lépreux. »

Et, disant ces mots, celui qui allait faisant le bien, guérissant les malades et ressuscitant les morts, à travers la Judée, se pencha sur le malheureux lépreux et de sa main prit la peau de sa face et la jeta contre la muraille d'une chapelle, où elle est restée longtemps collée en témoignage du miracle.

Après cette soudaine guérison, la vision céleste s'évanouit, le Christ et son radieux cortége sortirent de l'église, remontèrent vers le ciel; l'harmonie n'était plus que vague et lointaine et se perdait dans les airs comme un rêve qui s'efface. La solitude et le silence étaient rentrés dans la maison terrestre de Dieu. Tout y était redevenu comme avant la miraculeuse consécration; seulement il y était resté une odeur plus suave que tous les parfums de la terre.

Le jour naissait, ses premières lueurs pénétraient maintenant à travers les vitraux des fenêtres, le lépreux guéri, plein de confiance, trouva le moyen de sortir de l'église et alla droit vers le palais du roi. En passant près de la fontaine de la place, il alla se mirer dans l'eau de son bassin de pierre et vit qu'il ne lui restait rien de sa hideuse maladie; son visage était redevenu blanc et rose, comme au jour où il avait été, pour la première fois, conduit par sa mère, à la table des communiants.

Il serait trop long de redire comment il fut conduit devant Dagobert et devant les prélats et les grands dignitaires de l'Etat, et comment créance fut accordée à ses paroles, à la relation du miracle de la dédicace, dont il avait été le bienheureux témoin; qu'il me suffise de dire qu'après l'avoir entendu, le roi, son conseil et les prélats évêques et abbés mitrés déclarèrent *qu'il ne fallait pas refaire ce que Dieu avait daigné faire lui-même*. Et, à l'heure qui avait été fixée pour la dédicace de la royale basilique, les portes de l'église s'ouvrirent, le roi, la reine, les princes, les princesses, les évêques, les chevaliers, les hommes d'armes, les clercs, les bourgeois, les artisans et le menu peuple y entrèrent; mais des psaumes et des hymnes d'actions de grâces furent chantés dans le sanctuaire, et non les prières accoutumées des dédicaces et consécrations.

Cette histoire, je l'ai peut-être trop longuement racontée, mais je l'ai apprise dans un vieux livre de l'antique abbaye. Suger, grand ministre si jamais il en fut, y a cru et l'a écrite. A moi aussi elle a été redite, dans la petite chapelle où le pâtre s'était caché, et là on m'a montré un enfoncement obscur que l'on nomme encore *le trou du lépreux*.

Peu de temps après ce fait miraculeux, Dagobert fit apporter en grande pompe les corps des trois premiers apôtres des Gaules dans cette magnifique église que le Roi du ciel avait trouvée digne de lui, et que les hommes admiraient comme une merveille de la terre. C'est à partir de cette époque que le monarque établit des religieux dans le monastère qui y était joint comme dépendance.

Parmi les nombreux priviléges accordés à cette église, il y en avait un *qui portait qu'en considération de sa divine consécration, eu égard à la délivrance visible de Dagobert, elle ne serait soumise à aucune puissance et ne dépendrait d'aucune juridiction ecclésiastique autre que celle du Pape, et que tous les grands dignitaires du royaume de France seraient soumis à lui rendre les mêmes honneurs que les princes et prélats italiens sont tenus envers l'église de Saint-Pierre de Rome, et enfin qu'elle jouirait dans le royaume* de pareilles immunités et prérogatives que celle où l'on vénère les tombeaux de saint Pierre et saint Paul.

Un autre acte, datant de loin, reconnaît à l'église de Saint-Denis le beau droit d'asile et de refuge pour tout criminel (même pour l'homme coupable du crime de lèse-majesté), qui viendrait embrasser l'autel en criant : *Miséricorde à Dieu et à saint Denis !* Et dans cette vieille charte, le miracle du cerf, qui n'avait pu être forcé par les chiens de Dagobert, parce qu'il s'était réfugié près des tombes des trois saints martyrs, était relaté tout au long.

Jamais gratitude de roi ne fut plus grande que celle du fils de Clotaire envers le saint qui l'avait sauvé du courroux paternel. Cette reconnaissance royale s'étendit sur le monastère, honoré du nom de Saint-Denis; Dagobert donnait cent vaches par an aux religieux pour leur nourriture, et huit mille livres de plomb, chaque année, pour entretenir en bon état la couverture de leur église.

En 638 ce monarque si libéral envers l'église rendit son âme à Dieu, et après les corps des trois apôtres des Gaules le sien fut le premier inhumé sous les voûtes consacrées par Jésus-Christ lui-même. Je me trompe, avant lui un autre mort avait été descendu dans le crypte funéraire de Saint-Denis. *Landegiste*, frère de la reine Nanthilde, y avait obtenu la sépulture; car Dagobert ayant vu sa royale compagne inconsolable de la mort de son frère bien-aimé lui avait dit : « Ne pleurez plus si amèrement, Nanthilde; pour rendre le sommeil du trépassé meilleur, je lui donnerai place sous le toit de la sainte basilique, et les martyrs intercéderont pour lui. »

Il n'y a peine si amère que la religion n'adoucisse; aussi voilà longtemps que ceux qui pleurent aiment à placer les êtres chers qu'ils viennent de perdre bien près des autels du Dieu des vivants et des morts.

A la naissance de notre glorieuse monarchie française, au temps où régnait Dagobert, le souvenir des dévastations, des sacriléges commis par les Huns et les Vandales était récent ; les traces des pas du fléau de Dieu se voyaient encore dans les villes et dans les campagnes ; les débris des autels et des tombeaux attristaient souvent les regards ; mais, par la raison même que l'on avait beaucoup souffert, on avait beaucoup besoin d'espérance et de repos, et le fils de Clotaire, en marquant la place de sa sépulture dans la basilique de Saint-Denis, avait bien la conviction qu'aucune main ne viendrait jamais l'y troubler. Oh! si alors quelque prophète était venu lui prédire que lui et ses successeurs, porteurs de sceptres et de couronnes, seraient, dans les siècles à venir, arrachés de leurs tombes, et qu'un jour on verrait les petits enfants jouant avec les os des plus puissants monarques autour du temple, élevé par lui à l'éternel Seigneur, il eût chassé cet homme de sa présence comme un fourbe et un menteur impie ; et cependant cet homme eût été un vrai voyant à travers les âges, un prophète inspiré. Au septième siècle la France croyait en avoir fini avec les barbares, et au dix-huitième siècle les barbares ont reparu avec de nouvelles fureurs et de nouveaux crimes. La lumière du christianisme et de la civilisation leur était venue, et tout à coup ils n'en ont plus voulu, ils ont éteint son flambeau, et, dans les ténèbres qu'ils se faisaient à eux-mêmes, ils se sont rués contre tout ce qu'il y avait de plus sacré sur la terre ; répandre le sang des vivants n'a point suffi à ceux qui s'appelaient les réformateurs du monde. Ils ont aussi déclaré la guerre aux morts ; ils avaient été chrétiens, ils se sont faits idolâtres, et pendant un mois ces adorateurs de la raison ont fouillé sans désemparer dans les tombes royales, non seulement pour y chercher de l'or, mais dans leur stupide rage pour insulter à la royauté et aux grandes renommées françaises.

Après Dagobert, Charles Martel, qui mourut à Cressy-sur-Oise le 22 octobre 741, fut transporté avec pompe dans les caveaux de Saint-Denis. Le chemin du trône à la tombe était maintenant frayé. En 752, le pape Etienne II sacra Pépin en face de l'autel élevé par Dagobert.

Cent vingt ans environ après le règne du fils de Clotaire, Pépin démolit en partie l'œuvre du prince fondateur; l'édifice ne sembla plus assez vaste, tant la renommée de l'abbaye avait grandi; aux nombreux religieux, il fallait une église plus spacieuse. Les travaux entrepris ne furent terminés que par Charlemagne. Le fameux Turpin, son chancelier, avait été abbé de Saint-Denis. Dès ce temps, les abbés de Saint-Denis commençaient à dater dans notre histoire. Saint Gérard, pendant plusieurs années simple religieux dans ce cloître, mérita par ses connaissances et ses vertus, la mitre et le bâton pastoral. Il mourut en 959, et des miracles éclatèrent sur son tombeau. Nous citerons encore Dungal, né en Irlande et élevé en France; la haute réputation de son savoir le fit appeler par Charlemagne, qui voulait avoir de lui l'explication de deux éclipses du soleil qui, soi-disant, avaient eu lieu l'année précédente. La réponse de Dungal au grand empereur se trouve dans une lettre assez longue, dans le tome x^e du spicilége de dom Luc d'Acheri. Il existe encore du docte Irlandais un traité *pour la défense des images.*

Hilduin s'assit sur le siége abbatial lorsque Louis-le-Débonnaire occupait le trône. La fidélité au serment doit se trouver au cœur de tout homme loyal, mais surtout dans l'âme du religieux, vivant sous les regards de Dieu et loin des ambitions du monde. On a reproché à Hilduin son peu de fixité dans ses opinions et affections politiques; ces inconstances font tache sur toutes les renommées. La religion les défend aussi bien que l'honneur; elles rouillent l'armure et maculent le froc. Parmi les célébrités de Saint-Denis, il faut citer avec honneur l'abbé Adam; afin de conserver à l'abbaye le maintien des biens, des immunités et des priviléges, il plaida contre Louis VI (dit le Gros) et contraignit à main armée plusieurs seigneurs du pays chartrain à ne plus exercer de violence contre les sujets de l'abbaye (1). Ce fut lui qui fit abolir les servitudes corporelles et personnelles.

Dieu répand sans doute des grâces sur les hommes qui renoncent au monde et qui recherchent la solitude pour s'y sanctifier; mais sous les voûtes du cloître l'esprit du mal parvient quelquefois à corrompre des cœurs voués à la pureté. Au commencement du neuvième siècle le relâchement des religieux nécessita une réforme. Hincmar, qui avait été élevé dans cette abbaye, parle avec tristesse de ce changement. Les abbés Benoît et Arnoul séparèrent les moines relâchés d'avec ceux restés fidèles à Dieu et à leurs vœux.

On croit qu'à cette époque plusieurs évêques se retirèrent dans le monastère réformé, et que saint Firmin et

---

(1) *Ville de Saint-Denys*, par V. Flamand-Grettry.

saint Patrocle, dont l'abbaye possédait les corps, étaient de ce nombre.

L'abbé Adam eut pour successeur le célèbre Suger. Elevé dès son bas âge dans l'abbaye, il y grandit en piété et en science; Louis VI en fit plus tard son conseil et son guide; devenu premier ministre de ce roi, Suger améliora la justice, les lois et les relations avec les peuples étrangers, et favorisa l'affranchissement des communes. Le pouvoir de cet homme supérieur dura plus que la vie du monarque qui l'avait fait son premier ministre. Sous Louis VII il garda son poste élevé sans renoncer à ses vœux de religieux; il ne craignit pas de blâmer hautement le divorce de ce monarque. Pendant la croisade (de 1147 à 1149), il fut régent de France, et par la sagesse de son administration et par ses vertus mérita le titre de père du peuple.

Plus tard, toujours animé de l'esprit de foi et du désir de convertir les infidèles, il prêcha une nouvelle croisade; il réunit plus de dix mille hommes pour cette expédition, et il allait les conduire à ses frais outre mer, lorsqu'en 1152 il mourut dans la sainte maison où il avait appris à aimer et à servir Dieu, le roi et la France.

C'est à Louis VI qu'il faut, je crois, faire remonter l'origine de l'*oriflamme*. C'était un petit drapeau ou gonfanon qui servait d'abord aux abbés de Saint-Denis dans leurs guerres privées; ce drapeau, regardé comme miraculeux, garantissait, disait-on, la victoire au parti qui l'arborait; il remplaçait la chappe de Saint-Martin, premier étendard de nos rois.

En voici la description : L'oriflamme était un petit drapeau rouge découpé en trois pointes qui se terminaient en houpes de soie verte, et qui était attaché au bout d'une lance dont la hampe était recouverte d'argent doré.

Guillaume Guiart, écrivain du douzième siècle, le décrit ainsi :

> Oriflamme est une bannière,
> Aucun poi plus forte que quimple,
> De cendal roujoyant et simple,
> Sans pourtraiture d'autre affaire.

Pépin, en 752, ne trouvant plus assez majestueuse l'église élevée en l'honneur de saint Denis par Dagobert, l'avait fait agrandir. Charlemagne, à son tour, avait démoli et rebâti une partie du vieil édifice, et maintenant voici que l'abbé Suger pense à son tour que l'abbaye royale a acquis une telle renommée dans le monde chrétien, qu'il faut lui donner encore plus de développement et de richesses ; à cette fin il acheta des différents seigneurs tous les droits seigneuriaux sur la ville de Saint-Denis ; il se fit restituer, non sans difficulté, le beau prieuré d'Argenteuil, qui avait été donné originairement à son abbaye et prit toutes précautions pour que le revenu du comté du Vexin, appartenant au monastère et tenu de lui par Louis-le-Gros, ne lui échappât pas (1).

« Quant à l'église, tous les arts concoururent à l'embellir ; les plus habiles artistes en tous genres furent appelés dans ce but des extrémités de la France. Les faiseurs de vitres, dit Doublet, vinrent d'Angleterre.

« On doit à Suger le portail et les deux tours de la façade, et qui ont remplacé un porche en saillie, d'un style lourd, qui existait au-devant du grand portail, et que Char-

---

(1) Suger, *de Rebus in administratione suœ gestes*.

lemagne, plein de vénération pour la mémoire de son père, avait fait ériger pour sa sépulture (1). »

Parmi les magnificences de la nécropole, nous citerons avant toutes les autres les largesses de l'abbé Suger. C'est lui qui fit ériger un superbe tombeau pour y recevoir les corps des trois martyrs, apôtres des Gaules, qui, jusqu'à cette époque, avaient reposé dans l'ancien caveau où le roi Dagobert les avait fait placer.

« C'est encore à Suger que l'on devait les portes de fontes ciselées et relevées d'or moulu, et sur lesquelles on retrouvait toute l'histoire de la passion de Jésus-Christ.

« De plus, pour orner le maître-autel, un christ d'or massif, du poids de quatre-vingts marcs, et une croix richement émaillée, ayant à ses pieds les quatre évangélistes, ouvrage d'orfévrerie le plus précieux de ce temps, des tables d'or d'un travail admirable et qui étaient ornées de pierres précieuses.

« Une autre table de vermeil, un lutrin merveilleusement sculpté, embelli d'ivoire et dont les délicates sculptures rappelaient l'histoire ancienne, un aigle, d'un superbe travail, tout en or moulu; des flambeaux richement émaillés, un calice d'or, de cent quarante onces, scintillant d'hyacinthes et d'émeraudes ; un vase précieux d'une seule émeraude qui avait coûté soixante marcs d'argent, somme énorme à cette époque. Le roi avait engagé ce vase unique et renommé, et, ne pouvant le dégager, Suger obtint l'autorisation de le faire (2). »

Dans les siècles de piété et de foi les pères et mères

---

(1) *Descrip. de Saint-Denis*, par Flamand-Grettry.
(2) Flamand-Grettry.

aimaient à confier les premières années de leurs enfants aux hommes de religion et de savoir voués à la retraite et à la paix du cloître ; là l'enfance semblait plus spécialement sous la main et le regard de Dieu. A cet égard, les rois comme les bourgeois et les nobles avaient la même pensée ; ainsi le prince Louis, qui régna plus tard sous le nom de Louis VI, fut élevé sous le même toit que le jeune Suger, né d'une humble condition ; entre ces deux enfants il se forma une de ces amitiés d'école que souvent les années ne parviennent pas à changer. Cette alliance de cœur et d'esprit, qui était née à l'abbaye de Saint-Denis entre ces deux adolescents de rang si dissemblable, loin de s'affaiblir sous l'action du temps, ne fit qu'accroître.

Le jeune Suger avait reçu d'en haut un esprit vif et un caractère doux ; il était doué d'une intelligence prompte, d'une mémoire heureuse et d'un cœur aimant ; de corps il était petit et faible, mais sa physionomie agréable et gracieuse ; dans les classes du monastère, il se faisait remarquer par sa facilité d'apprendre ; et, dans les salles et les lieux de récréation, par son humeur franche et enjouée, il réussissait à se faire aimer de tous.

De retour au palais paternel, le prince Louis se souvenait toujours de Suger ; celui-ci, par la régularité de sa conduite, par sa piété et ses talents, s'était fait aimer et respecter de tous les religieux, qui, lorsque l'abbé Adam vint à passer de vie à trépas, le portèrent par leurs suffrages sur le siége abbatial vacant et drapé de deuil. Se trouvant ainsi investi de l'intendance de la justice, de charges, de pouvoirs et d'honneurs, Suger demeura reconnaissant envers Dieu, et bienveillant envers les hommes relevant de lui. Dans le monastère, la réputation de sa sagesse et de sa bonté, de sa fermeté et de son incessante surveillance grandit rapidement. Bientôt elle s'étendit au dehors, et Louis VII, se réjouissant de la renommée d'un ami d'enfance, pensa que l'homme probe et pieux qui rendait si paternelle son administration monastique, ferait un habile conseiller, *un bon ministre;* il appela donc Suger auprès de lui. Sur ces nouvelles hauteurs, la tête du religieux de Saint-Denis ne tourna pas, son intelligence et son activité suffirent à tout, les affaires de la guerre, la surveillance générale du royaume ne furent point pour lui de trop lourdes charges, et s'il y suffisait, c'est qu'il se souvenait de Dieu, comme s'il était encore sous les voûtes du cloître. A la cour, il n'avait pas quitté son froc de laine, et dans son âme il avait gardé sa foi et sa piété.

Je sais bien que souvent il bouclait une armure par-dessus son scapulaire de laine, et coiffait le casque au lieu du capuchon; mais c'était toujours pour la religion, la royauté et la France qu'il prenait l'épée et abandonnait momentanément son bâton pastoral; mais dans cette gloire des camps, dans cette vie sous la tente, en face de l'ennemi, il y a des séductions guerrières, des entraînements de courage, et Suger n'y avait pas complétement résisté; l'humilité du religieux s'effaçait par moments, l'homme de guerre cachait trop souvent l'homme de paix, et la vie fastueuse du ministre armé l'aurait peut-être perdu. Mais le Dieu de ses premières années veillait sur lui, et mit sur son chemin saint Bernard ! C'est rarement en vain que nous nous trouvons en contact avec les saints; aussi le ministre du roi Louis VII, en écoutant l'austère et éloquent Bernard, reconnut que, pour si bien servir un roi de la terre, il avait négligé le service du Roi du ciel; alors ses regards se reportèrent sur le monastère que le Seigneur avait confié à sa garde et à sa surveillance paternelle. Il y vit des abus et un relâchement qu'il fallait réformer ; alors il voulut quitter la cour et se renfermer tout à fait dans le cloître ; mais, en partant pour la Palestine, Louis VII le nomma régent de France.

En 1227, la réforme de l'abbaye de Saint-Denis ayant eu lieu, Suger, la conscience en repos, put étendre ses soins sur toutes les parties du royaume ; il ménagea le trésor avec tant d'économie, que, sans charger les peuples, il trouvait le moyen d'envoyer au roi l'argent nécessaire à l'armée guerroyante, pour la délivrance du saint tombeau. Alors de toute la France des bénédictions s'élevèrent, exaltant bien haut le nom de Suger. Ce fut au milieu de ces acclamations populaires, et dans les sentiments de la plus haute piété qu'en 1152, il rendit sa belle âme au Seigneur, à l'âge de soixante-dix ans, entre les bras des évêques de Noyon, Senlis et Soissons.

Le monarque et la France honorèrent de leurs larmes et de leurs regrets les funérailles de ce grand ministre et de ce saint religieux.

Son tombeau, d'après les désirs manifestés par lui, fut modestement placé dans un coin de la basilique ; un médaillon, dans lequel se voyait la tête de cet abbé célèbre, formait la clef d'une des voûtes de l'église. Ce portrait est d'autant plus précieux, qu'il a été fait par des sculpteurs contemporains de Suger.

On a de cet illustre abbé une *Vie de Louis-le-Gros*, ainsi que des lettres curieuses écrites par lui, alors qu'il était le premier ministre du royaume. Après lui, la royale abbaye rayonnera encore ; mais l'apogée de sa gloire aura été sous son administration ; alors elle était parvenue au suprême degré de splendeur et ne pouvait aspirer ni à s'élever plus haut, ni à porter sa renommée plus loin.

Le jour des funérailles de Philippe-Auguste en 1223, les Français avaient vu pour la première fois dans le trajet du Louvre à la nécropole le jeune prince, qui était devenu ; par la mort de son frère Philippe, l'héritier présomptif de la couronne de Louis VIII, surnommé le Lion.

Ce roi marchait le premier après le cercueil du monarque trépassé, et l'altération de ses traits révélait encore plus sa douleur filiale que ses longs habits de deuil. Près de lui, on voyait aussi vêtus de violet tous ses enfants en âge de marcher, Louis à leur tête, alors âgé de huit ans. Jean de Brienne, roi de Jérusalem était venu se joindre au cortége funèbre ; on le remarquait près du comte de Boulogne, frère du nouveau roi, et au milieu des princes du sang.

Sur la route et dans l'église parée de deuil comme une veuve, je ne sais quel attrait tenait attachés les yeux du peuple sur le fils de Louis et de Blanche de Castille : Dieu laissait-il déjà tomber un rayon de gloire sur la blonde tête de l'enfant, ou sa beauté naturelle fascinait-elle d'elle-même les regards de la foule ? Je ne puis le dire ; mais, toujours est-il que, lorsque grands seigneurs, hauts et puissants barons, bourgeois, artisans et petites gens furent de retour chez eux, tous le vantaient à l'envi. La vue de cet enfant avait jeté des semences d'espérance dans toutes les âmes.

La pierre qui scelle le caveau royal de Saint-Denis était à peine retombée sur le cercueil de Philippe-Auguste, que déjà on attribuait au défunt monarque ces paroles, comme ayant été dites par lui sur son lit de mort : « Les *gens d'église pousseront mon successeur à guerroyer contre les Albigeois; il perdra sa santé dans cette entreprise, il y périra même de mort, et le royaume tombera ès mains de femme et d'enfant.*

Ces paroles, si elles ont été prononcées par le roi mourant, lui étaient inspirées d'en haut; car elles se sont réalisées; heureusement que *la femme* aux mains de laquelle est tombée la régence du royaume a été la reine Blanche, et que *l'enfant* a été Louis IX, notre plus grand roi!

Après la mort de Suger, le roi Philippe II augmenta encore les richesses et les splendeurs de Saint-Denis; il fit don au trésor de l'abbaye de tous ses diamants, joyaux et pierreries, qui, selon Guillaume de Nangis, valaient douze mille livres, somme énorme au douzième siècle.

En 1167, le reliquaire de la royale basilique s'illustra des corps des trois vierges compagnes de sainte Ursule, martyrisées à Cologne. Le bréviaire les nomme *Panafreda, Secunda* et *Simabaria*.

Il n'y avait que cent ans que Suger avait reconstruit, agrandi et embelli l'église de Saint-Denis, qu'Eudes, abbé sous le règne de Louis IX de sainte mémoire, entreprenait d'immenses travaux pour la solidité de la royale nécropole. La tradition de la miraculeuse consécration de l'église primitive bâtie par Dagobert était si bien et si généralement établie, que les rois et les abbés qui l'avaient successivement embellie n'avaient jamais osé démolir toutes ces vieilles murailles que Jésus-Christ lui-même avait ointes de ses mains. De cette respectueuse pensée, à laquelle la foi ne pouvait qu'applaudir, il était resté dans l'édifice une partie minée et endommagée par le temps; et Eudes, en 1231, ne se détermina à abattre ces murs si merveilleusement consacrés qu'après en avoir référé au pape, qui lui écrivit *que cet édifice ne pouvait pas être éternel.*

Nous n'avons pas besoin de dire que saint Louis allait souvent activer les travaux que l'abbé Eudes venait d'entreprendre à Saint-Denis. Elever des maisons de prière pour ses sujets et ériger des autels au Seigneur par qui règnent les rois, était un des plus grands bonheurs du fils de la reine Blanche. Elle aussi voulut embellir de ses largesses l'abbaye dédiée aux patrons de la France. Aussi voyons-nous encore sur les murailles de la majestueuse basilique les tours de Castille auprès des fleurs de lis.

« Le vendredi après la Pentecôte (1), 12 juin 1248, avait été fixé pour le jour du départ. Le roi, Robert, comte d'Artois et Charles comte d'Anjou se rendirent de grand matin à l'abbaye de Saint-Denis. Là, à l'exemple de son aïeul, qui aussi en 1199 était venu chercher l'oriflamme à l'autel dédié aux patrons de la France, Louis, revêtu de son armure, s'agenouille, se recommande à Dieu, et prie en face des reliques des premiers apôtres des Gaules.

« Après avoir reçu la bénédiction du vénérable abbé Guillaume de Marcoussis et du légat de Rome, le prince se releva et reçut la gibecière ou mallette, l'écharpe croisée et le bourdon. Le légat, prenant alors l'oriflamme déposée sur le tombeau des saints martyrs, la remit également au roi.

De Saint-Denis, le monarque pieds nus, l'écharpe au cou, le bourdon à la main, se rendit à la basilique de

---

(1) *Saint Louis et son siècle*, 1 vol., par le vicomte Walsh, pag. 180, chez Mame, à Tours.

Notre-Dame, où il entendit la messe, dite par l'évêque de Paris, et communia. Au sortir de la cathédrale, une foule nombreuse accompagna encore le pieux roi, qui, marchant entre les deux reines Blanche et Marguerite, ses frères et les princesses, nu-pieds comme lui, s'arrêta auprès de l'abbaye de Saint-Antoine-des-Champs, où il monta à cheval, et partit pour Corbeil, après avoir de la voix et du geste fait ses adieux à l'immense multitude qui l'avait suivi et qui l'entourait encore.

Le lendemain, Marguerite de Provence et Blanche de Castille vinrent l'y rejoindre.

La reine Blanche était frappée du pressentiment qu'elle ne reverrait plus son fils, et la tristesse de ses traits contrastait fortement avec l'enthousiasme de la reine Marguerite et des comtesses de Poitiers et d'Anjou, qui s'estimaient heureuses de suivre leurs maris en Palestine. . . . .

La femme forte, au moment de se séparer de son fils, ressentit toutes les faiblesses d'un cœur maternel, et demanda au roi de l'accompagner jusqu'à l'abbaye de Cluny.

A Cluny, elle sollicita encore d'aller plus loin, et elle arriva à Lyon, où les attendait une réception solennelle, car Innocent IV n'avait point changé de résidence, et ce fut lui qui fit les honneurs du palais de Saint-Juste aux augustes voyageurs.

Avant de se séparer du souverain pontife, Louis lui renouvela ses instantes prières, et essaya encore de le faire revenir de son animosité contre l'empereur ; le pape ne répondant à ses sollicitations que par le silence, Louis ajouta : « Plaise à Dieu, très-saint père, que votre dureté n'attire pas sur nous une foule de malheurs ! »

« Ne pouvant encore se resolver à la departie, la royne

mère se embarqua sur le Rhone, » dit un vieux chroniqueur

Ce fut en face de la Roche-Gruy que Louis décida enfin la régente à repartir. Hélas! ce ne fut pas sans un cruel déchirement! Blanche, qui, dans toutes les circonstances, s'était montrée au-dessus de son sexe, en eut alors toute la faiblesse; elle pleura, sanglota et s'évanouit sous le poids de sa douleur. Quand enfin elle reprit ses sens et la parole, ce ne fut que pour pleurer encore et s'écrier : « *Biau et tendre fils! oncque ici-bas ne vous reverrai! le cœur me le dict bien!* »

Six ans après ce départ pour la Terre-Sainte, après beaucoup de gloire et beaucoup de malheur, Louis IX revenait à la royale basilique de Saint-Denis pour y reprendre l'oriflamme et aller de nouveau guerroyer contre les infidèles et racheter le saint tombeau. Ce fut le 14 mars 1270 que le roi et ses trois fils, Philippe, Tristan et Pierre de France, son neveu Robert d'Artois, Amaury de Larochefoucauld, grand commandeur du Temple, se rendirent à l'abbaye de Saint-Denis. Le cardinal-légat remit derechef à l'auguste pélerin le bourdon, l'écharpe, l'escarcelle et la glorieuse bannière de France. Le monarque, humblement prosterné, implora de nouveau monseigneur saint Denis, lui demandant de veiller sur le royaume qu'il plaçait en entier sous sa protection.

Le lendemain, samedi 15 mars, il y eut de nouvelles prières à Notre-Dame, où le roi et sa famille parurent avec leurs habits de croisés. Pendant ce trajet du palais à la basilique métropolitaine, le peuple et la bourgeoisie de Paris, sur toute la longueur du trajet, bordait les rues que suivait le cortége, et, à mesure qu'il approchait, on voyait les masses s'agenouiller sur le pavé priant le Dieu de la France de leur conserver le monarque qui allait une seconde fois s'éloigner de la grande famille. Parmi ceux qui étaient tombés à genoux, il y en avait un grand nombre qui regardaient le pieux roi déjà comme un saint et lui demandaient de les bénir ; et lui de répondre :

« Priez, priez le Seigneur d'être propice à nos armes. »

Au sortir de la cathédrale, Louis visita d'autres établissements pieux et surtout les hôpitaux et les maisons de Dieu. Au moment de son départ, il était comme un père qui veut voir et embrasser tous ses enfants.

Le soir de cette journée du 14 mars, le roi justicier alla coucher à Vincennes, et revit pour *la dernière fois* ces beaux chênes à l'ombre desquels il s'était plu à écouter chacun et à lui rendre bonne et loyale justice. Ce fut là que Louis se sépara de Marguerite.

Jamais jusqu'alors ils ne s'étaient quittés ; la douce et simple épouse avait toujours et partout suivi celui qui lui avait donné le ciel et la France ; leur séparation fut douloureuse. Au dedans de lui sans doute Louis regrettait que la reine ne l'accompagnât pas encore cette fois, car avec son ardente piété ne devait-il pas regarder comme un refroidissement de zèle sa volonté de demeurer en France ?

« La despartie, dit un vieil historien, eust enfin lieu a grants soupirs et grants larmes de part et d'aultre, tellement que Loys desfendit a la royne de l'accompagner hors de Vincennes. » Marguerite, étouffant de sanglots, obéit. Ce fut aussi le même jour que le sire de Joinville, l'âme navrée de tristesse, pressa sur ses lèvres la main que lui tendit son royal maître, qu'il couvrit de baisers et de larmes.

Ces larmes, on les conçoit; car le sénéchal, au fond de son cœur, devait sentir un poignant regret; sa conscience de chevalier ne lui disait-elle pas qu'il eût mieux fait de suivre son ancien compagnon d'armes que de demeurer au pays?

Tous ceux qui ont lu les Mémoires de Joinville se sont épris d'affection pour lui, et ont mêlé à leur admiration comme un sentiment d'amitié. Mais, il faut le dire, tous le blâment de s'être, en ce moment de grande épreuve, séparé de Louis IX. En pareille circonstance, se détacher de lui, c'était avoir peur de sa mauvaise fortune. Et chevalerie et prud'homie veulent que les nœuds d'amitié se ressèrent à mesure que le malheur grandit!

Une troisième fois, saint Louis est revenu à Saint-Denis; ce fut le 22 mai 1271. Il y revint porté par ses fils.

A son arrivée à Paris, Philippe, qui venait d'être salué des acclamations de ses sujets, acclamations mêlées de regrets et de larmes, fit déposer les ossements et le cœur de son père, et les cercueils de tant d'êtres chéris, dans l'église de Notre-Dame, vieille confidente des joies et des douleurs de l'empire français. Le jeune roi y vint avec les deux frères qui lui restaient, tous les trois vêtus de longs habits de deuil et marchant pieds nus. Après avoir prié, le front courbé sur les dalles du sanctuaire, après avoir mouillé de leurs larmes la châsse de bois de cèdre renfermant les dépouilles mortelles de leur père, les trois fils de France se levèrent, et l'aîné d'entre eux, le roi Philippe, prit sur ses épaules le coffre qui contenait les reliques de son saint prédécesseur; sur la route de Paris à Saint-Denis, ses deux frères, Pierre d'Alençon et Robert de Clermont, devaient tour à tour partager avec lui ce pieux devoir.

Sous ce fardeau sacré, les enfants de Louis IX furent plusieurs fois obligés de se reposer. En mémoire de ces différentes pauses, on avait autrefois élevé autant de croix qu'il y avait eu de repos sur la route mortuaire. Ces pierres de souvenir ont été abattues, il y a cinquante ans, pendant nos jours de fièvre, de délire et de crimes révolutionnaires. Eh! mon Dieu, c'est à grand tort que l'on a fait disparaître ces croix attestant le respect filial, sentiment pieux qu'il est bon de conserver et de perpétuer dans l'intérêt de tous, dans l'intérêt du républicain comme du monarchiste.

Le corps de Louis IX, descendu dans les caveaux de la royale nécropole, fut placé près de son aïeul Philippe-Auguste et de son père Louis VIII, surnommé *le Lion*. La modestie et l'humilité du roi défunt avaient défendu d'orner son tombeau; cependant, par respect pour ses cendres vénérées, on lui désobéit, et son sarcophage fut couvert de lames d'argent.

Dans le caveau, les enfants reposèrent pendant près de quatre cents ans auprès de leur père. Tristan de Damiette, comte de Nevers, et Isabelle de France furent mis pour dormir leur sommeil dans le caveau de famille. Plus tard y furent également déposés les cercueils d'Isabelle d'Aragon, du comte Alphonse II de Brienne, du comte et de la comtesse de Toulouse.

Un autre corps obtint les honneurs de ce caveau, et ce fut Pierre de Villebeon, le fidèle et vaillant chambellan; il fut mis aux pieds du roi, qu'il avait si loyalement servi. De nos jours, Cléry n'a point été couché aux pieds de Louis XVI, le second saint Louis!

Mathieu de Vendôme était abbé de Saint-Denis lors des funérailles de saint Louis. L'orgueil de cet abbé causa alors un grand scandale : en présence de Philippe III, il refusa d'ouvrir les portes de l'église tant que les évêques de Sens et de Paris n'auraient pas quitté les insignes de leur supériorité spirituelle, le moine abbé ne voulant reconnaître que le pape au-dessus de lui.

A ce sujet, l'historien Velly a écrit : « Il fallut que les deux prélats allassent quitter les marques de leur dignité au delà des limites de la seigneurie de l'ambitieux abbé ; jusqu'à ce que cela fût exécuté, le roi et tous les barons de France attendirent patiemment à la porte ! »

En 1356, pendant la terreur qui suivit la prise du roi Jean, les religieux de Saint-Denis travaillèrent à fortifier leur église de murs et de fossés. « Le dauphin Charles V, dit l'abbé Lebœuf, d'après Doublet, leur permit en 1358 d'abattre, pour leur sécurité, quelques maisons voisines. Ce qui paraît ajouté aux tours du portail, vers la partie inférieure en forme de couronnes et de créneaux, peut avoir été construit alors ; si ces espèces de fortifications ne sont pas de ce temps-là, elles auront été faites sous l'abbé Guy de Monceau, en 1363 et 1398. Son épitaphe dit de lui : *In turribus et fortalitiis cœnobium istud augmentavit.* »

L'abbaye, en 1411, ne comptait plus sous ses vastes voûtes que soixante-dix moines. Il est vrai qu'à cette époque, cinquante-deux religieux étaient placés dans les prieurés et prévôtés dépendant du monastère, et dix dans *le collège de Saint-Denis*, à Paris.

Depuis 1415, la royale abbaye compta encore plusieurs abbés remarquables par leur haute naissance et leurs grandes richesses. En s'éloignant des temps primitifs, les maisons religieuses, en perdant de leur simplicité, ont vu s'en aller bien des vertus.

Les familles de Bourbon et de Guises ont fait asseoir au siége abbatial de Saint-Denis quelques-uns de leurs membres. Le cardinal de Bourbon en fut premier abbé commendataire ; il entra en exercice en 1529, et en 1552 il était lieutenant-général des armées de Henri II.

C'est aux religieux de Saint-Denis que revient la gloire d'avoir amené au sein de la religion catholique et romaine la belle et grande âme de Henri IV ; c'est dans leur église et sur les tombeaux de Philippe-Auguste, de Louis VIII et de saint Louis, que le Béarnais a abjuré le protestantisme d'origine étrangère.

« En 1607, sous Nicolas Hesselin (1), grand prieur, il se forma une petite congrégation de plusieurs abbayes, dont celle de Saint-Denis était le chef-lieu, et qui fut confirmée par les papes Grégoire XIII, Sixte V, Grégoire XIV, Clément VIII, et autorisée par arrêt du grand conseil. Mais, dit Lebœuf, cette congrégation ne dura pas longtemps ; la réforme de saint Maure, en 1633, mit un terme à l'indépendance dont cette abbaye se glorifiait tant, et surtout à ses richesses ; et sa mense abbatiale, qui valait cent mille francs de rente, ayant été unie à la maison des dames de Saint-Cyr, en 1692, l'archevêque de Paris rentra, le 6 août de cette année, dans sa juridiction sur le territoire de Saint-Denis. »

Le scandale d'orgueil, donné lors des funérailles de saint Louis, devait être puni ; il l'a été, de la main d'un de ses plus glorieux fils !

---

(1) *Histoire de Saint-Denis*, par Flamand-Grettry.

Depuis Louis-le-Grand, l'abbaye de Saint-Denis perdit de son importance; les abbés commendataires furent pour beaucoup dans ce déclin d'autorité et de considération. La foi qui vivifie tout s'étant refroidie, le royal monastère vit pâlir son éclat. Dans les premiers temps de l'abbaye, ses religieux étaient de l'ordre de *Saint-Benoit*, suivant rigoureusement sa règle. Mais avec l'accroissement des richesses (qui n'est presque jamais un accroissement de ferveur), les moines de Saint-Denis se relâchèrent peu à peu de leur austérité primitive, et leur fit adopter des statuts plus conformes à leur opulence; leur costume devint aussi moins humble, c'est alors que quelques écrivains les nommèrent *dionisiani* au lieu de *benedictini*.

L'innovation des abbés commendataires ne fut pas heureuse. Instituées dans le but de protéger les abbayes, les commendes furent loin de réaliser les avantages qu'on s'en promettait. Les commendataires, établis dans le principe pour régénérer les couvents régis par les abbés réguliers qui faisaient parade d'un luxe effréné, loin de se montrer administrateurs intègres et réformateurs zélés, s'approprièrent une partie des biens dont ils n'avaient que la gestion et laissèrent se multiplier les désordres. Les rois et les grands favorisèrent cet ordre de choses, qui leur permettait de rémunérer à bon marché les services qu'on leur rendait. Personne n'ignore aujourd'hui que la convoitise des biens ecclésiastiques fut un des principaux mobiles du succès de la cause du protestantisme. Henri VIII eut pour sa part un si grand nombre de bénéfices, qu'il trouva bon un jour d'en donner un à son cuisinier pour un plat qu'il avait trouvé de son goût. Les princes d'Allemagne employèrent une partie du produit des confiscations des couvents et des biens de l'Église dans leur lutte contre Charles-Quint.

Parmi les prérogatives dont jouissaient les religieux de Saint-Denis, ils comptaient celle d'être dépositaires de la couronne, du sceptre, de la main de justice et des manteaux fleurdelisés qui avaient servi au sacre de chaque monarque qui passait de vie à trépas et du trône au cercueil.

Il faut citer aussi, parmi les hautes prérogatives de l'abbaye royale, celle du droit de justice spirituelle et temporelle qu'elle tenait de Robert, qui le leur accorda dès l'an 1008, privilége confirmé par Louis VI.

« Quant aux appels des décisions en *matière* (1) *spirituelle*, ces religieux allaient directement à Rome. Pour *le temporel*, il est une chose digne de remarque, c'est que l'official de Saint-Denis connaissait du *crime de lèse-majesté* (2). »

Tout à l'heure, nous nommions *Louis XIV*; nous croyons que c'est tout à fait à tort que l'on a prêté à ce grand roi une faiblesse qui nous a semblé en discordance avec son caractère. On a dit qu'il n'avait pas voulu fixer sa résidence au château de Saint-Germain, parce que de ces magnifiques hauteurs il aurait toujours eu devant les yeux les flèches et les tours de la royale nécropole. Si Louis-le-Grand a choisi Versailles pour y créer ses merveilles, c'est à une pensée filiale qu'est due cette préférence : le fils de Louis XII aimait *la maison paternelle*. Le petit château de chasse, que son père avait fait bâtir, lui était cher ; et, lorsque Mansard parla de le faire disparaître, afin que rien ne fît disparate à son gigantesque plan, le jeune roi déclara d'une

(1) *Histoire de la ville de Saint-Denis*, pag. 57.
(2) Voyez un arrêt du Parlement de Paris, 11 mars 1559.

manière positive qu'il entendait que pas une pierre de cette partie du palais ne serait ni touchée ni enlevée ; aussi tout fut conservé, et qui de nous le regrette aujourd'hui ? Loin de là, on regarde avec plaisir cette façade de brique et de pierre de taille, avec ses niches, ses médaillons, ses bustes et son cadran, dont l'aiguille arrêtée marquait jadis l'heure à laquelle le dernier roi était mort ! Ce bâtiment, que les gens ennemis des vieux souvenirs auraient voulu voir disparaître, m'a toujours semblé terminer dignement *la cour de marbre*.

Cette cour, si vide, si déserte, alors que j'allai au retour de l'émigration visiter ce Versailles, dont, enfant, j'avais si souvent entendu vanter les royales magnificences, était désolante à voir ! L'herbe croissait entre ses larges dalles disjointes ou brisées. Là où les pieds des gardes, des gens de service et des courtisans avaient tant marché dans leurs incessantes allées et venues, s'étendait alors sur le marbre cette mousse rase et d'un vert foncé, qui naît de l'humidité et de l'abandon. Dans un coin de cette cour, tout proche de la porte conduisant à la forge où le bon et malheureux Louis XVI aimait à travailler pour se distraire des ennuis du trône, mon *cicerone* me fit remarquer un cerisier qui avait trouvé le moyen de pousser entre les dalles et le mur du château ; tout enfant, le petit-fils de Louis XV s'était amusé à le soigner et à l'arroser ; le voyant grandir, il l'avait pris sous sa protection, et lorsque je le vis en 1802, il avait bien quinze ou dix-huit pieds de hauteur, et masquait une des fenêtres du rez-de-chaussée. Cependant, par inadvertance, par respect peut-être de quelque vieux serviteur, on le laissa là. Le prince enfant, qui le premier lui avait donné des soins, était depuis devenu roi, prisonnier, martyr! Des hôtes de Versailles la tempête avait tout emporté!... Et le frêle arbrisseau était demeuré, verdissant chaque printemps, et se parant de fruits tous les étés !

Quelques années plus tard (pendant que tout Paris pleurait le jeune duc d'Enghien), je retournai à Versailles. Je cherchai le *cerisier du roi*, il n'y était plus, et l'on me raconta qu'il avait été frappé du feu du ciel.

Cette seconde visite à Versailles, je ne la fis pas seul. Les amitiés qui se forment et qui grandissent sur la terre d'exil ne meurent pas, quand on est revenu au pays. J'avais beaucoup connu à Londres M. d'Arbelles ; il avait quitté l'Angleterre avant moi, et s'était marié peu de temps après son retour en France. J'avais reçu plusieurs lettres de lui pendant mon séjour en Poitou ; dans toutes, il m'engageait cordialement à le venir voir à Paris, m'assurait qu'il serait heureux de me présenter à sa femme, et qu'avec elle nous visiterions tous les monuments de la grande ville et de ses environs. Cette promesse, il l'avait tenue, et ce fut avec lui et l'abbé Frayssinous, son compatriote et son ami, que j'allai faire mon second pèlerinage à Versailles.

Pour bien visiter cette grandeur déchue, cette veuve désolée de la royauté, il fallait y venir avec des gens ayant au cœur la même foi que vous ; ce parfait accord de sentiments et d'opinions ne nous manquait pas. Aussi, j'ai toujours rangé parmi mes journées les mieux remplies celle (1) que j'ai passée à Versailles avec mon ami d'Arbelles et l'éloquent prêtre qui dès lors s'était voué à ramener les jeunes Français au culte de leurs pères. L'abbé Frayssinous mêlait à la vivacité méridionale une bonté apostolique qui

(1) 16 octobre 1804.

gagnait les cœurs; son esprit élevé voyait l'avenir par-dessus *le présent* que nous avions alors. Au moment où le jeune vainqueur de l'Italie établissait *l'empire français*, lui nous disait : « *Ce Versailles, qui nous oppresse l'âme aujourd'hui par la tristesse de sa solitude et de son abandon, reverra les petits-fils de Louis XIV sous ses lambris dorés.* » Tout en admirant la gloire de Napoléon, il croyait fermement au retour des Bourbons : pour lui, c'était une conviction; pour nous, ce n'était qu'un désir. Dieu fait parfois aux saints le don *de seconde vue* et de prophétie.

Je ne sais comment, dans la conversation, je revins à dire que tout était si grand dans les œuvres de Louis XIV que jamais je ne pourrais me résoudre à croire à la petitesse (que quelques écrivains lui ont attribuée) de redouter tellement la pensée de la mort, que, ne voulant pas apercevoir les tours *de Saint-Denis*, il était venu créer ses merveilles sur le sol plat de Versailles. J'avais mal choisi mon moment pour ramener cette calomnie contre le grand roi, car nous arrivions justement alors à la porte de la chapelle :

« Ah! celui qui aurait eu si peur de mourir, me dit l'abbé à l'instant où notre guide ouvrait la porte dorée de la chapelle, celui qui aurait tremblé au mot de MORT et redouté d'apercevoir de loin l'église où il devait être enterré, ne serait pas venu si souvent s'asseoir ici en face de cette chaire de vérité, pour écouter le grand orateur des funérailles, le sublime interprète de la mort, celui qui, mieux que tout autre, a fait entrevoir *le peu* qui reste des plus puissants monarques couchés dans le cercueil, et la vanité des plus somptueux tombeaux!... Non, non, l'appréciateur, l'ami du grand Bossuet ne pouvait être coupable de l'indigne faiblesse dont il a été accusé; nulle part et dans aucun temps, les misères de la vie et l'incertitude de sa durée, n'ont été plus souvent et plus éloquemment prêchées que devant lui; qu'on se le rappelle, la parole de Dieu, les enseignements pour bien vivre, et pour bien mourir, les avantages de la vertu, le néant des grandeurs, les éternelles délices du ciel, les tourments sans fin de l'enfer, ont-ils jamais été proclamés du haut de la chaire évangélique avec autant d'éclat et d'autorité que sous le règne et en présence de Louis-le-Grand? »

Tout en écoutant l'abbé Frayssinous, nous avancions dans cette merveilleuse chapelle qui ressemble vraiment à une vision du ciel, tant on y voit de gloire et de majesté, de saints et de saintes, d'anges et d'archanges, de chérubins et de séraphins groupés sur les nuées, tous adorant l'éternel Seigneur, nous étions parvenus tout près de la balustrade de marbre de sanctuaire. L'homme qui nous conduisait et qui, aux paroles du prêtre, avait reconnu que nous étions catholiques et par conséquent royalistes, nous dit : « Vous êtes maintenant sur les dalles mêmes où j'ai vu (car je suis un vieux serviteur de la maison) M. le Dauphin agenouillé, auprès de l'archiduchesse d'Autriche Marie-Antoinette, le jour de leur mariage!... Ici, à droite, était assis le roi Louis XV, ses filles Mesdames de France et toute la famille royale... et aujourd'hui, 16 octobre, moi et d'autres fidèles nous étions de grand matin à l'église de Saint-Louis, où le curé nous disait une *messe noire*, pour celle que j'avais vue ici... ici même, si belle, si gracieuse et si aimée! » Nous serrâmes tous la main du vieillard; ses yeux étaient pleins de larmes et les nôtres n'étaient pas secs. Nous allions le quitter, croyant qu'il n'avait plus rien à nous faire voir, mais il ajouta : « Veuillez, Messieurs, m'attendre ici à deux pas dans le jardin ; à cause *du jour anniversaire*, je vais aller chercher la clef des petits appartements de la reine. » Au bout de quelques instants, il revint, et il nous montra tout. Témoin des journées des 5 et 6 août, il n'avait rien oublié ; nous savions aussi tout ce qu'il racontait, et cependant nous avions un triste et saint plaisir à l'écouter : l'homme fait ressemble souvent à l'enfant qui redemande l'histoire qui lui a été déjà dite plusieurs fois ; le cœur aime ce qui l'a fait battre. Nous en étions là tous les trois ! Et notre journée fut si remplie, que nous résolûmes d'en avoir d'autres de la même nature. Des émotions comme celles que nous venions d'éprouver sont presque saintes ; il ne faut pas les redouter. En politique comme en religion, rien n'est pire que l'oubli ; *souvenir oblige*, et nulle part, le souvenir n'a autant d'autorité sur notre âme que lorsque nous allons l'évoquer dans le lieu même où s'est passé l'événement dont il est bon de garder la mémoire ! Nous arrêtâmes donc que notre première exploration serait à Saint-Denis. Il existait encore, non loin de l'abbaye, un ancien religieux qui avait été condamné à assister à la violation des tombes royales. M. d'Arbelles, par ses relations, trouverait le moyen d'arriver jusqu'à lui, et là encore nous n'aurions pas un cicerone vulgaire.

Comme nous l'avions espéré, nous parvînmes auprès de l'ancien bénédictin. Les longues années qu'il avait passées dans la tranquillité du cloître lui rendaient insupportables le bruit et l'agitation, et lorsque la *Convention nationale*, dans sa manie de tout renverser et de tout détruire, eut décrété que l'abbaye de Saint-Denis était supprimée comme toutes les autres, le père Jean-Baptiste, infirme et sur l'âge, fut poussé hors de la maison de Dieu où il avait, pendant plus de trente ans, vécu de foi, de piété et d'étude, il se trouva inexpérimenté et timide comme l'orphelin qui n'a plus d'abris, plus de mère, plus de parents pour le protéger et lui donner de sages conseils ; plus que sexagénaire, il se sentait le besoin d'un appui et d'un guide ; Dieu eut pitié de son vieux serviteur, et le jour où il fut contraint à aller chercher à la mairie de Saint-Denis (qui venait de s'intituler *commune de Franciade*) un *certificat de civisme*, il y rencontra un des habitués de la bibliothèque *ci-devant royale* de Paris, qu'il avait souvent vu à celle de l'abbaye, pour y compulser ses anciens et précieux manuscrits. Le religieux, malgré son changement d'habit, fut sur-le-champ reconnu par le docte érudit ; mais, devant les patriotes employés dans les bureaux de la municipalité, tous les deux se gardèrent bien de laisser paraître au dehors la joie qu'ils ressentaient au fond de leur âme. En ces terribles jours, se trouver en face d'un honnête homme, d'un être qui ne pouvait vous vouloir que du bien, c'était un bonheur envié.

Lorsque les cartes de civisme furent accordées à tous les postulants, l'ancien hôte de Saint-Denis et l'érudit de la bibliothèque, après toutes les précautions indispensables dans ces temps de défiance et de suspicion, s'abordèrent en se serrant la main, et quand tous les deux avaient tant de choses à se communiquer, tant de questions à se faire, ils ne firent que dire un simple *bonjour*, et hâter le pas pour déboucher de la rue dans les champs.

Ne plus avoir de regards d'espions fixés sur vous, ne plus entendre hurler *les patriotes*, ne plus être assourdi par le tambour battant le rappel, ne plus se sentir étouffer dans la foule révolutionnaire, être tout à coup transporté hors de l'air empoisonné des villes, dans le calme, le silence et la paix de la campagne!... oh! c'est là une des plus grandes, une des plus douces jouissances des temps de troubles et de délires politiques. Aussi, lorsque les deux royalistes se trouvèrent à quelques portées de fusil de Saint-Denis, assez loin des maisons pour ne plus être ni espionnés, ni entendus, alors seulement ils respirèrent à l'aise, et se racontèrent mutuellement ce qui était arrivé à chacun d'eux. M. G... B... avait été, comme de raison, renvoyé de sa place de conservateur de la bibliothèque devenue *nationale*, et était venu se réfugier chez un manufacturier de draps, habitant de Saint-Denis, homme d'honneur et de probité malgré le grade qu'il occupait dans la garde civique. Sous le toit du fabricant, M. G... B... (qui ne s'appelait plus que le *citoyen G...*) était tout à fait en sûreté; mais là, il ne trouvait pas assez de calme; quoiqu'alors le commerce et l'industrie fussent bien paralysés par la terreur, il y avait encore un peu de mouvement et de bruit dans la fabrique. Le négociant devina ce qui manquait à son hôte, et lui offrit un petit pavillon isolé, adossé au mur de l'ancien cimetière de l'abbaye; des arbres, plantés depuis quelques années dans cet enclos, avaient poussé et masquaient en partie la maisonnette. Là, il y avait chance d'être peu vu et oublié; M. G... B... accepta avec reconnaissance et s'y établit tout de suite.

Le pavillon avait au rez-de-chaussée un salon et une cuisine; au premier, deux chambres et un cabinet. Pour l'ancien bibliothécaire deux chambres, c'était du luxe! Le jour même où il avait rencontré le religieux chassé de l'abbaye, si malheureux, *si dépaysé dans la France nouvelle*, il l'avait décidé à venir habiter avec lui; pour déterminer le vieillard à accepter si vite l'amicale invitation qui lui était faite, il y avait bien des séductions! même foi religieuse, même opinion politique, même amour de l'étude et du repos. Ce fut chez ces deux solitaires que M. d'Arbelles nous conduisit.

Ce jour-là, l'ancien moine était seul au pavillon : M. G... B... était absent; un ami mourant l'avait fait demander à Versailles. Ce n'était pas sans une vive émotion que nous nous trouvâmes en face de ce vieillard, chassé de la sainte retraite où il avait espéré terminer ses jours; de notre mieux nous lui fîmes des excuses d'être ainsi venus troubler sa paix et déranger les heures de sa journée.

Avec autant de grâce que de bonté, le bénédictin nous répondit : « Parler de ce qu'on a beaucoup aimé et de ce qu'on regrette beaucoup est une *des joies tristes* du malheur. Pendant quarante ans j'avais attaché mon âme à cette sainte maison, dont vous voyez les ruines par dessus ces jeunes arbres. De l'autre côté de ce mur, la terre récemment remuée cache mal encore les ossements des plus puissants monarques et des plus glorieuses reines enlevés de leurs tombeaux et jetés pêle-mêle dans les immenses fosses creusées par les impies, pour y enfouir *la surabondance des grandeurs du vieil empire français*, comme disait il y a quelques semaines M. de Chateaubriand, qui est aussi venu me voir et à qui j'ai remis tout ce que j'avais sur la spoliation et la profanation des royales sépultures de Saint-Denis.

« Dans l'isolement, dans le dénuement profond devenu

mon partage, lorsque la révolution m'eut poussé hors de l'abbaye, j'ai reçu de Dieu et d'un ami un grand allégement à mon infortune, c'est d'avoir trouvé un asile tout proche de ce cimetière. Lorsque j'étais entré dans la maison de Saint-Denis, j'avais fait vœu de prier chaque jour et chaque nuit pour les rois, les reines, les grands hommes et les abbés enterrés dans les caveaux de notre nécropole. Aujourd'hui ici, je puis continuer les devoirs imposés par ma règle, je veille encore sur la cendre profanée des rois, je ne la perds pas de vue.

« J'espérais bien, ignoré comme je l'étais, que rien ne viendrait désormais me tirer de ma profonde solitude. Pour être encore plus oublié, je ne sortais presque jamais le jour; quelquefois, quand le soir était avancé et les ombres épaisses, j'allais humer l'air du dehors, et machinalement c'était du côté des ruines que se portaient mes pas. Je m'abusais, l'œil du révolutionnaire pénètre partout, on découvrit qu'un religieux de Saint-Denis existait encore, et par ordre du district, on vint me prendre, en m'assurant qu'on respecterait *la liberté* que la république m'avait assurée, mais qu'il fallait que je vinsse sur-le-champ assister aux recherches qui allaient être faites dans l'église et les caveaux de la ci-devant abbaye. Je n'ai pas besoin de vous dire, messieurs, ajouta le père Jean-Baptiste, tout ce que j'éprouvai alors; une sueur froide découlait de mon front, inondait mon visage, mes jambes tremblaient; les envoyés de la municipalité s'en aperçurent, et l'un d'eux me dit à l'oreille: Venez et vous pourrez empêcher du mal; si vous ne venez pas, vous êtes un homme mort.

« J'obéis et me recommandai à Dieu. »

Dès le 31 juillet 1793, sur la proposition de Barrère,

la Convention décréta que les tombeaux et les mausolées des ci-devant rois élevés dans l'église de Saint-Denis, dans les temples et autres lieux, dans toute l'étendue de la république seraient détruits ; alors on nomma une commission pour présider à cette destruction décrétée ; mais heureusement, d'après la proposition de plusieurs amis des beaux-arts, on en créa une autre, dite *des monuments,* qui fut adjointe à la première, en tête de laquelle se trouvait M. Lenoir.

La même année, au mois de novembre, cette même Convention, présidée par un nommé Laloi, mit le comble à ses profanations ; ce n'était pas assez pour elle que l'enlèvement des tombes royales et des objets d'art, il fallait encore que les ossements et les cendres des tyrans fussent jetés au vent ; il fallait que le plomb des cercueils fût fondu pour faire des balles contre les aristocrates, les nobles et les prêtres. Au plus fort de ce délire, une députation de la *commune de Franciade* (Saint-Denis) fut introduite dans l'enceinte de l'assemblée. L'orateur porteur de l'adresse patriotique demandait qu'il plaise à la Convention d'ordonner que tout ce qui avait servi à propager la superstition parmi le peuple, que tout ce qui faisait la richesse des trésors de Saint-Denis amassé depuis des siècles, contribuât maintenant à affermir l'empire de la raison et de la liberté.

L'orateur Leblanc, auteur de la proposition philantropique, fut député pour présider à la translation du trésor. L'assemblée nomma douze commissaires pour assister à ce pillage organisé.

Dans la nuit du 11 au 12 septembre, par ordre du département, en présence du commissaire du district et de la municipalité de Saint-Denis, on enleva de la salle du trésor tout ce qui y était : châsses, reliquaires, croix, flambeaux, vases sacrés, statuettes d'or et d'argent, crosses et mitres, chappes et chasubles, pierres précieuses et diamants, tout fut mis dans de grandes caisses de bois et conduit avec cortége de la garde nationale.

« Et tel était le vertige de ces nouveaux iconoclastes de ce temps de bouleversement général, écrit un honnête habitant de la ville des tombeaux (1), que plusieurs des membres de cette Convention, peu satisfaits d'avoir pillé les trésors, profané les tombeaux de nos rois et dispersé leurs ossements à demi consumés, voulaient encore raser l'église de Saint-Denis; cette proposition insensée ne fut rejetée qu'à une très-faible majorité. »

Ce fut le 6 août 1793 que l'on vint me prendre pour être témoin et historiographe de la violation des tombeaux. La Convention avait choisi pour accomplir cette grande œuvre régénératrice de la nation plusieurs *des travailleurs* des exécrables journées des 2 et 3 septembre. Ceux qui avaient massacré les évêques et les prêtres lui semblaient faits exprès pour insulter aux restes des rois et des reines, piller les sépulcres et jeter au vent les cendres des saints.

Rien de plus infernalement affreux que de voir et d'écouter descendre dans les caveaux funèbres cette horde de brigands aux mains rapaces et ensanglantées, aux propos grossiers et aux chants féroces.

Le roi Dagobert étant le fondateur de la royale abbaye, dut être outragé le premier par la violation de son tom-

---

(1) M. Flamand-Grettry.

beau, que l'on voit aujourd'hui restauré tout près de la porte à gauche, en entrant dans l'église.

Pendant toute la durée de ce long sacrilége, les révolutionnaires mirent une espèce de régularité dans leurs outrages à la religion et à la royauté, et suivirent l'ordre chronologique. Après le tombeau de Dagobert et de Nanthilde, couchée dans le même lit funèbre, ce furent les sépulcres de Clovis II, de Charles-Martel, père de Pépin, de Pépin son fils, premier roi de la deuxième race, de Berthe ou Bertrade, morte en 783.

Puis, d'un autre côté, les tombeaux de Carloman, fils de Pépin et frère de Charlemagne, d'Hermentrude, femme de Charles-le-Chauve, de Louis III et de Carloman, son frère.

Du côté de l'évangile étaient couchés Eudes-le-Grand, Hugues-Capet, Henri Ier, Louis VI, dit le Gros, Constance de Castille, femme de Louis VII; toutes leurs tombes furent ouvertes et violées. Elles ne contenaient qu'une poussière grisâtre.

Du côté de l'épître dormaient Philippe-le-Hardi, Isabelle d'Aragon, Philippe IV, dit le Bel; aux pieds de Louis-le-Hutin, était couchée Jeanne, reine de Navarre.

Dans le sanctuaire du même côté, Philippe V, dit le Long, et Jeanne de Bourgogne, sa femme, Charles IV, dit le Bel, et Jeanne d'Evreux, sa compagne couronnée.

Dans la chapelle de Notre-Dame, Blanche, fille de Charles-le-Bel, Philippe de Valois et Jeanne de Bourgogne, sa première femme, Charles V, surnommé le Sage, mort en 1380, et Jeanne de Bourbon, sa femme, Charles VI, délivré de la vie en 1422, et Isabeau de Bavière, apportée nuitamment à sa tombe sans autre cortége que deux moines, qui l'avaient en secret enlevée du Louvre et conduite par eau de Paris à Saint-Denis sans pompe aucune, et presque sans prières, tant l'amie des Anglais était haïe des Parisiens.

Charles VIII, mort en 1461, et Marie d'Anjou, reposaient à côté de la méchante reine et du roi aliéné; Charles VIII à quelques pas d'eux, dans son superbe monument flanqué de quatre anges, qui ne fut pas plus épargné que tous les autres.

Par amour de l'art, le mausolée de Henri II et de Catherine de Médicis a été épargné; des connaisseurs ont empêché les Vandales de briser les statues du roi et de la reine; mais, quant à leurs cendres, ils ne les ont pas sauvées de la profanation. Par le monde il y a bien des gens aimant plus la matière que l'esprit; à mon sens, un tombeau vide ressemble à un corps sans âme; il ne peut plus avoir d'attrait que pour les yeux; ce qui parlait à l'âme, il ne l'a plus.

Dans la chapelle des Charles, gisait le vaillant connétable Bertrand Duguesclin; autrefois les Anglais venaient déposer sur son cercueil les clefs des villes qu'ils rendaient à la France, tant ils honoraient la mémoire du loyal Breton. Il n'en fut pas de même dans l'église de Saint-Denis, son renom n'arrêta point les *travailleurs* de la Convention, et sa tombe fut insultée et violée avec la même stupidité impie (1).

Il y avait eu dans la pensée révolutionnaire qui faisait ainsi ouvrir les tombes royales deux mobiles, la haine de la royauté et l'amour de l'or; suivant la tradition populaire,

---

(1) Ce tombeau, il faut le dire, n'avait point été compris dans le décret de la Convention, mais les ouvriers, acharnés à leur œuvre, l'avaient détruit. L'effigie du connétable a été portée dans la chapelle de Turenne.

les grands de la terre aimaient tant leurs richesses qu'ils en emportaient une bonne part dans leur suaire ; de là l'empressement, l'acharnement avec lequel les hommes de la Convention se ruaient sur les cercueils, avides d'y trouver de l'argent, de l'or et des pierreries. C'est ici qu'il faut dire que les *travailleurs* sacriléges ont été grandement trompés dans leur attente. L'on n'a trouvé que très-peu de chose ; sous le marbre et le plomb de tous ces mausolées, il y avait un peu de fil d'or mêlé aux débris d'ossements de Pépin. La plupart des cercueils ne contenait que la simple inscription du nom de l'illustre trépassé, et presque toutes ces lames étaient fort endommagées par la rouille. Ces inscriptions ainsi que les coffres de plomb de Philippe-le-Hardi et d'Isabelle d'Aragon furent emportés à l'Hôtel-de-Ville, et de là à la fonte. Ce qu'il y avait de plus remarquable, c'est le sceau d'argent de forme ogive de Constance de Castille, femme de Louis VII, *dit le Jeune.*

Ce qui résulta pour tous de cette odieuse et sacrilége violation de tant de royales sépultures, fut pour beaucoup la conviction acquise du complet néant des grandeurs humaines. Lorsque l'on avait été témoin de tous les soins, de toutes les précautions et mesures qui suivaient la mort d'un puissant de la terre, on s'était convaincu que l'embaumement, que les aromates et les parfums prodigués au corps du trépassé le préserveraient de la corruption pendant des siècles, et le défendraient contre les vers du sépulcre..... Mais non, lorsque les pierres tombales furent levées, lorsque les cercueils furent ouverts, on fut vite convaincu que l'effet des embaumements, que les mélanges du vif argent et des plantes odoriférantes ne durent pas longtemps. La soudure du plomb, l'épaisseur du cercueil de bois de chêne, le marbre de la tombe n'opposent à la décomposition du vêtement d'argile que nous tenions de Dieu et de notre mère, que bien peu d'années ; quand le corps de l'homme est descendu dans la tombe, la corruption ne lui vient pas du dehors, le péché lui en avait donné le germe, et c'est là qu'elle grandit et qu'elle atteint son horrible perfection.

Le samedi 12 octobre 1793, on a ouvert le caveau des Bourbons du côté des chapelles souterraines, et le premier cercueil ouvert fut celui de Henri IV, mort le 11 mai 1610, âgé de cinquante-sept ans. Le renom du bon Henri ne le sauva d'aucune insulte, la horde qui accomplissait l'œuvre de destruction était cuirassée à l'épreuve contre tout sentiment français ; son corps s'est trouvé bien conservé et les traits de son visage parfaitement reconnaissables ; sa barbe et ses moustaches grises étaient encore entières. Le corps est resté dans le passage des chapelles basses enveloppé de son suaire, on l'avait appuyé debout contre la muraille ; un soldat que la curiosité avait fait descendre dans les caveaux, en passant devant le Béarnais, s'approcha de lui et coupa une de ses moustaches ; puis, la serrant sous son uniforme, il dit : *Avec cela, je battrai encore mieux les ennemis de la France.* Le roi si brillant dans les camps, et si ami de son peuple, méritait ce mot du soldat.

Ce n'est que le 14 au matin que l'on emporta le corps dans le chœur au bas des marches du sanctuaire, où il est resté jusqu'à deux heures après midi ; aussi un assez grand nombre de bons Français vint rendre un silencieux hommage à ce royal cadavre, que la mort avait eu l'air de respecter ; avant le coucher du soleil, il fut déposé dans une grande fosse creusée au cimetière des Valois.

Ce même jour, les ouvriers continuèrent l'extraction des autres cercueils des Bourbons.

Celui du fils de Henri IV, Louis XIII, âgé de quarante-deux ans, et qui a mérité le surnom de *Juste ;* en même temps Anne d'Autriche, morte à Cologne, à l'âge de soixante-quatre ans, et rapportée en France pour reposer dans le royaume de son fils.

Marie de Médicis, après tant d'agitations et d'intrigues, dormait aussi de son grand sommeil dans le même caveau ; si l'un des astrologues de la superstitieuse Italienne avait osé lui prédire qu'un jour sa dépouille mortelle serait ignominieusement précipitée dans une fosse commune, elle l'eût à l'instant même banni de sa présence.

En général tout ce travail d'extraction se faisait au milieu des mauvais propos des ouvriers et d'un certain nombre de curieux, amis des membres de la Convention, auxquels on délivrait des *laisser-passer*. Les gens du peuple qui savent peu l'histoire n'auraient pas su, dans leur ignorance, quels étaient *les tyrans* qu'il fallait insulter et outrager davantage. Il y avait donc dans le monde admis à ce grand sacrilége des coryphées jacobins qui soufflaient à ces ignobles groupes les propos infâmes et impies qui, à leur gré, allaient le mieux à chacun des monarques. Le roi qui a fait descendre sur la France et sur lui le plus de gloire, celui à qui le monde a donné le surnom de *Grand*, devait avoir la plus forte part de malédictions, d'invectives et d'injures ; tout était donc monté et préparé pour qu'à Louis XIV aucun outrage ne manquât.

Cependant, lorsque le cercueil de plomb extrait du sarcophage de marbre fut ouvert, aucun cri insultant, aucune parole infâme ne furent proférés sous les voûtes du caveau ;

seulement un vif empressement se manifesta dans la foule; chacun s'avançait, se penchait sur le cercueil béant pour voir comment le grand roi avait enduré la mort et l'étroit emprisonnement de la tombe.

Son sorps était entier; sa figure reconnaissable à ses grands traits n'avait pas perdu toute trace de majesté, et, devant ce cadavre devenu comme une statue de marbre noir, l'impression de tous fut un saisissement de respect.

Comme on avait fait du corps de Henri IV, on tira Louis XIV de la châsse de plomb; et la conservation du corps était telle qu'on put le placer debout, appuyé contre la muraille. Il resta ainsi plusieurs heures sans qu'aucune inconvenance n'éclatât devant *cette majesté du tombeau*. Il n'y eut, vers la fin de la journée, qu'une de ces misérables femmes que l'on avait surnommées *tricoteuses de Robespierre*, qui, avinée et chancelante, s'approcha du cadavre et le souffleta en l'invectivant *comme le plus odieux tyran de la patrie*.

Le mardi 15 octobre 1793, vers les sept heures du matin, les ouvriers reprirent leur travail. Le premier cercueil extrait fut celui de Marie Leczinska, douce et pieuse compagne de Louis XV; vinrent ensuite ceux de Louis, duc de Bourgogne, fils de Louis, grand dauphin; de Marie-Adélaïde de Savoie; de Louis, duc de Bretagne, premier fils de Louis, duc de Bourgogne, mort en 1705, âgé de neuf mois et dix-neuf jours; un autre duc de Bretagne, frère du précédent, enlevé à l'âge de six ans; Xavier de France, duc d'Aquitaine, mort à cinq ans; Marie-Zéphirine de France, âgée de vingt et un mois; le duc d'Anjou, fils de Louis XV, mort à deux ans sept mois et trois jours. La violation de tous ces petits cercueils ne rappelle-t-elle pas le massacre des innocents ?

Des cœurs en plomb doré, contenant les vrais cœurs des Bourbons, ont aussi été ouverts, et ce qui y était renfermé jeté dans la fosse toujours béante ; plusieurs de ces enveloppes ou boîtes étaient en vermeil et surmontées d'une petite couronne d'argent doré ; elles furent déposées à la municipalité, et ceux qui étaient en plomb ont été remis aux commissaires aux plombs.

Après ce travail, il y eut moins de régularité dans les fouilles, on alla prendre les autres cercueils à mesure qu'ils se présentaient, sans ordre, à droite et à gauche. Rien n'a été remarquable dans les recherches faites pendant la journée du 15 octobre ; la plupart de ces corps étaient en putréfaction ; il en sortait une vapeur noire et épaisse, et d'une odeur infecte, mal dissipée par le vinaigre et la poudre qu'on ne cessait de brûler. Vaines précautions, qui n'empêchèrent pas de mauvaises maladies d'éclater parmi les ouvriers.

Le mercredi 16 octobre 1793, vers les sept heures du matin, on a commencé par extraire le cercueil de Henriette-Marie de France, fille de Henri IV, femme de l'infortuné Charles Ier, roi d'Angleterre, morte en 1669, âgée de soixante ans. C'est pour cette fille de France, digne de sa race, que le grand orateur de la mort s'écriait du haut de la chaire de Versailles : « Chrétiens, que la mémoire d'une grande reine, fille, femme, mère de rois si puissants, et souveraine de trois royaumes, appelle à cette triste cérémonie, ce discours vous fera paraître un de ces exemples redoutables qui étalent, aux yeux du monde, sa vanité tout entière. Vous verrez dans une seule vie toutes les extrémités des choses humaines, la félicité sans bornes aussi bien que les misères ; une longue et pénible jouissance d'une des plus nobles couronnes de l'univers. Tout ce que peut donner de plus beau la naissance et la grandeur accumulées sur une tête qui, ensuite, est exposée à tous les outrages de la fortune ; la rébellion longtemps retenue, à la fin tout à fait maîtresse ; nul frein à la licence, les lois abolies ; la majesté violée par des attentats jusqu'alors inconnus, un trône indignement renversé ! Voilà les enseignements que Dieu donne aux rois. »

Ces paroles, prononcées en 1669 par le premier de nos orateurs sacrés sur le cercueil de la reine d'Angleterre, nous pouvons les redire, en y ajoutant des attentats plus horribles encore. Ce même jour 16 OCTOBRE 1793, au moment même où les révolutionnaires violaient la tombe de Henriette Marie de France, veuve du roi Charles Stuart, ce même jour, Marie-Antoinette d'Autriche, reine de France et veuve du roi Louis XVI, était extraite du cachot de la Conciergerie pour aller mourir sur l'échafaud ; et sa belle tête tombait le même jour à la même heure où le cadavre de Louis XV était jeté dans le gouffre creusé par les jacobins.

Ce 16 octobre 1793 voyait aussi les plus fidèles défenseurs de la monarchie française, les Vendéens, poussés hors de leurs pays par le fer et le feu, effectuer ce grand et historique passage de la Loire si admirablement raconté par l'illustre veuve de Lescures, madame la marquise de la Rochejacquelein. Le cercueil de Louis XV, mort le 10 mai 1774, était à l'entrée du caveau royal, sur un banc ou massif de pierre, haut de deux pieds, dans une espèce de niche prise sur l'épaisseur du mur. C'était toujours là que l'on déposait le corps du dernier roi; il était là comme pour inviter sa postérité à descendre.

On n'a ouvert ce cercueil que dans le cimetière, et tout proche de la fosse. Le corps, retiré de la châsse de plomb, bien enveloppé de linges et de bandelettes, paraissait tout entier et bien conservé; mais, dégagé de tout ce qui l'enveloppait, il n'offrait plus la figure d'un cadavre; tout le corps tomba en putréfaction, et il en sortit une odeur si infecte qu'il ne fut pas possible de rester présent. On brûla de la poudre, du vinaigre; on tira, à diverses reprises, des coups de fusil pour purifier l'air; on le jeta bien vite dans la fosse sur un lit de chaux vive, et on le recouvrit encore de terre et de chaux.

C'est à regret que je ne continue pas à donner *en entier* les notes que le père Jean-Baptiste avait remises à M. d'Arbelles le jour où nous étions allés lui faire visite à Saint-Denis; il y a des gens qui ne veulent pas que l'on rappelle les turpitudes et les crimes des révolutionnaires de 1793; je déclare ne pas être de cette école-là. Espérant que l'esprit français pourra, un jour, redevenir ami et partisan de la vraie royauté, je ne voudrais rien taire des outrages et des crimes commis contre elle; car, tout cœur bien fait s'attache à la cause qui a beaucoup et noblement souffert, et aime les victimes de toute la haine qu'il a vouée aux bourreaux, c'est donc faute d'espace que j'abrège les notes du religieux annotateur, je dirai seulement quelques mots sur les objets qui furent trouvés dans plusieurs cercueils, mêlés aux ossements ou à la cendre des augustes trépassés. Ces débris des splendeurs du trône doivent être regardés comme des reliques de notre antique monarchie, et, à ce titre, être conservés dans le *Musée des souverains*.

On a trouvé, dans le cercueil du bon roi Charles V, une couronne de vermeil bien conservée, une main de justice d'argent et un sceptre de cinq pieds de long, surmonté de feuilles d'acanthes d'argent bien doré, et dont l'or avait conservé son éclat.

Dans la châsse de plomb de Jeanne de Bourbon, son épouse, un reste de couronne et un anneau d'or brillaient parmi les cendres, ainsi que les débris de bracelets en chaînons ; de plus, comme pour rappeler que les reines comme les simples femmes doivent avoir l'amour du travail, on avait placé dans le cercueil une quenouille et un fuseau en bois doré et à demi pourri.

Le tombeau de Charles VII, mort en 1461, âgé de cinquante-huit ans, et celui de Marie d'Anjou, sa femme, avaient été enfoncés et pillés ; on a trouvé, avec le cadavre, des restes de couronnes et un sceptre d'argent doré. Une singularité de l'embaumement du corps de ce roi, c'est qu'on y avait parsemé du vif argent qui avait conservé toute sa fluidité. On a observé le même procédé dans quelques embaumements des corps des quatorzième et quinzième siècles.

La tombe de Jeanne d'Arc aurait été sans doute placée près de celle de ce roi, si les Anglais, dans leur haine contre cette sainte fille inspirée, n'avaient jeté au vent ses cendres, mêlées à celles du bûcher de Rouen.

Le 18 octobre 1793 les travailleurs sont descendus dans le caveau de Louis XII, le père du peuple, mort en 1515, âgé de cinquante-trois ans; Anne de Bretagne, morte en 1514, âgée de trente-sept ans; les deux époux dormaient dans la même tombe, deux couronnes étaient placées près d'eux.

Le cercueil de pierre, en forme d'auge, d'Alphonse de Poitiers, frère de saint Louis, ne contenait que des cendres, cependant ses cheveux étaient bien conservés. Le corps de Philippe-Auguste était entièrement consommé ; la pierre, taillée en dos d'âne, qui refermait la tombe était arrondie du côté de la tête. Le corps de Louis VIII, père de saint Louis, s'est trouvé aussi presque consommé ; sur la pierre qui couvrait ses restes était sculptée une croix en demi-relief ; parmi la poussière un reste de sceptre en bois doré, son diadème, qui n'était qu'une bande d'étoffe satinée, était assez bien conservé. Le corps avait été enveloppé dans un drap tissu d'or, dont les lambeaux brillaient encore un peu.

En continuant la fouille dans le chœur on a découvert, à côté du tombeau de Louis VIII, celui où avait été déposé SAINT LOUIS, mort en 1270. Ce cercueil était plus court et moins large que les autres ; les précieux ossements en avaient été retirés lors de sa canonisation, en 1297. La raison pour laquelle cette châsse était moins longue et moins large, c'est que, suivant les historiens, les chairs du saint roi furent portées en Sicile, et l'on ne déposa à Saint-Denis que les os du monarque, pour lesquels il a fallu un cercueil moins grand que pour le corps entier. Aujourd'hui ce qui reste de ces ossements sacrés est exposé à la vénération des fidèles sur l'autel même du Dieu vivant, au milieu des nuages d'encens, des cierges et des fleurs.

Notre vieille monarchie a encore d'autres saintes illustrations dans le ciel : sainte Clotilde, sainte Bathilde, sainte Radegonde. Leurs dépouilles mortelles n'avaient point été déposées dans les caveaux de Saint-Denis ; il en avait été de même du corps de madame Louise de France, tante de Louis XVI, le roi martyr, connue en religion sous le nom de sœur Louise de la Miséricorde, morte carmélite, à l'âge de cinquante ans, et inhumée sans faste dans le caveau du couvent. Les niveleurs jacobins ne l'y laissèrent pas; ils avaient juré haine à tous les descendants de saint Louis, et allèrent chercher cette fille de roi, l'amenèrent dans leur horrible enclos ; là ouvrirent le cercueil, l'en tirèrent et, encore vêtue de sa robe de bure, la jetèrent dans la fosse presque comblée, tant les révolutionnaires avaient eu hâte de la remplir.

Parmi les scènes les plus hideuses que l'histoire est souvent contrainte d'étaler devant les yeux de la postérité, pour lui faire connaître à quel degré de barbarie les nations sont poussées par le génie des révolutions, je crois qu'il serait impossible, en remontant dans les siècles, de rencontrer rien d'aussi sauvage, d'aussi impie, d'aussi sacrilége que cette violation des tombes royales de Saint-Denis. Profanation organisée à froid, et qui ne ressemble pas à ces attaques, à ces accès de délire furieux qui prennent parfois aux masses populaires, qui les saisissent subitement et qui les quittent de même. Dans l'œuvre de la convention, rien de pareil ; d'avance les tombes ont été comptées, on a supputé combien il faudrait d'ouvriers et combien de journées seraient employées à *délivrer la patrie de tout ce qui pouvait lui rappeler son asservissement et sa honte sous le sceptre des tyrans* (1). Et des habiles (soyez-en assurés)

(1) Paroles des pétitionnaires patriotes, qui demandaient à la Convention la destruction de l'église de Saint-Denis.

auront calculé que la dépense du travail serait bien surpassée par tous les objets précieux, par l'argent et l'or qui seraient trouvés parmi les cendres et les ossements *des monstres couronnés*.

Parfois je m'étonne que David, le peintre régicide, le fier républicain qui, en apprenant la mort de Marat, s'était hâté de courir chez le monstre pour le peindre encore tout sanglant dans sa baignoire, et ainsi offrir à la patrie le portrait de ce grand citoyen, ami du peuple, je m'étonne que l'artiste conventionnel n'ait pas choisi comme sujet d'une de *ses grandes compositions patriotiques* la dévastation, la destruction des tombeaux des rois ci-devant monarques français; dans cet acte n'y avait-il pas de quoi inspirer un génie comme le sien? Le lieu de scène, un cimetière tout voisin de l'antique abbaye; pour fond de tableau, le chevet de la nécropole avec tous ses arcs-boutants, ses mille clochetons et ses bizarres gargouilles semblables à des chimères et à des monstres ailés; et, à l'une des extrémités de l'enclos où l'action se passe, cette fosse béante et profonde où sont jetés pêle-mêle les cadavres, les ossements, les lambeaux et les restes de chair que le temps n'a pas encore réduits en poudre; entre ce gouffre et la porte d'entrée de ce champ de mort, le sol tout recouvert d'objets brisés, de fragments de pierres tombales, de morceaux de planches, des lames de plomb dessoudées provenant des cercueils; à travers et par-dessus ces obstacles, les porteurs de brancards et de civières faisant leur chemin pour aller jeter dans la fosse commune tout ce que les siècles et les vers du sépulcre n'ont pu encore dévorer.

Pour faire aller l'ouvrage plus vite, des réchauds sont allumés, et c'est à leur feu que les plombiers fondent les cercueils à mesure qu'ils leur sont apportés des caveaux de l'église, et, sans désemparer, d'autres travailleurs, assis près de ces foyers ardents, coulent des balles de calibre pour abattre les partisans et les défenseurs des rois. De tous ces brasiers s'élève une fumée noire, épaisse, empestée de corruption, qui étouffe et oppresse. Ajoutez à tout ce hideux matériel des bruits sinistres et discordants, l'appel des ouvriers, les ordres des chefs, les coups de marteaux, le craquement des planches, les coups de fusil qui partent pour désinfecter l'air épais et méphitique, et le murmure sourd des hommes et des femmes qui sont parvenus à s'introduire dans l'enceinte. Oh ! sans doute, de ces groupes divers il se sera élevé quelques compatissantes paroles de regrets et de tristesse, mais les grossiers propos, les insultes, les moqueries et les ricanements sacriléges auront bruyamment et honteusement pour la France dominé et couvert la voix timide de la pitié.

Lorsque la basilique funéraire fut veuve de ses tombeaux, lorsque ses caveaux ne furent plus remplis que de débris et de ruines, sa désolation fut si grande, son abandon si profond, qu'il fallait vraiment du courage pour l'aller visiter. « *Saint-Denis* (1) *était désert, l'oiseau l'a pris pour passage, l'herbe croissait sur ses autels brisés, et au lieu du cantique de la mort qui retentissait sous ses dômes, on n'entendait plus que les gouttes de pluie tombant par son toit découvert, la chute de quelque pierre qui se détachait de ses murs en ruine ou le son de son horloge qui allait roulant dans les tombeaux vides et les souterrains dévastés.* »

Quand, pour la première fois, le général Bonaparte, de-

(1) *Génie du Christianisme*, tom. III.

venu premier consul, alla avec M. de Fontanes voir Saint-Denis, il le trouva dans l'état que Chateaubriand a décrit dans les lignes qui précèdent; il fut frappé de la désolation du lieu saint, jadis si splendide et si renommé parmi les nations! Dans le saisissement que tant de tristesse et d'abandon lui faisait éprouver, il médita assez longtemps sans rompre le silence; il marchait à grands pas sur les dalles disjointes et brisées entre lesquelles les ronces commençaient à pousser. Arrivé à l'entrée des caveaux vides et dévastés, il s'arrêta, et voyant M. de Fontanes à quelques pas de lui, il lui dit : — Monsieur de Fontanes, il est impossible que ceci reste dans cet état. C'est une honte pour la France; c'en serait une pour moi. Je veux faire disparaître ce stupide vandalisme révolutionnaire. Il y a des gens qui crieront; je les laisserai crier. Je ferai élever trois autels expiatoires aux trois races royales de France... Que pensez-vous de ce projet, monsieur de Fontanes?

— Je pense ce que toute la France pensera, général, c'est que la résolution que vient de prendre le premier consul est digne de lui et de la grande nation que les hommes de destruction et de pillage ont tant fait souffrir.

— Oui, oui, ajouta le consul, il faut en finir avec les jacobins et les idéologues, que je déteste; j'y suis résolu, et je veux rompre avec eux.

De retour aux Tuileries, Bonaparte fut empressé de dire à sa femme, à sa belle-fille et à Eugène de Beauharnais la détermination qu'il avait prise dans l'église dévastée et profanée de Saint-Denis. Son intérieur était à cette époque plus royaliste que partisan de la révolution; il ne trouva donc dans son intimité que louanges et approbation. Dès le lendemain, le décret qui ordonnait *l'érection de trois au-*

tels expiatoires aux trois races royales de France parut au Moniteur.

Ordinairement, ce que décrétait Bonaparte était suivi d'une prompte exécution ; cette fois, il n'en fut pas de même ; il est vrai qu'alors, bien des préoccupations survinrent, et ce ne fut que le 13 décembre 1804 que Napoléon, devenu empereur (le 28 floréal, le 18 mars de la même année), lança un décret portant :

« Que l'église de Saint-Denis est consacrée à la sépulture des empereurs. Un chapitre de dix chanoines est chargé de desservir cette église. Ces chanoines sont choisis parmi les évêques âgés de plus de soixante ans et qui se trouvent hors d'état d'acquitter l'exercice de leurs fonctions; ils jouissent, dans cette retraite, des honneurs attachés à l'épiscopat. Le grand aumônier de sa majesté est chef de ce chapitre. »

En 1812, Bonaparte ayant triomphé de toutes les coalitions formées contre lui, après avoir conduit ses valeureux solats dans presque toutes les capitales de l'Europe, et avoir couché dans presque tous les palais des empereurs et des rois, de retour en France, s'avisa de songer à son tombeau et se mit à réparer les caveaux funèbres, et choisit l'emplacement où il voulait que son cercueil fût placé pour dominer tous ceux de sa dynastie.

En 1814, le vainqueur était vaincu à son tour ! 800,000 étrangers avaient franchi nos frontières et foulaient le sol de la patrie, et quelques années plus tard le géant des temps modernes s'en allait mourir sur le rocher de Sainte-Hélène.

Revenus sur le sol natal, rentrés dans les palais où ils étaient nés, les Bourbons durent aussi s'occuper de leurs tombeaux et de l'expiation due aux cendres profanées de leurs prédécesseurs. Louis XVIII reprit donc les travaux que Napoléon avait fort avancés ; la royale nécropole, grâce à la surveillance qu'il avait apportée à cette grande et belle restauration, était presque redevenue, sous le rapport matériel, ce qu'elle avait été jadis.

Il fallait maintenant que la religion lui rendît son âme, et que les morts revinssent là où ils avaient dormi pendant tant de siècles! Le premier soin du roi très-chrétien fut donc de faire rouvrir ces deux fosses que la Convention avait fait creuser et que les jacobins s'étaient tant hâtés de remplir!

Ce fut au mois de mai 1814 que le roi Louis XVIII, voulant rendre à son frère, le roi martyr, et à sa belle-sœur, Marie-Antoinette, les devoirs religieux et les honneurs funèbres qui leur étaient dus, ordonna qu'il serait sans délai procédé à l'exhumation de leurs dépouilles mortelles, presque miraculeusement conservées par un fidèle et courageux royaliste, M. d'Anjou.

M. Dambray, chancelier de France, fut chargé des enquêtes qui furent faites à ce sujet; il en résulta ce qui suit (1) :

« M. François-Sylvain Renard, premier vicaire de M. Picavez, curé de la Madeleine, d'après les instances de son pasteur et les ordres du pouvoir exécutif, prêta son ministère aux tristes funérailles, plus que modestes, de l'auguste martyr; il fit la déclaration de tous les faits auxquels il avait pris part et qui eurent lieu dans cette lamentable et affreuse circonstance, lesquels sont consignés au ministère du 21 janvier 1815.

---

(1) *Histoire de Saint-Denis*, par M. Flamand-Grettry, pag. 168.

« Avant de descendre dans la fosse, le corps de sa majesté, découvert dans la bierre, fut jeté au fond de ladite fosse, distante de dix pieds environ du mur, d'après les ordres du pouvoir exécutif, sur un lit de chaux vive, recouverte d'un lit de terre, et le tout fortement battu et à plusieurs reprises. »

(*Extrait du Moniteur du jour précité.*)

Le sieur Dominique-Emmanuel d'Anjou déposa « qu'il avait été témoin à l'inhumation de Louis XVI et de sa majesté la reine, qu'il les a vus tous les deux descendre dans la fosse, dans des bierres découvertes qui ont été chargées de chaux et de terre; que la tête du roi, séparée du corps, était placée entre ses jambes; qu'il n'avait jamais perdu de vue une place devenue si précieuse, et qu'il regardait comme sacrée, quand il a vu faire par son beau-père l'acquisition du terrain enclos de murs, qu'il a fait rehausser pour plus grande sûreté; que le carré où se trouvaient les corps de leurs majestés a été entouré par ses soins d'une charmille fermée, planté de saules pleureurs et de cyprès. »

Ainsi qu'on le voit par le témoignage de ces Français courageux et fidèles, l'auguste et héroïque compagne de Louis XVI, Marie-Antoinette-Joseph-Jeanne de Lorraine, archiduchesse d'Autriche, fille de la grande Marie-Thérèse, impératrice d'Allemagne, née à Vienne le 2 novembre 1755, mariée au dauphin, petit-fils de Louis XV, le 16 mai 1770, ayant éprouvé le même sort que son pieux époux le 16 octobre 1793, fut inhumée de la même manière et au même lieu que le roi martyr.

Les informations et l'audition des témoins étant terminées, le digne chancelier de France, M. Dambray, accompagné de la commission nommée à cet effet, se rendit à l'ancien cimetière de la Madeleine, rue d'Anjou-Saint-Honoré, n° 48 ; alors, en sa présence et devant quelques vieux royalistes attachés de cœur et d'âme aux Bourbons, on procéda à la recherche des précieux restes du roi et de la reine.

Il faut avoir été témoin de cette exhumation pour avoir une juste idée du saisissement de tous les spectateurs formant cercle autour de l'emplacement consacré par le contact des reliques des deux martyrs et par le courage de M. d'Anjou et de sa famille ; car c'était bien au péril de sa tête et de celles de sa femme et de ses enfants qu'il avait osé abriter chez lui les deux grandes victimes de la révolution.

A mesure que les ouvriers creusaient à l'endroit qui venait de leur être bien indiqué, à mesure qu'ils rejetaient la terre brunâtre sur le gazon, à mesure que l'ouvrage avançait, le saisissement accroissait dans toutes les âmes ; penchés en avant, tous regardaient avec des yeux avides ; la pieuse impatience commençait à trouver que l'on était bien longtemps avant d'apercevoir quelque chose des deux châsses annoncées ! Le bruit des outils et des pelletées de terre que l'on continuait à extraire était tout ce que l'oreille pouvait saisir, tout le reste était un profond et silencieux respect ! Enfin, voici quelques planches de sapin pourri ; ces ais de sapin sont précurseurs des corps qu'ils ont contenus. A cette vue, les cœurs se sont serrés davantage, et l'émotion s'est accrue ; dans le silence absolu qui règne, une voix a crié : « Les voici !... »

Ces deux mots ont fait tomber à genoux tous les assistants. Plus que jamais, on se presse en avant pour mieux apercevoir ; on regarde, mais ce n'est plus qu'à travers des pleurs que l'on peut voir. Pendant quelques secondes encore, rien ne se montre parmi la terre que l'on extrait ; mais tout à coup quelque chose de blanc tranche sur le fond sombre de la fosse ; il n'y a plus à en douter, la certitude est acquise ; ce sont les restes vénérés du roi Louis XVI et de la reine Marie-Antoinette ; aussi, des pleurs, comme jamais Français n'en avait encore versés, coulent de tous les yeux et accompagnent bien la prière qui, de toutes les âmes, monte vers Dieu pour lui demander, par les mérites et les souffrances des deux martyrs couronnés, le pardon et le bonheur de la France !

Le lendemain, 21 janvier 1815, vingt-deuxième anniversaire de la mort de Louis XVI, ce qui restait de son corps et de celui de la reine Marie-Antoinette fut porté à Saint-Denis en grande pompe et au milieu du religieux recueillement d'une foule immense. Sur tout le passage du long cortége, les Parisiens avaient arboré à leurs maisons des signes de deuil ; la grande ville, d'ordinaire si bruyante, ce jour-là était triste et silencieuse.

Sous les voûtes de la royale abbaye, tout ce que la France, tout ce que l'Europe a de grand était réuni pour honorer la mémoire des deux illustres victimes de l'esprit révolutionnaire.

La religion avait aussi réuni ses ministres pour recevoir et bénir les précieux restes. L'autel était prêt, le sacrifice de propitiation y fut célébré au milieu de cette salutaire pensée de la mort et de la résurrection qu'inspire si bien le catholicisme. Après la messe, les absoutes et les cérémonies d'usage on descendit dans le caveau royal les corps du roi et de la reine, qu'accompagnaient, tout en larmes, Monsieur, comte d'Artois, monseigneur le duc d'Angoulême et monseigneur le duc de Berry.

C'est ainsi que les Bourbons morts reprirent possession du lieu consacré depuis tant de siècles à la sépulture des rois de France. Louis XVIII était rentré dans le palais de ses pères, Louis XVI rentrait dans l'enfeu de famille! A cette bienheureuse époque de 1815, on croyait que tout revenait à l'ordre pour n'en plus sortir.

L'esprit satanique qui avait aiguisé le fer de la guillotine de 1793 n'était pas, malgré toutes les apparences, éteint en 1814 et 1815. Aussi, cinq ans plus tard, l'attentat de Louvel fit rouvrir les caveaux de Saint-Denis.

Qui aurait pu penser que ce serait ce prince si jeune et si fort, le loyal et franc duc de Berry qui viendrait le premier se coucher auprès de son oncle, le royal martyr, frappé le 13 février 1820, dans des jours de folles réjouissances? Après l'agonie la plus chrétienne, la plus *miséricordieuse* qu'on puisse imaginer, après son dernier soupir de pardon, son corps fut d'abord déposé chez le gouverneur du Louvre (alors le comte d'Autichamp) et de là, quelques jours après, le 22 février, un cortége nombreux et imposant conduisit le prince à Saint-Denis.

A l'arrivée du convoi, le cercueil fut retiré du char funèbre par douze gardes-du-corps et porté au milieu de la nef tout assombrie de tentures noires semées de fleurs de lis et de larmes d'argent. Le royal chapitre de Saint-Denis, précédé de son doyen, vint recevoir l'illustre défunt à la porte de l'église, et le cœur, porté par M. de Bombelles, alors évêque d'Amiens.

Une chapelle ardente garda au milieu de ses mille cierges

le corps et le cœur de la noble victime de Louvel. Ce ne fut que le 14 mars suivant qu'eurent lieu les obsèques, auxquelles assistèrent Louis XVIII, le duc et la duchesse d'Orléans, les ducs de Chartres et de Bourbon.

Comme au service du 21 janvier, l'auguste fille de Louis XVI et de Marie-Antoinette priait et pleurait à la triste cérémonie du 14 mars 1820, dans une tribune voilée.

C'est à elle, à sa piété filiale, que la France doit l'érection de la chapelle expiatoire de la rue d'Anjou. Ce monument, dans le style antique et funéraire, est élevé juste au-dessus des deux fosses de Louis XVI et de Marie-Antoinette ; il marquera à jamais l'endroit où leurs cendres ont été longtemps religieusement gardées par la fidélité.

A une grande profondeur, sous l'autel où le saint sacrifice de la messe est tous les jours offert au Dieu des vivants et des morts, un escalier conduit à un petit oratoire. C'est là même, aussi creux sous le sol, qu'avaient été déposés les deux cercueils!... c'est là que madame la Dauphine, pendant dix trop courtes années, venait le 16 de chaque mois demander avec larmes au souverain maître des royaumes et des empires le bonheur des Français!...

Il y a dans l'histoire des dates néfastes qui donnent à réfléchir. Ainsi, l'on a remarqué les nombres 16 et 21 comme de ceux funestes aux Bourbons. Marie-Antoinette épousa le dauphin, devenu Louis XVI, le 16 mai 1770, et elle monta à l'échafaud le 16 octobre 1793. Voici un autre rapprochement de la même nature : La ville de Paris donna une fête à l'occasion de la naissance du second fils de Louis XVI le 21 janvier 1782 ; et onze ans plus tard, le 21 janvier 1793, le fer de la guillotine tranchait sa tête ointe et couronnée !

Louis XVIII, l'exilé de Mittau et d'Hartwell, ne tarda pas à aller occuper la place qui lui était gardée près des restes de son frère, de sa belle-sœur et de son neveu. La dernière sortie du vieux roi infirme avait eu lieu le 3 septembre 1824 : il était allé à Notre-Dame, au *Te Deum* chanté en actions de grâces, après la glorieuse issue de la guerre d'Espagne.

Le 13, le roi très-chrétien reçut l'extrême-onction, et le 16 rendit son âme à Dieu.

Le jeudi 23 septembre, tous les princes étant rassemblés au château des Tuileries, se fit *l'enlief* du corps, qui fut en grande pompe conduit à Saint-Denis ; les prières des morts étant terminées, le grand-aumônier qui portait le cœur alla le déposer en avant du catafalque, et le cercueil porté par les gardes-du-corps fut exposé dans une chapelle ardente.

L'inhumation n'eut lieu que le 25 octobre, et pendant tout le temps que le corps était resté exposé dans la chapelle, placée au-dessus des restes de Louis XVI et de Marie-Antoinette, à l'affluence, au recueillement des Français de tous rangs qui, pendant un mois, étaient venus prier et jeter de l'eau bénite sur le cercueil royal, on aurait dû croire que les Français étaient enfin guéris de l'amour des révolutions.

Parmi toutes les cérémonies de la vieille et monarchique France, rien d'aussi beau, d'aussi *émoyant*, d'aussi plein de salutaires enseignements, que la sépulture du monarque qui vient de passer de vie à trépas, et qui, descendu du trône, va prendre sa place sur la première marche de l'escalier où il doit attendre son successeur. Louis XVIII, après toutes les traverses de sa vie, avait dû croire que son frère

Charles X viendrait un jour le relever de sa faction funèbre. Mais non, de nouvelles inconstances sont venues agiter la plus légère des nations. La branche cadette de la maison royale s'est assise aux Tuileries, pendant que l'exil se rouvrait pour trois générations de rois : Charles X, Louis XVIII et Henri V!

N'omettons pas de nommer parmi les princes qui dorment aujourd'hui dans les caveaux de Saint-Denis deux vieillards : le prince de Condé et son fils le duc de Bourbon, l'orgueil et l'amour de cette illustre maison de Condé que Louis XIV avait appelée *sa branche de laurier*. Le jeune et loyal duc d'Enghien avait quitté ce monde avant son aïeul et son père; on sait quelle fut sa mort! Les fossés de Vincennes ont gardé longtemps ses restes... Aucun mémoire du temps ne disait où il était tombé, mais toute la France le savait. Lors de la Restauration, une tombe fut enfin donnée à l'arrière-petit-fils du grand Condé. On la voit dans la chapelle de ce château de Vincennes si aimé de saint Louis.

Pendant les séjours que j'ai faits au délicieux hameau d'Enghien, de temps en temps j'allais me promener du côté de Saint-Denis, et parfois je redescendais dans ces caveaux toujours inspirants. Un jour, en 1842, je les trouvai moins silencieux que de coutume. C'étaient quelques-uns des puissants d'alors, venus sans doute pour s'y convaincre de la vanité des grandeurs et des inconstances de la fortune. A la lueur incertaine et pâle de ces régions de la mort, je reconnus une reine détrônée : la veuve de Ferdinand VII, Marie-Christine de Bourbon. Du temps qu'elle régnait en Espagne, elle était allée visiter les tombes de l'Escurial; maintenant elle venait voir celles de Saint-

Denis. Des deux côtés des Pyrénées, ce que son esprit rencontrait, c'étaient des Bourbons passés des agitations et des soucis du trône au calme et à la paix du sépulcre.

Sous les voûtes du caveau où gît Louis XIV, Marie-Christine se trouvait mal à l'aise; il devait en être ainsi. N'était-ce pas elle qui avait défait l'œuvre du grand roi? elle qui avait relevé les Pyrénées entre l'Espagne et la France?

Un des courtisans qui lui servait de cicerone lui ayant expliqué que dans tous les sarcophages de marbre devant lesquels elle passait, et qui pour la plupart portaient les effigies et les noms des rois et des reines de notre glorieuse histoire, il n'y avait plus que les cendres et les ossements qui, en 1793, avaient été jetés dans la fosse commune du cimetière des Valois, et que Louis XVIII en avait fait retirer en 1815 pour repeupler les caveaux, où les débris des corps de Louis XVI et de Marie-Antoinette venaient d'être religieusement déposés, Marie-Christine dit aux personnes qui l'entouraient : « Ceci me désenchante; beaucoup des inscriptions peuvent être menteuses : sous ce marbre où je lis le nom de Louis IX, il n'y a peut-être pas une parcelle des os de saint Louis... *Je voudrais voir de vrais morts.*

— Votre Majesté va en voir, si elle veut bien me suivre, répondit le gentilhomme de service.

La reine le suivit. Arrivée à un petit caveau fermé par une grille de fer, à travers les barreaux, elle aperçut à la faible lueur *d'une veilleuse de nuit* deux cercueils en bois de chêne, sans drap mortuaire pour les recouvrir, et posés sur des tréteaux.

— Qui repose dans ces bierres ? demanda l'ex-régente d'Espagne.

— Monseigneur le prince de Condé et son fils monseigneur le duc de Bourbon...

— En Espagne, ajouta la reine, on aurait suspendu au-dessus de ces deux morts une lampe sépulcrale et recouvert les cercueils d'un drap de velours noir, en attendant les marbres du sarcophage.

Cette observation de Marie-Christine fut rapportée aux Tuileries, et peu de temps après deux tombes furent élevées dans le caveau et renfermèrent les deux cercueils.

Souvent je me prends à faire des vœux pour les vivants, j'en fais aussi parfois pour les morts. Je voudrais que les trois derniers Condés, l'aïeul, le père et le fils, fussent réunis dans la même chapelle mortuaire, et qu'il nous fût permis d'y aller prier et pleurer.

La branche d'Orléans a ses sépultures à Dreux; le duc d'Orléans et sa tante la princesse Adélaïde sont morts à Paris, et n'ont point été portés à Saint-Denis. Depuis 1830, on avait bien habité les châteaux et *les palais de la branche aînée*, mais jamais on n'avait eu l'ambition d'*envahir leurs tombeaux*. Dans cette abstention, je découvre une crainte respectueuse que je souhaite à tous.

Avant de raconter le pillage du trésor si renommé de la royale abbaye de Saint-Denis, avant de déplorer la perte des objets d'or et d'argent, de pierreries et de diamants, de sceptres et de couronnes, de crosses et de mitres, j'ai dû décrire, pour la faire détester et maudire, la violation sacrilége des tombeaux. Les choses saintes d'abord, les objets d'art ensuite.

Parmi *les trésors* des églises du monde catholique, celui de Saint-Denis avait le plus grand renom.

La salle qui contenait tant de saintes reliques enchâssées

dans l'argent et l'or, le porphyre, l'agate et les pierres les plus rares, était attenante à l'église; sa voûte, spacieuse et hardie, était soutenue au centre par une colonne de marbre. Ainsi que les tombeaux, ces richesses attiraient un grand et continuel concours de curieux et d'amateurs d'antiquités. La charge de *trésorier* ou *garde du trésor* était des plus importantes et généralement donnée au religieux le plus docte et le plus consciencieusement vigilant, à cause des reliques des saints renfermées dans les grandes et nombreuses armoires. Une lampe, allumée nuit et jour, était suspendue à la voûte.

Dans la nuit (1) du 11 au 12 septembre 1793, en présence du commissaire du district et de la municipalité de Saint-Denis, on enleva de la salle du trésor tout ce qui y était; châsses, reliques, couronnes et autres objets, furent mis dans de grandes caisses de bois, ainsi que les riches ornements de l'église, et le tout partit dans des chariots pour la Convention, en grand appareil et grand cortége de la garde des habitants de la ville.

Trois cercueils d'argent, de la longueur de deux pieds et demi environ, renfermant les reliques de saint Denis, de saint Rustique et de saint Eleuthère, le dessus de ces châsses en dos d'âne, étaient placés dans le massif intérieur de la *chapelle de Saint-Denis-du-Chevet*. On descendait ces reliques par-derrière le maître-autel, en ouvrant un tableau qui masquait le massif de pierre dans lequel on avait creusé une ouverture pour les placer. Le tout était d'argent massif et présenté comme hommage à la Convention.

(1) Flamand-Grettry, *Histoire de Saint-Denis*.

Les ossements des saints en furent retirés, comme l'atteste un procès-verbal ; mais que sont-ils devenus ?

Les jacobins, continuant leurs vols sacriléges, s'emparèrent également d'une châsse de sainte Geneviève. On se souvient que cette pieuse fille de Nanterre avait été une des premières, parmi les fidèles du quatrième siècle, à honorer la mémoire de l'apôtre des Gaules et de ses deux compagnons, et qu'elle avait grandement contribué à élever la chapelle primitive qui leur a été dédiée. Les rois, les reines et les grands de la terre s'étaient prosternés, ainsi que le peuple, devant les reliques de cette bergère protectrice de la ville de Paris. Ces hommages avaient suffi pour faire éclater, contre celle qui en était l'objet, toute la rage de l'enfer et de ses suppôts ; aussi lorsque le règne de la Convention eut déchaîné toutes les haines et démuselé tous les monstres, ils se ruèrent avec une infernale joie contre la magnifique châsse contenant le corps de la sainte, et que la tradition désignait comme l'ouvrage de saint Éloi.

Comme les cercueils des caveaux de Saint-Denis, elle fut impitoyablement enfoncée ; des mains, sans doute, se disputèrent l'or et les pierreries, mais d'autres s'emparèrent des ossements, les jetèrent sur la place de Grève, et les firent brûler « au bord de cette partie même de la Seine où, durant les horreurs de la famine et de la guerre auxquelles les Parisiens étaient alors en proie, sainte Geneviève, par son courage, vint à bout d'amener, d'Arcis-sur-Aube et de Troyes, onze grands bateaux chargés de farine, malgré les périls et les obstacles que le démon suscitait contre elle (1). »

---

(1) Flamand-Grettry, *Histoire de la ville de Saint-Denis*.

Voici une faible partie de la longue liste des richesses et objets d'art enlevés au trésor de la célèbre abbaye :

Une croix d'or massif, de près de trois pieds de long et de deux pieds en croisé, dans laquelle était enchâssé un morceau de la vraie croix, de la longueur d'un pied. Cette croix, d'une grande beauté et d'une grande richesse tant par le fini du travail que par l'éclat des pierreries, avait été donnée par Baudoin, empereur de Constantinople, à Philippe-Auguste, qui en a fait don à l'abbaye.

Un crucifix, fait du bois sacré de la vraie croix, travaillé, à ce que l'on croit, des propres mains du pape Clément III.

Un des clous avec lesquels Notre Seigneur Jésus-Christ fut attaché à la croix. D'après la tradition, on croyait que l'empereur Constantin l'avait donné à Charlemagne.

Mitres des anciens abbés réguliers de Saint-Denis. Il y en avait une à fond de perles, enrichie de quantité de pierreries enchâssées en or ; sur l'autre, qui était semée de fleurs de lis couvertes de semence de perles, se lisaient ces mots : *Petrus abbas me fecit* 1221.

Plusieurs couronnes, dont une seulement était en or ; le sceptre et la main de justice qui avaient servi au sacre de Henri IV.

Buste de vermeil, renfermant le chef de saint Hilaire, évêque de Poitiers, père et docteur de l'Église. La mitre enrichie de perles et de pierreries, ainsi que l'orfroi qui était autour du cou et de la figure. On remarquait surtout une agate sur laquelle était représenté l'empereur Auguste.

Reliquaire de vermeil, où était enchâssé un ossement de saint Jean-Baptiste, envoyé au roi Dagobert par l'empereur Héraclius.

Une riche agrafe, donnée par la reine Anne de Bretagne ; sur cette agrafe, une hyacinthe orientale entourée d'une cordelière d'or sur laquelle étaient écrits ces mots : *non numera*.

Deux couronnes, l'une en or et l'autre en vermeil, qui servirent au sacre de Louis XIII.

Une autre couronne en vermeil, qui avait été placée sur le cercueil d'Anne d'Autriche.

Une main de vermeil, que Louis IX portait dans ses voyages ; elle contenait un petit os de saint Denis.

Une agrafe d'or, du même roi.

Une tasse de bois de tamaris, dont saint Louis se servait pour se préserver du mal de rate.

La glorieuse épée avec laquelle il avait combattu en Terre-Sainte.

Un diadème d'or, enrichi de pierreries parmi lesquelles brillait un superbe rubis, où était enchâssée une épine de la couronne de Jésus-Christ.

Deux couronnes ayant servi au sacre de Louis-le-Grand.

Le calice et la patène de Suger. La coupe était d'une agate orientale très-travaillée ; la patène, d'une pierre appelée *serpentine*.

Un pontifical, datant de sept cents ans, dont la couverture était émaillée et qui contenait les cérémonies de l'église pour le sacre de nos rois.

Un vase d'agate. Le pied, l'anse et le couvercle étaient de vermeil doré enrichis de pierreries. Il avait été donné à l'abbaye par le grand abbé Suger, comme on le voyait par ces deux vers qui y étaient inscrits :

Dum libare Deo gemmis et auro,
Hoc ego Sugerius offero vas Domino.

La couronne fermée de Charlemagne qui servait toujours au sacre des rois de France, et l'épée de Jeanne d'Arc.

Un calice et une patène d'or émaillé, avec cette inscription :

« Je fu donné par le roy Charles, fils du roy Jehan, en sa « chapelle que fondea en l'onneur de saint Jehan, dedans « l'église de Saint-Denis, où chacun jour ordenement doi-« vent pour oli chanter deux messes, a toujours perpé-« tuellement. »

Dans la dernière des armoires doublées de fer de la salle du trésor, on voyait sur la dernière planche trois couronnes de vermeil doré, dont l'une avait servi à la pompe funèbre de Henriette de France, reine d'Angleterre ; celle du milieu aux funérailles de madame la Dauphine, et la troisième, aux obsèques de Philippe de France, duc d'Orléans, frère unique de Sa Majesté.

Le manteau royal, dont le vertueux et malheureux Louis XVI était revêtu le jour de son sacre, le 11 juin 1775 !

En énumérant toutes ces magnificences, j'ai voulu donner à la jeunesse d'aujourd'hui une juste idée de la foi vive et démonstrative de nos pères ; à leur sens, rien ne pouvait être trop beau, trop splendide pour le service de l'éternel Seigneur, Roi des rois ; de leur temps, depuis le plus puissant monarque jusqu'au simple gentilhomme, depuis le bourgeois jusqu'au paysan, tous croyaient devoir tribut au souverain dispensateur de toutes choses ; aussi le trésor de Saint-Denis ne s'était pas enrichi seulement des offrandes royales : d'humbles fidèles, à leur exemple, y avaient apporté le denier de leur redevance.

Dans ce besoin général de témoigner sa gratitude à celui de qui on tient tout, il y avait une salutaire pensée qu'il faut raviver ; car l'égoïsme, la grande plaie de notre époque, ne veut de luxe que pour lui ; tout ce qui est employé à la majesté des autels du vrai Dieu le blesse et l'irrite. Si quelques-uns de ces catholiques économes, grands prôneurs de la simplicité évangélique, daignent lire les pages que je viens d'écrire, ils m'imputeront à tort d'avoir fait l'énumération qui précède. Hélas! c'est avec tristesse, avec un grand serrement de cœur, que j'ai passé en revue toute cette magnificence d'autrefois comparée à notre misère d'aujourd'hui. Nous n'avons pas seulement perdu l'or et les pierreries, les reliques et les objets d'art : bien d'autres précieuses choses nous ont été en même temps enlevées. Où en est maintenant (pour le grand nombre) le culte de Dieu et des saints? Où retrouver l'amour que nos pères et nos mères avaient pour leur paroisse natale, le respect qu'ils portaient aux vieilles tombes de famille, et l'orgueil national avec lequel les Français d'il y a soixante ans vantaient l'antique Saint-Denis et ses royales sépultures? — Oh! oui, sans doute, je maudis du fond de mon âme les sacriléges profanateurs des tombeaux des rois et des reines, les insulteurs des cadavres et les voleurs du trésor. Mais ce ne sont pas là, malgré l'énormité de leur crime, ceux qui ont fait le plus de mal... Et sur le fronton du temple, dont les révolutionnaires avaient voulu faire *leur Saint-Denis*, pour y dormir *leur néant*, je vois les grands coupables : Voltaire, Rousseau et toute cette secte de matérialistes et d'athées. Ce sont eux qui ont désappris à la France le respect et l'amour envers Dieu et les rois. Et, si vraiment l'on veut le triomphe de la religion, il ne faut pas glorifier ses plus cruels ennemis et signaler au respect l'homme qui appelait INFAME Notre Seigneur Jésus-Christ!!!

Lorsqu'en 1830, le roi Charles X fut banni de France par une nouvelle révolution, les travaux commencés à l'église de Saint-Denis furent pendant quelque temps suspendus. Le frère de Louis XVI et de Louis XVIII, le père du duc de Berry, revenu au pays natal après vingt ans d'exil, avait dû croire et espérer qu'il *irait dormir avec ses pères* dans les caveaux restaurés de la vieille et illustre abbaye. Nous savons, hélas! comment cet espoir a été trompé; et souvent encore nous tournons nos pensées de regrets vers l'humble église des Franciscains de Goritz... Le roi qui nous a légué en partant l'Algérie, le prince qui, à la tête de nos jeunes soldats, a délivré un roi d'Espagne des Cortès révolutionnaires, et la sainte princesse, fille des martyrs, dont la haute infortune est devenue une des grandeurs et des gloires de la France, ne reposent pas en terre française, et ce sont des religieux allemands qui prient sur leurs trois cercueils!

« Quand pareils événements viennent étonner le monde, c'est que Dieu, dans l'effusion de sa colère, a juré par lui-même de le châtier. N'en cherchons point les causes ici-bas, elles sont plus haut (1)! »

Sous Louis-Philippe, des travaux indispensables furent continués à Saint-Denis. La façade latérale du nord a été

---

(1) Chateaubriand.

restaurée; on a remplacé par des terrasses en pierre d'un grand appareil les combles en tuile qui couvraient le rond-point et la basse nef. La petite galerie du pourtour de l'église était obstruée par les combles; elle a été mise à jour et garnie de vitraux d'une pauvre exécution et nullement en harmonie avec les souvenirs de la basilique.

Les tombeaux échappés au vandalisme de la Convention et que M. Lenoir a grandement contribué à sauver, sont ceux de Dagobert et de Nanthilde, de François Ier, de Louis XII, d'Anne de Bretagne et de Henri II, dit de Valois.

Le monument gothique élevé au roi Dagobert se voit à l'entrée de la basilique, incrusté en quelque sorte dans la muraille. « Il représente (1) une chapelle sculptée en pierre de liais; il est décoré d'une infinité de petits ornements en feuillage, suivant les formes adoptées en architecture à la suite des croisades. »

Les sujets qui composent les trois bas-reliefs jettent beaucoup d'intérêt à ce précieux monument.

Ansoalde (dit Montfaucon), revenant de son ambassade de Sicile, aborda à une petite île où il y avait un vieil anachorète nommé Jean, dont la sainteté attirait bien des voyageurs dans cette île, qui venaient se recommander à ses prières. Ansoalde entra en conversation avec ce saint homme, et étant venu à parler des Gaules et du roi Dagobert, Jean lui dit qu'ayant été averti de prier Dieu pour l'âme de ce prince, il avait eu une vision dans laquelle il avait vu sur la mer, des diables qui tenaient le roi Dagobert lié sur un esquif et le menaient en le battant au manoir de Vulcain; que Dago-

---

(1) Lenoir, tom. 1er, pag. 166.

bert criait, appelant à son secours saint Denis, saint Maurice et saint Martin, les suppliant de le délivrer et de le conduire au sein d'Abraham. Ces grands saints coururent après les diables, leur arrachèrent cette âme et la menèrent au ciel en chantant des versets des psaumes.

Pour trouver la suite de ces reliefs, il faut commencer par le bas du monument, et les suivre en remontant. D'abord on aperçoit tout en bas Dagobert étendu mort, les mains jointes, et au-dessus de lui, on lit :

Ci-gist Dagobert, premier fondateur de
céans, VIIe roi, en l'an 632, jusqu'à 645.

On voit à la bande de dessus Dagobert mourant et saint Denis qui l'exhorte. Après vient un arbre qui marque, suivant l'usage ancien, que ce qui suit n'a aucune liaison avec la première représentation. Après l'arbre, on remarque une barque flottant sur la mer, chargée de diables qui tiennent l'âme du roi, et au-dessus on lit :

Saint Denis révèle à l'anachorète Jean que
l'âme de Dagobert est grandement tourmentée.

A la bande au-dessus, on voit deux anges, ensuite saint Denis et saint Martin qui viennent marchant sur les flots ; arrivés à la barque, ils arrachent des mains des démons l'âme de Dagobert; on en voit quelques-uns tomber la tête la première dans les flots. L'inscription au-dessus porte :

L'âme de Dagobert est délivrée par les mérites
de saint Denis, saint Martin et saint Maurice.

Enfin, dans la dernière bande au-dessus, saint Denis, saint Martin et saint Maurice tiennent l'âme de Dagobert debout dans un drap ; on y voit un ange de chaque côté et deux autres qui encensent l'âme du roi.

Tout en haut, à la pointe, saint Denis et saint Martin sont à genoux devant Abraham et le prient de recevoir cette âme dans son sein.

On voyait adossées à chaque pilier la statue de la reine Nanthilde, femme de Dagobert, et celle du roi Clovis, leur fils. Ces statues ont été brisées.

Cette espèce de chapelle sépulcrale ne date point du temps de Dagobert Ier : les Normands avaient détruit le premier tombeau ; Louis IX a fait construire le monument que nous venons de décrire à la suite des restaurations qu'il fit faire à la sollicitation de la reine Blanche, sa mère.

TOMBEAU DE NANTHILDE.

Sous la droite en entrant, on a placé le tombeau de la reine Nanthilde, qui faisait face à celui de son époux ; on y remarque des losanges, des sculptures du seizième siècle.

TOMBEAU DE FRANÇOIS IER.

Le mausolée du roi chevalier se trouve du même côté de l'église que celui de Nanthilde, dans la dernière chapelle latérale.

Ici ce n'est plus la pierre, c'est le marbre ; ce n'est plus l'art gothique, c'est le pur et vrai goût des Romains et des Grecs.

Seize colonnes cannelées d'ordre ionique soutiennent

une voûte décorée de merveilleuses sculptures ; sous ce dais de marbre sont couchées nues les deux figures de François Ier et de la reine Claude sa femme. Ici plus de manteau royal, plus d'emblèmes de pouvoir, c'est le cadavre dans toute la vérité. Ces deux statues, sublimes par leur exécution et la connaissance profonde de l'anatomie, sont dues à Pierre Bontemps, sculpteur né à Paris ; elles sont posées sur une estrade ornée d'une frise en relief, rappelant les batailles de Marignan et de Cérisoles, appelées *batailles des géants*.

La grande voûte illustrée d'arabesques et bas-reliefs, exécutés par Germain Pilon, représente des génies éteignant le flambeau de la vie. L'allégorie de Jésus-Christ vainqueur des ténèbres exprime ingénieusement l'immortalité de l'âme. C'est là la meilleure pensée à sculpter sur la tombe ; c'est celle qui console le mieux ceux qui pleurent les morts.

Ce magnifique monument, érigé en 1550 *au père des lettres et restaurateur des arts*, a été construit sur les dessins de Philippe de l'Orme, abbé d'Ivry ; sur la plate-forme de la voûte de marbre noir se voient cinq statues en marbre blanc ; ce sont celles de François Ier, de Claude sa femme, en habits de cour et agenouillées devant leur prie-Dieu ; les trois autres représentent également en pierre François dauphin, Charles duc d'Orléans, et Charlotte de France, morte à huit ans.

J'aime mieux voir sur une tombe une famille priant Dieu pour le trépassé que toutes les plus ingénieuses allégories du monde !

TOMBEAU DE LOUIS XII

ET DE LA REINE ANNE DE BRETAGNE.

La tombe du *Père du peuple* fait bien le pendant de celle de François Ier; elle se voit dans la chapelle en face. L'ordonnance de ce monument se rapproche beaucoup de celui que nous venons de décrire; encore des arcades au nombre de douze, toutes ornées, ainsi que les pilastres, de gracieuses et délicates arabesques, et supportant une plate-forme en marbre noir, sur laquelle sont agenouillés Louis XII et sa bien-aimée reine, Anne de Bretagne; devant leur prie-Dieu, le roi et la reine sont revêtus de leurs habits royaux; mais leurs deux figures qui se voient en dessous de la voûte, font un frappant contraste avec celles de dessus; ici elles sont couchées comme dans le cercueil nues, et leurs corps sont effrayants par la vérité de l'expression et le livide de l'homme qui vient de cesser de vivre. Près des figures d'en haut, on concevrait des courtisans, des empressés des palais, auprès de celles d'en bas; on croit en quelque sorte voir arriver les vers affamés des sépulcres.

Les deux cadavres gisent côte à côte sur un cénotaphe, entouré de douze arcades, dans lesquelles sont assis les douze apôtres, admirables par leur belle nature et par la noblesse de leurs différentes attitudes. Ces douze grands saints font bonne garde autour des augustes morts.

Les quatre Vertus cardinales, plus fortes que nature, et qui malheureusement ont été mutilées lors de l'horrible violation des tombeaux, mais qui ont été habilement restaurées, sont assises aux quatre angles de ce monument digne du roi et de la reine auxquels il a été élevé. Le tout est posé sur un socle orné de bas-reliefs représentant les batailles données en Italie par les Français, l'entrée triomphale de Louis XII dans Gênes, et principalement la glorieuse journée d'Agnadelle.

On croit qu'une partie de ce magnifique mausolée a été sculptée à Tours par Jean Juste, et l'autre à Paris, à l'hôtel Saint-Paul, par Paul Ponce. Les beaux-arts s'honorent lorsqu'ils s'appliquent à propager les pensées salutaires; parmi ces pensées-là, celle de la mort est la plus puissante à remuer les âmes; aussi de grands artistes ont travaillé à illustrer des tombeaux, et, chose étrange, ils se sont fait de la gloire avec ces pierres mortuaires qui sont élevées pour redire qu'ici-bas TOUT EST VANITÉ, ET QUE LA GLOIRE HUMAINE N'EST QU'UNE PETITE FUMÉE.

TOMBEAU DE HENRI II, DIT DES VALOIS.

Ce chef-d'œuvre en beau marbre blanc et orné de douze colonnes et de douze pilastres en marbre bleu turquin, surmonté de chapiteaux d'ordre composite, a été exécuté sur les dessins de Philibert de l'Orme, et, après sa mort, il fut continué par Primatrice, appelé à lui succéder à l'intendance des bâtiments du roi.

Les corps de Henri II et de Catherine de Médicis sont représentés couchés l'un à côté de l'autre sur un lit de marbre blanc.

« Ce fut, dit M. Lenoir (bon juge en fait d'art), Catherine de Médicis qui entreprit d'élever ce magnifique mausolée à son époux et à elle-même.

« Peu après la mort de Henri II, elle en ordonna l'exécution à Germain Pilon, son sculpteur particulier, et voulut être représentée nue et comme endormie auprès de son mari. Cet artiste célèbre, l'un des fondateurs de l'école française, a été au-dessus de lui-même dans la composition de ces morceaux, qui sont autant de chefs-d'œuvre. Il a su allier avec adresse la sévérité du style de Michel-Ange à la grâce du Primatrice, qui dirigeait alors les arts dépendant du dessin. »

Les murs du Louvre, de la galerie de Fontainebleau, de Chaumont et de Chenonceau nous ont tellement accoutumés au scandale des chiffres amoureux de Henri II et de Diane de Poitiers, qu'en approchant pour la première fois du tombeau du volage et inconstant époux de la reine Catherine de Médicis, je craignais de retrouver au-dessus de son cercueil encore des doubles C, des carquois, des cors de chasse et autres attributs de la déesse des forêts. Mais non, on n'en rencontre pas l'ombre, et comme c'est à la reine italienne que les dessins du mausolée ont été soumis, je conçois que tout ce qui aurait pu rappeler le scandaleux triomphe de sa rivale en ait été proscrit.

Certes, j'ai admiré l'élégance, l'harmonie et la perfection des détails des trois monuments que je viens de décrire; mais, pour rester fidèle à la franchise bretonne, je dois déclarer que, devant eux, je n'ai point éprouvé l'émotion, le saisissement qu'inspire un vieux tombeau poudreux. Ce qui couvre les morts ne doit pas chercher à plaire aux yeux, mais à remuer le cœur. Sous les gothiques ogives de Saint-Denis, le marbre noir et blanc, les ordres ionique et corinthien contrastent trop avec la pierre et la majesté sérieuse et mélancolique de notre ancienne architecture française.

La royale nécropole, à laquelle tant de saintes et illustres mains ont successivement travaillé, est belle, grande et bien aérée ; mais ce n'est pas dans sa partie supérieure, là où la lumière du jour éclate à travers des vitraux coloriés sur les peintures murales et sur l'or des autels, que le saisissement religieux s'empare le plus de vous, c'est lorsque vous êtes descendu dans la cripte souterraine pavée par la mort. Lorsque l'on veut se nourrir de sérieuses et utiles pensées, c'est là qu'il faut venir. « En présence des âges (1) dont les flots écoulés semblent gronder encore dans ces profondeurs, les esprits sont abattus par le poids des pensées qui les oppressent. L'âme entière frémit en contemplant tant de néant et tant de grandeur ! Lorsque l'on cherche une expression assez magnifique pour peindre ce qu'il y a de plus élevé, l'autre moitié de l'objet sollicite le terme le plus bas pour exprimer ce qu'il y a de plus vil. Ici les ombres des vieilles voûtes s'abaissent pour se confondre avec les ombres des vieux tombeaux ; là des grilles de fer entourent inutilement ces bières et ne peuvent défendre la mort des empressements des hommes. Écoutez le sourd travail du ver du sépulcre, qui semble filer dans ces cercueils les indestructibles réseaux de la mort ! Tout annonce qu'on est descendu à l'empire des ruines, et, à je ne sais quelle odeur de vétusté répandue sous ces arches funèbres, on croirait pour ainsi dire respirer la poussière des temps passés ! »

Pour avoir le droit d'être couché et de dormir sous les voûtes de Saint-Denis, pour avoir le privilége d'y devenir « *ce je ne sais quoi qui n'a plus aucun nom dans aucune lan-*

---

(1) *Chap. de Saint-Denis*, Chateaubriand.

gue, » il fallait avoir été roi, ou reine, ou prince du sang royal. Cependant il était quelquefois dérogé à cet antique usage ; mais les exceptions étaient rares, et quand il en arrivait, c'était toujours pour honorer de très-grands caractères et récompenser d'éclatants services rendus à la France. Aussi, pendant leur horrible travail, les ouvriers de la Convention ont trouvé dans les caveaux destinés aux reines et aux rois les cercueils de Duguesclin, connétable de France, de Bureau de la Rivière, de Pierre de Beaucaire, chambellan de saint Louis, de Mathieu de Vendôme, abbé de Saint-Denis et régent du royaume, les rois Louis IX, Philippe-le-Hardi et Philippe-le-Bel, d'Arnaud Guillem de Barbazan, chambellan de Charles VII, de Louis de Sancerre, connétable sous Charles VI, de Suger, abbé de Saint-Denis, régent de France sous Louis VII.

Parmi toutes ces cendres d'hommes qui ont fait du bruit dans leur temps, les restes d'une femme ont été trouvés, ceux de Sédille de Sainte-Croix, femme de Jean Pastourelle, conseiller du roi Charles V, dit le Sage ; de cette femme qui a passé sans bruit dans le monde, il restait dans son cercueil tout autant que des plus vaillants capitaines, un peu de cendres et quelques éclis d'ossements !

Autrefois l'on disait avec raison : « Il n'y a pas de peuple qui sache aussi bien servir et honorer les rois que les Français ! » En ce temps on ajoutait : « Il n'y a pas de monarques qui récompensent aussi noblement les services rendus à leur royaume que les rois de France. » Pour prouver toute la vérité de ce dicton de nos pères, je vais citer la magnifique lettre écrite par Louis XIV aux religieux de Saint-Denis, lors de la mort du vicomte de Turenne :

« Chers et bien amés, les grands et signalés services

qui ont été rendus à la France par feu notre cousin le vicomte de Turenne, et les preuves éclatantes qu'il a données de son zèle et de son affection à notre service, et de sa capacité dans le commandement de nos armées, que nous lui avions confiées avec une espérance certaine des heureux et grands succès que sa prudence consommée et sa valeur extraordinaire ont procurés à nos armes, mais nous ayant fait ressentir avec beaucoup de douleur la perte d'un aussi grand homme et d'un sujet aussi distingué par sa vertu que par son mérite, nous avons voulu donner un témoignage public digne de notre estime et de ses grandes actions en ordonnant qu'il fût rendu à sa mémoire tous les honneurs qui peuvent marquer à la postérité l'extrême satisfaction qui nous reste et le souvenir que nous voulons conserver de tout ce qu'il a fait pour la gloire de nos armes et pour le soutien de notre Etat. Et comme nous ne pouvons en donner des marques plus publiques et plus certaines qu'en prenant soin de sa sépulture, nous avons dû y pourvoir de telle sorte que le lieu où elle seroit fût un témoignage de la grandeur de ses services et de notre reconnaissance. C'est pourquoi, ayant résolu de faire bâtir dans l'église de Saint-Denis une chapelle pour la sépulture des rois et des princes de la branche royale de Bourbon, nous voulons que lorsqu'elle sera achevée, le corps de notredit cousin y soit transféré, pour y être mis, en lieu honorable, suivant l'ordre que nous en donnerons ; et cependant nous avons permis à nos cousins, le cardinal et le duc de Bouillon, ses neveux, de mettre son corps en dépôt dans la chapelle de Saint-Eustache de la sainte église de Saint-Denis, et d'y élever un monument à la mémoire de leur oncle, suivant les dessins qui en ont été arrêtés. C'est de quoi nous avons bien voulu vous donner avis et vous dire en même temps que nous voulons que vous exécutiez ce qui est en cela de notre volonté en faisant mettre le corps dans la cave de la chapelle et en laissant la liberté aux ouvriers de travailler au monument jusqu'à son entière perfection. Si n'y faite faute, car tel est notre plaisir.

« Donné à Saint-Germain-en-l'Aie, le 22ᵉ jour de novembre 1675. Signé LOUIS. »

Et plus bas : « COLBERT. » Et sur le repli : « *A nos chers et bien amés les abbé, prieur et religieux de l'abbaye royale de Saint-Denis. En France.* »

Par l'acte si majestueusement reconnaissant que je viens de transcrire, on voit tout de suite la valeur du sujet récompensé, la grandeur du monarque rémunérateur, et en même temps on se convainc des bons termes existant entre le vieux trône et l'antique abbaye. Sans doute, comme toutes les maisons religieuses que le temps avait énervées et enrichies, Saint-Denis a péché par du relâchement et de l'orgueil, mais il n'en est pas moins juste de dire qu'entre la France et la royale sainte nécropole il y a toujours eu sympathie et bon accord. Et il ne pouvait en être autrement lorsque le fond de la vie française *était l'amour du roi*. Les solitaires chargés de prier nuit et jour pour le repos des âmes des illustres trépassés devaient être chers au peuple. Un grand nombre de ces religieux, avant d'arriver à être admis dans cette pieuse et vénérée milice du cloître, avait vécu, ou sous le toit de chaume de la ferme, ou apprenti chez l'ouvrier. Le moine que sa science ou sa sainteté avait rendu célèbre était toujours une gloire populaire. Et puis, parmi toutes les églises de France, nulle ne pouvait être comparée à celle des *trois martyrs apôtres des Gaules!* ni pour son antiquité, ni pour sa richesse, ni pour la majesté de ses cérémonies; entre tous ceux du culte catholique, les offices mortuaires de Saint-Denis dominaient tous les autres. Deux papes avaient, à ce que l'on assure, travaillé à son *pontifical;* et, certes, ces princes de l'Église avaient été bien inspirés, car parmi tout ce que l'homme pouvait lire de sublime, tout ce que l'homme pouvait voir de plus saisissant, rien n'égalait les prières et le cérémonial des funérailles d'un roi ou d'une reine de France sous les voûtes de ce grand et magnifique reliquaire.

Écoutons le sublime auteur du *Génie du Christianisme* nous décrivant les funérailles de monseigneur le duc de Berri.

« Les obsèques du second fils de Monsieur, comte d'Artois, eurent lieu à Saint-Denis. Il n'y avait pas encore deux mois que l'on avait vu le prince plein de vie, assis le 21 janvier, en face du catafalque de Louis XVI. On le cherchait en vain sur le banc auprès de monseigneur d'Angoulême, son frère, et on ne le trouvait que sous ce cénotaphe devant lequel ce frère pleurait. Les yeux se portaient avec attendrissement sur la famille royale, déjà si peu nombreuse, et encore diminuée : sur le roi, qui semblait méditer au milieu des ruines de la monarchie; sur MADAME, enveloppée dans un long crêpe comme dans sa parure accoutumée; sur monseigneur le duc d'Angoulême, chargé de mener le deuil, et qui, saluant tour à tour et l'autel et le cercueil, semblait demander au premier la force de regarder le second. On eût dit que ces paroles de l'évangile de ce jour avaient été particulièrement choisies pour lui : *Domine, si fuisses hìc, frater meus non fuisset mortuus.*

« Monseigneur le duc d'Orléans et monseigneur le duc de

Bourbon menaient aussi le deuil avec monseigneur le duc d'Angoulême.

« Monseigneur le coadjuteur de Paris prononça une oraison funèbre remarquable dans ce vieux sanctuaire de nos chartes et de notre religion, qui entendit déjà tant d'oraisons funèbres!

« Les honneurs qui avaient fui monseigneur le duc de Berry pendant sa vie, l'accablèrent après sa mort. La basilique de Saint-Denis, tendue de noir dans la longueur de la voûte, ressemblait à un vaste tombeau. Des cordons de lumières se dessinaient sur les draperies funèbres : des lampadaires, des candélabres d'argent, *des colonnes qui semblaient porter jusqu'au ciel,* comme dit Bossuet, *le magnifique témoignage de notre néant*, une large croix de feu dans le sanctuaire, tout enfin surpassait l'idée qu'on avait pu se faire de cette pompe. Un clergé nombreux, la cour, l'armée, les ambassadeurs étrangers, les deux chambres, les tribunaux, la justice remplissaient le chœur, la nef, les chapelles et les galeries. On chantait, on priait, on agitait les cloches, on tirait le canon autour d'un cercueil muet : il y avait tant de grandeur dans cette pompe, qu'on aurait cru assister aux funérailles de la monarchie! »

Et que de sentiments divers dans cette foule! La révolution avait convoqué et rassemblé en présence de son dernier crime, comme pour la juger, les générations que trente années avaient produites; tout ce qui avait triomphé ou souffert se rencontrait en ce moment à Saint-Denis, et cette église de l'apôtre de la France, que ne disait-elle pas d'elle-même! Elle étalait extérieurement les richesses de la mort, mais on avait arraché de ses entrailles ses trésors funèbres.

« La messe ouïe, on ôta le cercueil du catafalque pour

le descendre dans le caveau. Alors, l'héroïne du temple fut vaincue pour la première fois : à la vue du cercueil, elle se sentit prête à défaillir et fut obligée de se retirer de la tribune où elle était placée à la droite du roi. Le roi lui-même à genoux laissa tomber sa tête vénérable sur ses deux mains jointes : la France entière sembla courber sa tête avec lui. Il paraissait rouler dans son esprit les pensées qui se présentèrent à son aïeul Henri IV, lorsque celui-ci assistait dans la même église au couronnement de la reine. « Savez-vous, dit le vainqueur d'Ivry à son confesseur (1), ce que je pensais tout à l'heure en voyant cette grande assemblée? Je pensais au jugement dernier, et au compte que nous y devons rendre à Dieu. »

Les gardes de Monsieur portaient le corps de son fils. Leurs casques rapprochés formaient une espèce de voûte mouvante au-dessus du cercueil. Monseigneur le duc d'Angoulême descendit le premier dans le souterrain où il allait laisser son frère.

Sans doute alors il se disait : « Mon frère, ICI, je viendrai un jour dormir et reposer près de vous. » D'après l'ordre des choses humaines, il aurait dû en être ainsi ; mais, mon Dieu, comme tous ces arrangements des hommes sont souvent intervertis, brisés et réduits à rien, par une suprême et inflexible volonté d'en haut!..... Oh! comptons, mesurons la distance qui sépare aujourd'hui les deux frères! Il y a à peine soixante-dix ans, leurs deux berceaux se touchaient dans une même chambre du château de Versailles.... ; à présent quel long et triste espace s'étend entre leurs deux cercueils !

(1) Vie du père Cotton.

Le prince tombé sous le poignard de Louvel gît à Saint-Denis, auprès de son oncle, le roi Louis XVIII dans le caveau des Bourbons; l'autre, ayant succombé aux ennuis et aux chagrins de l'exil, est couché près de son vieux et bien-aimé père, le roi Charles X, dans le modeste enfeu des franciscains de Goritz!

Comme si les sépultures des deux rois, Charles X et Louis XIX, n'étaient pas assez pour attirer les regards de l'Europe sur l'église de Goritz, l'héroïne des douleurs, la femme forte, la sainte reine, Marie-Thérèse-Charlotte, fille de Louis XVI et de Marie-Antoinette, au lieu de reposer en terre de France auprès du peu qui reste de son père et de sa mère, a sa tombe creusée dans la terre du bannissement!

Oh! voilà de ces décrets de la Providence sous lesquels il faut se courber, s'humilier, s'abîmer et prier. Chrétien, j'ai fait toutes ces choses; mais, le dirai-je? dans mon cœur royaliste qui bat depuis si longtemps pour nos vieux bourbons, dans mon esprit que l'âge exalte parfois, il a surgi d'étranges pensées, de singuliers désirs, et comme de bizarres visions!.....

Depuis quelque temps, on est revenu à croire à des esprits invisibles habitant l'espace qui sépare le ciel de la terre. Cette croyance, je l'ai toujours eue; élevé sur les confins de la poétique Écosse, dans ces contrées où la harpe d'Ossian jetait ses accords à la brise et aux tempêtes, j'ai pris du goût pour ce qui peuple et anime les airs, et au très-catholique collége de Stonyhurst, on ne m'a pas détourné de croire qu'il existât au-dessous des neuf chœurs de la hiérarchie angélique, au-dessous de l'ange gardien que Dieu a donné à chacun de nous, des êtres immatériels et invisibles répandus dans les espaces de l'infini. Ces esprits sont de nature diverse. Les uns nous sont amis, les autres hostiles. Ceux-ci nous poussent dans la bonne voie, ceux-là cherchent à nous en détourner ; à ces myriades de créatures, le souverain Maître a assigné différents postes, et différents emplois. Elles se partagent les jours et les nuits, les unes pour protéger, les autres pour tendre des embûches. Nos livres de prières nous offrent des oraisons afin de nous mettre en garde contre le *démon du midi*, et contre celui qui rôde dans les ténèbres pour dévorer sa proie.

Dans mes rêveries les plus sérieuses, j'ai souvent cru voir de ces esprits ; il me semblait qu'il y en avait qui s'attachaient aux vivants, et d'autres aux morts. J'en voyais veillant sur des lieux habités, sur des maisons, sur des villes, et d'autres sur des contrées désertes, sur des ruines et sur des tombeaux. Me souvenant de la bible, j'apercevais sur les tentes d'Israël l'ange du Seigneur, Dieu des armées ; et, planant au-dessus des lacs empestés qui recouvrent les villes coupables, Satan, souverain des infernales régions.

L'homme passe si vite, que l'observateur qui a voulu faire sur lui des études n'a presque jamais le temps de les achever. Il n'en est pas de même du moraliste qui prend la mort pour sujet de ses méditations. L'homme couché sur son dernier lit, le tombeau, excite un immense intérêt. A cet être muet qui ne peut plus répondre, que de questions à faire ! que de souvenirs, que de regrets, que de prières à donner ! Le corps n'est plus près de nous que pour nous rappeler l'âme qui est partie. N'ayons donc pas peur des sépulcres, leur porte ouvre sur l'éternité, sur ces champs inconnus où nous irons, où nous avons déjà tant des nôtres !

Avec cette disposition dans le cœur et l'esprit, je me suis mis à aimer la royale basilique de Saint-Denis plus que tous les palais et les châteaux royaux de la couronne de France. Eh bien, souvent, lorsque pendant la saison des eaux, j'habitais Enghien, je quittais les riants bords du lac pour venir méditer sous les voûtes élevées par Dagobert au Dieu *des vivants et des morts*. Là, tout est saisissant d'histoire, chaque chapelle, chaque colonne, chaque caveau a quelque chose à redire à mon âme. La gloire, le malheur, les triomphes, les revers, les couronnements, les funérailles, les munificences des rois, les dévastations du peuple révolté sont comme incrustés aux antiques murailles ; là, les souvenirs m'arrivent et m'assaillent de partout. Sous leur poids, je me sens comme écrasé. Un soir, je m'en souviendrai toujours, c'était après une magnifique journée de la Fête-Dieu, j'étais resté dans l'église après la procession du Saint-Sacrement, qui avait eu lieu dans l'après-midi ; le soleil ne dardait plus ses rayons sur les vitraux, et les ombres, amies du recueillement et de la méditation, commençaient à s'étendre dans la nef et les bas côtés de la royale basilique ; le parfum des fleurs, que les petits choristes couronnés de bluets avaient jetées à pleines mains, se joignait à l'odeur de l'encens brûlé par les thuriféraires devant la sainte Eucharistie. Pour moi, ces choses sont comme des émanations, comme des senteurs du ciel, et servent à m'élever l'esprit au-dessus des bruits de la terre. Dans le calme et le silence de l'église, je méditais donc profondément ; le Dieu que je venais d'adorer au milieu de toutes les pompes du sanctuaire était rentré dans le tabernacle (où son amour pour nous l'a fait descendre). Mes pensées n'étaient plus distraites par les choses extérieures, mon âme, échappée au présent, ne se sentait plus ni liens, ni entraves ; elle planait élevée au-dessus de cette atmosphère, d'où nous n'entrevoyons ni le passé, ni l'avenir. Les visions et les extases, Dieu ne les accorde *qu'aux justes et aux saints*, je ne pouvais y prétendre ; aussi du recueillement dans lequel je m'étais réfugié, et de la méditation profonde dans laquelle je m'étais plongé, il ne résulta *qu'une hallucination* telle que toute imagination un peu vive peut en avoir, lorsqu'elle est sérieusement préoccupée.

Je n'entendais, je ne voyais plus rien de ce qui m'entourait ; il me semblait que j'étais bien loin, bien loin du monde, et enveloppé de lugubres et épaisses ténèbres. Je demeurai quelque temps dans cette profonde nuit ; il se passait en moi quelque chose d'étrange, j'avais froid, et mon cœur battait à coups précipités, je me sentais comme sous l'ombre projetée d'un événement qui approche ; mes yeux restaient grands ouverts, c'était en vain que je cherchais à découvrir le rayonnement d'une étoile, le firmament était aussi sombre que l'intérieur de l'église ; près d'un quart d'heure s'était écoulé dans cette nuit si noire, dans ce silence si absolu, lorsque je crus apercevoir que les ombres commençaient à perdre de leur épaisseur, bientôt je crus voir comme le reflet d'une lumière lointaine, sur la pierre recouvrant l'entrée du caveau des Bourbons ; elle ondulait et vacillait là comme ces flammes phosphorescentes qui apparaissent parfois dans les campagnes ; je ne m'expliquais pas ce point seul lumineux au milieu des ténèbres de la basilique ; je n'étais ni à bout de mes surprises, ni de mes émotions ; les ombres épaisses s'étaient éclaircies, et voici que le crépuscule s'efface à son tour pour faire place à une radieuse lumière ; l'astre qui se lève doit être en face de la grande rose, au-dessus de la tribune de l'orgue, car c'est de ce côté que la lueur éclatante entre et pénètre sous les hautes voûtes, et s'allonge dans la nef, dans les bas côtés et jusqu'aux pieds de l'autel. Alors, ce que j'avais eu de lourd et de lugubre sur le cœur se souleva un peu, et je respirai à l'aise. Une harmonie plus aérienne, plus suave que toutes celles que j'avais entendues jusqu'à ce jour, vint charmer mes oreilles, comme tout à l'heure les étoiles avaient réjoui mes yeux. A cette lumière, qui ne pouvait être que miraculeuse, il me sembla que le vitrail de la magnifique rosace dominant le grand portail, venait de s'ouvrir, et que, par là, toute une nombreuse et éclatante légion d'esprits célestes descendait dans l'église. Rien de plus solennel, de plus saisissant que cette invasion de la nécropole royale par des milliers d'anges. A mesure que leurs pieds se rapprochaient des dalles de marbre, ces fils du ciel repliaient leurs ailes, touchaient terre et se rangeaient sur deux longues lignes dans le chœur et dans la nef. Les archanges, que je reconnaissais à leur bandeau d'or, étaient les chefs de cette milice du Très-Haut.

Michel, le plus ancien des patrons de la France, se détachant du groupe, alla se poser tout proche de la pierre qui ferme le caveau des Bourbons; du bout de sa redoutable lance (celle qui a terrassé Satan), il frappa la pierre, et d'elle-même elle se leva. Au même instant, deux anges allèrent sonner de la trompette aux deux portes des cryptes souterraines. Alors, dans ces régions mortuaires, il y eut un grand et silencieux mouvement, chaque sarcophage s'ouvrit, et chaque roi que la mort y avait couché se redressa et sortit de sa couche funèbre. Lorsque toutes ces majestés de la tombe, rois, reines, princes, princesses, chevaliers, grands capitaines, prélats et abbés mitrés, eurent monté les degrés de marbre qui conduisent des cryptes au sanctuaire, cette illustre multitude drapée de ses linceuls forma un grand cercle autour du caveau béant.

Dans le paroxisme de mon hallucination, je crus voir s'élever du fond de cette tombe les deux plus grandes victimes immolées par les révolutionnaires, les deux martyrs, Louis XVI et Marie-Antoinette. Près d'eux, il me sembla reconnaître le vieux roi législateur Louis XVIII et son vaillant et loyal neveu, monseigneur le duc de Berry. Je crus aussi distinguer deux filles de France et une reine mortes dans l'exil, et dont les restes, en 1815, avaient été ramenés de la terre du bannissement à celle de la patrie.

Ainsi, me disais-je, maintenant que la trompette des anges a réveillé les trépassés, tous ont quitté leurs sépulcres et sont rassemblés dans le sanctuaire du Dieu vivant. Pourquoi ont-ils été ainsi réunis?

Je me faisais cette question, quand soudain quatre archanges déployant leurs ailes s'élevèrent vers la voûte en dirigeant leur essor du côté de la grande ouverture au-dessus de l'orgue; alors les sons célestes, qui n'avaient cessé de se faire entendre, changèrent de nature. Ce ne furent plus les accords des harpes et des cythares, mais des voix angéliques chantant des paroles sur des airs sacrés, qu'il me semblait vaguement reconnaître comme les ayant entendus dans nos églises, alors qu'elles sont drapées de deuil.

De ce que chantaient ainsi les anges, je recueillis ces paroles :

« Honneur, gloire, adoration au Seigneur, Dieu des vivants et des morts! C'est sa main qui donne l'existence et qui la retire, sa main qui élève et qui abat, qui guérit et qui ressuscite.

« C'est sa main qui éprouve l'homme, et qui récompense le juste. Aussi la mémoire de ceux qui ont été éprouvés, et qui ont été trouvés résignés et forts, ne périra pas. Leurs noms seront honorés de siècle en siècle, parce qu'ils ont béni le Seigneur dans leurs adversités comme dans leurs meilleurs jours. Sans murmurer, ils ont exhalé leur dernier soupir sur la dure terre de l'exil, et voici que leurs os et leurs cendres sont ramenés aux tombeaux de leurs aïeux.

« Honneur, gloire, adoration au Seigneur, Dieu des vivants et des morts! »

A ces paroles, qui descendaient d'en haut, mon cœur se mit à battre, comme s'il avait voulu briser ma poitrine; dans mon rêve, j'étais à genoux, je me levai sur la pointe du pied pour voir par dessus les têtes de la foule ce que le chant des anges venait d'annoncer. Oh! quel magnifique et émouvant spectacle! Trois groupes d'anges, vêtus de longues tuniques violettes semées de larmes d'argent; chacun de ces groupes portait un cercueil sur lequel se voyait la couronne royale de France.

Sur le premier cercueil se lisait le nom du roi Charles X;

Sur le second, le nom de Louis XIX;

Et sur le troisième, celui de la reine Marie-Thérèse, fille de Louis XVI et de Marie-Antoinette,

Tous trois morts loin de la France, après avoir été bannis par des Français. Sur la terre étrangère, ils avaient été résignés et patients jusqu'à leur dernier soupir, et le Dieu de saint Louis avait commandé à ses anges d'aller enlever du caveau des franciscains de Goritz ces cendres royales pour les déposer dans les caveaux de Saint-Denis.

Dès leur entrée dans l'église, les anges, toujours soutenus sur leurs larges ailes déployées, étaient descendus, avec les trois cercueils, de la hauteur de la tribune de l'orgue au bord de la fosse des Bourbons. Pendant la lente et majestueuse descente de ces enfants du ciel, tous les rois, reines et puissants de la terre, qui venaient d'être réveillés de leur lourd et profond sommeil, étaient maintenant prosternés sur les dalles voisines du caveau.

De leurs bouches si longtemps closes, s'échappaient aussi ces paroles des esprits célestes : *Honneur, gloire, adoration au Seigneur des seigneurs, au Dieu des vivants et des morts !*

Il y a des silences en face des tombes ouvertes, qui remuent et pénètrent plus l'âme que tous les discours et oraisons funèbres; celui dont je me crus entouré alors était un de ces silences-là. Sans doute, les rêves sont souvent vains et trompeurs, mais il ne faut pas cependant les mépriser tous; leurs fictions ne sont pas si nulles, puisqu'elles sont capables d'agiter, d'effrayer, d'attrister, de consoler, et parfois d'élever nos âmes. Ainsi, dans le songe ou l'hallucination que ma mémoire raconte, je puis affirmer que jamais mon esprit n'est monté aussi près de Dieu que lorsque j'ai cru voir les anges du Seigneur rapporter et déposer en terre de France les restes des Bourbons morts en exil ! Oh ! c'était surtout en pensant à Madame la Dauphine ramenée du bannissement pour reposer entre Louis XVI et Marie-Antoinette, que mes pleurs de gratitude coulaient avec le plus d'abondance et de douceur !

. . . .

Maintenant, tout bruit avait cessé dans l'église; je n'entendais plus le chant des anges, je ne voyais plus les pâles habitants de cryptes mortuaires ; mais soudainement des rumeurs populaires et venant du dehors frappèrent mes oreilles : il me semblait qu'elles venaient de la rue, c'était le refrain d'un chant de 1793 ! un chant que hurlaient les jacobins lorsqu'ils avaient fait irruption dans les caveaux de Saint-Denis pour y chercher de l'or dans les tombes, pour outrager les cadavres et disperser les ossements des reines et des rois ! Alors, je l'avoue, la frayeur glaça mon sang.... Ah! mon Dieu! vont-ils revenir si vite? vont-ils sitôt troubler le repos de la sainte, et profaner les restes que les esprits du ciel viennent de mettre sous la garde des vieux patrons de notre pays?

Jamais crainte si vive, anxiété si poignante n'avait torturé mon âme; aussi, jamais je ne suppliai Dieu avec tant de ferveur d'écouter ma prière et de l'exaucer; à genoux, prosterné et mouillant de mes larmes les dalles du sanctuaire, je criais au Seigneur : Oh! détournez, détournez de ce saint temple les ennemis de votre nom; vous êtes le Dieu des vivants et des morts, étendez votre main sur ceux qui dorment dans la tombe; et nous, nous nous armerons pour repousser les impies, ils viennent de ce côté, ils y viennent avec la soif de l'or et la faim du sacrilége! ils y reviennent avec la haine qu'ils ont jurée aux rois. Pour ces nouveaux républicains, la fille des martyrs, l'orpheline du Temple, l'exilée de Mittau, de Holyrood, de Goritz, de Kirchberg et de Frohsdorff, n'a point assez souffert; et si l'on a donné à ses restes une place entre ceux de Louis XVI et de Marie-Antoinette, il faut venir aussitôt profaner son cercueil et jeter le corps de la sainte aux gémonies de la république!! Mon Dieu, vous qui connaissez leurs desseins impies, aveuglez-les, troublez leur mémoire, égarez leurs pas. O puissant Créateur de toutes choses, la terre est à vous, et vous en changez la face à votre gré; changez donc soudainement l'aspect de ce pays, de manière à ce que les hommes qui y sont nés ne le reconnaissent plus et n'en sachent plus les chemins. Un mot de votre bouche élève ce qui était bas, et abaisse ce qui était élevé ; dites une parole, et soudain une impénétrable forêt va surgir du sol et cacher aux yeux des méchants l'antique et sainte abbaye, gardienne des tombeaux des fils aînés de l'Église!

Quand votre ange a éconduit du paradis terrestre Adam et Ève vous n'avez pas voulu que, dans la suite des âges, la curiosité et la science pussent jamais découvrir l'éden de délices que vous aviez donné à nos premiers parents ; vous avez placé à sa porte un chérubin armé pour en éloigner tout mortel ; Seigneur, faites-en autant de la royale basilique, que les sentiers, que les chemins qui y conduisent s'effacent et du sol et de la mémoire des Français ingrats ; qu'un chérubin soit aposté par vous sur le seuil de ce temple, pour en éloigner tout ennemi de notre sainte religion et du renom de notre vieille France !

C'est quelques mois après la mort de la sainte reine Marie-Thérèse de France que, dans mon hallucination, j'ai adressé à Dieu la prière que je viens de transcrire ; depuis je n'y ai rien changé, quoique tout ce que j'ai cru voir alors ne se soit pas réalisé. Hélas ! l'exil s'est prolongé jusque dans la tombe pour la fille de Louis XVI ! Il dure encore ; aura-t-il une fin ? Envers et contre tout, j'en garde l'espérance. J'ai si souvent vu que ce que nous appelions *réalités* n'était que des songes, que je me dis parfois : Pourquoi un songe ne deviendrait-il pas *une réalité ?*

LA SAINTE-CHAPELLE.

Le plus grand, le plus saint de nos rois, le neuvième monarque de la race d'Hugues Capet, le fils de Blanche de Castille, éleva vers l'année 1248 ce beau monument qui devait recevoir et garder la couronne d'épines de Jésus notre Seigneur.

Refuge et asile de toutes les infortunes, la France avait vu en l'année 1238 l'empereur Baudouin venir chercher une espérance au pied du trône de saint Louis.

« Alors l'empire des Latins (1) s'ébranlait de toutes parts. Constantinople était assiégé par des barbares, et leurs flottes audacieuses pénétraient presque au cœur de la ville.

« Chaque jour apportait le récit de nouveaux désastres, la crainte de nouvelles défaites. Certain que les barons de

---

(1) Princesse de Craon, *Album du vieux Paris*.

l'empire seraient forcés d'engager les reliques de la chapelle des empereurs, il se présenta devant saint Louis. — Vous êtes mon parent, mon ami, dit-il, c'est pourquoi je désire ardemment faire remettre en vos mains le plus riche des trésors! La France est ma patrie, qu'elle reçoive donc de moi la couronne d'épines de Jésus-Christ, et que je n'aie pas la douleur de la voir passer à des étrangers!

« Ravi de joie, saint Louis envoya des ambassadeurs à Constantinople pour réclamer la sainte couronne, mais elle avait déjà été remise aux mains des Vénitiens. Impatients de l'acquérir, ils s'étaient hâtés de prêter sur ce précieux gage des sommes considérables, avec la condition qu'il serait transporté à Venise, et que si, dans un délai très-court, l'argent n'était rendu, la sainte couronne leur appartiendrait sans retour.

« Les Vénitiens refusèrent donc de rendre cette couronne aux envoyés de saint Louis ; ils se hâtèrent de partir, leurs vaisseaux triomphants fendirent donc dans la plus mauvaise saison de l'année les flots d'une mer obéissante, suivis par les ambassadeurs de France et par les principaux habitants de Constantinople qui voulurent accompagner d'un dernier hommage le témoignage honorable et sacré des traditions chrétiennes.

« A Venise la sainte couronne fut portée en grande pompe dans la chapelle de Saint-Marc. Alors dans tout l'éclat de sa puissance, le doge, après l'avoir honorée, la remit avec regret aux Français, qui livrèrent joyeusement en retour les sacs d'or qu'ils avaient rassemblés pour posséder la frêle et muette dépouille de celui qui fut vendu trente pièces d'argent. Ainsi en ces jours l'Orient céda à l'Occident ce diadème de cruauté et d'ironie dont la main impie des soldats du Calvaire tressa les épines et ceignit la tête du Sauveur (1). »

En ce temps, les reliques des saints étaient en grande vénération dans toute la chrétienté. Mais aucunes ne pouvaient approcher de tout ce qui avait appartenu à notre Seigneur Jésus-Christ, et servi à sa passion, au grand sacrifice du Golgotha. Pour posséder pareilles reliques, plus d'un roi eût vendu son sceptre d'or et sa couronne de pierreries.

A cette époque l'esprit catholique était si fervent en France, que, dans tout le royaume, il y eut une grande et nationale joie quand on apprit que la couronne d'épines du divin Rédempteur était devenue une propriété française.

Ayant reçu des avis officiels, Louis IX, dans les premiers jours d'août 1239, partit de Vincennes avec les reines Blanche et Marguerite, les comtes d'Artois, de Poitiers et d'Anjou, ses frères, l'archevêque de Sens, Bernard évêque du Puy, plusieurs autres prélats et une foule de princes et de hauts barons.

A Villeneuve-l'Archevêque, à cinq lieues de Sens, le noble et brillant cortége rencontra les religieux envoyés du roi, et leur nombreuse suite; car les populations ayant appris quels saints trésors ils apportaient en France, s'étaient empressées de les suivre avec la résolution de ne retourner au pays que lorsqu'elles auraient vu et honoré les sacrés vestiges de la passion de *l'Homme-Dieu*.

C'était le 10 août, fête de Saint-Laurent; le père André et le frère Jacques présentèrent au monarque, à la reine son épouse, à la reine sa mère et aux fils de ceux qui les

---

(1) Madame la princesse de Craon.

accompagnaient, la caisse couverte et fermée des sceaux des seigneurs français et du doge de Venise, Jacques Tiepolo.

Tout fut fait avec ordre et dans un grand recueillement; d'abord on examina, on reconnut les sceaux, puis on les rompit. L'ouverture de la caisse terminée, on en sortit la châsse d'argent avec le même cérémonial; le couvercle de cette châsse fut levé, puis enfin un prélat agenouillé en tira le vase d'or renfermant la sainte couronne.

A cet instant, roi, princes, chevaliers, archevêques, évêques, prêtres, moines, soldats, bourgeois, peuple, se prosternèrent, fondant en larmes et osant à peine lever la tête pour regarder cette branche d'épines que les bourreaux de Jérusalem avaient tordue pour en faire une couronne dérisoire à leur divine victime.

Oh! comme ce diadème de moquerie est devenu un diadème de gloire! et, comme tout ce qui est grand, comme tout ce qui est fort, comme tout ce qui est humble, comme tout ce qui est petit, comme tout ce qui est heureux, comme tout ce qui est dans les larmes, le vénère aujourd'hui! On voit dans les palais, au-dessus des prie-Dieu des rois et des reines, l'épine tordue et tressée couronnant le Christ crucifié, et dans la pauvre cabane de l'ouvrier et du laboureur vous verrez encore ce même emblême de souffrance et de résignation.

La journée et la nuit se passèrent en prières et en cantiques de joie, et ce ne fut que le lendemain que le pieux fils de Blanche de Castille, ainsi que ses trois frères Robert, Alphonse et Charles, tête-nue, les pieds déchaussés et vêtus d'une simple tunique de laine blanche, portèrent la couronne de Jésus de Nazareth, roi des Juifs, jusque dans le sanctuaire de la métropole de Sens, où Louis IX avait pris pour épouse Marguerite dé Provence.

Toutes ces cérémonies étaient belles et produisaient un grand et salutaire effet ; heureux trois fois heureux le peuple qui se plaît à honorer Dieu, les saints et les rois légitimes !

La journée du 20 août fut belle pour les Parisiens ; ce jour-là la sainte couronne fut offerte à leur vénération dans l'église de Notre-Dame. Tous les moines, tous les religieux du royal monastère de Saint-Denis et des deux abbayes de Saint-Germain-des-Prés et de Saint-Victor allèrent au-devant de la couronne d'épines jusqu'à l'entrée du bois de Vincennes (1), et ce devait être un spectacle digne des anges, que toute cette foule chrétienne suivant les croix et les bannières des communautés, des couvents et des paroisses, s'enfonçant sous les ombrages séculaires, pour s'aller prosterner devant une relique si sainte, et qui rappelait à tous la grande immolation du Golgotha.

Dans cette multitude empressée brillaient toutes les illustrations des camps, toutes les grandeurs du palais, toutes les gloires du sanctuaire.

A l'entrée du faubourg Saint-Antoine, par les soins des officiers du roi, on avait dressé une vaste estrade couverte de tentures soie et or, à laquelle on arrivait en foulant les plus riches tapis de la couronne étendus sur le sol. La châsse d'argent fut montée sur l'estrade par plusieurs évêques en chape et la mitre au front. Un prélat montra alors à l'immense multitude le diadème sacré de la Passion,

---

(1) Voyez *Saint Louis et son Siècle*, par le vicomte Walsh, chez Mame, à Tours. — *Histoire littéraire de France*, Félibien et Villeneuve-Trans, *Vie de saint Louis*.

soudain l'immense multitude, comme un seul homme, tomba prosternée en poussant des cris d'allégresse, qui durent monter jusqu'au ciel et être entendus de celui qui y règne; car ils partaient de cœurs sincères et croyants!

Louis IX et ses trois frères, toujours pieds nus et le front découvert, renfermèrent le vase d'or dans le reliquaire d'argent et le portèrent sur le maître autel de Notre-Dame.

Après la cérémonie d'actions de grâces, la précieuse relique fut déposée dans la chapelle de Saint-Nicolas, bâtie par Louis-le-Gros.

Dans les siècles de foi et de piété, les grands personnages avaient toujours dans leurs demeures ou dans les environs de leur résidence une chapelle qualifiée de SAINTE. Dans le voisinage de l'enclos du *palais de la Cité*, les ducs de France, les comtes de Paris eurent la chapelle *Saint-Barthélemy*, qui, pendant quelque temps, porta le nom de *Saint-Magloire*, et en outre les chapelles de *Saint-Georges*, de *Saint-Michel* et de *Saint-Nicolas*, que Louis VII fit bâtir, et qu'il mit sous la protection de *Notre-Dame-de-l'Étoile*.

Louis IX ne trouva rien parmi les chapelles existant alors qui fût digne de recevoir dans son enceinte la couronne rougie du sang du Rédempteur, et il chargea Pierre de Montereau d'édifier pour elle ce magnifique reliquaire de pierre que nous admirons encore aujourd'hui, monument aussi délicatement sculpté que ces châsses d'argent et d'or que l'on voyait jadis dans les trésors de nos vieilles églises.

Avec la sainte couronne d'épines, l'Église de France reçut encore diverses autres reliques. Dans la lettre de Baudouin on en trouve le détail, écrit sur peau, datée de Saint-

Translation de la Sainte Couronne d'épines

Germain-en-Laye et environnée de lacs de soie, scellée du sceau de l'empereur et signée en grec avec du cinabre. Cette précieuse et curieuse charte, que l'on conservait autrefois dans le trésor de la Sainte-Chapelle, existe encore, elle est maintenant dans les archives de l'État. Espérons que l'antique monument de Louis IX et de Pierre de Montereau, qui vient d'être si merveilleusement bien restauré, ne restera pas un corps sans âme, et que tout ce qui lui appartenait lui sera rendu.

Dans cet acte de donation, après les premières formules, on trouve que l'empereur Baudouin cède et donne, en outre de la couronne d'épines, deux parties de la vraie croix; l'une renfermée dans un étui de vermeil au fond duquel sainte Hélène et l'empereur Constantin sont représentés debout au pied de la croix; l'autre nommée *Croix de Victoire*, parce que les empereurs avaient coutume de la porter dans les combats; ensuite un lambeau du manteau de pourpre dont les soldats revêtirent Jésus après l'avoir flagellé; un fragment du roseau qu'ils lui mirent dans les mains comme sceptre dérisoire; l'éponge qu'ils remplirent de fiel pour présenter à boire à celui qui avait soif du salut des hommes; puis les clous qui percèrent ses pieds et ses mains, le fer de lance avec lequel un soldat ouvrit son côté; enfin une partie du suaire que les saintes femmes trouvèrent sur le tombeau du Dieu ressuscité.

Parmi les pères de l'église et parmi les savants il y a eu diverses recherches doctes et pieuses sur la nature de la sainte couronne et sur celle du bois de la croix.

Clément d'Alexandrie rapporte que la sainte couronne était *ex rubro*, ou d'une espèce d'arbrisseau nommé *buisson*. D'autres disent *ex rhano*, arbuste appelé *nerprun* ou pommier sauvage. Divers auteurs ont prétendu encore qu'elle était d'épines blanches. On n'a pas été plus d'accord sur le bois de la vraie croix, qu'on disait composée de *cèdre*, de *palmier*, de *cyprès*, d'*olivier*, *etc*.

Plusieurs naturalistes ont pensé que la couronne d'épines fut formée avec les branches épineuses d'un arbuste qui croît en abondance dans les environs de Jérusalem (*rhamnus*). D'autres croient, au contraire, qu'elle fut faite de cette sorte de jonc-marin dont la tige se termine en pointe (*juncus acutus*). Un saint évêque missionnaire zélé descendant des chevaliers croisés et pèlerin aux saints-lieux, monseigneur Forbin de Janson, lors d'une mission prêchée par lui à Nantes, il y a plus de trente ans, nous montra une branche d'*acacia triacanthos*; c'était, nous disait-il du haut de la chaire, avec une branche d'épines pareille que les bourreaux juifs ont tordu le douloureux diadème de la passion. Ce choix était bien digne de leur cruauté, car parmi toutes les différentes épines, il n'y en a pas une aussi longue, aussi dure, aussi acérée que celle-ci. Il est donc probable que c'est d'elle dont les déicides se seront servis pour le couronnement de l'Homme-Dieu.

Si l'on cherchait bien parmi les savants de nos jours, on en rencontrerait peut-être plus de trois qui riraient et hausseraient les épaules en lisant tout ce que de saints et doctes hommes ont écrit sur tout ce qui a tenu de loin ou de près aux assises du Calvaire; avec leurs lumières et leur foi, les chrétiens de vieille roche ne savaient rien de si beau, de si grand, de si propre à élever leur l'âme que la méditation des choses éternelles. La plupart de nos érudits d'aujourd'hui ont bien d'autres pensées! Attachés aux choses de la terre, ils regardent peu le ciel. Mais revenons à la

Sainte-Chapelle ; les esprits forts du dernier siècle ne l'aimaient ni ne l'admiraient; ils avaient tant déclamé contre la superstition qui l'avait fait élever, que le gouvernement révolutionnaire, l'ayant rangée parmi *les antiquailles*, l'avait transformée en réceptacle de tous les actes poudreux des archives de l'état civil.

Un historien a eu le courage de décrire les légers casiers sur lesquels étaient rangés les registres, et qui, s'élevant presque jusqu'aux voûtes, masquaient toutes les merveilleuses sculptures des murailles et toutes les *pierreries étincelantes* des hautes et étroites croisées.

Enfin la France a fini par rougir de cette barbarie, et, pour donner l'idée de ce que fut la Sainte-Chapelle sous les rois très-chrétiens, je vais emprunter la poétique et exacte description qu'en a faite le marquis de Villeneuve-Trans, membre de l'Institut, homme des vieux temps par sa droiture, sa loyauté et sa foi, et homme de notre époque par son savoir, son esprit conciliant et la pureté de son goût. Longtemps, j'ai eu le bonheur de l'avoir pour ami ; aussi ai-je une vraie satisfaction à emprunter à sa *Vie de saint Louis* les pittoresques pages qui suivent :

« La Sainte-Chapelle remplaça l'ancienne chapelle dédiée à Notre-Dame-de-l'Etoile ; elle touchait le propre palais du monarque, et aucun édifice du moyen-âge ne s'est montré plus en harmonie avec sa destination. Louis n'épargna dans la suite aucune dépense pour la rendre digne de la France et de lui. On y prodigua l'or, la peinture, l'émail, les vitraux rayonnants, et son éclat intérieur pouvait rivaliser avec celui des plus riches phylactères orientaux.

« Sur le seuil de l'édifice, dont la disposition offrait en nombres mystiques sept entrées et sept chapelles, l'œil

était d'abord frappé de cette voûte parsemée d'or et d'azur, de cette plinthe ornée de peintures, d'émail et de cristal sur des colonnettes d'une seule pièce, de ces lampes lumineuses, de cette rosace, formée d'un cercle d'étoiles flamboyantes, image du soleil vivant, reflet de la gloire céleste, rappelant les paroles du Psalmiste : « Les portes de Jéru-
« salem seront de saphir et d'émeraudes. »

« Les regards se perdaient ensuite au milieu de ces jets de colonnes qui s'élançaient vers les voûtes du parvis ; de ces arcades gracieuses, de ces galeries aériennes, riche d'ogives, de festons, de spirales, d'arabesques, de fantaisies sarrasines, admirable sculpture accidentée d'une foule de détails merveilleux, renfermant dans ses milliers de fleurons toutes les légendes chrétiennes, tous les mystères, tous les divers emblêmes de la foi.

« Mais si le soleil venait à frapper ces innombrables arceaux ornés de trèfle, où les fenêtres, tantôt longues et grêles, tantôt larges et immenses, un charme indéfinissable venait comme fasciner les regards ; imprégné de toutes les couleurs du prisme, l'air n'arrivait plus qu'en reflets de pourpre ou d'azur, en poussière d'or, jetant sa teinte mystérieuse aux hiéroglyphes d'Orient, aux saintes paraboles, aux naïfs préceptes, tracés pour servir de catéchisme et d'instruction, surtout au pauvre peuple.

« Cette teinte vaporeuse enveloppait à la fois le tabernacle, la glorieuse milice des séraphins, les fidèles, l'apôtre, le missionnaire dont la figure paraissait comme inspirée ; elle ceignait d'une auréole les statues des saints ; elle embellissait les vierges byzantines à robes d'azur, se détachant sur un fond étincelant d'or ; elle colorait les bannières soyeuses, et faisait reluire la croix écarlate du croisé.

Animant le marbre, émaillant les blasons, les écus du mausolée, elle semblait redonner la vie aux effigies funèbres.

« Puis, au crépuscule du soir, à l'heure des ténèbres, s'évanouissaient l'azur, la pourpre et l'or ; l'obscurité s'épaississant enveloppait les merveilles intérieures du saint lieu, et plongeait dans une profonde rêverie le fidèle qui, un moment, avait cru entrevoir quelques rayons échappés du séjour céleste auquel il aspire. Son âme demeurait alors sous le poids d'une pensée indéfinissable de grandeur, de simplicité chrétienne, de mélancolie et d'espérance, et il se disait : « *Celui qui sonde la majesté de Dieu sera accablé par* « *sa gloire.* »

« Au dehors, l'édifice charmait encore par son double rang d'aiguilles élégantes livrées au vent et dominées par une flèche à merveilleuses dentelures, dont la pointe suspendue et comme balancée dans les airs allait cacher dans les nuages le signe de la rédemption.

« Recouverte de fleurs de lis mariées aux tours castillanes, sur lesquelles dormaient les corneilles et orfraies amies des vieux monuments, cette flèche, a-t-on dit, *était la plus belle, la plus ouvrée, la plus menuisée, la plus déchiquetée qui ait jamais laissé voir le ciel à travers son cône de dentelles.* »

Nous lisons dans la vie du pieux et royal fondateur de la Sainte-Chapelle que la plus grande partie des heures qui n'étaient pas employées aux affaires de l'Etat, aux soins de la couronne, étaient consacrées par le pieux monarque à la méditation et à la prière ; les oratoires, les *retraits dévotieux* lui offraient un repos, une paix qu'il ne trouvait pas ailleurs ; il appelait ces lieux habités par le

Dieu des tabernacles *ses meilleurs arsenaux contre toutes les traverses du monde.*

La Sainte-Chapelle était donc le lieu de sa prédilection ; aussi, sans rien prendre sur ses devoirs de roi, il y passait de bonnes et tranquilles heures ; par expérience il savait combien pèsent les couronnes de ce monde, et c'était devant la couronne d'épines, qui avait déchiré le front de Notre-Seigneur, qu'il apprenait à être patient dans les revers et résigné sous la main du malheur.

Lorsque le fils de Blanche de Castille pressentait qu'on allait lui apprendre des désastres ou de cruelles pertes, il voulait, autant que possible, se rendre auprès des saints autels, parce que LA il était plus fort qu'ailleurs.

Louis était à Sidon, lorsqu'un message arriva en Palestine annonçant que la régente venait de passer de vie à trépas. Au prince qui avait tant souffert et qui avait été abreuvé de tant de douleurs, il restait donc à annoncer la plus cruelle, la plus poignante des nouvelles, celle de la mort de sa mère.

En ce temps, pour porter de si terribles coups, on se servait des hommes de Dieu, pensant que le Seigneur mettait sur leurs lèvres des paroles que le monde ne sait pas, et qui tempèrent mieux que les plus beaux discours l'amertume que ces saints messagers sont obligés de venir répandre dans le cœur de ceux qui vont avoir à pleurer.

Le légat du pape, qui avait reçu le premier cette triste nouvelle, vint chez le roi accompagné de l'archevêque de Tyr et de Geoffroy de Beaulieu, confesseur de Louis. Dès que le fils de Blanche de Castille les vit entrer dans la salle où il était, il devina à l'altération de leurs traits qu'ils lui apportaient l'annonce d'un grand malheur. Agité de ce pressentiment, le monarque les fit passer *dans sa chapelle, son arsenal habituel contre toutes les traverses d'ici-bas.* Parvenu à son oratoire, le roi en ferma les portes, alla s'agenouiller devant l'autel pour demander au Dieu qui a souffert pour les hommes la force de souffrir; puis, après une courte et fervente prière, Louis se leva, alla s'asseoir à la droite de l'autel, et fit asseoir à ses côtés le légat et l'archevêque de Tyr; puis, le visage pâle et la poitrine oppressée, il leur dit : « Maintenant parlez. »

Le légat commença par rappeler au roi que tout ce que l'homme aime le plus sur la terre est transitoire et périssable. « Remerciez Dieu, lui dit-il, de vous avoir donné une mère qui a veillé avec tant de soins et d'habileté sur vous, sur votre famille et sur votre royaume..... » Ici le prélat s'arrêta un moment, comme s'il eût peur de frapper le coup terrible; surmontant son émotion, et poussant un profond soupir, il ajouta : « Cette tendre mère, cette vertueuse princesse est maintenant dans le ciel. » A ces mots, l'homme fort fut vaincu, et Louis, jetant un grand cri, se mit à fondre en larmes; puis, à genoux sur la marche du sanctuaire, il s'écria : « *Mon Dieu, soyez béni pour m'avoir conservé longtemps une mère si digne d'être aimée! Aujourd'hui vous me l'enlevez : ô Seigneur! soyez béni encore!* »

En lisant ces mœurs des temps de foi, en les comparant à celles d'aujourd'hui, on se prend à ressentir grande pitié pour notre époque; elle a autant de désastres à subir, autant d'infortunes à supporter, autant de morts à pleurer, mais elle n'a plus autant de consolations, depuis qu'elle a cru qu'elle pouvait se passer de Dieu! Retranchez de la vie la pensée religieuse et l'invocation du secours divin, il n'y restera que trouble et anxiété. Saint Louis le savait;

aussi, avant de rassembler ses hommes d'Etat et de consulter les sages et les habiles, il ne manquait jamais d'implorer les lumières d'en haut. C'était presque toujours en sortant de la Sainte-Chapelle qu'il se rendait à la salle du conseil.

Nous l'avons dit, c'était le lieu de sa prédilection.

Lorsque venait la semaine sainte, il passait de longues heures en prière devant la couronne d'épines, le lambeau de pourpre, le roseau, les clous et le fer de lance (1). Le vendredi saint il assistait aux matines durant la nuit; puis, avec un de ses clercs, il récitait dans sa chambre tout le Psautier, attendant, sans se coucher ni dormir, les premières heures du jour. Alors, nu-pieds, vêtu de violet couleur de deuil royal, et très-simplement, il s'en allait, quelque temps qu'il fît, suivi d'un petit nombre de serviteurs, *faire ses stations* dans plusieurs églises de Paris. Ce pèlerinage se terminait par la Sainte-Chapelle.

Après ces stations, il rentrait au palais souvent épuisé de fatigue et toujours à jeun. Au moment de l'adoration du signe sacré de la rédemption, le monarque très-chrétien et ses enfants, vêtus pauvrement, quittaient leurs siéges et s'avançaient sur les genoux jusqu'aux marches de l'autel. « *Là, le roy Loïs adoroit si humblement, qu'il n'y avoit cuer qui ne se fendist.* »

Le même jour, en commémoration de la couronne d'épines, il paraissait, sur le soir, à la Sainte-Chapelle, revêtu de ses ornements royaux, la tête ceinte d'un diadème éblouissant de pierreries et le manteau fleurdelisé sur les épaules. Ses enfants, magnifiquement vêtus, portaient sur

---

(1) *Vie de saint Louis*, par le marquis de Villeneuve-Trans.

leurs jeunes fronts des couronnes ou chapelets de fleurs, comme ils avaient accoutumance de faire tous les vendredis. Le roi allait, dans ce grand jour, ouvrir le trésor et exposait lui-même à la vénération des fidèles le grand morceau de la vraie croix trouvé par sainte Hélène et donné par l'empereur Baudouin.

« En ce jour (1), le plus pauvre des Français recevait sur ses lèvres, de la main du roi, le signe du salut de tous, du salut du dernier comme du premier, du faible comme du fort, de l'enfant que la crèche a nourri et qui ne peut nommer son père, comme de celui dont le berceau compte de nombreux et illustres aïeux!.... Véritable égalité du sanctuaire, échange d'amour et de déférence, de soins et de devoirs que la philosophie de nos jours s'efforce en vain de remplacer par des déclamations et par la haine de toute supériorité.

Il y a aujourd'hui tout un monde artistique qui s'est épris d'amour pour nos vieux monuments, et des esprits forts, qui sont encore brouillés avec Dieu et le catholicisme, ne dédaignent plus d'entrer dans nos églises, si les siècles ont donné un brevet de noblesse à ces édifices. Ces amants de l'art, dans leur matérialisme, m'accuseront d'avoir consacré tant de pages à parler des saintes reliques cédées au roi de France par l'empereur Baudouin, et du pieux monarque qui leur a fait un si magnifique reliquaire, par Pierre de Montereau.

L'âme d'un monument, ce sont les souvenirs qu'il rappelle; son corps, c'est la pierre; les matérialistes *s'enamourent* du corps; moi je préfère l'âme. C'est à elle que

(1) Madame la princesse de Craon.

je m'attache, aussi je lui ai donné le pas sur la matière; j'ai fait admirer la piété du roi avant le talent de l'architecte.

« Plusieurs causes (1) contribuaient à mettre depuis longtemps l'architecture sarrasine en faveur. Les Arabes d'Espagne, en prenant place à la tête de la civilisation européenne, se faisaient accepter comme maîtres et modèles dans les sciences, dans les lettres et dans les arts. Les croisades (contre lesquelles le philosophisme a tant déclamé), les expéditions religieuses d'outre-mer, en appelant les Européens à contempler les édifices de l'Orient, leur inspiraient, à leur retour *au pays*, le désir de reproduire les merveilles qui avaient frappé leurs regards. Ainsi les croisades, qu'il ne faut pas seulement considérer sous un point de vue religieux, eurent encore pour effet de développer des idées neuves dans les sciences et les arts.

« Tracée, mais en miniature, sur le même plan que quelques grandes basiliques, la Sainte-Chapelle, qui fut achevée en 1248, et dont la valeur totale, au temps de sa splendeur, s'élevait environ à *neuf millions de francs de notre monnaie*, formait un édifice long, ayant la face antérieure coupée à angles droits, et l'extrémité arrondie en ovale. Quoique l'intérieur ne se composât que d'une nef sans bas côtés, la façade présentait, à sa partie basse, un grand portique central, flanqué de deux moindres ouvertures, et comme l'église était divisée intérieurement en deux étages, ces trois portiques répétés vers le milieu de la hauteur y dessinaient une sorte de balcon couvert, au-

---

(1) Extrait de la *Mosaïque de Paris*, rue de l'Abbaye, 14.

quel on arrivait par un escalier légèrement et hardiment attaché à l'un des flancs de la chapelle, et par une aile faisant corps avec les autres bâtiments du palais.

« Les galeries qui surmontaient les portiques arqués en ogive, les sculptures décorant les voûtes, y représentaient en bas-relief des scènes du jugement dernier, la coupe même des parties massives, où étaient frappées les fleurs de lis françaises et les tours de Castille, pour rendre hommage à la mère du fondateur, la reine Blanche, tout offrait, dans la plus grande perfection du genre, cette délicatesse de formes, cette abondance de détails, cette étrangeté de figures et cette science minutieuse d'ornements qui font le charme de cette architecture, pour laquelle la dénomination de *gothique* a prévalu, malgré le mélange du style oriental.

« Au-dessus et en arrière de ces portiques, s'ouvrait une belle croisée ronde, sur les vitraux de laquelle étaient peintes les visions de saint Jean l'apocalypse. Les couleurs en étaient si fraîches et si vives, que pendant long-temps un proverbe populaire compara le vin riche en teintes aux vitraux de la Sainte-Chapelle ; deux petites tourelles en aiguille décoraient cette gracieuse façade terminée en triangle aigu. Les croisées, sur les côtés de la chapelle et tout autour de son extrémité ovale, étaient dessinées en ogive et décorées de vitraux travaillés avec non moins d'art que la rosace de la façade. »

La finesse des détails d'ornementation s'étendait jusqu'au toit de cet admirable monument ; là encore tout le luxe de la plus fine sculpture, et la dentelle de pierre se dessinant en blanc sur les lames de plomb bleuâtre qui recouvraient la toiture dans toute son étendue. Sur l'arête formée par leur point de contact des deux versants courait une petite balustrade de colonnettes, partant d'un côté, d'un gros bouquet de sculpture, et aboutissant de l'autre, aux pieds d'un ange aux ailes éployées et élevant dans les airs la croix du Rédempteur.

Entre ces deux points s'élevait une flèche d'une admirable sveltesse, toute découpée à jour, et qui, ainsi que l'a dit un poète anglais « *comme un doigt montrait le ciel, the steeple fingerlike shewing heaven.* » Ce clocher s'élevant d'étage en étage s'élançait à perte de vue avec une grâce, une ténuité, une coquetterie merveilleuse. On a dit que du haut des tours de Notre-Dame le chevet plombé de la Sainte-Chapelle semblait la croupe d'un éléphant chargé de sa tour; cette tour était la flèche.

Ce que la foudre frappe le plus souvent, c'est ce que nous admirons davantage. Le merveilleux clocher que les Parisiens avaient tant aimé, et dont la sonnerie si harmonieuse appelait si bien les âmes pieuses à la chapelle, fut la proie des flammes en 1630. Un autre lui succéda, mais les architectes du dix-septième siècle, malgré le progrès des lumières, n'avaient pas su unir la solidité à l'élégance, et l'on fut obligé, quelques années avant la révolution de 1789, d'abattre le clocher pour prévenir sa chute.

L'intérieur de la Sainte-Chapelle, partagé dans sa hauteur par un plancher, a ainsi deux étages. La partie inférieure, d'après ce qu'ont écrit quelques hommes de nos jours, *aurait été réservée aux fidèles de condition secondaire.* Ceci est une erreur contre laquelle je me hâte de protester. Le saint roi fondateur de cette chapelle était trop pénétré de l'esprit du christianisme pour marquer ainsi des catégories différentes entre les enfants d'un même Dieu. Personne autant que Louis IX n'était convaincu de l'amour de Notre Seigneur pour les pauvres, et certes, il n'est jamais entré ni dans son esprit, ni dans son cœur, de classer, de reléguer à part ces déshérités de la fortune, ces mendiants qu'il faisait souvent asseoir à sa royale table, comme les meilleurs amis de Jésus-Christ.

Si la Sainte-Chapelle a deux différents étages, il ne faut attribuer cette séparation à aucune pensée d'étiquette de cour. Le pieux monarque qui avait doté son royaume des reliques les plus précieuses et les plus enviées de toute la chrétienté, voulant que ces vestiges sacrés de la passion fussent à jamais dignement honorés et vénérés, dut ne pas en prodiguer la vue, et garder leur exposition aux fidèles pour les jours de grande solennité. Dans la chapelle basse le service divin, la messe, les vêpres et autres offices s'y disaient quotidiennement, et Louis IX y assistait.

La chapelle basse, *c'était la vallée des larmes* avec ses supplications ; la chapelle haute, *c'était le Paradis* avec ses hymnes d'enthousiasme et d'adoration. Les pauvres y venaient avec les princes adorer l'homme des douleurs, Jésus, roi des rois ; les consolations qui découlent de nos autels ressemblent à la rosée du ciel qui rafraîchit et féconde en même temps l'humble hysope et le cèdre altier.

Les hommes condamnés à s'asseoir sur le trône savent par expérience combien la couronne pèse sur leur front, et combien de soucis et de peines se mêlent aux splendeurs du dais royal ; aussi on les voyait jadis venir vénérer la couronne d'épines et adorer la vraie croix ; alors ces mendiants revêtus de pourpre et porteurs de sceptre, humblement prosternés, suppliaient le Dieu du Calvaire de leur aumôner force, sagesse et *résignation !* oui..., *résignation*, car les diadèmes les plus enviés ne sont presque toujours que des *couronnes d'épines*.

C'est dans les pages poudreuses des archives de la Sainte-Chapelle que l'on peut apprendre combien était grande la dévotion des rois très-chrétiens envers ces saintes reliques; chacun de nos monarques regardait comme un devoir d'ajouter au trésor que Louis IX avait rendu riche dès sa fondation. Ces magnificences royales, jointes aux beautés architecturales de la partie haute de la chapelle, appelée de la sainte Couronne et de la vraie Croix, ont fait dire à un chroniqueur emphatique que ce monument est une merveille incomparable que les siècles à venir n'égaleront jamais.

Aucun pilier, aucune colonne intermédiaire ne divisait la nef, et sa voûte, comme suspendue dans les airs à de fines sections d'arc, réunies à un point central, paraissait s'appuyer à peine sur des colonnettes formées en faisceau et engagées dans les parois latérales. De grandes statues d'apôtres, qui, placées sur des piédestaux le long des murs, dans les intervalles des croisées, ressortaient seules dans le libre espace, et qu'illuminaient les rayons échappés à travers les peintures des vitraux, semblaient les gardiens de l'imposant sanctuaire.

Une élégante balustrade jetée d'une muraille à l'autre et découpée avec art formait l'enceinte du chœur; de chaque côté de l'entrée du sanctuaire était adossé contre cette balustrade un petit autel que décorait un tableau en émail; ces précieux ouvrages, exécutés par Léonard de Limoges, sur les dessins de Primatice, représentaient différentes scènes de la passion, et en outre l'autel de droite était orné des portraits de François Ier et de la reine Claude; celui de gauche de Henri II, et qui le croirait? l'autre de Diane de Poitiers. Cette alliance scandaleuse se retrouvait sur presque tous les monuments de cette époque, mais dans la Sainte-Chapelle la profanation du lieu saint vient se joindre au scandale historique.

Pour bien prier, l'âme n'aime ni à voir, ni à être vue, elle ne veut que les regards de Dieu et des anges; aussi Louis XI s'était fait faire, au midi du côté de l'épître, son oratoire, sorte de cellule comme taillée dans l'épaisseur du mur; de là, il voyait toute la gloire de l'autel, avec ses bouquets et ses flambeaux, ses vases sacrés et ses reliques.

Une grande châsse gothique en bronze posée sur une voûte à ogives contenait tous les objets sacrés rappelant la passion, cédés par l'empereur Baudoin. Dix serrures différentes répondaient de sa sûreté. Devant cette châsse, une crosse dorée soutenait un ostensoir dans lequel était suspendu un ciboire en or où était gardée la divine Eucharistie.

Cet antique usage de la primitive Eglise, dont il est fait mention dans le cinquième concile de Constantinople, avait été conservé à la Sainte-Chapelle, sans doute en souvenir de l'origine des saints et précieux trésors rapportés de l'Orient.

Dans mon enfance, j'ai souvent admiré dans l'église de Saint-Maurice, cathédrale de la ville d'Angers, l'ingénieuse et poétique manière dont était gardé le Très-Saint-Sacrement. A douze ou quinze pieds au-dessus de l'autel, se voyait un grand séraphin aux larges ailes éployées et comme planant au-dessous du magnifique baldaquin, porté sur de hautes colonnes de marbre à chapiteaux d'or. Cet ange tenait dans ses mains le saint ciboire recouvert de son *velum* de pourpre et contenant les hosties consacrées.

Lorsque le prêtre officiant voyait des fidèles s'agenouiller à la table de communion, il faisait un signe, et le séraphin descendait, s'inclinait sur l'autel, et mettait ainsi le prêtre à même de lui prendre le vase sacré et de distribuer ainsi aux fidèles le pain des voyageurs ici-bas.

Depuis l'époque où j'ai vu, avec mes sœurs et mes frères, le séraphin de Saint-Maurice, j'ai été poussé par le bannissement sur terre étrangère et protestante, j'y ai grandi, et le Dieu de ma jeunesse et de mes vieux jours m'est témoin que partout et toujours j'ai gardé le souvenir de l'église où j'ai prié, enfant, devant l'autel et l'ange aux grandes ailes dorées.

Dans les notices que j'ai lues sur la Sainte-Chapelle, j'ai trouvé un passage qui m'a rappelé le séraphin d'Angers.

« Mise à tant de titres dans une sorte de position supérieure aux autres églises et chapelles de Paris, investie de différents priviléges, entre autres de la vertu de conférer la remise de leurs fautes aux pécheurs repentants qui la visitaient dans certaines circonstances, la Sainte-Chapelle a ses annales remplies de faits intéressants et d'anecdotes curieuses.

« En sa qualité de paroisse royale, elle voyait toutes les pompes de la religion et de la royauté dans les occasions les plus solennelles se déployer sous ses voûtes.

« A la Sainte-Chapelle se célébrait la messe du Saint-Esprit pour l'ouverture du Parlement, lorsque le palais de la Cité, livré à la magistrature, commença à devenir *Palais-de-Justice*.

« A la chapelle bâtie par saint Louis, la religion consacrait les principaux événements qui marquaient la vie des rois dès leur naissance, leur avénement à la couronne, et leur mort.

« La reine Marie, femme de Philippe-le-Hardi, y fut sacrée en 1275, et la fatale Isabeau de Bavière, femme si cruelle du malheureux Charles VI, y reçut aussi la couronne en 1389 des mains de Jean de Vienne, archevêque de Rouen.

« Des rois d'Angleterre et des empereurs d'Allemagne ont été vus, priant comme de simples hommes, le front incliné, et humblement prosternés sur les dalles de la Sainte-Chapelle, y implorant l'aide et le secours du Roi des rois.

« Là se tinrent plusieurs assemblées de prélats, pour traiter des matières religieuses ; et ce fut enfin dans la Sainte-Chapelle que Philippe de Valois, accompagné des rois de Bohême et de Navarre et des grands vassaux de la couronne, ouvrit des conférences (le 2 octobre 1382) pour entendre les prières des patriarches de Jérusalem et pour statuer sur la nécessité d'une nouvelle croisade. Les voûtes qui avaient reçu les vœux de saint Louis retentirent alors des serments de l'assemblée, jurant sur les saintes reliques d'aller reconquérir Jérusalem.

« Des traditions d'une nature moins austère viennent jeter quelque variété au milieu de ces graves souvenirs. Le clergé de la Sainte-Chapelle avait aussi introduit une innovation au milieu des pratiques assez pittoresques, dans leur étrangeté, qui signalaient particulièrement la solennité de la Pentecôte. Indépendamment des étoupes enflammées, des fleurs que l'on répandait du haut des voûtes, et des colombes blanches que l'on lâchait dans le chœur pour annoncer, par des allégories matérielles la venue du Saint-

Esprit, un ange, mis en mouvement par un mécanisme caché, descendait du haut de la nef et venait verser sur les mains de l'officiant de l'eau contenue dans un vase d'or. Charles VIII ayant assisté à cette cérémonie en 1484, y prit tant de plaisir (suivant la chronique), qu'il pria de la recommencer les deux dimanches suivants, et qu'il y invita les principaux seigneurs de sa cour. »

Louis XI s'était fait construire dans la Sainte-Chapelle même un petit oratoire tout orné de fleurs de lis; les tours de Castille indiquaient l'endroit où la reine-mère avait coutume de venir implorer l'aide et la protection du Seigneur pour son fils et pour le beau royaume de France. — Dans les temps de foi, lorsque arrivait la grande semaine des douleurs divines, tout ce qui souffrait reprenait de l'espérance et se disait : « *Le Dieu qui a eu le front déchiré par la couronne d'épines, et les mains et les pieds déchirés de clous, m'écoutera et me guérira.* »

Aussi, dans la nuit du vendredi au samedi saint, tous les malheureux atteints du mal caduc venaient pour y être touchés par les saintes reliques.

Plus la Sainte-Chapelle était haut placée dans les respects de tous les Français et des autres peuples, plus il y avait danger de voir l'humilité évangélique s'affaiblir parmi les membres du clergé desservant ce sanctuaire royal et si renommé. Ce clergé, primitivement, était composé de cinq prêtres, sous le nom de *principaux* ou *maîtres chapelains*, y compris Mathieu, ancien chapelain de Saint-Nicolas, dont le titre venait d'être éteint, et de deux ecclésiastiques dans les ordres, sous le nom de *marguilliers*. Chacun des *principaux* devait avoir sous lui un sous-chapelain prêtre, et un clerc diacre ou sous-diacre. Par d'autres lettres de 1248, saint Louis augmentant cette fondation y ajouta un troisième *marguillier* et voulut qu'ils fussent tous prêtres et égaux en tout aux cinq maîtres chapelains, qui se trouvèrent alors huit. On dut cependant en choisir un qui eût autorité sur les autres.

Ces distinctions, ces dignités que l'humilité et la piété du saint roi croyait sans inconvénients, finirent par en amener de trop marquants. Quelques membres de ce clergé privilégié et comme en dehors de la hiérarchie, laissèrent avec le temps grandir et éclater leurs prétentions. Un des *chapelains principaux* demanda et obtint, je ne sais plus sous quel règne, le privilége d'officier à la Sainte-Chapelle, avec la mitre, l'anneau et les autres insignes épiscopaux. Quelques écrivains ont même assuré qu'il avait encore élevé ses prétentions plus haut. Les inférieurs, à l'exemple de leur chef et en fréquent contact avec la cour, dévièrent de l'humilité sacerdotale, et furent trop mondains dans leurs vêtements. Il est certain que plusieurs fois, les rois furent obligés d'intervenir pour réprimer le luxe du personnel de la Sainte-Chapelle, et pour lui faire défense, selon les termes des ordonnances *de porter collerettes, chausses retroussées sur les genoux, et souliers à la poulaine.*

Je n'ai jamais été de l'école de ceux qui se plaisent à signaler les torts ou les ridicules des hommes que la religion a consacrés ; aussi ce n'a été qu'à regret que j'ai fait mention des travers vaniteux de quelques *chapelains principaux* de la Sainte-Chapelle. Dans l'œuvre de saint Louis, j'aurais voulu que tout restât pur comme l'or d'ophir que le pieux monarque faisait employer pour les vases sacrés de son autel. Hélas! il faut bien le reconnaître, ce que le temps altère le plus dans sa marche incessante, ce n'est ni l'or, ni l'argent, ni les pierreries, mais bien les qualités et les vertus de l'homme; sous le souffle empoisonné du monde, elles se fanent, se flétrissent et meurent.

Pour décrire ce que fut la Sainte-Chapelle, j'ai feuilleté beaucoup de volumes, regardé beaucoup de plans et de gravures, et fait de fréquentes visites au chef-d'œuvre de Pierre de Montereau. Dans les histoires de saint Louis, j'ai recueilli des descriptions pour donner à ceux qui liront ce que j'écris une idée juste et vraie de ce sanctuaire si aimé du petit-fils de Philippe-Auguste et si vénéré dans notre vieille France. Mais comme à mon ami le marquis de Villeneuve-Trans et à plusieurs autres écrivains de notre siècle, il m'a manqué un avantage immense, un bonheur digne d'envie, celui d'avoir vu la chapelle de la sainte Couronne, alors que la foi catholique y rayonnait dans tout son éclat! C'était à ce flambeau qu'il fallait admirer cette merveille. A sa lueur, on voyait l'autel, les saints et les anges qui l'entourent; il faut les voir comme les contemplaient la croyance et le respect de nos pères; aujourd'hui, c'est la pierre sculptée, les vitraux peints, la hardiesse de la voûte, la sveltesse des colonnes et l'harmonie de l'ensemble que l'on vient étudier et que l'on cherche à reproduire; cet enthousiasme pour l'art est bon sans doute, mais qu'il me semble pauvre et pitoyable comparé au sentiment religieux qui amenait nos devanciers sous les voûtes saintes de leurs églises! Pour eux, un sanctuaire consacré à Dieu, était le vestibule du ciel, et ils n'en approchaient qu'avec une foi vive et un respect profond, ils sentaient au frémissement de leur âme qu'ils allaient se trouver face à face avec l'Eternel.

Lorsque je veux me faire une idée juste de ce qu'était la Sainte-Chapelle, ce n'est point avec le souvenir de ce que je suis allé voir avant de commencer ce livre sur les monuments de Paris, alors je n'ai vu que la pierre, les murs et les voûtes; mes yeux ont admiré sans doute, mais, pour moi, ce n'était pas assez, aussi ai-je essayé de remonter au siècle de saint Louis; par la pensée et l'imagination quelquefois l'on parvient à s'échapper du présent, à retourner dans le passé. Je me figure donc contemporain de Louis IX, et j'entre avec la foule dans le temple élevé par le génie de Pierre de Montereau; la cour, le roi, les reines, les princes et princesses y viennent adorer les saintes reliques, car c'est l'anniversaire du jour où sainte Hélène a découvert sous les débris d'un autel païen la croix sur laquelle le divin Sauveur est vraiment mort pour le salut de tous. C'est le 3 mai, le ciel est bleu et rayonnant; à travers l'air tiède et parfumé, les sons harmonieux des cloches de la Sainte-Chapelle carrillonnent gaîment pour avertir les grands, les bourgeois et le menu peuple à la solennité. Si l'or et la pourpre, les diamants et les pierreries brillent sur le monde riche et éclatant de la cour, la bourgeoisie se distingue aussi par son bel air, car elle a revêtu ses plus beaux habits; il n'est pas jusqu'aux pauvres nécessiteux qui n'aient *perdu* un peu de leur misère en cette grande et sainte journée.

Les *chapelains principaux* ont obtenu de la reine Marguerite la permission de faire cueillir dans ses parterres royaux les roses hâtives, le lilas, les boules de neige et le cytise pour en orner l'autel, les gothiques reliquaires et les châsses vénérées. Dès avant la venue des fidèles, l'encens et la myrrhe ont parfumé le saint lieu. Les hommes, que la fortune n'a pas gâtés, et que les délices n'ont pas énervés, quand ils entrent dans une église pour s'y reposer des travaux du corps ou des peines de l'esprit, aiment à respirer ce parfum béni que le peuple breton et vendéen appelle encore *l'odeur du paradis;* les murs, les voûtes de la chapelle de la sainte couronne dans les siècles passés en ont été noircis et imprégnés; car alors il n'y avait pas parmi les bons catholiques de ces extrêmes délicatesses nerveuses que l'on trouve de nos jours, et qui privent souvent nos sanctuaires de l'encens que Dieu lui-même nous a commandé de mêler à nos prières.

Hommes et femmes, grands et petits, riches et pauvres portaient jadis au cœur la même foi, et au front le même respect. Oh! alors c'était beau et émouvant à voir que la famille chrétienne rassemblée sous le regard immédiat du Roi des rois. Ceux qui étaient vêtus de pourpre, et qui avaient droit de porter couronne et diadème, ceux qui étaient bardés du fer des batailles, ceux que rehaussait la robe magistrale, ceux que revêtait le froc du moine, le bourgeois avec l'habit de drap, l'ouvrier avec la jaquette de bure, le mendiant avec la triste livrée de la misère, tous s'inclinaient, se prosternaient ensemble devant la *sainte couronne d'épines, le sceptre de roseau, la tunique du Sauveur et les clous qui l'avaient attaché sur la croix,* tous priant avec la même foi et les mêmes espérances.

Dans cette multitude si humblement prosternée et dont les fronts touchent presque les dalles du parvis, il y a plusieurs des compagnons d'armes de Louis IX. En face des Sarrasins, ils n'étaient pas si humbles; là, ils se tenaient droits et fiers et apprenaient aux musulmans ce qu'était la valeur française.

Et d'où venait cette piété des grands et des petits, et cette édification de la foule? Elle découlait du trône: quand la vertu y est assise, le bon exemple est puissant et s'étend au loin. Lorsque les chefs des nations sont incrédules, c'est aux abîmes qu'ils conduisent leurs peuples. Pour les enivrer et les soulever, ils ont des mots sonores et magiques, mais ces mots ne venant pas de Dieu ne font qu'égarer et ne peuvent jamais mener au bien.

Sous ses voûtes et devant son autel, la Sainte-Chapelle a vu toute une longue lignée de *rois très-chrétiens* venir s'agenouiller et demander aide et conseil au souverain maître des royaumes et des empires, lorsqu'il se présentait des circonstances graves d'où pouvait jaillir la guerre ou quelque autre fléau. Sans doute, nos vieux monarques étaient aidés dans les affaires de l'État par des ministres dévoués, éclairés et intègres, et par des diplomates habiles et jaloux de l'honneur de la France ; mais pour SAINT LOUIS, et pour la plupart de ses dignes descendants, ces capacités administratives et diplomatiques n'étaient pas suffisantes ; il leur fallait d'autres lumières que celles d'ici-bas, d'autre appui que celui des hommes, et c'était au Dieu de la France qu'ils les demandaient.

Quand les choses étaient ainsi établies, les peuples voyant que les rois reconnaissaient un maître, et qu'ils s'adressaient à lui pour obtenir conseil et aide, avaient confiance en eux, et ne cherchaient point à renverser leur trône. Mais, depuis, une nouvelle politique a surgi, les chefs des nations ont voulu se passer de Dieu, et les peuples alors se sont dit : Passons nous des rois.

Les Français ont toujours aimé à voir leur roi armé et à cheval, et lorsque le souverain prenait le chemin d'un champ de bataille, pour le suivre la foule était grande, pressée, enthousiaste. Mais nos ancêtres, qui aimaient tant la gloire des armes, voulaient cependant faire passer quelque chose avant elle, c'était la gloire de Dieu. Aussi ils tenaient à voir le père de famille prier avec ses enfants et le monarque avec ses sujets : c'était toujours devant la croix que se nouait le lien indissoluble entre le roi et le pays.

La vénération et l'amour des Parisiens pour la Sainte-chapelle ne devaient pas s'éteindre avec la vie de Louis IX ; et lorsque la funeste nouvelle de sa mort arriva d'outremer, son sanctuaire fut en quelque sorte la source de ce torrent de larmes qui inonda la France. L'histoire l'atteste, Paris ne fut pas seul à pleurer le bon roi : la nation tout entière mêla ses regrets et ses pleurs à ceux de la capitale du royaume.

Lorsque la porte du caveau de Saint-Denis s'était refermée sur la dépouille mortelle que le jeune roi Philippe et ses frères y avaient si pieusement apportée, il s'était fait un grand et lugubre vide dans la famille royale, et du palais si attristé par l'absence de celui qui en avait été l'âme et le modèle, la veuve, les fils et les frères du défunt venaient journellement passer de longues heures dans la chapelle de la sainte Couronne, priant et pleurant, non sur le saint qui était au ciel, mais sur la France et sur eux-mêmes. Dans sa cruelle douleur et son délaissement, la reine veuve enviait alors le destin de la reine Blanche ; car la mère était passée de vie à trépas avant que son fils n'eut quitté la terre, tandis que l'épouse restait condamnée à demeurer après l'époux dans notre vallée de larmes.

Cette porte du caveau des Bourbons, dont je parlais tout à l'heure, fut rouverte vingt-sept ans après la mort du roi Louis IX ; sa sainteté avait été trop évidente et trop connue du monde entier pour que la canonisation d'un juste tellement selon le cœur de Dieu, se fît longtemps attendre. Aussi, le 8 août 1197, le père commun des fidèles, Boniface VIII, proclama à l'univers entier que le monarque qui avait régné sur la France avec tant de gloire et de mansuétude, que *le roi justicier et aumônier* régnait maintenant dans le ciel, et que désormais on pouvait invoquer sa protection auprès de l'éternel Seigneur, Roi des rois et rémunérateur de leurs vertus.

De toutes les provinces du royaume et de toutes les nations catholiques du globe, un immense cri de sainte allégresse s'éleva vers le ciel le jour où la bulle de canonisation fut proclamée du haut de toutes les chaires de vérité.

On devine l'empressement que la famille royale et le clergé de Paris durent mettre à aller redemander à la tombe de Saint-Denis les restes précieux du saint roi, qui désormais allaient être exposés sur les autels à la vénération des peuples.

« En ceste et mesme année 1298 fist lever li roy Philippe li beau cor sainct Loys jadis roy de France, en esglise de Sainct-Denis, a grant solennité de peuple, lendemain de la Sainct-Barthelemy, qui là estoient passez vingt-huit ans, qu'il estoient deviez de ce siecle. Il y eust grant appareil et festins. »

« Il paraîtrait (1) que les ossements de saint Louis furent rapportés à Saint-Denis; car nous voyons qu'une seconde translation eut lieu en 1392, sous le règne de Charles VI, qui arriva au moustier royal avec une châsse d'or de 252 marcs. Elle avait été commencée par Charles V. Les principaux du royaume furent appelés à cette cérémonie. Le roi, en manteau royal, porta lui-même les os sur l'autel.

(1) *Vie de saint Louis*, par le marquis de Villeneuve-Trans.

Il en donna une côte à Pierre d'Ailly, pour le pape Clément VII; deux autres os au duc de Berry et à Jean-sans-Peur, duc de Bourgogne, et un ossement à partager entre les prélats. Après quoi il mit le reste dans la nouvelle châsse.

« On fit ensuite une procession où les ducs, les princes du sang la portèrent. Charles VI ajouta à son présent une somme de 1,000 livres pour faire un tabernacle de cuivre doré pour recouvrir la châsse d'or. Les ducs de Berry, de Bourgogne et de Touraine, à genoux, offrirent à saint Louis les pierreries sans nombre dont ils étaient parés pour la fête, et voulurent qu'on les incrustât à la châsse. »

Lorsque le roi Philippe avait fait le partage des restes précieux de son saint aïeul, la Sainte-Chapelle avait eu droit à être bien traitée; aussi elle le fut. A elle fut donnée en 1306 la forte et large tête qui avait si noblement et si chrétiennement porté la couronne de France.

Nous trouvons dans le Trésor des chartres, coté 19, « ce petit roole d'une autre distribution des reliques de sainct Loys :

« A la Sainte-Chapelle du roy à Paris, le chief;

« A l'Emperier (l'Empereur) ung des os de sa main ;

« Aux frères du Val-des-Echaliers-les-Compiegne, une jointe;

« A l'abbé de Reaumont (Royaumont), une pièce de l'épaule;

« A l'abbesse du Lys, un des os de la main. »

On sait que le cœur et les entrailles avaient été déposés à Montréal, en Sicile. Charles d'Anjou, roi des Deux-Siciles, n'avait voulu céder à un autre le cœur de son frère.

Lorsqu'il existe encore dans quelque vieille demeure de

famille une chapelle où nos devanciers ont prié, ce lieu héréditaire et béni nous est devenu cher à bien des titres ; enfant, nous y avons vu notre père et notre mère agenouillés devant l'autel, comme eux jadis s'étaient édifiés de la foi et de la ferveur de leurs grands-parents ; chaque génération apporte des exemples, et laisse à celle qui suivra des souvenirs et parfois des modèles.

Pour nos rois successeurs de Louis IX, la Sainte-Chapelle était un sanctuaire de famille qu'ils devaient aimer plus que tous les autres. Aussi nous les voyons presque tous se plaire successivement à l'orner et à l'enrichir. On sait que Charles V fut celui de tous nos monarques qui hérita le plus de la foi de saint Louis, car il disait souvent : « *Un roi de la terre doit savoir souffrir, puisque le Roi du ciel a souffert.* » Comme son aïeul il répétait : « *La joie du juste est que justice soit faite.* » C'est lui qui dota le trésor de la Sainte-Chapelle d'une fameuse agate gravée, représentant le buste de l'empereur Titus, métamorphosé en saint Louis (1) par l'addition de deux bras en vermeil dont l'un tenait une croix et l'autre une couronne d'épines, et d'un camée antique en agate onyx, dont la renommée est populaire dans le monde archéologique pour sa dimension. Ce camée, d'un pied de longueur environ sur dix pouces de largeur, est d'une belle exécution. Le sujet était l'apothéose de l'empereur Auguste ; mais il s'était établi dans les croyances naïves de nos ancêtres qu'il reproduisait le triomphe de Joseph en Égypte. Les figures des quatre évangélistes placées dans un cadre dont on l'entoura ayant contribué à lui donner un grand prix religieux, Charles-le-Sage l'offrit à la

---

(1) Notice sur la Sainte-Chapelle, extraite de la *Mosaïque.*

chapelle de la sainte couronne. Ce camée, exposé depuis des siècles à la vénération des fidèles et porté dans les processions, perdit de sa sainte renommée lorsque son origine profane fut reconnue sous Louis XIII; mais sa valeur lui est restée comme objet d'art. Brisé dans l'incendie qui détruisit le clocher, et reconquis sur des voleurs qui l'avaient dérobé, il est passé du trésor de la Sainte-Chapelle à la Bibliothèque royale.

Dans les habitudes du bon roi Charles, les largesses faites aux hommes de sciences entraient pour beaucoup, mais ne venaient qu'après les dons faits aux églises; aussi, en outre des objets que je viens de décrire, il avait ajouté des vases d'or et d'argent, des pierreries et des joyaux à ceux dont Philippe III et Philippe IV avaient enrichi le trésor de la Sainte-Chapelle.

Charles VI, alors que la main de Dieu pesait si lourdement sur lui, conservait parmi ses pensées troublées le ressouvenir du magnifique sanctuaire où il avait prié dans ses bons jours. C'était en face des saintes reliques, en face de la couronne d'épines, que la femme, cause de tous ses maux, Isabeau de Bavière, avait été sacrée reine. De l'appartement du palais, où il était gardé avec si peu d'égards, il pouvait apercevoir le toit béni de la maison de Dieu, et plus d'une fois il y a envoyé des offrandes. Ce ne sont pas toujours les princes qui ont reçu le plus de bienfaits de la Providence qui pensent le plus à la gratitude due au souverain Maître des maîtres de la terre.

Lors de la translation de la tête de saint Louis à la Sainte-Chapelle de Paris, les évêques accordèrent des indulgences, et vingt-un archevêques et évêques apposèrent leurs cachets et seings au procès-verbal de cette belle et majestueuse cérémonie. Les objets qui avaient appartenu au saint roi ou qui le représentaient devinrent eux-mêmes des reliques précieuses.

Avec l'aide de Dieu, de Jeanne d'Arc et de sujets fidèles, Charles VII ayant délivré la France du joug abhorré des Anglais, et revenant de son sacre de Reims, est allé se prosterner devant la plus sainte des couronnes.

On range parmi les plus magnifiques des bienfaiteurs couronnés de la Sainte-Chapelle (1), Henri IV, Louis XIII et

---

(1) Si la Sainte-Chapelle reparaît aujourd'hui si brillante et si belle, si nous la voyons au dix-neuvième siècle ce qu'elle était au treizième, nous le devons à celui de tous nos architectes qui a le mieux compris et le plus aimé nos vieux monuments, à M. Duban, depuis que pour raconter son passé, j'étudiais ce qui a été écrit sur le chef-d'œuvre de Pierre de Montereau. Je me souvenais avoir lu dans les journaux de 1848 que, pendant les travaux qui se faisaient alors à ce monument sous la haute direction de M. Duban, on avait trouvé, sous un dallage du sanctuaire, une boîte en plomb en forme de cœur, et que dans cette boîte des restes d'un cœur humain avaient été vus, que des archéologues avaient cru être celui de saint Louis.

Comme en écrivant la vie du saint roi, j'avais lu que Charles d'Anjou, roi de Naples et de Sicile, avait hérité du cœur de son frère, et que cette précieuse relique était confiée à la garde de religieux de Montréal, en Sicile, j'avais peine à croire que la Sainte-Chapelle de Paris eût jamais possédé si précieuse relique. Aussi, pour éclaircir mes doutes, j'ai pris la liberté, dernièrement, de m'adresser à M. Duban, comme ami d'un de ses amis, M. Delamorandière, en le priant de vouloir bien m'éclairer à ce sujet. Dans une lettre trop aimable pour que je la publie en entier, voici ce qu'il me dit :

« Pour répondre à la question que vous m'avez faites, Monsieur, j'ai dû re-
« chercher dans mes souvenirs, n'ayant rien conservé des documents relatifs
« à la découverte qui vous intéresse. Voici ce que mon souvenir se rappelle :
« Au centre du tabernacle, qui aujourd'hui s'élève dans l'abside de la Sainte-
« Chapelle, existe une pierre sur laquelle une petite croix est gravée en creux.
« Cette croix avait attiré mon attention, et la nécessité d'enlever le dallage
« moderne de l'abside m'avait conduit à examiner avec plus d'intérêt cet
« indice tout moderne d'ailleurs, la croix n'ayant rien dans sa forme qui rap-
« pelât le treizième siècle.

« La pierre enlevée mit à nu une boîte en forme de cœur, travaillée au mar-
« teau et ornée de fermoirs en étain, ainsi que la boîte, dans les formes des-
« quels on pouvait avec raison, reconnaître cette délicatesse d'art, que les
« belles époques ont toujours su employer.

« Après examen, on découvrit dans la boîte une substance noirâtre solide,
« enveloppée de linges assez grossiers d'ailleurs, et dans la trame desquels on
« ne pouvait soupçonner rien qui annonçât une relique royale. Mais la simpli-

Louis-le-Grand. Louis XVI et Marie-Antoinette, quelques jours après leur mariage célébré à Versailles, vinrent à Paris, et, en sortant de la basilique de Notre-Dame, allèrent prier devant la sainte couronne d'épines et le sceptre de roseau !

« cité du saint roi avait pu lui survivre, et cette simplicité ne pouvait être
« invoquée contre la découverte du cœur de saint Louis.

« Près de ce cœur en étain se voyait un parchemin roulé, sur lequel était
« écrit un procès-verbal signé Camus, garde-général des archives, daté, je
« crois, de 1799, et faisant foi de la découverte déjà faite à cette époque du cœur
« ci-inclus. N'hésitant pas d'ailleurs à dire qu'il avait appartenu à saint Louis,
« et citant à l'appui de cette probabilité un article du dictionnaire de Moréri.

« Voilà, Monsieur le vicomte, ce que mon souvenir me rappelle au sujet
« de cette découverte qui eut un si grand retentissement, et qui fit couler
« des flots d'encre assez mal employés, d'un côté au moins, à prouver que ce
« cœur ne pouvait être celui du saint roi.

« Je dirai avec regret que le doute à ce sujet fut énoncé un peu à la hâte.

« Après cette longue et confuse polémique, je reçus l'ordre de dresser un
« second procès-verbal, de remettre le tout dans le même lieu, et de placer
« tout sous la même pierre. La question est donc encore intacte. *Adhuc sub*
« *judice lis est.*

« Les partisans de la découverte de l'académie, M. Paulin Paris, je crois, et
« d'autres, s'appuyant sur des titres historiques, ont dit, autant que je me
« le rappelle, ce que M. Delamorandière vous a répété au sujet d'un échange
« fait entre les religieux de Montréal et ceux de Saint-Louis. »

Mon ami, M. Delamorandière, m'avait raconté l'an dernier au château de Chaumont ce qu'il avait lu dans une brochure publiée à Paris, lors de la découverte de la boîte d'étain trouvée sous le dallage de la Sainte-Chapelle. Dans cet écrit, on disait, pour excuser les moines de Montréal de n'avoir pas su garder dans leur trésor une relique aussi précieuse, aussi sacrée que le cœur de saint Louis, que les bons moines siciliens n'avaient fait cet échange du cœur d'un roi que pour posséder une épine de la couronne d'un Dieu crucifié.

La royale abbaye de Saint-Denis ayant alors en sa possession la couronne entière de notre Seigneur, pouvait en détacher quelque fragment pour acquérir le cœur du plus saint et du plus grand roi de France. Ainsi s'expliquait cet échange.

LA CONCIERGERIE.

—

LE PALAIS-DE-JUSTICE.

Comme je l'ai dit ailleurs, le palais des Thermes, bâti par les Romains, ne fut habité que par la première race de nos rois. La sévérité de l'architecture romaine s'alliait mal avec l'esprit de nos pères. Eux, *comme nous aujourd'hui*, aimaient les lignes mouvementées, les tours en saillie et l'enfoncement des retraits ; la régularité leur devenait ennui, ils s'en sauvaient par des constructions capricieuses. Les enjolivements, les arabesques leur plaisaient, et bientôt ils égayèrent les chapiteaux, les pleins cintres, en y attachant leurs riantes idées avec des festons de fleurs.

Aussi, au bout de quelques siècles, la demeure de Constance Chlore et de Julien fut abandonnée. Nos rois, devenus plus difficiles, s'étant dégoûtés du palais bâti par les vainqueurs des Gaules, allèrent se construire une résidence royale et dresser leur trône tout à fait sur le bord des eaux, là où nous voyons aujourd'hui les vieilles tours à toits aigus qui s'élèvent au-dessus des maisons alignées des quais et qui font partie du vaste bâtiment sans forme que l'on nomme Palais-de-Justice.

Paris, à la fin de l'occupation romaine, possédait deux édifices qui pouvaient vraiment porter le titre de palais; celui de la Cité et celui où les Césars et les Augustes passaient leurs quartiers d'hiver; ce fut à celui-ci, où était le dépôt des actes, que les monuments historiques nommaient *gesta municipalia* que les rois de la seconde race et les douze premiers de la troisième vinrent s'établir.

Cet édifice était évidemment celui qui a été désigné sous le nom de *palais de la Cité*.

Le fils de Hugues Capet, Robert, si malheureux et si aimé, fit rebâtir ce palais et l'habita avec Berthe ou Bertrade, son épouse. Ce fut là que les foudres de l'excommunication le frappèrent.

Après Robert, qui avait fait élever une chapelle où il chantait au lutrin les hymnes qu'il avait composées et dont quelques-unes encore restent dans notre liturgie, Louis IX est un des rois qui ont le plus contribué à l'agrandissement de cet édifice. Ce fut lui qui fit construire les salles basses qui élèvent leurs ogives et qui étendent leur immensité sous la grande *salle des Pas-Perdus*. L'une de ces pièces porte encore le nom de *cuisine de saint Louis;* son architecture est *sarrasine*, avec des nervures qui dessinent ses arêtes; à ses quatre angles sont quatre grandes cheminées à foyers énormes; un escalier monte de cette pièce à la salle supérieure; sans doute pour y transporter les mets et les épices, lors des banquets royaux ; d'autres degrés prennent une autre direction et descendent jusqu'à la rivière ; le sol de ces cuisines est de dix pieds plus bas que celui du quai de l'Horloge.

Pendant les horribles jours de la terreur, on y a construit huit cachots. C'était dans cette basse et humide partie de la Conciergerie que se trouvait la petite chambre où fut renfermée, pendant près de trois mois, Marie-Antoinette. Ce lieu devint, sous la Restauration, comme un sanctuaire de douleur, où les royalistes faisaient un pèlerinage, lorsque le jour de deuil du 16 octobre revenait chaque année.

Après saint Louis, Philippe-le-Bel, dans les dernières années du treizième siècle, fit entreprendre, dans l'intérieur de ce palais, des travaux considérables qui ne furent terminés qu'en 1313. Dans l'épitome des grandes chroniques de France, il est écrit : « Icelui roi Philippe-le-Bel fit construire en son vivant le palais de Paris et le Montfaucon.... Et de ce faire eut la charge messire Enguerrand de Marigny. »

Mais ce roi ne rebâtit pas entièrement ce palais, il se borna à y faire de grandes réparations et plusieurs accroissements ; il enferma dans son enceinte la chapelle de *Saint-Michel-de-la-Place*, chapelle qui a donné son nom à un des ponts de Paris. Quoique quelques-uns des successeurs de ce roi aient habité le Louvre, alors situé hors de Paris, le palais de la Cité fut encore la résidence la plus ordinaire de ces princes : Charles V y résida pendant quelques années. Ce ne fut qu'en 1431 que Charles VII l'abandonna entièrement au Parlement. On y voyait, comme dans les châteaux féodaux, une vaste salle qui servait à la réception des hommages des vassaux, aux audiences des ambassadeurs, aux festins publics et aux noces des enfants des rois.

Cette salle, simple dans sa construction et seulement couverte en charpente, était ornée des effigies sculptées des rois de France, depuis Pharamond jusqu'à François Ier. Au-dessous de chacune d'elles se lisait une inscription relatant du jour où il était monté sur le trône et le jour où il était descendu au tombeau.

On voyait, vers une des extrémités de cette salle (appelée aujourd'hui salle des Pas-Perdus), on voyait la fameuse *table de marbre* dont la grandeur devait être considérable.

Sur cette table, dans les grandes solennités, se faisaient les festins royaux; autour d'elle venaient s'asseoir en grand cérémonial rois, reines, princes et princesses, tous porteurs de couronnes.

A diverses époques de l'année, cette table changeait de destination et devenait un théâtre, où les clercs du Palais, dits *clercs de la Basoche*, montaient et jouaient publiquement des scènes bouffonnes et satiriques appelées *farces*, *soties*, *moralités* et *sermons*.

Dans la nuit du 5 au 6 mars 1618, le feu prit à cette salle si renommée, un vent furieux doublant la fureur de l'incendie, tout fut détruit. Les effigies royales furent dévorées par les flammes, et la *table de marbre* anéantie pour jamais.

En 1776, un incendie détruisit toute la partie des bâtiments qui s'étendent depuis la cour des prisonniers jusqu'à la Sainte-Chapelle que nous venons de décrire avec respect et amour. Cet incendie nécessita des réparations qui devinrent très-avantageuses au vieil édifice. Il en arrive quelquefois ainsi ; ce que nous admirons a surgi d'un désastre et d'une calamité.

Du côté de la rue de la Barillerie, on entrait dans la cour par deux portes abaissées et d'un sinistre aspect, semblables à des guichets de prison.

En 1776, la rue étroite et tortueuse fut élargie ; les constructions mesquines, les baraques et les échoppes tombèrent, et une place semi-circulaire décrivit son arc en face du *Palais-de-Justice*. Une grille en fer précède et clot la cour ; elle présente dans sa largeur trois grandes portes à doubles battants. L'entrée principale, celle du milieu, est surmontée d'un globe aux armes de France.

Je me souviens (je n'écris plus qu'avec mes souvenirs) que le jour de l'Assomption, le jour du vœu de Louis XIII, la statue d'argent de la vierge Marie, patronne de la France, était portée processionnellement sur un brancard par de jeunes lévites en aubes blanches avec des ceintures bleues. A quelque distance, derrière la sainte image, marchaient, en se rendant à Notre-Dame, le roi Charles X, son fils le dauphin et madame la dauphine. Je ne sais quel embarras retarda quelques instants la marche de la procession ; mais je me rappelle qu'il y eut un temps d'arrêt, et qu'alors l'auguste fille de Louis XVI et de Marie-Antoinette détourna la tête et fixa de grands yeux noyés de larmes sur le bâtiment d'où son héroïque mère partit le 16 octobre 1793 pour se rendre à l'échafaud !

Jamais ! jamais je n'ai vu dans un regard tant de souffrance, tant de résignation et de pardon !

Un des grands défauts du Palais-de-Justice actuel, c'est de n'avoir aucune harmonie entre ses différentes parties.

Lorsque l'incendie de 1787 eut fait place aux améliorations, on répara le désastre en bâtissant, mais malheureusement avec les idées d'alors. Dans ce temps, hors du *genre grec*, tout semblait barbare aux architectes français ; ce fut donc avec l'architecture d'Athènes et de Corinthe qu'on replâtra le vieux palais de nos premiers rois.

Lorsque je pense à ce travers de nos pères, je m'étonne que les féodales tours crénelées au toit aigu et le porche à ogive qui donne sur le quai, aient obtenu grâce ; avec le revirement survenu dans nos goûts, ces restes des vieilles constructions ont bien fait de rester debout ; si elles avaient été jetées bas, nous les relèverions aujourd'hui, ainsi que la *tour de Montgommery* qui renferma entre ses épaisses murailles le chevalier de ce nom, et, après lui, deux régicides, Ravaillac et Damiens ; de cette tour il ne reste aucun débris.

Depuis trente ans d'immenses travaux ont été faits au Palais-de-Justice, et je ne chercherai point à les détailler ; je ne mesurerai pas les murailles ; je leur demanderai leurs souvenirs et tâcherai de redire les plus émouvants.

Dans la nuit du 2 août 1793, l'épaisse et lourde porte de la Conciergerie gémit sur ses gonds, et la prison reçut dans sa lugubre enceinte la royale veuve de Louis XVI, que les hommes de la Convention avaient, dans leur raffinement de cruauté, résolu de séparer de sa fille et de son angélique belle-sœur.

Le trajet du donjon du Temple à cette prison de la Conciergerie (qui à cette époque était regardée comme la dernière étape avant l'échafaud) se fit dans un fiacre, où un officier de gendarmerie et trois commissaires municipaux avaient pris place auprès de la reine ; quarante gendarmes à cheval, le sabre au poing, entouraient la voiture et l'avaient escortée au grand trot jusqu'au Palais-de-Justice.

Arrivée là, la royale veuve fut menée par un long et étroit corridor à une petite pièce assez éloignée du guichet et qui se trouvait en face du préau. On ne l'inscrivit point au greffe de la prison, comme on avait coutume de faire pour les prisonniers vulgaires (1); pressant le pas, on la conduisit à son cachot, et ce fut là qu'on l'écroua. Puis les séides de la révolution ayant accompli leur œuvre, se retirèrent, se disant sans doute au-dedans d'eux-mêmes : « Cette femme est vraiment forte; depuis ses adieux à sa fille et à sa sœur, elle n'a proféré ni une plainte ni un murmure. » Dès que ces hommes se furent éloignés d'elle, Marie-Antoinette tomba à genoux auprès du méchant lit de sangle qu'on lui avait dressé le long de la muraille, sur laquelle pendaient encore quelques lambeaux de la tapisserie fond gros bleu semée de fleurs de lis jaunes. Abîmée de douleur, pensant à son fils, à sa fille, elle demandait à Dieu de les protéger, et de lui donner, à elle, la force de supporter en chrétienne et en reine le cruel isolement auquel elle était condamnée.

Elle priait, versant ses pleurs et sa douleur devant le Dieu des affligés... Elle entendit la porte de son cachot se rouvrir; et, à la lueur du jour naissant, elle vit entrer deux gendarmes.

— Que me voulez-vous? dit-elle en se relevant.

— Nous avons ordre de nous établir ici et de ne pas vous perdre de vue un seul instant.

— Comment, je ne serai pas seule?

— Un paravent nous séparera, voilà tout.

(1) *Journées mémorables de la Révolution française,* par le vicomte Walsh. 5 volumes. — *Yvon le Breton*, chez J. Vermot.

— Mon Dieu ! je vous offre encore cette nouvelle peine. Oh ! donnez-moi de la résignation !

Le Seigneur l'entendit et l'exauça, la résignation ne lui manqua pas pendant toute la dure et longue captivité qu'elle va avoir à endurer loin de tous les êtres qu'elle aime.

Cette chambre avait été la *chambre du conseil*, et les loques de la tapisserie fleurdelisée qui se voyaient sur les murs l'attestaient encore. Cette chambre n'avait que sept pieds d'élévation sur quatorze de profondeur et seize de largeur.

Dans la portion de droite réservée à l'auguste prisonnière était le lit composé d'un matelas, d'un traversin et d'un oreiller ; à côté deux chaises de paille, une table de bois blanc, une cuvette et une cruche. Tel était l'ameublement de la fille de Marie-Thérèse.

Les deux gendarmes (l'histoire a conservé leurs noms), Gilbert et Dufresne, avaient été choisis comme entièrement dévoués à la Convention, mais *leur civisme* ne rassurait pas encore Robespierre, qui redoutait la majesté du malheur ; aussi il n'avait point voulu s'en rapporter exclusivement à leur zèle, et il choisit et désigna lui-même une méchante créature nommée Arel ; mais le jour où Marie-Antoinette fut écrouée à la Conciergerie, *la citoyenne Arel étant malade*, une vieille femme de quatre-vingts ans, madame Larivière, qui avait anciennement servi chez M. le duc de Penthièvre et qui se trouvait alors dans l'enceinte du palais, la remplaça.

Cette brave et honnête femme, amenée par le géôlier auprès de la reine de France, dès qu'elle fut seule avec elle se mit à fondre en larmes.

— Pourquoi pleurez-vous ? demanda la prisonnière.

— Ah ! madame, pourquoi je pleure ! Je pleure comme

tout ce qui est encore bon et honnête. Je pleure de voir ma souveraine ici.

— Chut! Si vous voulez me servir, cachez votre émotion et votre respect.

Dans sa dure captivité c'eût été une consolation pour la reine d'être servie par cette femme ; cet adoucissement lui fut bientôt enlevé. Le cinquième jour la vieille royaliste fut rappelée, et la Arel vint prendre son service. Dieu avait mis sur le visage de cette infâme créature tout ce qu'elle avait de mauvais dans l'âme ; Marie-Antoinette la devina dès le premier instant et demeura toujours froide et silencieuse pour elle. La vue de cette femme était une torture de tous les instants.

Les deux gendarmes, au bout de quelques jours, avaient subi le charme de la résignation et la séduction de la douceur de leur captive ; mais la Arel avait une de ces natures réprouvées que rien ne touche et qui résiste à tout. Les notabilités de la terreur ne se contentaient pas d'être cruelles *en grand* et de tuer en masse ; non, elles faisaient plus, elles se livraient à l'étude de faire souffrir les malheureuses victimes qu'elles jetaient dans les cachots. Ainsi Maximilien Robespierre ayant pensé que l'élévation d'esprit et la vivacité de la foi de la reine prisonnière lui donneraient des instants de relâche à ses souffrances physiques et morales, avait résolu de placer en face et auprès d'elle une femme habile, tenace et infatigable dans l'art de torturer. Cette femme, je l'ai déjà nommée.

L'application constante de la Arel lui avait révélé quelles étaient les rares distractions de la royale captive ; elle avait remarqué qu'au milieu du profond dénuement de la reine, elle avait conservé trois objets qu'elle aimait, sans doute à cause des souvenirs qu'ils lui rappelaient, une montre et deux bagues ; et dans les rapports que cet espion faisait journellement aux hommes qui l'avaient choisie, elle avait fait entendre qu'il serait bon de l'en priver.

La montre avait appartenu à la grande Marie-Thérèse ; elle l'avait reçue lorsqu'elle était jeune fille, et elle l'avait donnée à l'archiduchesse Marie-Antoinette lorsque celle-ci était partie de Vienne pour épouser le dauphin de France. En lui faisant ce don, l'auguste impératrice avait bien cru que cette montre ne marquerait que des heures heureuses..... Oh! comme elle se trompait dans ses rêves de bonheur!

Dans ses longues et tristes journées, à travers ses pleurs, au milieu de ses ennuis, l'auguste prisonnière regardait souvent ce présent maternel. En y attachant les yeux, elle laissait son esprit s'échapper de la prison et retourner à ses premiers jours, aux jours de Vienne et de Schoënbrunn, et alors n'avait-elle pas le droit de se dire : « Comme les Français m'ont trompée! comme ils m'ont cruellement menti! » Mais non, la religion avait fini par mettre tant de mansuétude au cœur de la malheureuse veuve, qu'elle n'accusait point, qu'elle ne maudissait pas la France! Et, lorsqu'elle regardait sa montre, elle pensait plus à l'heure de la délivrance qu'à celle des douleurs passées, alors l'aiguille lui semblait marcher bien lentement.

La Arel avait redit à ses maîtres *la joie triste* que la prisonnière trouvait à regarder cette montre de famille, et, un jour, Héron, le plus féroce des commissaires de la Convention, accompagné de deux de ses collègues, vinrent pour la lui enlever. Marie-Antoinette, joignant les mains, supplia ces trois conventionnels de lui laisser ce don de sa mère, cette dernière consolation. « *Elle n'a jamais appartenu aux Français,* leur dit-elle, *laissez-la-moi, je vous en conjure.* » En priant ainsi, la fière *Antoinette* ne retenait plus ses larmes et pleurait amèrement. « *C'est l'impératrice ma mère qui me l'a donnée. Laissez-moi ce souvenir d'elle.*

— « *Une montre d'or sent trop l'aristocratie,* répondit brutalement le sanguinaire Héron, *c'est un meuble inutile dans une prison. La République, toujours juste et généreuse, vous la rendra quand votre affaire sera terminée.* »

Il restait encore à la reine deux bagues d'or, ornées de quelques étincelles de diamants. Bien souvent ceux qui gardaient la veuve de Louis XVI la voyaient, pendant ses longues heures solitaires et oisives, puisque tout travail lui était interdit par ses geôliers, la voyaient jouer machinalement avec ses anneaux, les ôtant de ses doigts amaigris et les remettant d'un air distrait, pour les ôter encore, pendant que ses yeux regardaient le peu de ciel visible au-dessus des barreaux de sa fenêtre.

Parmi tous les jours de la captivité de la reine, il y en eut un qui lui parut heureux, ce fut celui où elle ne vit plus près d'elle l'infâme protégée de Robespierre. Une jeune fille, bonne, simple et attentive, choisie par le citoyen Lebeau, nouveau concierge, venait la remplacer. Rosalie, dès le surlendemain de son entrée en fonction auprès de l'auguste captive, fut à même de montrer la bonté de son cœur et la délicatesse de ses soins. Il y a eu tant de tortures infligées par les jacobins à la famille royale de France, que, dans les récits que l'on fait de leur longue et cruelle passion, il faut bien se garder d'omettre les traits de piété, les mots de respect et les actes d'humanité qui leur ont été, par moments, comme des gouttes de miel dans le calice d'absinthe. Disons donc combien la nouvelle femme chargée du service de la reine différait de celle qui l'avait précédée.

« Le 12 octobre (1), sur les dix heures du soir, deux juges du tribunal révolutionnaire, accompagnés d'un inspecteur de police et d'un greffier, entrèrent brusquement dans le cachot de la reine ; quelques minutes seulement lui furent accordées pour se lever et pour s'habiller, et, dès qu'elle fut prête, les hommes du sanglant tribunal lui firent subir un long interrogatoire. »

Après la fatigue de cet interrogatoire, où la haine et les sinistres projets du comité révolutionnaire perçaient à chaque question. Quand les juges furent sortis de la prison, Marie-Antoinette se recoucha, et l'officier qui passait la nuit dans son cachot, de l'autre côté du paravent, s'étant jeté sur le canapé, et malgré lui ayant cédé au sommeil, fut réveillé tout à coup par des gémissements et des cris. Il se hâte d'aller vers la reine, et la voit dans d'affreuses convulsions se tordant les membres et répétant : « O mon Dieu ! que je souffre !... j'ai froid !... j'ai froid ! »

C'était vrai, toutes ses extrémités, ses pieds, ses mains étaient glacés, tant son sang s'était porté au cœur, et elle étouffait. Rosalie, appelée par M. de Busnes, accourut pour lui donner des soins, et la pauvre fille, pour réchauffer les pieds transis de froid de la reine, les mettait sur ses genoux, les frottait de ses mains, et les couvrait de baisers. Au bout de quelques instants, Marie-Antoinette disait d'une voix saccadée : « *Merci,... merci...; mais en vérité, il faudrait plutôt me laisser mourir,... je ne suis plus utile à per-*

---

(1) *Journées mémorables de la Révolution*, par le vicomte Walsh, chez Poussielgue.

sonne,... *je ne puis plus voir mes enfants, et je suis devenue si pauvre, que je ne puis récompenser personne.* »

Rosalie sanglotait en entendant ces paroles, et l'officier de gendarmerie était presque aussi ému que la jeune fille.

Oh! merci, mon Dieu, il y avait donc alors encore quelques cœurs abritant LA PITIÉ !

Dans les pages que j'écris, je veux redire les noms de tous ceux qui ont été bons et compatissants pour la royale veuve de Louis XVI. Tout à l'heure, j'ai nommé M. de Busnes, pour que tout lecteur royaliste bénisse sa mémoire. Cet homme de bien n'avait pu voir la reine prisonnière sans admirer sa résignation chrétienne et la force de son caractère; aussi, pour lui amener un prêtre non assermenté et recevoir de lui la sainte communion, le loyal et courageux officier affrontera tous les périls et exposera sa tête.

Quand le jour du jugement est venu, lorsque le tribunal de sang a fait comparaître à sa barre l'auguste fille de la grande Marie-Thérèse, M. de Busnes, en voyant que parmi toute la foule qui remplit la salle des assises, pas un Français n'ose apporter un verre d'eau à la reine de France, qui a dit : *J'ai soif*, lui, s'indignant de cette pusillanimité, va chercher le verre d'eau, et l'apporte respectueusement à SA MAJESTÉ, comme si elle était encore à Versailles.

Le brave et fidèle serviteur ne tarda pas à être puni de ce mouvement d'humanité, et quand la reine rentra dans son cachot, elle ne le retrouva plus : il venait d'être destitué.

Le concierge Lebau eut aussi des égards, surtout dans les derniers jours, pour la grande et douce victime.

Nous lisons : « Le concierge fut respectueux devant celle qui venait d'être condamnée à mort. » Tremblant, pâle, et n'osant lever les yeux, il lui offrit de lui servir à souper.

— Non, lui dit-elle, je ne prendrai rien; mais soyez assez bon pour me donner de quoi écrire.

Le concierge sortit un instant, et revint bientôt avec l'encre et le papier que lui avait demandés *la condamnée*.

Alors, dans le silence de la nuit, à la lueur d'une chandelle, la veuve du roi martyr écrivit à sa belle-sœur, madame Elisabeth, cette admirable lettre qu'un régicide repentant a léguée à l'histoire en la faisant remettre au roi Louis XVIII, beau-frère de la victime.

Nous nous rappelons tous quel effet produisit (lors de sa publication) cette lettre, si chrétiennement maternelle. Par la sublime charité qui y respire, elle peut être mise en regard du testament du second saint Louis.

On raconte que pendant que la reine écrivait sa dernière lettre, ses derniers adieux à ses enfants et à son angélique sœur, des commissaires de police, immobiles et silencieux dans la cour des femmes, épiaient et regardaient à travers les barreaux et les vitres dans le cachot, éclairé par la lueur de cette chandelle que le concierge avait bien voulu donner à la reine pour sa dernière nuit.

Lorsque le citoyen Lebau rentra dans le cachot, la nuit commençait déjà à être moins noire, le dernier jour se levait, et la grande ville sortait du silence!

Vers les sept heures du matin du 16 octobre, le premier huissier du tribunal vint lire à la reine une ordonnance qui lui enjoignait de quitter sa pauvre robe de deuil.

Les hommes de la Convention avaient cru que ces vêtements noirs rehaussaient encore ce qui lui restait de beauté,

Page 208

Alone dans le silence de la nuit à la lueur d'une chandelle, Madame ou Roi martyr écrivit à sa belle sœur

et, dans leur haine, ils avaient voulu l'en dépouiller. Pour que rien n'eût manqué à leur joie féroce, il aurait fallu que la victime fût rendue ignoble en allant mourir.

Rosalie reçut l'ordre de déshabiller sa royale maîtresse, et obéit avec un redoublement d'égards et de respect. La robe de veuve fut partagée entre les geôliers et les guichetiers. Mais ce que ses ennemis avaient imaginé pour lui ôter sa majesté native ne servit à rien, et elle fut vêtue d'un déshabillé blanc et le sein couvert d'un fichu, que lui prêta la pauvre jeune fille qui la servait dans la prison. Pendant cette triste toilette, la servante fondait en larmes et ne pouvait arrêter ses sanglots. La condamnée lui dit : « *Rosalie, il faut avoir plus de courage.* »

Comme onze heures sonnaient à l'horloge de la Conciergerie, la porte du cachot s'ouvrit avec fracas. La reine, agenouillée, était en prière; elle se releva. Deux hommes se présentèrent à elle : c'étaient le bourreau, Henri Samson, et un de ses aides.

Ils la firent asseoir, Samson lui coupa les cheveux que le chagrin avait fait subitement blanchir; quand cette opération fut finie, le valet de l'échafaud lui lia fortement les mains.

A onze heures dix minutes, la veuve de Louis XVI, la mère de Louis XVII, la fille et la sœur des empereurs monta dans la fatale charrette. Aucune autre condamnée n'était avec elle; cette fois, une seule victime,… une reine !

Quand vous entrez dans la grande cour du *Palais-de-Justice*, regardez l'arcade de droite, au bas du grand escalier, c'est là que Marie-Antoinette monta dans la charrette de l'exécuteur des vengeances nationales, de là qu'elle partit pour se rendre à l'échafaud ! . . . .

N'allez pas dans ce palais, qui fut jadis celui de nos anciens rois, sans visiter la petite chambre basse qui fut pendant trois mois le cachot de la reine, et dont les murs ont été consacrés par sa pieuse résignation et illustrés par l'héroïsme de son caractère. Une table de marbre noir rappelle sa captivité; ce petit monument, appuyé sur le mur, est à la place même où se trouvait le misérable lit de sangle de l'auguste prisonnière; et, quand l'œil a mesuré le petit espace existant entre ce mur et celui dans lequel s'ouvre la fenêtre grillée par laquelle parvient une lumière pâle et froide, le cœur se serre et. l'esprit conçoit tout ce qu'a dû souffrir, dans cet étroit réduit, la royale châtelaine de Versailles.

Dans les premières années de la Restauration, j'étais allé, avec mon ami Donatien de Sesmaisons, visiter *le cachot de la reine*, que le frère de Louis XVI venait de transformer en chapelle. A cette époque, vers 1817, je me souviens que, lorsque nous nous présentâmes au guichet, il y avait foule, je ne dirai pas de *curieux*, mais de Français royalistes accomplissant un pieux pèlerinage en se rendant à cette station, entre la prison du Temple et l'échafaud. Les impressions que j'éprouvai alors, je les avais gardées dans mon esprit parmi les souvenirs que la vieillesse nous laisse quand elle nous en enlève tant d'autres! Avec un de mes fils, avec MM. de Curmont et Henri de Cornullier, je suis retourné revoir ce que j'avais vu, et ressentir à soixante-treize ans ce qui m'avait saintement ému il y a un demi-siècle. O mon Dieu! je vous rends grâce! vous n'avez pas permis que les années desséchassent mon cœur,... et là où Marie-Antoinette a pleuré, les larmes me sont revenues comme à mon premier pèlerinage. Cette émotion, je n'étais pas le seul à l'éprouver : sur les traits de mes jeunes compagnons, elle était visible, et nous écoutions tous les quatre le récit du geôlier qui nous racontait tout ce que la reine prisonnière avait enduré entre ces quatre murailles ; et, je dois le dire tout de suite, cet homme à cheveux grisonnants n'avait pas l'air de réciter froidement une leçon apprise; dans sa voix je trouvais de l'attendrissement, et, dans ses paroles, du respect et de l'admiration quand il parlait de la captive, et une chaleureuse indignation en énumérant toutes les tortures qu'on lui faisait subir! La tête nue, nous l'écoutions, et lui-même s'était découvert en nous redisant cette autre passion douloureuse de la royauté. Certes, ç'a été une bonne et chrétienne pensée que de faire du cachot de la reine une chapelle ; là où l'on avait tant souffert et pleuré, il était bien d'élever un autel au Dieu des souffrances et des divines consolations. Mais, en voyant les changements que l'on a été contraint de faire au cachot pour le transformer en oratoire, on a ôté à cette étroite prison une grande partie de son horreur. Cette ouverture en forme d'arcade qu'il a fallu percer dans l'épaisse muraille pour joindre la basse et étroite chambre de Marie-Antoinette avec la chapelle des prisonniers de la Conciergerie, lui a ôté son obscurité lugubre et humide. S'il avait été possible, j'aurais voulu qu'on lui eût laissé son horreur, ses murailles dégradées sur lesquelles pendaient çà et là des lambeaux de tapisserie gros bleu semés de fleurs de lis ; le paravent servant de cloison entre la prisonnière et les deux gendarmes ; la table de bois blanc sur laquelle elle prenait ses repas, sur laquelle, dans la nuit du 15 au 16 octobre, elle a écrit son immortelle lettre à l'angélique Elisabeth pour lui recommander *ses pauvres en-*

fants! Cette table, qui a servi d'autel pour le saint sacrifice la nuit où la veuve du second saint Louis a communié des mains d'un prêtre courageux et fidèle; cette table consacrée par tant de souvenirs n'est plus dans le cachot. Le lit, sur lequel la reine de France a trouvé si peu de repos et enduré tant d'angoisses, a aussi disparu : je le regrette vivement. Les trois tableaux dont on a orné les murs rappellent bien les moments les plus déchirants et les plus solennels de la captivité de la famille royale; mais je persiste à croire que le misérable mobilier du cachot de la Conciergerie, TEL qu'il avait servi à la reine, aurait plus ému que les plus belles peintures.

Un crucifix, placé au-dessus de la fenêtre par laquelle le jour blafard pénètre dans la prison, nous a été montré par le porte-clefs comme ayant été là au plus fort de la terreur. Je veux croire que l'honnête geôlier a dit vrai ; mais, jusqu'à ce moment, j'avais ignoré qu'à la veuve du roi Louis XVI l'image du Dieu couronné d'épines eût été accordée. Ah! s'il en a été ainsi, si dans sa dure captivité Marie-Antoinette a pu s'agenouiller, pleurer et prier devant le divin Consolateur, ses longues heures de solitude auront été moins horribles, et je maudirai moins ses persécuteurs. Je sais qu'à la prison du Temple la famille royale n'était pas encore privée des signes sacrés qui inspirent la résignation et l'espérance; mais, comme la cruauté des conventionnels a toujours été croissant tant que le pouvoir a été aux mains de Robespierre et de ses amis, j'avais cru qu'à la Conciergerie tout livre et toute image de piété avaient été refusés à l'héroïque compagne du fils de saint Louis.

La chapelle où les prisonniers de la Conciergerie assistent aujourd'hui à l'office divin n'est séparée du cachot de la reine que par la sacristie, et de la tribune et des bancs de cette chapelle, grâce à l'arcade qui a été percée dans le mur (comme je l'ai dit plus haut), les détenus peuvent apercevoir, au-delà de l'autel où le prêtre officie, le noir et humide espace occupé par une reine de France! C'est dans cette chapelle que furent jetés pêle-mêle ces girondins dont l'esprit voltairien a voulu faire des martyrs; si l'on en croyait certains écrivains, ce serait là qu'aurait eu lieu ce banquet révolutionnaire, *ce repas libre* où toutes les croyances, hors la vraie, auraient été professées par ces hommes qui allaient mourir sur l'échafaud où ils avaient fait monter des milliers de victimes. Aujourd'hui il est reconnu que ce banquet n'a pas eu lieu, et que les récits qui en ont été faits sont de l'invention des admirateurs jurés de 1793. Les royalistes avaient su si bien mourir, que les jacobins *hommes de lettres* ont voulu illustrer aussi les derniers moments des voltairiens de la Gironde.

Un bien autre souvenir que celui des Girondins doit, à perpétuité, rester glorieusement attaché à la prison de la Conciergerie, c'est celui de MADAME ÉLISABETH.

Dès notre enfance, nous avons entendu vanter la dernière nuit de Socrate, et nous avons admiré le philosophe grec professant à ses disciples la doctrine consolante de l'immortalité de l'âme!.. Ah! combien plus touchante, plus sublime fut cette nuit du 9 mai 1794, nuit pendant laquelle la sainte sœur du roi martyr exhorta avec toute la force de sa foi, toute la vivacité de ses divines espérances, les grandes dames et les femmes du peuple renfermées dans la même chambre qu'elle, à ne pas défaillir sur l'échafaud où elles devaient monter le lendemain! « Pour vous et pour moi, leur répétait-elle, l'échafaud sera un degré vers le séjour des bienheureux; mettons donc toute notre confiance en Dieu, et ne montrons à ceux qui se sont faits nos ennemis ni faiblesse ni peur. » A ces paroles, à ces pieux entretiens de leur nuit suprême, ces femmes, qui rappellent les chrétiennes de la primitive Église, mêlent de ferventes prières récitées en commun, et madame Élisabeth se montre la plus humble et la plus courageuse. La nuit entière se passa ainsi, et le lendemain, vers neuf heures du matin, les charrettes, que Barrère avait surnommées les bières des vivants, attendaient les victimes dans la cour de la Conciergerie. Là le nombre des condamnés obstrua un instant le passage des cachots à la grande cour. Lorsque madame Élisabeth parut dans l'étroit corridor, les femmes qui allaient mourir avec elle se rangèrent de droite et de gauche pour la laisser passer. C'était avoir sur le chemin et bien près de l'échafaud les égards et les respects que l'on aurait eus à Versailles pour la sœur du roi.

Montée dans la charrette, l'angélique princesse se trouva à côté de madame de Senozan, sœur de M. de Malesherbes; cette dame, presque octogénaire, fut au moment de s'évanouir en arrivant en face de Saint-Roch, rendez-vous ordinaire des mégères de la guillotine. « *Madame de Senozan*, lui dit la royale condamnée, *allons, du courage, bientôt nous serons dans le sein de Dieu avec nos familles.* »

Madame de Montmorin, madame de Canisy, madame de Loménie, madame de Crussol-d'Amboise et dix-huit autres femmes royalistes, dont je voudrais savoir les noms, encouragées par la princesse, ne montrent aucune faiblesse, et lui forment un noble et dernier cortége.

Jusqu'à (1) cette journée du 10 mai 1794, les victimes amenées à la guillotine, en attendant leur tour, restaient debout au pied de l'échafaud; cette fois, Samson fit placer un des bancs auprès de l'escalier de bois, et madame Élisabeth et sa cour de condamnées y prirent place. Quand une de ces dames était appelée, elle faisait une profonde révérence à la princesse, échangeait avec elle un regard qui disait : « *Nous allons nous retrouver dans un monde meilleur,* » et obéissait au bourreau.

Vingt-trois noms furent appelés avant celui d'ÉLISABETH CAPET, et à mesure que le banc se dégarnissait, ne croyez pas que la fille des rois faiblît ou tremblât; non, elle demeura digne et grande jusqu'au bout de cette longue et dernière épreuve, et sut mourir comme son frère et sa sœur.

(1) *Journées mémorables de la révolution française.*

LE LOUVRE.

Toutes les nations ont eu dans tous les siècles des temples, des palais, des cirques, des citadelles, consacrés par leur culte et leurs annales. A ces monuments élevés dans les temps primitifs, le peuple vouait une patriotique vénération, parce qu'il y rattachait des souvenirs chers et glorieux.

Les Hébreux, après le ciel de Jéhovah, n'aimaient rien autant que leur temple bâti par le fils de David; et dans leur long exil, ne regrettaient rien autant que les collines de Sion!

Les Pyramides, dont la masse indestructible a fatigué les temps, et qui n'étaient que des tombeaux, les Égyptiens les montrent encore avec orgueil.

Rome la forte et la puissante, dans ses plus beaux jours, regardait son Capitole comme le berceau de sa force et le sanctuaire de sa gloire.

Athènes la futile et l'aimable méprisait les autres villes de la Grèce, parce qu'elles n'avaient rien à comparer au Parthénon.

Cet amour des monuments vraiment populaire n'a point passé avec les siècles; le monde moderne, qui a perdu tant de bonnes choses, n'a pas laissé s'en aller cet amour-là; voyez les Vénitiens d'aujourd'hui, ils aiment encore leur colonne et leur lion de Saint-Marc comme aux meilleurs temps de leur république.

Les Romains de nos jours pensent moins au ciel qu'à leur admirable et sainte basilique de Saint-Pierre.

Dans ses affections nationales, le peuple anglais, que l'on dit un peuple marchand, place l'antique Tour de Londres bien avant le palais de la Bourse (*the royal exchange*) d'où découle tout son or. *La Tour, the Tower,* c'est le nid de leur orgueil.

La Giralda de Séville, l'Alhambra de Cordoue sont toujours les joyaux, les amours de l'Espagne.

Les habitants de Moscou, en passant devant le Kremlin, saluent la vieille citadelle, qu'ils appellent *le salut de la ville sainte.*

Les Parisiens ont le Louvre,.... mais l'aiment-ils, le vénèrent-ils autant qu'il le mérite? Je ne le crois pas; et s'ils ne portent pas à ce monument tout le respect qui lui est dû, la faute en est à nos devanciers; ce vieux témoin de nos temps héroïques, dans les embellissements, dans les agrandissements et changements que lui ont faits Philippe-Auguste, Louis IX, Charles V et Louis XIV, a trop complétement perdu son caractère primitif; de la date de sa naissance, il ne reste plus un souvenir matériel et visible. Parmi toutes les pierres de l'immense palais que nous admirons aujourd'hui, et qui touche enfin à son achèvement, y en a-t-il une seule que l'archéologue puisse reconnaître comme contemporaine des rois chevelus, premiers fondateurs de cette maison de chasse où la royauté venait demander aux forêts l'oubli des ennuis du trône, car déjà les grandeurs traînaient avec elles les préocupations soucieuses?

L'art, dans ses sublimes inspirations, crée sans doute des merveilles, mais souvent aussi il sacrifie à l'effet, à la pensée de l'époque, de vénérables reliques. Voyez Mansard : lorsque le grand roi lui commanda Versailles, l'architecte, voulant tout ôter de devant lui, allait faire disparaître (ce qu'il appelait une vieillerie) le petit château de briques de *Louis-le-Juste*; ce fut une pensée pieuse de Louis XIV qui fit conserver la demeure paternelle. Et je le demande à tous ceux qui étudient les monuments avec autre chose que leurs yeux, Versailles serait-il aussi bien si la façade regardant l'avenue de Paris avait été sacrifiée à la régularité, à l'unité d'ensemble de la vaste demeure royale, et si son étroite cour de marbre et le vieux petit palais rouge eussent disparu, comme l'indiquaient les nouveaux plans?

Je regrette donc qu'au Louvre le style pur et grandiose ait partout caché ou remplacé la rudesse de la maison de chasse de Chilpéric et de Dagobert. Si, à travers les siècles, on avait pu nous en conserver quelque partie bien fruste et bien caractérisée, quel bon effet résulterait de ce contraste!

Je sais que dans le Louvre, tel que nous le voyons *se faire aujourd'hui*, il y a de quoi consoler bien des gens ; tous ceux qui se contentent de la beauté matérielle des édifices, sans y rechercher jamais l'âme qui a été leur vie, et les faits qui ont été leur gloire, trouveront que rien ne manquera au premier des palais de France, lorsque tous les agrandissements, les embellissements et les magnificences qu'on rêve pour cet incomparable monument, auront été réalisés.

Les vingt-deux millions que l'Etat y dépensera créeront des prodiges ; avec beaucoup d'argent et des architectes habiles on fera, j'en suis convaincu, de belles et grandes choses, on fera ce que l'homme peut faire ; mais si puissant que soit l'homme, il ne peut ressusciter le passé, il ne peut faire revivre ce qui est tombé en poussière. Nous manquerons donc encore, après le complet achèvement de ce que nous voyons si rapidement et si magnifiquement s'élever aujourd'hui, nous manquerons du petit point de départ historique du grand et glorieux Louvre.

Comme de cet humble point de départ il ne reste pas la plus petite pierre, nous essaierons de rassembler, dans les pages qui suivront, tout ce que nous avons appris sur le Louvre primitif. Tout imparfait que soit ce travail (fait par moi), il pourra, à la présente époque, offrir quelque intérêt. Les Parisiens aiment à voir remuer, tailler et élever les pierres. Jamais, dans aucun siècle, aucun gouvernement n'est entré si avant dans leur goût.

Si aujourd'hui nous sommes à même de nous former une idée à peu près juste de ce qu'était *le vieux Louvre* ; si Sauval, Boutard, Maupercher, Dulaure, Saint-Victor, le comte de Clarac, Duban, Vitet, Visconti et autres autorités sont en quelque sorte parvenus à faire réapparaître l'antique demeure de nos premiers rois, c'est *à des moines* qu'ils le doivent.

C'est à un *tableau d'église* que ces savants et doctes antiquaires sont allés puiser leurs documents. Ce tableau appartenait à la célèbre abbaye de Saint-Germain-des-Prés et représentait une descente de croix ; on pense qu'il avait été peint vers la fin du douzième siècle.

Comme beaucoup de peintres de ce temps de simplesse et de naïveté donnaient aux personnages de leurs compositions (qu'ils fussent Grecs ou Romains ou Juifs) toujours le même costume, celui qu'eux-mêmes portaient, il n'y avait pas plus de vérité dans la peinture des lieux que dans celle des habits ; ainsi, dans cette scène de la passion de notre Seigneur, au lieu de nous faire voir dans l'arrière-plan du tableau les murailles et les monuments de Jérusalem, le peintre auquel les bons religieux s'étaient adressés pour orner leur église avait eu grand soin d'offrir à leurs regards *le château du Louvre*, une des merveilles de son époque.

Ce bon et naïf chrétien avait pensé que la demeure des rois de France égalait en magnificence la demeure de David et de Salomon, et pouvait, sans inconvénient, figurer dans une grande scène religieuse.

La vue de ce Louvre avait été prise du *Pré-aux-Clercs*, derrière Saint-Germain-des-Prés, dont l'architecture, l'église et les tours étaient dessinées avec soin.

Une autre abbaye, celle *de Saint-Victor*, a également fourni un autre plan du Louvre dont la copie se voit aujourd'hui à la bibliothèque de l'Arsenal. Ces saintes maisons, où les esprits graves et méditatifs aimaient à se réfugier pour y vivre sous les regards de Dieu et loin des bruits du monde, ont été bien calomniées par l'école orgueilleuse de la science moderne, et cependant combien cette science ne leur doit-elle pas !

Il faut rendre justice à tous, même AU PHILOSOPHISME que nous n'aimons guère ; depuis quelque temps, ou il a honte, ou il s'est amendé, mais il est de fait que nous n'entendons plus, comme il y a quarante ans, ces éternelles et fastidieuses diatribes contre *les fainéants habitants des cloîtres.*

Il faut le signaler, et en remercier Dieu : au milieu de tous nos bouleversements, de toutes nos révolutions, de toutes nos saturnales, une brise d'en haut a soufflé sur nous ; la folie s'est en allée de beaucoup de têtes, et l'endurcissement de beaucoup de cœurs. Nos pères avaient, dans leur délire, brûlé ce que leurs devanciers avaient adoré, et nous nous revenons à adorer ce que nos contemporains avaient maudit comme *infâme !*

De tous les plans de la topographie de Paris, où l'on retrouve une VUE DU LOUVRE, le plus ancien est celui de LA TAPISSERIE. Chez les Parisiens d'autrefois, alors qu'ils aimaient autre chose que leurs hôtels et leurs boutiques, CETTE TAPISSERIE leur était chère ; ils la tenaient en grand renom, c'était presque comme celle de la duchesse Mathilde chez les Normands. Dans les jours solennels, elle était tirée des bahuts de l'Hôtel-de-Ville et exposée aux regards du peuple, *qui moult s'ebahissoit devant cette véridique pourtraicture du vieux Paris.*

Savez-vous ce qu'est devenue cette relique municipale ? savez-vous quand elle a servi pour la dernière fois ? Lors des fêtes données pour la naissance du dauphin, depuis

Louis XVII, LA TAPISSERIE HISTORIQUE fut déployée dans la grande salle des échevins et tendue comme tapis de pied pour la gracieuse et infortunée reine Marie-Antoinette.

Triple exemple de la vanité des choses humaines : de l'antique et précieuse tapisserie pas un lambeau n'est retrouvable ; de la grande et héroïque épouse de Louis XVI, quelque peu de cendres ; et de l'enfant roi le souvenir de son innocence et des tourments endurés chez l'infâme Simon.

Soit qu'il faille attribuer la fondation du Louvre primitif à Chilpéric en 562, soit qu'il faille le reporter au milieu du septième siècle, alors que régnait Dagobert, toujours est-il que cette demeure royale date de loin ; d'abord, maison modeste et rustique, elle était comme cachée dans la vaste et épaisse forêt qui projetait son ombre sur les ondes de la Seine. Dans ces anciens jours, le fleuve capricieux coulait libre, faisant mille détours entre les bouquets d'arbres et à travers les clairières, gaspillant et étendant follement ses eaux ; en ce temps point de digues, point de quais pour la contenir et la diriger.

Voici comment un vieil historien normand, Gabriel Dumoulin, curé de Maneval, parle de *la rivière Seine* :

« Le grand fleuve royal, lequel apporte tant de commodités à la France et à la Normandie, a sa source en la fontaine de Saint-Seine, au diocèse de Langres, et, après avoir reçu les rivières d'Aube, Orse, Creuse, Lugnes, Arse, Lozain, Voire, Amance, Auson, Luistre, Barsan, Ardusson, et cent autres sources, arrose Paris, la royne des cités du monde. Clonrad, ambassadeur des Polonais vers Henri III, nommé pour leur roy, la voyant si grande et si peuplée, n'avoit pas mauvaise grâce de s'écrier : *Non urbem, sed orbem video*. Avant d'entrer en la magnifique cité, la Seine a fait part de son lit à la Marne, à la Bièvre et à l'Oyse.....

« L'Andelle, certaine que Seine estoit si gracieuse, qu'elle recevoit toutes les eaux que l'obligeoient d'une visite, part aussi tost d'entre Forges et le château de Châtillon, sous la Ferté-en-Bray, passe par orgueil et accomodée de trois ruisseaux à Charleval, et depuis encore fortifiée de nouveaux secours en la forêt de Lyons, après avoir veu Fleury et le pons Saint-Pierre, méprise les avances des deux amans pour se jeter entre les bras de Seine.

« Ce grand fleuve, superbe de tant de beautés qui font voir les siennes plus grandes, s'humilie néanmoins pour passer par-dessous le pont de l'Arche, s'avance pour rendre la ville de Rouen une des plus renommées et plus riches de France, et se contente de recevoir d'elle, en revanche de tant de faveurs, un des plus beaux hauvres de l'Europe, et les deux petites rivières de Bobec et Daubette. L'Océan, adverty de sa venue, envoye deux fois le jour ses courriers jusques au-delà du pont que la duchesse Mathylde a fait bastir, pour lui dire qu'il sera le bien venu ; néanmoins pour estre mieux accompagnée il accroist encor son train des ruisseaux de Cailly et de Pauilly à Ducler. Risle lui vient aussi offrir son service sous la crique de Saint-Sanson, où l'Océan les reçoit à bras ouverts. »

Je n'ai pu résister à la tentation de prendre au bon curé de Maneval cette bizarre description de la Seine.

Nos anciens souverains ont toujours aimé ses rives, et le Louvre, dès ses premiers jours, s'est miré dans ses ondes ; alors une forêt, sur laquelle avaient passé plusieurs siècles, étendait son ombrage depuis les hauteurs de Saint-Cloud jusqu'au coteau de Conflans; ces grands bois (1) étaient remplis de bêtes fauves et offraient ainsi à nos rois les ressources et les périlleux plaisirs de la chasse. La population de Paris et des environs, en s'accroissant, recula les limites de la forêt, les bois firent place aux champs cultivés, à des couvents dont les religieux défrichèrent les terres, et autour desquels les maisons de leurs vassaux eurent bientôt formé des bourgs. C'est ainsi que s'élevèrent ceux de *Sainte-Croix* et de *Saint-Germain-des-Prés*.

Le rendez-vous de chasse primitif ne tarda pas à changer d'aspect, et la maison de plaisance devint bientôt *forteresse;* car les Normands, ces terribles exécuteurs des justices de Dieu, commençaient à cette époque leur mission armée.

Vers l'année 800, les Normands, que les vieux chroniqueurs appellent souvent Danois, infestent les côtes nord-ouest de la France. Chassés en 820 de l'embouchure de la Seine, ils y reviennent en 841. Les délices de notre beau pays ont tenté ces hommes rudes et sauvages; à toute force ils veulent de notre soleil, de nos vins et de nos fruits. En 845 ils arrivent jusque sous les murs de Paris. Leur intempérance amène la maladie parmi eux : ils meurent par milliers; leur camp s'emplit de cadavres, et Charles-le-Chauve, à force d'argent, obtient la retraite de ces barbares devenus semblables à des spectres, et qui ne tenaient plus leurs épées et leurs lances que d'une main mal assurée.

En 870, Charles-le-Chauve fait construire un pont du côté de Saint-Germain-l'Auxerrois et le fortifie de grosses tours. En vain chercherait-on aujourd'hui quelques vestiges de cette forteresse à cheval sur le fleuve. Elle devait être entre

---

(1) *Musée de sculpture antique et moderne*, par le comte de Clarac.

le pont des Arts et le Pont-Neuf : le temps et les eaux ont passé sur ses débris et ont tout emporté.

Rhou ou Rollon, depuis duc de Normandie, en 876, couvre les ondes de la Seine de plus de cent navires : jamais tant de lances normandes n'avaient brillé menaçantes aux yeux des habitants de Paris.

Dans l'année 880, Louis III confie à Gozlin, abbé de Saint-Germain-des-Prés, homme de vaillance et de sainteté, la garde de la ville royale et la fortifie. A peine les nouvelles murailles étaient-elles élevées que les infatigables hommes du Nord revinrent les enserrer de toutes parts d'un immense cercle de fer. Eudes, fils de Robert-le-Fort, et depuis roi de France, était alors comte de Paris.

Si je fais mention ici de toutes ces attaques des Normands, c'est que ces grands coups de lance se sont donnés dans le voisinage du Louvre, c'est là que les principaux événements des différents siéges se sont passés. Un des chefs barbares s'est fortifié dans le territoire de Saint-Germain-l'Auxerrois et y a établi son camp, ce qui sauva alors l'église. Malgré leur ténacité, leur nombre, leurs efforts et les huit assauts qu'ils livrèrent à la ville, malgré la mort de Gozlin, malheur qui répandit une grande consternation dans la ville assiégée, les Normands ne purent jamais entrer dans Paris. Ses plus vaillants guerriers étaient morts en combattant; mais cette ville a d'immortels protecteurs dans le ciel, et c'est à leur intercession auprès du Dieu des armées qu'elle dut son salut. Les hordes normandes furent soudain frappées d'une terreur venue d'en haut et se mirent à fuir, gagnant en grande précipitation leurs nefs et leurs vaisseaux.

Une de ces embarcations est restée comme preuve de leur passage. « Lorsqu'en 1806, M. Dillon, ingénieur, en qualité de chef des ponts et chaussées (1), faisait faire les fouilles pour fonder les culées *du pont des Invalides*, qu'il était chargé de construire, on trouva à environ huit pieds en terre une grande barque ou espèce de pirogue creusée dans un seul tronc d'arbre, de même que les *lintres* ou les *myoparones* dont se servaient les Germains, au rapport de Tacite, et dont les Normands faisaient grand usage dans leurs courses.

Le bois de cette pirogue, dont on retrouvait les détails, devenu presque aussi noir que l'ébène, se brisait facilement ; mais, dans quelques parties, il était assez bien conservé et assez dur pour qu'on eût pu en faire de petits modèles de ce canot, que l'on crut pouvoir faire remonter à l'époque des invasions des Normands. S'il eût été possible de conserver en entier cette embarcation que l'air faisait tomber en morceaux, c'eût été un monument curieux des premiers temps de notre histoire.

Souvent la mémoire des plus grands événements et des plus terribles catastrophes a l'air de s'être éteinte, et elle n'a fait que s'endormir sous le voile des siècles ; pour la faire revenir dans l'esprit du peuple, il faut bien peu de chose ; ainsi une nacelle trouvée dans le limon des eaux de la Seine a suffi, il y a près de cinquante ans, pour évoquer parmi les Parisiens le terrible souvenir de Rhou ou Rollon, de Bastène et de Sigefroi.

Si les générations qui se succèdent n'étaient pas si oublieuses, elles retrouveraient encore par le monde des traces du fléau de Dieu ; car les redoutables Normands, partout où ils passaient, enfonçaient profondément leurs pieds chaus-

---

(1) *Musée de sculpture antique et moderne*, par le comte de Clarac.

sés de tricot de fer dans la terre qu'ils foulaient et arrosaient de sang. Là où l'on voyait des villages, des bourgs, des villes, des églises, des abbayes, des palais incendiés, ruinés, dévastés et démolis, on pouvait dire : Les hommes du Nord *ont passé par là.*

Dans nos royalistes et catholiques provinces de la Bretagne et de la Vendée, je me souviens d'avoir vu et suivi (le cœur serré) d'autres chemins de dévastation tracés cruellement à travers le pays ; des cabanes, des métairies, des châteaux, des logis bourgeois, des chapelles, des églises en ruine et noircis par l'incendie, se trouvaient aussi là, et lorsque le voyageur venait visiter cette contrée de forte et glorieuse mémoire, le paysan lui disait en montrant tous ces débris et toute cette désolation : *C'est par là qu'a passé l'armée de Mayence, l'armée infernale!*

Après le départ des Normands, le Louvre resta quelque temps sans être agrandi. Ce fut de l'an 1103 à 1137 que Louis-le-Gros l'entoura d'une plus forte muraille que celle que ses devanciers avaient élevée autour de leur *rendez-vous de chasse*. Nous avons dit que la forêt où il avait été bâti était infestée d'une grande quantité de loups. Selon quelques auteurs, c'est de là qu'est venu le nom de Louvre, dérivé de celui de *lupara;* d'autres disent que l'étymologie de ce mot est *leower*, qui signifie en saxon *tour* ou *forteresse*. Je laisse aux habiles à décider, à trancher la question ; moi, pour aimer, pour admirer le Louvre, je ne sais que trois choses, son antiquitité, ses souvenirs du passé et sa beauté actuelle.

Dans un écrit remarquable qui a paru l'année dernière dans un recueil mensuel très-renommé et très-digne de l'être, la *Revue contemporaine*, voici ce que nous lisons sur l'origine du Louvre : « C'est en 1204, dit M. Vitet, membre de l'Académie française, l'année où la tour fut construite, que, pour la première fois, le nom du Louvre est officiellement prononcé. Jusque-là, le champ n'est ouvert qu'à des conjectures. Les uns attribuent à Childebert, les autres seulement à Louis-le-Gros, les premiers fondements de ce palais de nos rois ; ceux-ci en font d'abord un rendez-vous de chasse, une *louveterie, lupara ;* ceux-là, dès l'origine, un château-fort, un moyen de commander la rivière en face de la cité. Ce qui paraît probable, c'est qu'il existait avant Philippe-Auguste un castel fortifié; que ce roi y fit de grands changements, le reconstruisit même presque en entier, mais n'en fut pas le fondateur. Les historiens du temps désignent sans cesse la grosse tour bâtie en 1204 sous le nom de la *Tour-Neuve*, ce qui constate évidemment l'existence d'autres tours plus anciennement construites. »

Bien souvent, lorsque je descends du faubourg Saint-Germain pour aller chez de vieux amis habitants de l'autre rive, je m'arrête sur le quai faisant face à l'immense palais œuvre de tant de rois ; c'est surtout à la magique et inspirante lumière de la lune que je m'oublie et m'attarde en contemplant l'imposante masse de bâtiments qui se dresse devant moi et qui a appartenu à tant de maîtres divers ! Quand l'astre de la rêverie se lève tranquille au-dessus des agitations des hommes, agitations qui ne finissent point à Paris avec les heures du jour, quand, majestueuse comme une reine, elle monte au firmament pour y tenir son lever d'étoiles, le quai longeant la galerie bâtie par Catherine de Médicis, Charles IX, Henri III, Henri IV et Louis XIV, reste dans l'ombre, mais peu à peu il s'éclaire, le pavé blanchit, et les petits flots de la Seine commencent à briller entre leurs digues de pierres ; alors la galerie qui, d'arcade en arcade et de fronton en fronton, arrive à deux palais pour les unir, trace sur le ciel moins sombre une majestueuse ligne droite que rien n'interrompt, si ce n'est le petit campanile placé au-dessus du guichet de l'horloge.

C'est là, sans doute, un grand et bel aspect, mais bientôt il ne me suffit plus ; je veux voir autre chose que ce que j'ai devant moi, alors je sors du présent et mon esprit s'en va bien loin, bien loin dans le passé ! Au lieu de ces bâtiments si beaux, si réguliers, au lieu de ces quais, de ces ponts, c'est tout à coup une sauvage nature que j'évoque et qui m'apparaît.....

Des rives entamées, déchiquetées par le cours du fleuve, et de vieux saules qui montrent leurs racines à nu, tordues et repliées comme de gros serpents. Tout à fait sur le bord des eaux, des roseaux à panaches grisâtres, des nénuphars à larges feuilles, avec des fleurs semblables à des lis, des glaïeuls à feuilles droites et aiguës comme des fers de lance, et parmi toutes ces plantes, des poules d'eau, des sarcelles, des oies sauvages et de nobles cygnes au plumage d'argent ; rien n'effarouche là tous ces oiseaux qui aiment la fraîcheur, car le repos et le silence se sont donné rendez-vous sous ces beaux ombrages. Puis, sur le terrain en pente, des osiers, des aulnes, des hêtres, des bouleaux, des sapins et des chênes, et à travers les branchages de tous ces arbres, par delà les clairières de la forêt, j'aperçois la demeure royale ; ses tourelles crénelées lui forment une couronne : on dirait une reine assise dans la solitude.

Ma vision ne s'arrête pas là, l'église dédiée à Saint-Germain d'Auxerre est peu loin du château ; elle s'élevait dans le bois avant que Childebert eût pensé à son Louvre. Dieu était venu dans la forêt avant le roi, et probablement que le prince n'avait choisi ce lieu que pour être, en quelque sorte, sous l'aile du Seigneur. Du haut du clocher, la prière du soir a tinté, et de dessous le porche-ogive ouvert entre les deux grosses tours, je vois s'avancer le roi, la reine, leurs enfants, leurs chambellans, leurs dames d'honneur et leurs pages. La longue robe du roi descend à plis droits et s'arrête un peu au-dessus de ses pieds, chaussés de brodequins amarante, cette tunique est ceinte par un baudrier de cuir, qui porte non seulement l'épée des batailles, mais encore l'escarcelle des aumônes.

Le roi chevelu a sur la tête un chaperon de velours à petits bords herminés et relevés. Les vêtements de la reine sont plus amples et plus longs que ceux de son époux; son voile ne cache point son visage, mais seulement une partie du front et le derrière de la tête, d'où il revient pour couvrir les épaules et le sein. Les plis qu'il forme sur les tresses de sa chevelure et les draperies du manteau qui descend avec une molle souplesse offrent un ensemble plein de grâce et d'harmonie dans leurs mobiles ondulations.

Au milieu de l'herbe, de la mousse et du lierre rampant qui croissent sous les arbres, il y a un sentier bien frayé, c'est celui qui conduit à l'église, c'est celui que suivent le prince et sa cour. Car en ce temps-là les rois n'avaient pas honte de Dieu, ne rougissaient pas de la croix, matin et soir ils allaient s'agenouiller devant les autels et suppliaient l'Esprit-Saint, l'esprit qui inspire les grandes et généreuses pensées, d'être leur premier conseiller. Après leur prière au Dieu qui défend le mieux les trônes, ils se relevaient pleins de confiance, n'avaient point peur de leur peuple, parce que ce peuple croyait aussi au Seigneur qui voit tout, et dont la main puissante punit et récompense, abat et élève......

Oh! pourquoi les rêves de notre imagination passent-ils comme les nuées légères que le vent pousse et emporte? Pourquoi la froide réalité, comme un de ces ennuyeux que l'on ne peut éviter dans le monde, revient-elle si vite nous enlever nos poétiques et douces illusions?

J'ai déjà dit que le Louvre était devenu une forteresse, et en racontant cette transformation, j'ai rappelé l'invasion des Normands, et évoqué le temps où, dans nos églises, on avait ajouté aux litanies cette invocation : *A furore Normanorum, libera nos, Domine.*

Philippe-Auguste ne trouva pas assez forts les moyens de défense dont ses devanciers avaient entouré leur demeure, et il leur donna un plus grand développement, et lorsqu'il fit ceindre Paris de fossés et de murailles, il se garda bien d'enclore le Louvre dans ses nouvelles fortifications.

« Au milieu de l'espace carré qu'encadraient alors des bâtiments irréguliers, l'aïeul de saint Louis éleva une tour énorme, haute de quatre-vingt-douze pieds (1), défendue par un large et profond fossé; n'ayant d'entrée que par un pont-levis, ses épaisses murailles n'étaient percées que de treize petites fenêtres garnies de gros barreaux de fer. Comme on le voit, *la grosse tour* était inaccessible et bien faite pour conserver avec sûreté les chartes et le trésor du roi. »

C'était en même temps une prison, d'où ne pouvaient

(1) Comte de Clarac.

guère espérer s'échapper les grands vassaux qui avaient voulu se soustraire à l'autorité du roi, et qu'il y faisait renfermer. Aussi *la grosse tour du Louvre* inspirait-elle un grand effroi ; sous un autre point de vue, elle jouissait de priviléges notables, c'était la tour *féodale* et *suprême* où les hauts barons venaient humilier leur puissance devant celle du roi, ou plutôt sceller par la foi et leur hommage un pacte qui faisait la force de tous. Les rebelles y étaient renfermés, on y a vu des têtes couronnées appuyées tristement sur les barreaux de fer dont les petites fenêtres sont fortement munies. Trois comtes de Flandre, un roi de Navarre, Charles-le-Mauvais, et d'autres puissants princes y avaient tracé, sur les épaisses murailles, des lais plaintifs ou des cris de guerre.

Ferdinand ou Fernand, comte de Flandre, celui qui ouvre la liste des prisonniers de la grosse tour, y fut chargé, dit-on, des chaînes mêmes qu'il avait fait forger pour son souverain et légitime seigneur et maître.

Saint Louis y fit conduire Enguerrand de Coucy pour avoir méchamment fait pendre trois jeunes Flamands venus à *Saint-Nicolas-du-Bois* pour apprendre la langue, et qui avaient été dénoncés au comte comme ayant indûment chassé sur ses terres. « *Le doux et benin roy puisoit sévérité en justice, quand le puissant opprimoit le foible.* »

En 1299, les portes ferrées de la grosse tour se refermèrent sur Guy, comte de Flandre, et ses enfants, qui s'étaient armés contre Philippe-le-Bel ; puis Enguerrand de Marigny, contrôleur des finances ; sous Charles VI, Pierre des Essarts et plusieurs autres personnages historiques.

En 1474, Louis XI y fit écrouer Jean II, duc d'Alençon.

C'est ce prince qui a clos la liste des captifs ouverte par le comte Fernand.

Depuis cette époque, la Bastille, le château de Vincennes, la tour de Bourges et le château d'Angers eurent le triste honneur d'héberger les grands coupables ou les illustres malheureux.

Nos rois firent bien quand ils éloignèrent de leur Louvre les prisonniers d'Etat. La France n'est ni un pays de vengeance, ni un pays de rancune ; et lorsque notre mémoire passe en revue tous les monarques qui ont régné sur elle, nous avons peine à en trouver *plus d'un* pour qui les plaintes, les gémissements et le bruit des chaînes aient pu être une jouissance.

Je suis donc bien aise que *la très-haute, très-grosse et très-redoutée tour* ne s'élève plus dans la cour du Louvre. Cependant, je l'avoue, si jamais elle a eu en elle une vertu cachée, si par son aspect sévère elle imposait la crainte et faisait naître au cœur de chacun l'horreur du parjure, lorsqu'on *venait mettre ses mains ès-mains du roi* pour lui jurer foi, fidélité et obéissance, j'aurais voulu qu'elle fût demeurée plus longtemps debout ; ce désir me vient en songeant à tous les serments oubliés et trahis, depuis que le scepticisme a banni Dieu du cœur et de l'esprit de ses trop nombreux adeptes.

Si, d'un côté, il y avait pour le souverain tristesse et déplaisance à vivre si rapproché d'une prison d'Etat, ne pouvait-il pas y avoir, sous un autre point de vue, une sorte de bonheur à ce que les captifs fussent si voisins du roi ? Car ils avaient ainsi bien moins de chance d'être oubliés ; une prison tout proche d'un trône et d'un autel devait donner à réfléchir ; car, pour être haut placé, on n'est point à l'abri des coups de la mauvaise fortune ! Et pour aller prier avec espérance le souverain arbitre de toutes choses, il ne faut pas porter devant le tabernacle un cœur livré à la haine, à la rancune et à l'injustice.

Depuis le règne de Louis-le-Gros, qui avait fait construire une forte muraille autour du Louvre (à cette époque tout à fait isolé), Paris grandissant avait allongé ses bras ; les maisons avaient débordé sur les cultures, et sous Philippe-Auguste, le château royal ne se trouvait plus assez dégagé. Son plan alors était un parallélogramme et s'étendait, en longueur, depuis la rivière jusqu'à la *rue de Beauvais*, et en largeur depuis la *rue Froid-Manteau* jusqu'à celle *d'Autriche* ou *d'Osteriche*, plus tard *rue de l'Oratoire*.

Le terrain qu'il occupait avait soixante et une toises trois quarts de long, sur cinquante-huit toises de large ; son architecture était des plus simples et des plus rudes ; de grands corps de bâtiments, sans régularité et percés comme au hasard de grandes et de petites fenêtres ; puis, la surface des murs, bossuée de tours de taille diverse, quelques-unes sveltes, élancées, d'autres très-larges, massives et comme s'enfonçant en terre par leur poids immense.

De larges et profonds fossés remplis d'eau formaient ceinture autour de cet édifice, imposant par sa masse et *son armée* de tours, de tourelles, de pinacles, de clochetons à toitures aiguës, de hautes girouettes aux fleurs de lis de France.

Certes le Louvre, tel que nous l'admirons aujourd'hui, frappe par sa majesté. Parmi les palais des rois et des empereurs, nous n'en connaissons pas un qui offre un aussi vaste ensemble de corps de bâtiments et de galeries, un tel luxe de sculptures et une si grande profusion d'ornements dus au ciseau de maîtres renommés. Mais en faisant si bonne la part de ce que le présent nous offre, qu'il nous soit permis d'ajouter que le vieux château de Philippe-Auguste devait aussi avoir sa dignité et son grandiose.

Remontons loin dans le passé, et figurons-nous l'œuvre de l'aïeul de saint Louis. Entre le fleuve et le fossé qui entoure le carré long du Louvre, d'abord une haute et épaisse muraille, dont la base baigne ses premières assises dans la Seine; des tours à créneaux, à machicoulis ornent et rendent plus forte cette première enceinte, où croissent de beaux arbres sur une prairie en pente; sur les flancs de ces prés, deux porteaux à hautes toitures et à tourelles dont les bases à cul-de-lampe sont suspendues à trente pieds du sol, comme des nids d'hirondelles. Puis, parallélement à la rivière, un second mur surmonté de balustres à jour, et, derrière cette seconde muraille, qui, au besoin, aurait pu encore servir de défense, un jardin ou parterre à compartiments contournés, bordés de buis tondus et hérissés d'ifs taillés en pyramides, en hommes d'armes et en géants.

Dans les plates-bandes, profusion des fleurs que l'on aimait le plus alors : *la marjolaine, la lavande, les œillets, les marguerites, la giroflée, le jasmin, le myrte et les roses.* Une balustrade de pierre séparait ce parterre des douves toujours remplies d'eaux vives, où se jouaient les cygnes de la reine. C'était dans ces ondes limpides que se reflétaient les tours et tout l'aspect du château. Puis, sur les nuées changeantes du ciel, de merveilleuses découpures de pierre se dessinant en silhouette. Des couronnes de créneaux, des toits pointus coiffant les tourelles, des croisées monumentales, tranchant sur le bleu foncé des ardoises, des clochetons, des campanilles, des donjons ; et, dominant tout cet ensemble comme une reine puissante et redoutable, se montrait bien au-dessus de toutes les autres tours, LA GROSSE TOUR (*grossa turris*), *la forteresse de Paris, la Tour-Neuve, la tour Philippine*; car la tour construite par Philippe-Auguste portait tous ces noms.

Cette tour revenait souvent dans les propos, dans les conversations du peuple, et il ne pouvait guère en être autrement. Son aspect matériel de force et de sévérité et sa triple destination la plaçait naturellement dans la pensée de tous : les petits comme les grands devaient s'en occuper. Assise au centre des bâtiments royaux, elle commandait à toutes les parties du vaste édifice ; elle servait de logement au souverain, et c'était dans ses souterrains, derrière d'épaisses portes de fer, qu'étaient gardées les épargnes du roi. Il y avait encore dans ses flancs autre chose bien propre à exciter vivement l'intérêt de la multitude : d'illustres prisonniers, de grands criminels y avaient été renfermés ; des gens de service, des valets, des curieux, des bourgeois, du dehors, en traversant la grande cour du Louvre, auront parfois aperçu entre les gros barreaux des étroites fenêtres des cachots quelques-uns des captifs aspirant l'air libre qui fait battre la poitrine, et le rayon du soleil qui réchauffe le détenu.

La tour de Philippe-Auguste avait ainsi une triple magie : celle de la royauté, celle de l'or et celle du malheur.

Sous Philippe-Auguste, les bâtiments qui entouraient la grosse tour n'avaient que deux étages, le rez-de-chaussée et le premier; plus tard, on en ajouta deux autres. Depuis ce surcroît d'élévation, l'appartement royal qui avait été primitivement dans l'énorme donjon devint si triste à habiter, que ses hôtes couronnés, malgré l'accoutumance de leurs devanciers, s'en dégoûtèrent et se logèrent avec leur famille dans cette partie du palais qui regardait le fleuve et les campagnes s'étendant en pente douce entre la Seine et l'abbaye de Saint-Germain-des-Prés.

Sauval, dans son livre des *œuvres royaux*, nous apprend que l'intérieur de la grosse tour, et en particulier l'appartement du roi, n'avait rien de magnifique; car un édit fut rendu en 1214, par lequel tout le *fouarre* ou la paille qui servait à joncher la chambre royale devait, lorsque le roi la quittait, appartenir à l'université. On l'employait alors à couvrir les planchers des écoles, où les élèves étaient assis à terre.

Il y a loin de cette litière jonchant les planchers aux riches et moelleux tapis de la *Savonnerie*, de *Beauvais*, d'*Aubusson* et des *Gobelins*, sur lesquels marchent les rois et les reines, les princes et les princesses, et qu'usent bien vite les pieds des courtisans.

On croit que le troisième étage du château du Louvre fut ajouté par Louis IX; il est notoire qu'il y fit faire plusieurs travaux, et qu'il l'habitait de temps en temps; mais là n'était pas le séjour de sa prédilection. Là, il voyait trop les œuvres de l'homme et pas assez celles de Dieu; là, les vieux chênes de la forêt de Vincennes manquaient à son âme méditative et pieuse. C'était sous leur ombrage qu'il aimait à deviser avec des hommes, comme le sire de Joinville, de monseigneur de Niele, du comte de Soissons, de Pierre de Fontannes et de Geoffroi de Villette; là qu'on avait accoutumance d'étendre des tapis sur l'herbe, pour *à l'entour faire ranger le peuple, qui venoit plaider devant le bon roi, rendant bonne justice à chacun.*

Ce fut sous les voûtes du Louvre et sous celles de Vincennes que Louis occupait les loisirs que la victoire lui avait faits. Là il commença le grand œuvre conçu dans le fond de son cœur, la félicité de son peuple; là il fit dresser des listes exactes de tous les laboureurs dans le besoin, des artisans sans ouvrages, des veuves et des orphelins sans secours, des filles sages et pauvres à marier. Chaque jour, sur l'épargne royale, accrue, non par des impôts, qu'il abhorrait, mais par l'économie administrative, il mettait des sommes à part, tant pour donner aux uns les instruments aratoires et les animaux du labour, qu'afin d'assurer aux autres des dots et des aliments. Là il eut la pensée de fonder plusieurs hôpitaux pour les lépreux et les aveugles. Ce fut du Louvre qu'il écrivit aux habitants de la Normandie, alors désolée par une grande sécheresse, « Vous m'aidez dans votre abondance, je dois vous secourir dans votre disette; ce que je tiens de vous, je le conserve pour vous, et ne suis que votre dépositaire. »

Or donc, vous qui êtes aujourd'hui préoccupé des réparations, des agrandissements, des embellissements du Louvre, prenez du marbre bien dur, du bronze bien épais, du granit bien à l'épreuve des siècles, et faites graver bien profondément sur ces plaques, sur ce métal, sur ces pierres qui défieront les injures du temps, ces vraies paroles royales : CE QUE JE TIENS DE VOUS, JE LE CONSERVE POUR VOUS, CAR JE NE SUIS QUE VOTRE DÉPOSITAIRE.

Une des plus vastes salles du Louvre porte encore le nom de SALLE SAINT-LOUIS; elle se trouve dans cette partie du palais qui fait face au château des Tuileries; mais la salle qui porte un si beau nom n'offre rien de matériel datant du règne de Louis IX. J'aurais voulu y retrouver une boiserie, une table, une chaire consacrées par son toucher, et c'est en vain que je les ai cherchées.

Il en a été de même lorsque je me suis mis à écrire pour la jeunesse française la vie de ce grand roi. J'ai voulu éveiller mon esprit, exalter mon âme, en allant chercher tout ce qui pouvait le mieux me rappeler le petit-fils du vainqueur de Bouvines, le fils de la reine Blanche, le héros chrétien de la Massoure. Après avoir visité les monuments de Paris sur lesquels sa mémoire rayonne encore, je suis allé au château de Vincennes découronné de ses vieilles tours, et dans la forêt veuve des chênes contemporains du roi justicier. Hélas! tous ces lieux sont bien vides aujourd'hui! tout y a l'air jeune et sans consécration. J'en suis revenu le cœur serré.... En passant devant le donjon, mon regard a plongé dans les douves,... et j'ai vu l'endroit où un Bourbon, un digne et loyal descendant de saint Louis, a été nuitamment exécuté.

Après Louis IX (de 1250 à 1364), c'est-à-dire pendant les règnes de Philippe-le-Hardi, de Philippe-le-Bel, de Louis X, dit le Hutin, de Philippe-le-Long, de Charles IV, de Philippe de Valois et Jean-le-Bon, le château royal du Louvre demeura à peu de choses près ce que saint Louis l'avait laissé; mais le roi Charles V, surnommé *le Sage*, qui aimait les arts presque autant que la justice, y fit de grands embellissements, l'anima par la cour et l'état qu'il y tenait et par le nombre de savants et d'artistes qu'il se plaisait à y attirer. Parmi les sujets érudits et lettrés du fils de Jean-le-Bon, il s'en est trouvé un qui s'est chargé, en redisant *ses impressions de voyage*, de nous décrire le Louvre tel qu'il était au quatorzième siècle (1). Je le laisse parler.

« Je descendis tout le long de la Seine jusqu'à la principale entrée de ce palais qui regarde le fleuve capricieux. Cette entrée est une porte flanquée de tours, ouvrant sur une avant-cour, puis est une autre porte élevée entre deux tours accouplées dans leur sommet par une terrasse.

« Après avoir franchi ces deux portes fortifiées, moi et mon ami Raoul de Presle, nous nous trouvâmes dans une cour immense, clôturée par de grands bâtiments, qui, avant Charles V, n'avaient que deux étages et qui en ont quatre aujourd'hui. Ces bâtiments, percés de petites fenêtres étroites et grillées, sont tristes à voir, et leur ombre, redoublant encore celle des tours nombreuses dont ils sont surmontés de toutes parts, répand une nuit éternelle sur cette royale demeure.

« On entre à la *Tour-Ferrant* par un pont levis; sur l'arche en pierre se voit la statue du roi Charles, représenté le sceptre à la main par le sculpteur Jean de Saint-Romain, auquel cet ouvrage fut payé six livres huit sols, et il fut content (2).

« Les murs de la forteresse du Louvre me parurent bien avoir treize pieds d'épaisseur; on y monte par un escalier tournant, ses portes sont de fer, garnies de barres et de verroux; grâce à Dieu, les chambres sont vides; en quelques-unes est encore la paille sur laquelle on ne trouva guère de sommeil. Les oiseaux viennent prendre de cette paille hachée par une dolente insomnie, et en font leurs

(1) Messire Tristan, seigneur de l'Ile-de-Ré, de Marans et autres lieux.
(2) Dulaure, vol. 1, pag. 456.

nids entre les poutres et à l'angle des fenêtres, qui, pour la plupart, n'ont pas de vitres.

« Je visitai avec un petit frisson ces demeures redoutées ; mon taciturne compagnon se bornait à faire ouvrir d'un geste les portes, et ne disait mot. Parfois il poussait un soupir involontaire, comme s'il eût prévu qu'un jour lui-même, poursuivi par l'Université, serait condamné à la prison perpétuelle et à jeûner au pain et à l'eau (1).

« Nous sortîmes de la grosse tour, et j'en fus bien aise ; nous visitâmes les bâtiments qui forment les quatre façades de la grande cour. Ils ont eux-mêmes le sombre aspect d'une geôle. Leur plus belle salle est celle de saint Louis, longue de douze toises sur sept de largeur, et dont le dôme va jusqu'à la toiture de l'édifice ; telle est la salle basse dont Charles V fit orner les lambris de peintures représentant une forêt habitée d'animaux ; laquelle salle, longue de huit toises et cinq pieds, sert aux festins des cours plénières, et au régal des princes étrangers. Je visitai en outre la salle neuve du roi, la salle neuve de la reine, la chambre du conseil et la chambre de la trappe, puis la chapelle basse dédiée à la sainte Vierge, et dont les portes sont ornées des figures de Notre-Dame et de sainte Anne, encensées par des anges, tandis que d'autres anges louent le Seigneur sur le théorbe et la cithare.

« Outre la cour principale, il y a un grand nombre d'autres cours et de basses-cours, les unes servant de préaux, les autres plantées en jardins si exigus, que l'air y manque, et qu'ils sentent le renfermé (2).

---

(1) *Histoire de Paris.*
(2) Le plus grand n'avait pas sept toises de longueur.

« Chaque bâtiment a son nom, c'est la *paneterie*, la *maison du four*, la *saucerie*, la *pâtisserie*, l'*épicerie*, la *fruiterie*, le *garde-manger*, l'*échansonnerie*, le lieu où l'on fait l'*hippocras* et la *maison des lions du roi*. Tout les murs de clôture, ainsi que les portaux et les bâtiments sont flanqués de tours, qui presque toutes ont leur capitaine; les unes rondes, les autres carrées, les unes coiffées de toits en pyramides, avec leurs girouettes, aiguilles et fleurons, les autres à plates-formes crénelées, déversant les eaux par la gueule des griffons et des dauphins de pierre ou de bronze.

« Du côté du fleuve sont les tours du *fer à cheval des portaux* et de *Windal*; des autres côtés et le long des fossés, sont les tours de l'*horloge*, de l'*armoirie*, de la *grande chapelle* et de la *petite chapelle*, la tour de l'*orgueil*, la tour de l'*écluse*, la tour *où le roi se met quand on joûte*, la tour de l'*étang* et la tour de la *librairie* (1).

« Cette dernière tour est plus précieuse que toutes les autres; c'est là que le roi Charles V se plaît bien plus qu'ailleurs; là sont gardés soigneusement les livres de ce monarque sage et pacifique.

« La *librairie* du roi Jean son père ne se composait que de dix volumes, c'étaient *la Moralité des échecs*, *le Dialogue sur les substances*, *les trois Décades de Tite-Live*, *les Guerres sur la Terre-Sainte*, et *quatre missels* à fermoirs d'or. Aujourd'hui Charles V possède neuf cents volumes, dont le gardien est Gilles Malet, valet de chambre du roi.

« Il en dressait pour lors l'inventaire, qu'il voulut bien me laisser parcourir. Ces livres consistaient en quelques traductions d'auteurs grecs et latins, en quelques livres

(1) Sauval, *Antiq. de Paris*. — Saint-Victor, *Tab. hist. de Paris*.

d'église, vies de saints, légendes et miracles. Mais le plus grand nombre de ces ouvrages traitent de l'astrologie, dont Charles s'était engoué au point de fonder pour l'enseignement de cette vaine science le collége de maître Gervais. C'est le nom de son médecin, qui lui-même est un grand astrologue.

« La tour de la librairie est ouverte en tout temps aux docteurs et aux lettrés qui ont la faculté d'y venir consulter ce riche dépôt, le plus considérable qu'on ait jamais vu en France. Ici, comme dans toutes les librairies des monastères, les livres offerts en lecture sont enchaînés à des tables et à des pupîtres; pour plus de sûreté, une excommunication est lancée, en tant que besoin, contre quiconque oserait dérober un de ces livres (1).

« .... Nous sortîmes du Louvre par la poterne ouverte au couchant. De ce côté, l'on ne voit plus au-delà des fossés du palais qu'un lieu vide et marécageux, qu'on appelle les *Tuileries*, parce qu'on y fait de la tuile. C'est dans ces terrains déserts que sont les écorcheries de la ville et le cloaque des immondices.

« Nous nous trouvions en dehors de Paris, dont le Louvre forme la limite. A droite, en avant de la porte Saint-Honoré, est une butte au pied de laquelle se tient un marché aux chevaux. Ceux qui les conduisent se gardent bien de les mener boire à la fontaine voisine (2), qu'on appelle la *Fontaine-du-Diable*, et dont les lutins viennent, dit-on, troubler chaque nuit les eaux. »

Me voici à présent marchant seul ; le docte et bon Tristan,

---

(1) *Dissert. sur l'Hist. ecclés. et civ. de Paris*, par l'abbé Lebœuf.
(2) La fontaine de la rue de l'Échelle. — Voy. Le Maire, tom. III, p. 437.

seigneur de l'île de Ré, de Marans et autres lieux, me laisse, pour aller explorer avec son profond savoir d'autres monuments du vieux Paris. Moi, j'ai encore à étudier le Louvre.

Tout à l'heure, en énumérant les nombreuses et différentes tours qui fortifient et rehaussent l'antique château royal, nous avons donné tous leurs noms, noms qui s'expliquent d'eux-mêmes, excepté le dernier. Qu'est-ce que *Vindal* ou *Windal* (comme l'écrit saint Victor)?

Quelque chef normand se sera appelé ainsi (WINDAL, ce nom ne sonne-t-il pas comme un nom du nord?). Windal donc, lors du siége de Paris, se sera distingué par quelque brillant fait d'armes ou par une mort glorieuse. A l'endroit même où depuis la tradition a attaché son souvenir, cette haute et puissante tour n'aura été sur la poussière du héros normand que comme une pierre tombale, propre à faire durer son nom dans les siècles.

Ainsi, me disais-je, et j'avais tort, M. le comte de Clarac, bien plus positif et cent fois plus savant que moi, a ri de mon *homme du nord*, et m'a enlevé toute illusion à ce sujet, en me disant que le mot *vindal* vient probablement de celui de *vindas*, qui, dans quelques manuscrits, est employé pour désigner un *cabestan*. Je renonce donc à mon étymologie. J'avoue que c'est presque à regret, j'aimais mieux mon héros compagnon d'armes de Rollon qu'un *cabestan*. Je me résigne; avant tout, il faut être vrai.

Ce sont là les beaux jours du Louvre féodal (1), le temps où il fut vivant, peuplé et bien entretenu. Tout fut changé à la mort de Charles V; déjà ce roi lui-même lui avait fait quelque infidélité; l'hôtel de Saint-Pol, fondé par lui dès le

---

(1) *Notice sur le Louvre*, par M. Vitet, de l'Académie française, insérée dans la *Revue contemporaine*, revue mensuelle.

temps de la captivité de son père, s'était achevé et successivement agrandi sous son règne; il en avait fait la plus commode et la plus magnifique habitation, assise au milieu de jardins qui, de la rue Saint-Antoine, descendaient jusqu'à la Seine. Il y avait là bien d'autres vergers, bien d'autres tonnelles qu'aux alentours du Louvre. Aussi, le nom en est-il resté à deux rues, la rue de la *Cerisaie* et la rue *Beautreillis*, seuls souvenirs encore vivants de cette royale demeure.

L'hôtel Saint-Pol devint la résidence favorite de Charles VI et d'Isabelle, et pendant tout ce long règne le Louvre resta désert. Puis, quand le nouveau palais fut à son tour abandonné, le Louvre n'en eut pas meilleure chance. Charles VII, vainqueur et maître de Paris, ne put pas se résigner à vivre en un lieu qui réveillait chez lui de si tristes souvenirs. Il quitta l'hôtel Saint-Pol; mais au lieu de s'en retourner au Louvre, il ne fit que traverser la rue Saint-Antoine et alla s'établir *aux Tournelles*.

C'était un séjour moins gai, quoiqu'aussi spacieux. La place Royale tout entière et les maisons qui la bordent n'occupent qu'une partie de l'ancien parc des Tournelles.

Charles VII, Louis XI, Louis XII habitèrent ce palais. Le père du peuple y mourut. François Ier s'y établit. Enfin, dit M. Vitet, sans la mort violente de Henri II, sans cette douleur un peu fastueuse qui poussa sa veuve à demander au Parlement de faire raser *les Tournelles* et d'en vendre le terrain pour y bâtir des maisons, il est possible que le palais de Charles VII eût conservé longtemps encore le privilége de loger nos rois, et peut-être en fût-il résulté quelque influence sur la destinée physique de Paris, notamment une moindre accélération dans ce mouvement de *l'est à l'ouest*, que depuis cette époque il a constamment suivi.

Après la longue citation que je viens de faire, je reviens à mon roi bien-aimé *Charles-le-Sage*. Dans ses loisirs de tranquillité et de paix, le pieux monarque ne borna pas ses travaux aux embellissements, aux agrandissements du Louvre, il fit aussi bâtir plusieurs églises, entre autres celle des *Célestins*. Là, disait-il, *Oncque n'ai demandé une grâce en vain*. Cette église fut jadis célèbre par les sépultures des hommes les plus illustres de cette époque ; leur poussière a été jetée au vent. Quand le délire prend au peuple, une de ses sataniques joies, c'est le sacrilége.

Si un vif sentiment de piété portait le digne fils du roi Jean à élever à Dieu des autels, sa dignité de souverain lui faisait agrandir, restaurer et embellir les demeures de la royauté. Celles qui lui étaient échues, par leur petitesse et leurs dispositions incommodes, ne convenaient plus, depuis les progrès de l'architecture, à l'habitation des rois de France ; ce fut alors que de nouveaux châteaux s'élevèrent. La Bastille, dont le nom a fait tant de peur à nos pères, et que les menteurs politiques de 1789 disaient avoir été bâtie par *un tyran*, fut à son origine une des maisons de plaisance du bon roi Charles ; les tours, les fossés, les ponts-levis, les herses, les cachots vinrent plus tard. Et c'est peut-être ici le cas de remarquer que rien n'est si rare en ce monde que de voir un édifice conserver dans la succession des siècles sa destination première. On dirait que le temps se plaît à ces saturnales ; ce qui avait été bâti pour un lieu de plaisir et de délices est, au bout de quelques centaines d'années, transformé en prison, en dépôt de douleur et de larmes ; là où l'on avait ri et chanté au milieu des banquets, il survient des pleurs et des grincements de dents auprès du morceau de pain noir et de la cruche d'eau.

Les palais de rois deviennent des hôpitaux pour des marins invalides, et des léproseries sont changées en demeures royales. (Voyez *Greanwich* et *Saint-James*.)

Sans sortir de France, regardons autour de nous; la plupart des couvents et des abbayes renommés que nos pères avaient mis sur le chemin du ciel comme de saintes hôtelleries, pour que le chrétien pût s'y reposer dans son pèlerinage, sont aujourd'hui devenus des demeures pour la débauche, la honte et le crime. Là où la religion affranchissait l'âme et lui donnait des ailes pour s'élever vers le ciel, la police se saisit du corps, le charge de chaînes et le rive courbé à la terre.

Cette digression morale, c'est la Bastille qui me l'a fait faire. Du temps de Charles V, elle était, comme je viens de le dire, une maison des champs entourée de prairies, de bois et de verdure; puis elle est devenue prison d'Etat; puis une tempête politique l'a renversée,.... puis d'elle il ne reste plus rien!.... Je me trompe, il existe sur le lieu même où l'on avait creusé ses fossés, où l'on avait élevé ses tours, une glorification de la révolte, une prime à l'insurrection : le monument de Juillet.

Charles V, tout en bâtissant le château de Creil, en agrandissant celui de Vincennes, en fondant celui de Beauté, merveille de son temps, et dont aucun vestige ne se voit de nos jours, avait une pensée fixe : l'embellissement du Louvre; son *hôtel Saint-Pol*, *hôtel des esbatemens royaux*, pas plus que les autres constructions, ne pouvait l'en distraire, car il était convaincu que les rois qui se succèdent et pour régner sur le trône et pour aller dormir à Saint-

Denis, doivent, par leur persistance dans les projets arrêtés, compenser la briéveté de la vie de chacun d'eux.

Nous connaissons par tous ceux qui ont écrit sur les antiquités de Paris, mais surtout par Sauval, quel est la partie du Louvre que Charles V et la reine Jeanne de Bourbon ont habitée. Les grandes salles de réception occupaient le rez-de-chaussée et le premier étage de toute l'aile où se trouve la *salle de Cariatides*.

Les grands appartements du roi étaient tournés du côté de la rue Froidmanteau. La partie occupée par la famille royale avait vue sur la rivière et sur les campagnes d'outre-Seine. L'appartement de la reine Jeanne de Bourbon, au rez-de-chaussée, élevé de quatre marches au-dessus de la cour, se composait d'une grande chambre de parade, d'une autre vaste chambre et de quelques garde-robes, cabinets, oratoire et salle de bains; les baignoires étaient en bois, garnies de cercles de cuivre et de bossettes dorées. D'après les mesures que Sauval a données avec grand détail, on trouve l'emplacement de ces différentes pièces dans l'espace occupé aujourd'hui par la salle d'Isis et par le vestibule de la Seine.

Où nous voyons la salle de la Psyché et celle de l'Aruspice, devait s'ouvrir autrefois une galerie d'attente précédant les appartements de Jeanne de Bourbon. Alors, des gardes et des courtisans, aujourd'hui des curieux et des amateurs. On le voit, il y a longtemps que le sol du Louvre est foulé par des hommes agités de passions diverses; et quand je marche où ils ont marché, leur souvenir me vient, et alors je ne me trouve plus seulement dans la foule des vivants, mais les rois et les reines, les princes et les princesses qui ont vécu là où j'admire à présent des statues de dieux et de déesses, arrivent accroître la multitude qui me presse et me coudoie.

Les voilà avec leurs conseillers, leurs aumôniers, leurs écuyers, leurs pages, leurs chambellans, leurs fauconniers, leurs veneurs, leurs hommes d'armes, leurs sujets et le menu peuple de leur temps. Avec cette disposition, cette seconde vue rétrospective, tout double d'intérêt pour ceux qui en sont doués ; moi, j'en ai ma petite part, et je ne la retrouve jamais aussi bien que lorsque je visite nos monuments historiques. Du moment que l'on a assez d'imagination pour sortir du présent, on peut aller bien loin ; on se voit comme un point entre deux longues et immenses perspectives : le passé et l'avenir. Dans le passé, je vois bien des choses que je regrette ; dans l'avenir, bien des choses que j'espère.

Revenons aux appartements de Charles-le-Sage. La grande vis ronde de l'escalier tournant communiquant de la chambre de la reine à celle du roi, était à l'emplacement qui fait aujourd'hui la petite salle de *Pan*. Dans la tour attenante à ces chambres, étaient deux oratoires ; c'est là que bien souvent les porteurs de couronne venaient demander au Dieu par qui règnent les rois des conseils et des consolations.

Qui a plus besoin des inspirations d'en haut que ceux qui gouvernent ?

Et quel est l'heureux, quel est le puissant de ce monde qui osera dire : Je n'ai pas besoin d'être consolé ?

Charles V et sa pieuse épouse s'étaient complu à orner *ces retraites* de méditation et de prière. La voûte, peinte en azur, était semée d'étoiles d'or, et chaque nervure qui allait aboutir à un écusson portant trois fleurs de lis était également dorée. Avant Charles V, *les fleurs de lis étaient sans nombre* aux armes de nos rois; lui les réduisit *à trois*, en *mémoire de la Très-Sainte-Trinité*. Cet écu se trouvait placé directement au-dessus du prie-Dieu du roi. L'autel était de marbre venu de loin; des boiseries de chêne délicatement sculptées formaient lambris autour de l'oratoire; une lampe en vermeil, rehaussée de rubis, d'émeraudes et d'escarboucles appendait à la voûte, devant une relique de la vraie croix apportée au Louvre par saint Louis.

Tout près de cette petite chapelle, s'ouvrait la salle des Joyaux, où le bon roi aimait à conduire ses visiteurs; car il était fier de tout ce qu'il y avait amassé de rare et de précieux en objets d'orfévrerie. Là se voyaient, entre mille autres choses curieuses, quarante rubis, dont le plus beau avait appartenu au roi de Chypre; un annel que l'on gardait avec soin, parce que le roi Jean l'avait à la main qui tenait l'épée le jour de la bataille de Poitiers; un autre anneau, que l'on appelait *l'annel du vendredi*, parce que le roi le portait ce jour-là, sur lequel étaient gravés une croix, un saint Jean, une Notre-Dame et deux anges.

Puis des saphirs, des turquoises montées en bagues fériées, et une pierre nommée la *pierre sainte*, parce qu'on lui attribuait la vertu d'aider à la délivrance des femmes en couches. Elle était entourée de pierres fines et marquée au revers de l'écu de France.

Une autre pierre, qui guérissait de la goutte, et en laquelle était représenté un roi avec des caractères hébreux; un coffret où étaient les diamants, images d'or et miroirs de la reine Jeanne; vingt couronnes d'or, garnies de diamants et pierreries diverses.

« Et comme on voit (1) la rose tremière s'élever au-des-

(1) Tristan.

« sus des autres fleurs, la très-grande, très-belle et la meil-
« leure couronne du roi, laquelle il avait fait faire à quatre
« grands fleurons et quatre moindres, s'élevait au-dessus
« des cercles d'or et petits diadèmes des jours ouvrables. »

La couronne des grandes fêtes et solennités avait appartenu à Philippe de Valois, ainsi qu'il résultait de ce passage de son testament, certifié conforme par le chancelier, et transcrit sur un parchemin placé à côté de cette couronne.

« Nous donnons à notre bien-aimée épouse, la reine
« Blanche de Navarre, tous nos joyaux, exceptant seulement
« notre couronne royale, de laquelle nous avons usé ou
« accoutume d'user en grandes fêtes et solennités, et de la-
« quelle nous usâmes à la chevalie de Jean, notre bien-
« aimé fils. »

Dans la même chambre des joyaux, dix chapels d'or, ornés de rubis, balais, grosses perles et saphirs; *item*, quatorze ceintures d'or pour le corps de la reine, avec des agrafes de pierreries, et dix ceintures pour le corps du roi, lesquelles étaient aussi en or, avec profusion de perles et de saphirs.

Dans la salle des Banquets royaux, des buffets, des dressoirs étaient rangés le long des murailles lambrissées de bois de chêne ouvragé de sculptures; sur les rayons de ces étagères, se voyait la vaisselle d'or et d'argent, plusieurs nefs à mettre des potages; grand nombre de gobelets et d'hanaps; quarante-cinq drageoirs; quarante-cinq salières, comme de petites tourelles d'or enrichies de pierreries sans nombre; un baquet d'or soutenu par quatre syrènes; des brocs, des ampoules d'or, des *pots à aumônes*, dont deux chérubins aux ailes éployées figuraient les anses, comme si ces anges voulaient tout de suite emporter la bonne action sous les yeux du Dieu des pauvres et des affligés.

Sur le *dressouere de la royne*, qui a seule le droit d'avoir quatre rayons, étaient placées les trois coupes où buvaient de leur temps le *roi Dagobert*, *Charlemagne* et *saint Louis*. La tradition enseignait que tout homme ou toute femme qui aurait porté ces hanaps à ses lèvres avec des pensées de *traîtrise*, d'hypocrisie et de parjure, serait subitement frappé de mort.

Oh! pourquoi ces coupes sont-elles perdues!

Pour donner une juste idée des monuments que l'on entreprend de décrire, il faut faire autre chose que de regarder avec les yeux, que de mesurer avec le mètre ou la toise; il faut en quelque sorte faire parler la pierre, pour qu'elle vous apprenne comment on a vécu sous les voûtes et entre les murailles du lieu que vous visitez pour savoir son passé.

Le corps du monument, c'est la matière, on la voit, on la touche de la main, on la foule du pied; c'est de la pierre, du granit et du marbre; mais l'âme de cet édifice, il faut la chercher, et vous la trouverez en étudiant dans les vieilles annales les mœurs contemporaines des palais que vous explorez.

Ainsi, en racontant une journée de Charles-le-Sage et de sa pieuse reine, Jeanne de Bourbon, je ferai bien mieux connaître la vie du Louvre d'autrefois qu'en prolongeant les descriptions du vieux château royal. En mettant en action les hauts personnages qui l'habitaient il y a quatre cents ans, je lui aurai rendu son âme. Voici quelles étaient les habitudes journalières de Charles V, de vénérée et regrettée mémoire.

Ce sage couronné se levait en toutes saisons à six heures du matin.

Toutes les journées que Dieu lui donnait, il les commençait par la prière ; ainsi celui qui avait droit de se ceindre le front de la plus belle couronne qui fût sous le soleil, avant d'exercer ses fonctions de roi, s'inclinait humblement devant le Sauveur couronné d'épines. Après avoir médité sur les souffrances du fils de Dieu, si, pendant la journée, quelque peine lui advenait, il disait : « *Un roi de la terre peut bien souffrir, puisque le roi du ciel a été torturé.* »

Dès qu'il avait prié, et tandis que ses valets de chambre le peignaient et l'habillaient, il s'entretenait familièrement avec des officiers de service et ses chambellans ; puis, quand il avait su d'eux ce qui lui importait de connaître, il les congédiait. Alors entrait son chapelain, qui l'aidait à réciter son bréviaire ; car tout docte qu'il était, le bon roi avait besoin qu'un habile clerc lui expliquât bien des passages latins que tout seul il aurait mal compris.

A huit heures il se rendait avec ses principaux officiers à la chapelle, et là, dévotement, entendait la messe sur le même prie-Dieu où saint Louis avait prié avant lui. Au sortir de la messe, il s'arrêtait dans les grandes salles et galeries qui conduisaient à ses appartements, et qui étaient, à ce moment, remplies de toutes espèces de gens, pauvres, riches, jeunes, vieux, dames et demoiselles, femmes, veuves, hommes d'armes, hommes de science et hommes de religion. Là il écoutait chacun dans ses supplications ou remontrances, et, après ces requêtes, peu de jours se passaient sans que justice fût rendue à chacun.

Charles V avait une belle maxime qu'il répétait souvent, et que je voudrais voir inscrite en lettres durables sous les regards des puissants du monde :

La joie du juste est que justice soit faite.

Oh! c'est là un vrai dicton de roi. Quand la justice est faite à tous, la veuve n'a plus à se plaindre, l'orphelin n'est plus dépossédé, la faiblesse n'est plus traitée comme un tort, et le droit du plus fort n'est plus regardé comme le meilleur des droits; alors *la paix et la justice s'embrassent*, et l'abondance et la paix règnent sur le pays.

L'heure de ces audiences royales et paternelles était bien choisie. Le roi qui vient de prier est encore tout imprégné de miséricorde, lui qui a crié à Dieu : *Ayez pitié de moi!* restera-t-il sans pitié pour ceux qui pleurent? Lui qui a dit très-haut : *Jugez-moi avec douceur!* sera-t-il dur et injuste envers ceux qui lui remettent leur cause entre les mains? Non, non, la meilleure garantie de la justice, c'est la religion.

A l'arbre sur lequel la rosée du ciel ne tombe point, je n'irai pas demander de la fraîcheur; au roi qui ne prie point, je ne demanderai pas de pitié.

A dix heures, Charles V se mettait à table pour dîner; il y restait peu de temps, car il mangeait sobrement et d'une seule espèce de viande; il ne buvait aussi que d'un seul vin, auquel il mêlait toujours de l'eau. Au moment où l'on servait devant lui les épices, il se plaisait à écouter les suaves et mélodieux accords de musiciens venus d'Allemagne et d'Italie.

Dès qu'il était levé de table, il passait dans sa chambre d'apparat, et c'était là qu'il accordait audience aux étrangers, aux ambassadeurs, magistrats et capitaines; là encore que les clercs venaient lui présenter leurs ouvrages et que les architectes ou maîtres maçons lui soumettaient leurs plans.

Faible et maladif, le bon roi ne pouvait porter le fardeau

de la journée sans se reposer à mi-voie; à une heure après midi, il passait dans la chambre du *retrait* et y dormait environ une heure.

Comme le laboureur qui a dormi sur son sillon se relève plus dispos et plus fort, Charles, après cette heure de repos, était plus allègre, alors il devisait gaîment avec son fou, son astrologue et son médecin. C'était le bon moment pour les marchands qui avaient des joyaux à vendre. A cet instant il les laissait venir près de lui, et, quand ils s'en allaient, la plupart de ces hommes rusés et intéressés avaient le sourire sur les lèvres, et disaient en descendant les degrés du grand escalier : « Il paie moult royalement. »

La première horloge qui ait marqué et sonné les heures à Paris avait été achetée d'un Allemand nommé Henri de Vic; Charles V l'avait fait placer à une des tours de son palais du Louvre; quand elle marquait trois heures, le roi se rendait en son église favorite, celle des Célestins. Puis, revenant de là, il allait avec la reine et sa famille respirer l'air du soir et le parfum des fleurs dans le grand jardin ou le grand parc. Il prenait alors plaisir à parler avec son *papegant*, qui ne savait que de bonnes paroles et qui criait : *Vive le Roi!* comme s'il avait pu juger ce que valait son auguste maître.

Quand venaient les ombres, et que l'on avait allumé dans les salles les chandelles de cire, les causeries de famille, les propos d'amis, les conseils aux enfants, les projets d'embellissements, les histoires de batailles, se prolongeaient à leur brillante lueur.

Charles V soupait très-sobrement et se couchait de bonne heure : je ne sais pourquoi les rois n'aiment pas veiller tard; on dirait que leurs journées sont si remplies de fatigue et d'ennuis qu'ils sont pressés de les voir finir.

J'ai suivi presque heure par heure Charles V dans une de ses journées, et j'y ai presque à chacune d'elles trouvé paix et contentement pour le bon monarque. Si je cherchais à décrire la vie d'un roi de notre époque, que de calme et de quiétude j'y rencontrerais de moins, que de troubles et d'angoisses j'y verrais de plus!

Lorsque vous parcourez des rues bien bruyantes, où la foule s'agite empressée sur les trottoirs, vous heurtant et vous coudoyant, ne vous vient-il pas parfois envie de connaître ce qu'a été ce lieu où vous êtes, cette terre que vous foulez maintenant, avant que la ville existât, avant que ces haies de pierres, ces hautes maisons dont les mille fenêtres ressemblent à des yeux qui vous regardent passer, aient été bâties? Le bruit fait penser au silence, l'agitation au calme, et la grande ville à la tranquille vallée.

Toute cette partie de Paris, avoisinant la rue du *Coq-Saint-Honoré*, a connu d'autres bruits que ceux qui l'assourdissent aujourd'hui. Sur cet emplacement si voisin du Louvre, et qui se donne de l'espace vide pour mieux respirer, s'élevait jadis *le poulailler du roi*. L'endroit destiné à la spécialité des *basses-cours* se rapprochait ainsi de l'église de Saint-Germain d'Auxerre. La destinée a bien changé l'aspect de ce lieu; là, aujourd'hui, rien ne rappelle plus la vie rustique des champs; là, maintenant, au-dessous de la magnifique colonnade de Claude Perrault, s'étendent de beaux parterres dont les frais gazons tranchent avec le sable des larges et spacieuses allées; des arbustes à fleurs étaleront leur verdure au pied des murailles historiques. Là, à l'ombre en été, au rayon de soleil en hiver, les petits garçons et les petites filles du quartier viennent jouer comme des fleurs animées là où s'amusaient autrefois les jeunes princes et les infantes. Les murs d'appui surmontés de grilles de fer, à ornements dorés, doivent rassurer les mères et *les bonnes* contre le danger des chevaux et des voitures.

« Semblables à des habitations de campagne (1) ou à de belles fermes, les palais de nos anciens rois contenaient primitivement tout ce qui pouvait contribuer à l'entretien de la maison et de la table du souverain, elle était ordinairement frugale. Charles V buvait du vin de son crû, que lui fournissaient ses treilles et ses vignes du château de *Beauté* près de Vincennes, DU LOUVRE, du Palais dans la Cité et de l'hôtel de Saint-Pol, dont *le vignoble et le verger* avaient été plantés par le bon roi. »

Pour la table du roi, les domaines envoyaient le gibier et la volaille. Aussi trouvait-on dans les basses-cours dépendantes du Louvre des *gallinières* et des *poulaillers*.

Dans d'autres bâtiments avoisinant le château royal, se voyait la saucerie, l'épicerie, le bûcher, le charbonnier, le garde-manger, l'endroit où l'on faisait l'*hippocras* et l'*eau dorée*, celui où l'on battait, après chaque grande fête, les tapisseries de haute lice qui avaient été déployées et appendues dans les solennités; puis, la *bouillerie* ou l'*échansonnerie*, les celliers ou la cave, la *paneterie* ou la boulangerie, la pâtisserie, le fruitier, qui tenaient aux offices et aux cuisines. L'écurie, la fauconnerie, la vénerie, la maréchaussée et tout ce qui concernait la chasse, avaient également leurs dépendances. Ainsi il y avait la tour de la *fauconnerie* et celle de la *taillerie*, où se confectionnaient et se conser-

---

(1) Comte de Clarac.

vaient de même que dans la lingerie, la *fourrerie*, la *pelleterie* et la *lavanderie*, tout ce qui tenait à la garde-robe du roi et de la reine.

Il y a encore dans les environs du Louvre une rue de *Beauvais*. Ce *nom* n'est pas le nom primitif : d'abord cette rue s'est appelée *Byauvoir* ou *Beauvoir*, à cause de la belle vue qu'elle avait sur le grand jardin ou grand parc qui déployait de ce côté ses gazons, ses ombrages et ses fleurs.

Charles V avait agrandi les parterres du Louvre ; une de ses passions, c'étaient les fleurs, les fruits et le jardinage ; comme Childebert, on le voyait souvent entre ses pommiers ; aussi ses jardins étaient-ils remplis des plus beaux arbres fruitiers qu'il y eût alors en France, tels que cerisiers, poiriers, pruniers et figuiers. Le potager était aussi très-abondant en légumes. En ce temps-là, les choses nécessaires à la vie n'étaient point réputées ignobles, on les laissait croître à côté des fleurs. Dans ce jardin ou verger royal, il y avait de longues tonnelles et hauts pavillons dont les treillages en losanges étaient ornés de fleurs de lis ; ceux des coins étaient alternativement ronds et carrés, terminés par une espèce de clocher, surmonté d'une boule dorée et d'une girouette aux armes de France.

Au milieu des parterres, où la marjolaine, le thym, la lavande, le romarin et les roses croissaient avec profusion dans leurs encadrements de buis, jaillissait une fontaine en jet d'eau. Non loin de cette onde qui murmurait la nuit comme le jour, la reine, qui aimait beaucoup les colombes, avait fait élever des volières dont les grillages emprisonnaient non seulement des oiseaux, mais encore des arbustes et des buissons verdoyants. Aussi, bien souvent, les tourterelles grises à collier noir, les pigeons à couleurs changeantes, les ramiers aux roucoulements plaintifs, les merles au bec jaune, la grive à la gorge tachetée, le bouvreuil au plumage rouge, le chardonneret aux ailes bariolées, accoutumés à la douceur de leur esclavage, bâtissaient des nids et élevaient leurs couvées comme s'ils avaient été en pleine liberté, comme s'ils n'avaient eu au-dessus d'eux que la voûte bleue du ciel.

Un des plaisirs de Jeanne de Bourbon était de venir « aux petits des oiseaux donner la pâture. »

Charles V avait pris en grand goût les perroquets ou *papegants*; aussi avait-il une superbe cage octogone en fil d'archal, peinte en vert, pour son oiseau favori, et on l'appelait *la cage au papegant du roi*. (Sauval.)

Un *sauvoir* ou vivier servait à conserver le poisson en abondance; ce n'était pas seulement sous le rapport de l'agrément que ce jardin était soigné; mais, comme on le voit, il était d'un grand secours pour la table du roi. « Je ne puis m'empêcher, dit le comte de Clarac, de faire remarquer que la description de ces jardins a beaucoup de rapports avec celle que Pline-le-Jeune nous donne de son *Laurentum*, et qui se trouve confirmé par les peintures de Pompéi représentant des jardins; dans un très-petit espace, ce ne sont que des bosquets, des ifs, des cyprès et d'autres arbres taillés et alignés; des statues et des vignes, et de petites allées droites et enfermées dans des bordures de buis de toutes sortes de formes, et qui laissent à peine la place pour se promener, ce qui n'empêchait pas Pline et Charles V d'être contents de leur jardin. »

J'ai dit ailleurs que chacune des différentes tours du château du Louvre avait son *capitaine* ou *gouverneur;* de grands personnages recherchaient ces commandements; c'étaient

Un des plaisirs de Jeanne de Bourbon était de venir
« aux petits des oiseaux donner la pâture ».

eux qui avaient la direction et les détails de tous ces divers emplois; ils réglaient les distributions du pain, du vin et des comestibles à tout ce qui habitait le palais. Ces soins de tous les jours les mettaient en contact avec ceux qu'après Dieu on vénérait davantage. Avec leurs sages idées de hiérarchie, nos pères attachaient un haut prix à cet honneur d'approcher des rois, et s'estimaient heureux de les servir de leurs mains, parce qu'ils voyaient en leur personne bien autre chose que des hommes ordinaires ; à leurs yeux, un roi, c'était le lieutenant de l'éternel Seigneur.

Avec ces pensées-là, nos devanciers pouvaient, sans croire s'humilier, fléchir le genou devant le trône. Pour eux, c'était bien plus qu'*un fauteuil de bois recouvert de velours* (1).

Charles V répara et accrut beaucoup les bâtiments du Louvre (2). « Le chastel du Louvre à Paris, dit Christine de Pisan, fist édifier à neuf moult notable bel édifice. » Il ne fit point bâtir la grosse tour ; il se borna à réparer et à augmenter les constructions qui l'entouraient. Son architecte, ou maître des œuvres, se nommait Raimond du Temple.

Lorsqu'en 1373 l'empereur Charles IV vint à Paris, il y fut reçu et fêté dans le *Palais de la Cité*, nommé alors le *Palais-Royal*. Le lendemain de l'Epiphanie, Charles V voulut faire voir le Louvre à cet empereur. Ce prince avait la goutte : on le fit porter à la pointe de la Cité et dans un beau bateau du roi, « fait comme une belle maison, dit

---

(1) L'empereur Napoléon.
(2) Dulaure.

Christine de Pisan, moult peint par dehors et par dedans. »
Les deux souverains s'embarquèrent. « Le roy, continue notre historienne, monstra à l'empereur les beaux maçonnages qu'il avoit au Louvre fait édifier. L'empereur, son fils, ses barons moult bien y logea et partout estoit le lieu moult richement paré. En salle dîna le roy, les barons avec luy, et l'empereur en sa chambre. »

Plus tard, en 1539, François Ier a reçu au Louvre Charles-Quint, et, pour que la réception fût en tout digne d'un si illustre visiteur, il y avait bien des choses à refaire.

« En 1527 (1), le bruit de la visite de l'empereur se confirma. A cette nouvelle, François Ier s'en émut, et, au lieu de le recevoir à son hôtel des Tournelles, ce qui eût été plus simple et plus facile, l'idée lui revint de ressusciter, en l'honneur de son hôte, le plus ancien palais de la vieille royauté française. C'était un tour de force. Des milliers d'ouvriers furent mis à la besogne ; on couvrit les murailes de peintures et de tapisseries ; la plupart des fenêtres furent agrandies et vitrées à neuf. Sur les murs et sur les boiseries on fit revivre, par la peinture et la sculpture, les armes de France que le temps avait effacées ; on redora tout, jusqu'aux girouettes ; puis une bonne partie des gros murs et des tours qui occupaient l'espace entre les fossés du château et de la rivière, furent démolis, le terrain nivelé, et, sur cette longue rive, on disposa des lices pour les joûtes et les tournois. Ces réparations impromptues coûtèrent un argent fou. Sauval nous raconte qu'un registre entier des *OEuvres royaux* était plein de ces dépenses et ne contenait autre chose. Aussi la réception fut-elle splendide ;

---

(1) M. Vitet, de l'Académie française, *Revue contemporaine*.

elle rappela les magnificences du camp du Drap-d'Or. Mais notre monarque n'en reconnut pas moins qu'il n'avait fait à si grands frais qu'une décoration de théâtre, et que, pour rendre habitable ce vénérable logis, il fallait s'y prendre autrement, ne plus restaurer, mais bâtir.

« Lorsque le roi ami des arts prit cette résolution de jeter bas l'ancien Louvre, pour le reconstruire à neuf, il y avait vingt-cinq ans qu'il régnait en pleine renaissance. L'art de bâtir avait subi, depuis le commencement du siècle, une complète métamorphose. Notre vieux style, successivement passé de la plus noble simplicité à la plus élégante richesse, puis au luxe le plus désordonné, s'était en quelque sorte épuisé par l'excès de ses parures, comme un arbre en décadence dont la sève déréglée produit surabondamment des fruits qu'il ne peut plus nourrir et qui présagent sa fin. »

A cette époque, les beaux-arts avaient passé les monts, et, à la voix du prince qui les aimait et les protégeait, ils se naturalisèrent en France, comme de belles fleurs créées pour son sol. Bientôt, dans nos provinces comme à Paris, des hommes de talent, de goût et de mérite surgirent : de ce nombre était Pierre Lescot, seigneur de Clagny.

« Ce fut d'après ses plans que l'on commença le nouveau palais qui a été nommé *le Vieux-Louvre*, pour le distinguer des constructions qui furent élevées sous les règnes suivants.

« Ce fut pendant les apprêts que François Ier faisait pour la réception de l'empereur Charles-Quint, qu'il prit la résolution d'abattre la *grosse tour* de Philippe-Auguste. Ce sombre et redoutable édifice inspirait une sorte de frayeur, et le peuple ne vit pas sans effroi lever le pic de fer contre ce berceau de la royauté. Le roi chevalier passa outre et le vieux monument tomba.

Les réparations très-dispendieuses que François 1ᵉʳ fit exécuter au Louvre primitif devinrent inutiles; car, d'après un plan nouveau, d'après des dessins plus modernes, il fut résolu que toutes les vieilles constructions seraient démolies et feraient place à un splendide et vaste corps de logis. Sébastien Serlio, architecte italien, qui se trouvait alors en France, fut d'abord chargé d'en fournir le plan; mais il ne fut point adopté : on lui préféra celui de Pierre Lescot. Cette fois l'architecte français l'emporta sur l'étranger. Il conduisit les travaux avec succès et rapidité, et le corps de bâtiment qu'on nomme aujourd'hui *le Vieux-Louvre* fut, sous le règne de Henri II, en 1548, presque entièrement terminé, comme le prouve cette inscription latine gravée au-dessus de la porte de la salle des Cariatides (1) :

Henricus II christianissimus, vetustate colapsum refici cœptum à patre Francisco Iº, rege christianissimo, mortui sanctissimi parentis memor, sapientissimus filius absolvit, anno à salute Christi
M. D. XXXXVIII.

C'est Catherine de Médicis qui commença la grande galerie partant du Louvre pour aller communiquer avec le *château des Tuileries*, qu'elle faisait alors bâtir par Philibert de Lorme et qu'elle ne devait jamais habiter, tant les idées superstitieuses assiégeaient et tourmentaient cette tête italienne chargée du poids de la couronne. Elle avait été si longtemps comprimée et traitée en petite fille, qu'en toutes choses il lui fallait une revanche, et si, comme Florentine, la politique était de droit la première affaire de sa

(1) Dulaure.

vie, bâtir était au moins la seconde. Elle n'avait eu le pouvoir jusque-là que de remanier, au fond de la Touraine, quelques vieux bâtiments; c'était à Paris, en plein jour, qu'il lui tardait de s'exercer. Interrompre les projets du roi, congédier ses amis, ses confidents, depuis Montmorency jusqu'à Pierre Lescot, ce devait être pour elle, malgré ses larmes hypocrites, un souverain plaisir.

Un souvenir de mort avait décidé Catherine de Médicis à quitter *le palais des Tournelles*, une crainte de mort lui fit abandonner l'idée d'habiter *les Tuileries* qu'elle venait de faire bâtir face à face avec le Louvre, comme pour prouver que le génie de François Ier et de Henri II était éclipsé par celui des Médicis. Cette pensée orgueilleuse, si elle l'a eue, a été punie; car, à peine le nouveau palais qu'elle avait rêvé et que le génie de Philibert de Lorme venait d'achever à la grande satisfaction de tout Paris, était-il prêt à la recevoir, qu'elle n'en voulut plus. Voici la cause de ce caprice de reine :

Un astrologue lui avait prédit que SAINT GERMAIN LUI SERAIT FUNESTE. Or, dit Mézeray, dès cet instant, on la vit fuir superstitieusement tous les lieux et toutes les églises qui portaient ce nom; elle n'alla plus au château de *Saint-Germain-en-Laye*, et, comme son nouveau palais se trouvait dans la paroisse de *Saint-Germain-l'Auxerrois*, elle en fit bâtir un autre à l'hôtel de Soissons, là où nous voyons aujourd'hui *la Halle-au-Blé* et cette colonne cannelée qui ne supporte rien, mais qui a dans son intérieur un escalier tournant par lequel Catherine et ses astrologues montaient à une plate-forme pour aller consulter les astres..... Consulter les astres! c'était folie, sans doute, et nous nous moquons tous aujourd'hui de l'astrologie; mais, pour excuser nos devanciers, convenons qu'il y a des jours, des semaines, des mois, des années dans la vie où *le présent* nous est si noir, si lourd et si triste, que l'on conçoit que quelques mains aient essayé de soulever le rideau qui nous cache *l'avenir*, et il ne faut pas avoir vieilli beaucoup pour être convaincu que ce n'est pas l'homme qui puisse jamais dire à l'homme quel sera son lendemain.

Cependant les malheureux voulaient savoir s'ils étaient condamnés à souffrir toujours.

Les favoris de la fortune, pour jouir en paix de leur prospérité, voulaient savoir si elle n'aurait jamais de revers.

Et personne ici-bas n'avait charge ni pouvoir de leur donner la certitude qu'ils cherchaient. Alors, pour sortir de leur incertitude, ceux qui vivent dans l'amertume du cœur et ceux qui nagent dans la joie ont regardé en haut; et lorsqu'ils ont vu le firmament si replendissant d'étoiles, ils se sont pris à penser que ces astres *qui racontent si merveilleusement la puissance et la gloire du Très-Haut*, en suivant l'impulsion qui leur a été donnée dans l'espace sans se tromper jamais, devaient en savoir bien plus que nous, qui nous égarons si souvent! Alors, dans un élan d'admiration et de curiosité, les hommes des temps primitifs se sont mis à consulter les étoiles; mais elles qui obéissent si ponctuellement à Dieu, et qui suivent depuis tant de siècles la route qu'il leur a tracée dans l'espace, n'ont rien pu répondre, n'ont rien pu apprendre à ceux qui les interrogeaient; radieuses servantes du Seigneur, elles passent silencieusement sur nos têtes. Pour faire sa destinée, l'homme a reçu du Créateur son libre arbitre et sa conscience; ce n'est donc point aux constellations du firmament qu'il doit demander à connaître son avenir ; ce qu'il faut qu'il interroge, c'est sa conduite ici-bas.

Pendant les règnes courts et agités des rois qui montèrent sur le trône depuis Henri II jusqu'à Louis XIII, il se fit peu de changements et d'augmentations dans les constructions de ce palais, et cependant c'est à cette époque qu'il fut le plus habité. Alors le mouvement et le drame ne manquèrent ni à ses chambres royales, ni à ses grandes salles d'apparat; aussi, de nos jours, nous avons vu les romanciers les plus en vogue y placer des scènes et des scandales que l'histoire aurait rougi de redire, et qu'eux n'avaient pas honte (en faussant la vérité) de livrer chaque matin aux lecteurs de feuilletons.

Dans l'histoire du Louvre, il y a quelque chose d'étrange. Cette magnifique résidence, à laquelle tant de rois ont attaché leurs noms, a souvent été vide; des siècles entiers ont passé sur elle en la laissant déserte et silencieuse. De ses magnifiques galeries, de ses spacieuses salles, de ses larges escaliers, de sa cour, si noblement encadrée, aucuns bruits d'animation et de vie royale ne s'élevaient. On eût dit que les monarques d'alors se trouvaient trop petits pour un palais si grand !

Charles IX et Henri IV firent aussi quelques travaux au Louvre, mais sans avoir l'air d'y ajouter une grande importance. C'était plutôt par devoir de continuer la pensée royale de leurs prédécesseurs que par goût, et malheureusement l'exemple est là pour démontrer que les hommes exécutent lentement ce que le devoir est seul à commander ; et puis, il faut bien le dire, plus d'un roi, au milieu des éblouissements que donne le trône, s'est pris à penser qu'ainsi que le Dieu dont il n'était que le lieutenant, il n'avait que faire de se hâter, et comme si l'éternité était à lui, qu'il pouvait attendre. Dans cette illusion, il remettait de jour en jour à réaliser ses projets, et puis un beau matin se levait, et des ouvriers arrivaient à la demeure royale ; c'étaient ceux des funérailles appelés à dresser le mausolée de ce monarque qui s'était presque cru immortel.

Aujourd'hui, qu'il ne s'élève plus aucun bâtiment entre le château des Tuileries et le palais du Louvre, rien ne cache la façade occidentale bâtie sous François Ier. Si on la compare à celle qui regarde l'Orient, où les ornements se montrent avec profusion, il ne faut pas s'en étonner. Cette différence provient de la destination de ce corps de bâtiment ; il n'est aussi simple que parce qu'il ne donnait que sur les *cours de service,* tandis que l'autre appartenait à *la cour d'honneur.* Telle que nous la voyons maintenant, cette façade sera toujours en désaccord avec les deux ailes des Tuileries, qui vont la flanquer de droite et de gauche.

« L'intérieur du vieux Louvre (1) offrait un grand nombre de salles remarquables par leur luxe de sculptures. Dans l'une d'elles, appelée *salle des Cariatides,* on admire les quatre statues colossales en pierre représentant des femmes qui supportent une tribune ; elles sont l'ouvrage du célèbre Jean Goujon, et une des plus belles productions qu'offre en Europe l'art du statuaire.

« C'est dans cette salle, ornée de colonnes accouplées, que l'Académie française a tenu longtemps ses séances.

« Outre ce principal corps de logis, l'architecte Pierre Lescot construisit une partie du bâtiment en retour du côté de la Seine, et une aile qui, communiquant au Louvre,

---

(1) Dulaure.

s'avançait jusque sur le bord de cette rivière, et n'en est aujourd'hui séparée que par le quai. »

A l'extrémité de ce corps avancé, deux grandes fenêtres s'ouvrent superposées; la plus basse, celle qui n'est aujourd'hui qu'à six ou sept pieds du pavé, a fourni à l'auteur favori des Jacobins et autres révolutionnaires, une diatribe mensongère contre le roi Charles IX : « C'est de cette croisée, dit Dulaure, que Charles IX, d'odieuse mémoire, tirait des coups de carabine sur les malheureux protestants qui traversaient la Seine à la nage pour échapper aux massacres de la Saint-Barthélemi. »

Maintenant il est bien reconnu qu'il faut ranger parmi les mensonges et les calomnies des hommes de 1793 cet écriteau que j'ai vu il y a cinquante ans attaché au balcon du pavillon, et que Napoléon, devenu empereur, a fait enlever comme une odieuse et insigne fausseté républicaine. On lisait en grosses lettres noires sur un fond gris :
C'est d'ici que l'infâme tyran Charles IX tirait sur le peuple pendant le massacre de la Saint-Barthélemy.

Cette leçon d'histoire était, de là, donnée aux ouvriers et aux enfants qui savaient lire, et qui passaient devant la demeure de nos anciens rois.

Toute demeure bâtie et habitée par les hommes a vu sous ses toits et entre ses murailles des scènes de bonheur et de larmes, des actes de vertu et de crime. Dans les palais comme dans les demeures bourgeoises, dans le logis noble comme dans la chaumière, partout où les passions humaines se sont agitées, le bien et le mal ont laissé souvenirs et traces de leur passage. Le Louvre a donc eu, comme toute habitation élevée sous le soleil, ses bons et ses mauvais jours; et l'on devine tout de suite que ce ne sont pas les jours glorieux, les jours rappelant les bienfaits de la royauté, que les écrivains révolutionnaires aiment à mettre sous les yeux de la jeunesse. Dans les pages de notre histoire, ce sont les taches qu'ils cherchent et qu'ils préfèrent montrer. Le mal leur plaît. La devise de leur école est celle de Satan :

EVIL, BE MY ONLY GOOD.
MAL, SOIS MON UNIQUE BIEN.

Le sang répandu pendant l'horrible et lamentable nuit de la Saint-Barthélemy avait rejailli sur les murs du Louvre ; le signal du massacre avait été (d'après des écrivains du temps) donné par Charles IX lui-même, qui ordonna, à la sollicitation de sa mère, de faire sonner le tocsin à Saint-Germain-l'Auxerrois, paroisse royale.

Loin de moi la pensée de vouloir revenir sur les détails de cette nuit néfaste, qui a laissé dans nos annales une tache indélébile et sanglante ; mais, pour répondre à ce que Dulaure a écrit dans son *Histoire de Paris*, je vais citer un des premiers et des plus véridiques historiens de notre époque (1) :

« Cette sanglante tragédie avait été conçue et exécutée à Paris avec tant de promptitude que ses auteurs n'avaient même pas songé à chercher un prétexte pour justifier ou pallier leur conduite. Dans une lettre même aux gouverneurs des provinces et aux ambassadeurs des cours étrangères, on l'attribua à l'ancienne division et à la haine implacable qui existait entre les princes de Lorraine et la maison de Colligny. Mais comme le duc de Guise refusait

---

(1) Le docteur Lingard, *Histoire d'Angleterre*. 2 vol., pag. 512.

de se couvrir de cette infamie, le roi fut obligé d'avouer en plein parlement qu'il avait signé l'ordre de la mort de l'amiral, et il envoya à ses ambassadeurs des instructions nouvelles et détaillées.

« Dans une longue audience, l'ambassadeur de France, Lamotte-Fénelon protesta à la reine Elisabeth que Charles n'avait eu aucune idée d'un tel événement avant le soir même qui le précéda. Lorsqu'il apprit, avec autant d'étonnement que d'effroi, que les confidents intimes de l'amiral avaient formé le projet de venger la tentative faite contre sa vie, en surprenant le Louvre, en s'emparant du roi et de la famille royale, et en mettant à mort le duc de Guise et les chefs du parti catholique; que le complot avait été révélé à l'un des membres du conseil, dont la conscience s'était révoltée à la pensée d'un tel crime; que plusieurs expressions violentes et peu soumises échappées à Colligny en présence du roi avait confirmé la déposition dans son esprit; que, n'ayant qu'un intervalle de peu d'heures pour délibérer, il avait promptement donné permission au duc de Guise et à ses amis de faire justice de leurs ennemis communs; que si l'innocent avait péri comme le coupable victime de la fureur exaltée du peuple, cela s'était fait en opposition et lui avait donné le plus profond chagrin.

« L'éloquence persuasive de Fénelon fit impression sur l'esprit d'Elisabeth; elle ordonna à son ambassadeur de remercier Charles IX de sa communication, l'assura que cette communication suffisait pour convaincre l'univers de la droiture de ses intentions, et recommanda en même temps à sa protection royale tous les Français protestants et leur culte.

« Catherine de Médicis répondit adroitement, sur ce

dernier point, que son fils ne pouvait suivre un meilleur exemple que celui de sa bonne sœur la reine d'Angleterre; que, comme elle, il ne voulait pas forcer les consciences, mais que, comme elle, il prohibait dans son royaume l'exercice de tout autre culte que celui qu'il pratiquait lui-même. »

Cette Catherine de Médicis, dont le nom revient souvent sous la plume qui raconte les plus mauvais jours de la France, est ainsi peinte par l'auteur des *Études historiques* (1):

« Elle était Italienne, fille d'une famille marchande, élevée à la principauté dans une république. Elle était accoutumée aux orages populaires, aux factions, aux intrigues, aux empoisonnements, aux coups de poignards... Elle ne connaissait pas nos lois et s'en souciait peu; elle voulait faire passer la couronne à sa fille. Elle était incrédule et superstitieuse, ainsi que les Italiens de son temps; elle n'avait, en sa qualité d'incrédule, aucune aversion contre les protestants; elle les fit massacrer par politique. Enfin, si on la suit dans toutes ses démarches, on s'aperçoit qu'elle ne vit jamais dans le vaste royaume dont elle était souveraine qu'une Florence agrandie, que les émeutes de sa petite république, que les soulèvements d'un quartier de sa ville natale contre un autre quartier, la querelle des Pazzi et des Médicis, dans la lutte des Guises et des Châtillons. »

Les pierres du Louvre ont de meilleurs souvenirs à rappeler que ceux de cette reine rancuneuse.

La longue galerie du Louvre, aujourd'hui si belle et si

(1) Chateaubriand.

riche, a été, comme nous l'avons dit, entreprise par Charles IX et continuée sous ses successeurs, jusque vers le milieu de sa longueur, à l'endroit où ce bâtiment forme un avant-corps, surmonté d'un campanille et percé d'un guichet communiquant du quai de la Seine à la cour du Carrousel.

Nous ne connaissons nulle part en France, ni dans aucun autre pays, des murs de palais aussi merveilleusement, aussi poétiquement ornés, que cette partie du Louvre; jamais, et nulle part, le ciseau du sculpteur n'a joué aussi délicatement avec la pierre que dans cette admirable frise où sont représentés tous les jeux nautiques. Que de vie et de grâce dans ces luttes d'enfants! Que de poésie dans les poses de ces tritons et de ces néréides jouant sur les ondes et parmi les roseaux! Quelle délicatesse de détails, quel luxe d'ornementation! C'est un vrai poëme sculpté.

Les lignes qui précèdent, je les ai écrites en ne pensant qu'à cette frise ou à ce cordon qui règne sur la pierre vermicellée, depuis la fenêtre de la galerie d'Apollon jusqu'au corps avancé du guichet de la bibliothèque du roi. J'aurais dû louer aussi tous les pilastres, tous les frontons, tous les chiffres et emblèmes dont cette partie du Louvre est illustrée. Les sculpteurs de nos jours qui viennent, sous nos yeux, de la restaurer avec tant d'habileté, de goût et d'entente, se sont montrés dignes de mettre la main à l'œuvre des grands maîtres.

Henri II a voulu que la postérité ne pût oublier de longtemps son passage au Louvre; il y a fait sculpter partout son chiffre, son H couronnée, tantôt sur deux palmes croisées, tantôt parmi les feuilles d'acanthe de ces pilastres qui se mirent dans le fleuve.

Il n'en est pas de même du roi qui est venu après lui, du faible et maladif François II. Nous savons seulement que la garde qui veille aux barrières du Louvre n'a pu empêcher d'arriver à lui les souffrances et la tristesse. Mais de lui et de sa gracieuse consolatrice le palais de nos rois ne garde aucune trace ; et cependant, combien on aimerait, lorsque l'on visite le plus magnifique et le plus historique de nos monuments, connaître la chambre où Marie Stuart a charmé par son esprit les douleurs *du roi dauphin*. Qui ne voudrait voir le *retrait* où elle demandait aux patrons de l'Écosse et de la France de guérir son époux, déclinant, malgré son amour, son rang et sa jeunesse, si rapidement vers la tombe !

La sombre et soupçonneuse Catherine de Médicis disait de sa belle-fille : « *Notre petite reinette écossaise n'a qu'à sourire pour tourner toutes ces têtes françaises...* » Au Louvre, qui peut aujourd'hui me montrer la chambre et la salle où Marie Stuart faisait tourner toutes ces têtes ? Qui me conduira au petit salon d'étude où cette reine passait des heures à lire Horace et Virgile, comme Arioste et Marot, et pour laquelle Jodelle traçait ses premiers essais, et dont Ronsard enviait les vers et les ballades ?

Quelle est la grande salle où les courtisans les plus illustres se pressaient pour l'écouter, lorsque, devisant gaîment sur de hauts faits de chevalerie, elle cherchait à distraire François II des soucis du trône et des souffrances de la maladie ? O mon Dieu ! que nous savons de choses que nous voudrions ignorer, et que nous ignorons de choses que nous voudrions savoir ! L'Écosse a gardé bien fidèlement le souvenir de tous les lieux témoins des infortunes, des persécutions et de la mort de cette enchanteresse couronnée, et la France, plus légère et plus oublieuse, ne nous fait pas voir au Louvre la moindre trace de ses pas.

Dans cette belle cour du Louvre, que de saisissantes scènes historiques se sont passées ! Que de grandes rivalités armées s'y sont rencontrées face à face ! Autrefois c'étaient des princes, de grands capitaines ; de nos jours, nous y avons vu une autre lutte, entre deux grands architectes, MM. Duban et Visconti. Ce dernier a triomphé, et son plan l'a emporté sur celui de son rival ; et les bandes de gazon que nous voyons aujourd'hui dans la grande cour d'honneur sont le résultat de sa victoire. Pendant plusieurs mois, les Parisiens se sont préoccupés de ce discord, discord moins effrayant que celui qui éclata en 1588 entre Henri III et le duc de Guise.

Je regrette les bancs de marbre que M. Duban avait placés aux quatre coins de la cour d'honneur. Les vieillards du quartier, qui ont vu passer tant de choses et tant d'hommes, aimaient à deviser du vieux temps dans le palais de nos vieux rois.

A midi, le lundi 9 mai 1588, le duc de Guise, suivi de sept cavaliers, se présente à la porte Saint-Denis. Une heure après, il a pour escorte une armée ; jamais souverain, après une victoire, n'excita à son entrée à Paris plus chaleureux enthousiasme. *C'est un héros, un sauveur !* Toutes les voix de la multitude le saluent de vivats. De son palais du Louvre, Henri III a entendu les acclamations populaires, menaçantes pour lui, louangeuses pour son ennemi.

« C'est à coups de dagues qu'il faut recevoir le prince désobéissant et rebelle, » disent les amis mal inspirés du roi.

Guise a déjà passé le seuil du palais ; il est d'abord allé chez la reine-mère, et les voilà tous deux seuls, traversant la cour au milieu de deux haies de soldats que commande Crillon. Plus loin, la foule est plus pressée, plus menaçante pour le prince. Dès que Henri l'aperçoit entrant dans son cabinet, il lui crie : « Je vous avais fait avertir de ne pas venir ici.

— Accusé et calomnié, j'ai voulu me justifier, répond Guise; et je suis venu me mettre entre les mains de la justice pour répondre à mes accusateurs.

— Je croirai à votre innocence, si la tranquillité de Paris n'est point troublée, » réplique Henri avec une colère qu'il a peine à cacher. Alors sa mère s'approche du roi pour lui parler à l'oreille; et Guise qui sait de quels conseils Catherine est capable, se hâte de prendre congé, et s'empresse de sortir du Louvre.

Le lendemain, le prince lorrain y rentre, mais cette fois avec ses quatre cents gentilshommes. Comme la veille, il se rend d'abord chez la reine-mère, où le roi vint le trouver. Moins de vingt-quatre heures ont bien changé le ton de Guise; maintenant il ne se défend plus, il accuse.

Le roi rejette tout le mal sur les quinze mille étrangers qui sont à Paris.

« Eh bien, qu'on les renvoie, répond le prince; je n'y mets pas d'obstacle. »

Rassuré par cette perfide adhésion, Henri III donne l'ordre au maréchal de Biron de faire rentrer dans Paris les Suisses et les compagnies des gardes.

Le 12 mai au matin, les six mille soldats que Crillon amène ne trouvent dans les rues que des barricades qui arrêtent leur marche et que des bourgeois qui leur barrent le passage.

Le faible monarque ne se souvenait plus depuis longtemps

de son ancienne valeur, le soldat de Jarnac et de Moncontour s'était comme repenti d'avoir eu quelques moments glorieux au début de sa carrière ; et maintenant ce n'était plus qu'avec des ridicules et des vices qu'il remplissait toutes ses heures. Pendant cette première journée de barricades et de rebellion, Henri III, instruit par des agents dévoués, alarmé, tremblant, renfermé dans son Louvre, envoyait tour à tour le gouverneur de Paris, les maréchaux de Biron et d'Aumont pour apaiser le peuple et le rassurer sur ses intentions. Il charge plusieurs fois, il supplie sa mère et Bellièvre de se rendre auprès du duc de Guise pour l'engager à sortir de Paris ; mais toutes ces démarches, ces sollicitations, ces faiblesses ne font que grandir la révolte. Les bourgeois parisiens s'enhardissent de toute la peur du roi. Bientôt les boutiquiers, les petits marchands, le menu peuple chargent les Suisses qui remplissaient la place du Marché-Neuf ; au feu de la mousqueterie se joignent les coups de pierres lancées du haut des fenêtres ; sur cette place, soixante Suisses furent tués. (Le Louvre est fatal aux Suisses !) Le massacre de ces fidèles défenseurs du trône serait devenu général, si le duc de Brissac, qui commandait pour le duc de Guise, ne les eût sauvés des mains des bourgeois en les renfermant dans la boucherie du Marché-Neuf.

Cependant le roi apprenant que ses troupes sont battues de toutes parts, fut réduit à la honte d'implorer le soir l'assistance du superbe révolté qu'il avait menacé le matin ! Guise, alors flatté de pouvoir montrer quelle était son influence et son empire sur les Parisiens, daigna consentir à ce qui lui était si humblement demandé par celui qu'il avait souvent appelé *son seigneur et royal maître*.

Sur les quatre heures de l'après-midi, il sortit de son

hôtel (1) : cette sortie fut une marche triomphale. A mesure qu'il avançait vers le Louvre, la mousqueterie cessait, les Suisses et les gardes-françaises obligés de porter leurs armes baissées et à se découvrir la tête comme des vaincus sur son passage.

Le soir, les chefs de la garde bourgeoise ne voulurent point recevoir le mot d'ordre du prévôt des marchands, qui ordinairement le leur donnait au nom du roi ; ils allèrent le demander à son ennemi triomphant. Voilà longtemps que les Parisiens ont l'habitude des séditions et des bassesses.

Tels furent les principaux événements de la journée du 12 mai 1588, fameuse dans l'histoire sous le nom de *Journée des barricades*.

Les peuples se copient tous : les Madrilènes imitent aujourd'hui les héros des glorieuses journées de 1830 et de 1848 ; noble et vieille patrie du Cid, elle aurait bien mieux fait de demeurer chevaleresque.

La nuit fut longue et pleine d'angoisses pour le roi, et le lendemain la populace vociférait dans les rues des injures au vaincu et des louanges au vainqueur. Les insulteurs étaient parvenus jusque sous les murs du Louvre ; les écoliers s'étaient joints aux bourgeois *pour aller prendre frère Henri de Valois dans son Louvre, et lui donner sa troisième couronne, la tonsure de moine*.

Le malheureux prince, de plus en plus effrayé des menaces qui montaient jusqu'à lui, n'eut pas, dans ce moment de crise, le plus petit ressouvenir de son ancienne valeur. N'hésitant pas entre le parti le plus honorable et le parti le

---

(1) L'hôtel de Soubise, aujourd'hui rue du Chaume et du Paradis.

plus sûr, sortit de son palais, une baguette à la main au lieu d'une épée, et feignant de s'aller promener en son jardin des Tuileries.

A peine eut-il mis le pied hors de l'enceinte du Louvre, qu'un homme du peuple vint lui dire : « Allez plus vite, sire, Guise, à la tête de douze cents hommes, s'avance pour se saisir de votre personne. » Henri hâta le pas, arriva aux écuries du château, s'y fit chausser ses éperons par du Halde, sauta à cheval et partit au galop, en prenant la route de Chartres, se promettant bien de revenir avant peu à Paris.

Il n'y revint plus !

Le duc de Guise était encore avec la reine-mère, lorsqu'on vint lui apprendre que Henri III lui avait échappé. « Madame, s'écria-t-il, je suis trahi, pendant que votre majesté cherche à m'amuser ici, le roi est parti de son palais, avec l'intention de me faire la guerre. »

« En ce temps-là (1), Paris n'était pas la France. Le duc de Guise avait compris que la possession de la capitale, et même de Vincennes et de la Bastille, ne lui donnait aucun droit à la couronne, tant que resterait vivant un homme du nom de Henri III. »

Lorsqu'il s'attendait peut-être à recevoir des félicitations du Parlement sur le résultat de la journée : « C'est grande pitié, Monsieur, lui dit le président Achille de Harlai, quand le valet chasse le maître.... Au reste, mon âme est à Dieu, mon cœur au roi, mon corps entre les mains des méchants. »

Voilà de belles, de nobles, de saintes paroles, que je voudrais voir gravées bien creux, bien apparentes dans

(1) *Histoire de France* de Menechet, iiie vol.

le granit ou le bronze, pour être placées en face de tous les hommes qui ont l'honneur de revêtir la toge de magistrat (dans ma jeunesse, on aurait dit : *qui ont l'honneur de siéger sur les lis :* je regrette cette vieille locution).

Tout à l'heure, en racontant la fuite de Henri III, je disais : *Le roi, monté à cheval, piqua des deux, prit la route de Chartres, en se promettant bien de revenir avant peu à Paris.*
Il n'y revint plus.

Mais, le 2 août 1589, il en était bien près ; de la terrasse de Saint-Cloud, il pouvait apercevoir son Louvre et les Tuileries, d'où il s'était échappé en fuyard. Il croyait donc que la bonne fortune lui revenait, il se trompait, c'était la mort qui lui arrivait ; le moine Jean Chatel allait porter le coup fatal. Déjà il avait franchi le seuil du palais ; frappé par le régicide, Henri de Valois ne survécut que quelques heures, et mourut en disant le *Miserere*.

Quelques minutes après le meurtre du duc de Guise, Catherine de Médicis avait dit à son fils : *C'est bien coupé, mais à présent il faut coudre ;* ce fut le dernier conseil qu'elle donna au faible et coupable roi, quelques jours après elle mourut (5 janvier 1589). *Elle n'eut pas plus tôt rendu le dernier soupir,* dit l'Estoile, *qu'on n'en fit pas plus de compte que d'une chèvre morte.*

Sur la route de Paris à Chartres, Henri III, en songeant au danger qu'il venait de courir dans le vague et vaste espace qui s'étendait entre le Louvre et les Tuileries, se promettait bien sans doute que lorsqu'il aurait ressaisi le pouvoir, il ne laisserait plus ce terrain ouvert à tous venants, et que les deux palais seraient reliés ensemble par des galeries ou des murs d'enceinte. Ce projet du faible roi fuyard a été longtemps à se réaliser. Enfin, il s'accomplit aujourd'hui, et nous en admirons les immenses travaux, en nous étonnant de la célérité avec laquelle ils s'étendent et s'élèvent.

Depuis Henri III, nous avons vu des révolutions que le Louvre achevé et fermé aurait peut-être empêchées. C'est beaucoup d'être bien gardé et bien clos chez soi.

Pierre Lescot, dans le grandiose de ses plans, voulait de la verdure, des gazons et des fleurs dans cet énorme cadre de pierres. C'était là qu'il rêvait un jardin féerique et royal. Aujourd'hui, c'est un autre projet qui l'emporte. L'idée de Visconti, nous le disons franchement, a moins de poésie que celle de Lescot; au lieu de gazons, d'arbustes et de verdure, l'architecte de Napoléon III diminue l'espace qu'il a de trop à cause de son irrégularité, en élevant de droite et de gauche du Carrousel, une caserne et un ministère. Les soldats défendent, les ministres conseillent, tout cela aide la politique, mais tue la poésie; je regrette donc que la pensée de l'architecte de François Ier ait été abandonnée.

« Sauval nous affirme, dit M. Vitet, que Lescot, comme complément de son projet, se proposait de convertir en un vaste jardin tout l'espace compris entre le Louvre et l'enceinte de la ville. Cette enceinte qui, sous Philippe-Auguste, suivait à peu près la direction de la rue des Poulies, laissant le Louvre en dehors des remparts, avait été sous Charles V portée à sept ou huit cents mètres en aval environ sur l'emplacement occupé maintenant par la grille qui sépare le Carrousel de la cour des Tuileries. C'était donc sur ce terrain, aujourd'hui déblayé, que Lescot voulait faire le jardin de son Louvre. Projet facile alors, car dans tout cet espace on ne voyait que deux églises sans importance (Saint-Thomas et Saint-Nicolas), deux rues ouvertes, mais non bâties (les rues Froidmanteau et Saint-Thomas), un hospice à peine fondé (les Quinze-Vingts), plus çà et là quelques maisonnettes et force terrains vagues. Le tout à peu de frais pouvait être annexé à la demeure royale... Mais à cent ans de là, quel changement! Ce terrain était couvert de grands et somptueux hôtels, de maisons entassées les unes contre les autres, d'églises neuves ou agrandies; les plus beaux noms de France et les plus beaux esprits étaient venus se loger là, attirés par le voisinage du Louvre et du palais cardinal. Qui se serait alors imaginé que jamais l'occasion pût renaître d'accomplir le vœu de Lescot! Voilà pourtant que deux siècles après, le temps aidant et les millions aussi, ce terrain redevient libre, plus libre que jamais. Pour cette fois du moins, le verrons-nous se couvrir de verdure?..... Non, ce sont encore des pierres qu'on y veut entasser. » Que ces pierres, au moins, ne tournent pas au vulgaire; que les murs qu'elles servent à construire n'abritent rien en désaccord avec les arts et les grandeurs du monde.

Le 22 mars 1594, sur les sept heures du matin, Henri IV fit son entrée dans Paris par la *Porte-Neuve*. Il alla tout de suite au Louvre pour s'y reposer; et vers les neuf heures, il se rendit à Notre-Dame pour y remercier le Dieu par qui règnent les rois. *Un Te Deum laudamus* y fut chanté à la grande joie des fidèles, et l'on y remarqua que ceux qui chantaient le plus haut étaient les ligueurs les plus prononcés. Le retour de la bonne fortune est tout-puissant sur certaines âmes. Comme le soleil fond la glace d'*une nuitée*, de même la prospérité revenant à un prince fait fondre l'opposition de ses plus ardents adversaires. Le vrai mal français, c'est l'inconstance.

Le Béarnais se souvenant de la contrainte et de la gêne dans laquelle il avait vécu au Louvre, sous l'œil sévère et soupçonneux de Catherine de Médicis, se plaisait maintenant dans cette royale résidence, où il se trouvait maître suprême. Lorsque le bonheur nous arrive, nous ne gardons point rancune aux lieux où nous avons souffert ; au contraire, le souvenir de la compression passée centuple le charme de l'indépendance présente. Henri IV en était là ; tout fiel s'était échappé de son âme franche et loyale, et cette même pensée, incessamment occupée à rallier les esprits, à éteindre les haines et à cicatriser les plaies de la patrie commune, goûtait un agréable délassement dans les embellissements de Paris.

Le paysan est heureux de pouvoir réparer sa chaumière, le bourgeois aime à agrandir son logis, le gentilhomme relève avec plaisir ses tourelles et le roi mit sa gloire à doter la patrie de monuments utiles et majestueux.

Dans la correspondance du Béarnais avec Sully, nous voyons combien le successeur de Henri III avait à cœur de hâter l'achèvement du palais du Louvre. Le 2 mars 1603, Henri IV écrivait à Sully : « Je vous prie de vous souvenir de me mander des nouvelles des bâtiments de Saint-Germain, et continuer à faire avancer tant qu'il vous sera possible le transport des terres de la galerie du Louvre, afin que les maçons puissent besogner, de façon qu'ils avanceront bien les travaux quand la place sera nette desdites terres. »

Dans une autre lettre le roi écrit (1) : « J'ai été bien aise d'apprendre que l'on continue en la plus grande diligence qu'il se peut mes bâtiments du Louvre et de Saint-Germain, comme ce que vous faites en cette année à l'Arsenal. »

En 1604 ces travaux était très-avancés, comme l'atteste *la Chronologie septenaire de Cayet*, qui nous révèle une idée singulière surgie au cœur paternel du bon Henri. Toujours préoccupé du bonheur de son peuple, il eut la pensée de consacrer la partie inférieure de cette galerie où nous voyions naguère végéter les orangers des Tuileries, *à l'établissement de diverses manufactures et au logement des experts artisans de toutes nations.*

L'élégance d'aujourd'hui se choquerait de voir si rapprochés *d'un palais des établissements industriels. Cette délicatesse* n'avait pas trouvé place dans l'esprit *d'un roi modèle* et d'assez bonne maison ; sous son règne, on a vu au rez-de-chaussée de la galerie du Louvre faire des tapis, *façon de Perse.* Pierre Dupont et Simon Bourdet, ouvriers du roi, furent les premiers qui dirigèrent cet établissement vraiment national.

Le Béarnais avait su vivre à la dure, et si son Louvre portait les traces des six années du règne de la ligue, si Mayenne et ses démocrates amis le lui rendaient en triste état, c'était encore un assez beau logis ; pour sa part, il s'en serait accommodé, mais des raisons d'État lui commandaient d'employer les bras oisifs et les esprits remuants. Ce n'est pas toujours l'amour de l'art qui fait sortir de terre les grands monuments : la politique s'en mêle souvent ; aussi, le peuple (celui de Paris surtout) raisonne trop

---

(1) *Économies royales de Sully*, 2ᵉ partie, tom. III.

quand il ne travaille pas. Comme aux Romains, il lui faut *du pain et des spectacles*, et, de plus, l'actif emploi de sa journée.

« Henri savait aussi (1) que, dans cette *grande ville* toujours ligueuse au fond, même quand elle bat des mains à qui la délivre de la ligue, il faut qu'un roi soit toujours sur ses gardes et se ménage des issues ; il savait que son cousin, à la journée des barricades, n'avait dû sa liberté qu'aux bons jarrets de son cheval ; son instinct même lui disait que ces extrémités, même au milieu des meilleurs règnes, au moment même où elles semblent impossibles, peuvent renaître tout à coup ; qu'en conséquence, il fallait prendre de prévoyantes précautions. Au lieu de tourner ses vues vers le Louvre lui-même et d'achever l'œuvre de Henri II, en donnant à l'habitation royale son complément naturel et nécessaire, il conçut un tout autre projet, pensée grandiose, dont le but apparent n'était que d'embellir Paris et la rive de la Seine, mais qui, au fond, devait servir à la sûreté du roi, et, partant, au salut du royaume.

« Cette pensée n'est plus visible aujourd'hui ; mais on la saisit, pour peu qu'on se rappelle qu'au point où nous voyons les guichets de la place du Carrousel la ville finissait ; qu'un rempart et un fossé en défendaient l'approche, et qu'au bord de la rivière, à côté d'une porte en travers sur le quai, s'élevait une haute tour crénelée, connue depuis le règne de Charles V sous le nom de *la Tour-Neuve*, et servant pour ainsi dire de pendant, sur cette rive de la Seine, à la *tour de Nesle*, située sur l'autre bord, un peu plus en amont.

---

(1) *Notice sur le Louvre*, de M. Vitet, Revue contemporaine.

« Se ménager à volonté l'usage de deux palais, l'un dans Paris, l'autre en dehors; les mettre en communication prompte et facile en franchissant le rempart, non par un souterrain, mais, ce qui revenait au même, par une galerie élevée au-dessus du sol, tel fut ce projet que Henri IV voulut mettre à exécution aussitôt après l'avoir conçu, « afin, nous dit Sauval, d'être par ce moyen dehors et dedans la ville quand il lui plairoit, et de ne pas se voir enfermé dans des murailles où l'honneur et la vie d'Henri III avoient presque dépendu du caprice et de la frénésie d'une populace irritée. »

Androuet Ducerceau, un des plus habiles et savants architectes de son temps, pour cause de religion, avait quitté Paris. Henri IV l'y rappela et l'employa aux travaux de la galerie du Louvre. Les parties de cette galerie construites sous Charles IX et sous Henri III se distinguaient à la différence de leur structure, à l'interruption et à la discordance des lignes, au corps avancé où se trouve le guichet de la bibliothèque du roi. Sous ce guichet, tel qu'il était naguère, un tambour-major d'un de nos régiments aurait eu peine à passer sans courber la tête, tant le pavé du quai a toujours été en s'exhaussant; les siècles, dans leur succession, ne font qu'entasser poussière sur poussière, et tous ces néants finissent par élever le sol. Ainsi, j'ai vu, il y a bien dix années, les restes des antiques remparts de Nantes tellement abaissés ou enfoncés, que les créneaux et les machicoulis étaient à la portée de la main des petits garçons jouant aux soldats sur les vieux fossés comblés et changés en promenade.

« En 1596, les travaux du Louvre sont repris; on surmonte la galerie de Charles IX, couverte en terrasse, d'un étage qui forme la galerie d'Apollon ; les constructions sont continuées jusqu'à la Seine. (Glain et Fournier, architectes du roi.)

« En 1596, agrandissement des Tuileries; pavillon de Flore et son aile de jonction avec l'œuvre de Philibert de Lorme. Commencement du pavillon Marsan, par Ducerceau, architecte.

« En 1597, grande galerie du Louvre, depuis la galerie d'Apollon jusqu'au pavillon du campanille. (Etienne de Perrai, architecte.)

« 1602. Depuis le pavillon du campanille jusqu'au pavillon de Flore. (Metizeau, architecte.) »

Ce fut d'abord du côté des Tuileries que Ducerceau déploya son infatigable activité. Nul aussi bien que lui n'est fait pour nous démontrer le prodigieux chemin qu'en trente années ont fait nos idées architecturales. Il s'agit de jeter les yeux sur ce pavillon de Flore, et sur le corps du logis qui le relie au pavillon de Bullant. « Vit-on jamais plus monstrueuse alliance? s'écrie M. Vitet (dont le goût est si pur et les idées si sages); vit-on jamais plus choquante anomalie? A côté de cette délicate finesse, comment comprendre cette gigantesque lourdeur?... Si du moins les deux édifices étaient isolés et indépendants : mais non ; c'est pour être accolées, accouplées, pour faire *un tout*, qu'on associe des formes aussi disparates, aussi antipathiques. Et c'est un contemporain, presqu'un élève de ces deux grands maîtres des Tuileries, Philibert de Lorme et Bullant, qui vient écraser leur œuvre sous ces massives additions!.. L'invention de *l'ordre colossal* n'est pas seulement une licence, c'est une fiction malheureuse qui, la plupart du temps, manque le but qu'elle veut atteindre : l'apparence de la grandeur. »

« La loi suprême de bâtir, c'est la sincérité. Tout édifice doit franchement exprimer ses dispositions intérieures, et avant tout, le nombre de ses étages. Du moment qu'on veut appliquer à nos habitations modernes composées d'étages superposés le système des ordres antiques, il n'y a qu'un moyen d'en rendre l'emploi pratique et raisonnable, c'est de superposer les ordres, comme ont fait les maîtres italiens du quinzième siècle et nos maîtres du seizième ; autant d'ordres que d'étages, et par conséquent pour chaque ordre un seul rang de fenêtres ; voilà ce qu'exige le bon sens. Il est vrai que si votre monument est placé dans un espace immense, s'il doit être aperçu de très-loin, le diamètre des colonnes étant subordonné à l'élévation de chaque étage, vos ordres superposés risqueront de paraître mesquins ; c'est là un inconvénient dont avec du talent on peut toujours triompher, en imprimant un caractère de grandeur aux lignes générales de l'édifice. Mais les Italiens du quinzième siècle, au lieu de s'assujettir à ces efforts de talent, ont trouvé plus commode de remplacer dans ce cas les ordres superposés par un seul ordre d'un seul jet, s'élevant, quel que soit le nombre des étages, depuis le soubassement jusqu'au comble de l'édifice. Les colonnes devenant ainsi deux ou trois fois plus hautes et l'ampleur de leur diamètre s'augmentant en proportion, elles peuvent braver la distance. Reste à régler le sort des fenêtres, car il en faut pour éclairer chaque étage. On a le choix entre deux expédients : ou bien on les asseoit sur des moulures horizontales correspondant à chaque plancher, et se prolongeant à angle droit derrière les fûts des colonnes ; ou bien, pour éviter l'effet désagréable de ces lignes contrariées, on supprime les moulures. La muraille reste lisse et les fenêtres sont percées, pour ainsi dire, dans le vide, les unes au-dessus des autres. Voilà l'histoire de l'ordre colossal ; son importation en France fut accueillie froidement. »

Je viens d'écrire tout à l'heure le nom de *Jean Bullant* auprès de ceux de *Pierre Lescot* et de *Philibert de Lorme*. Il y aurait ingratitude à ceux qui aiment notre vieille France chevaleresque à laisser dans l'oubli l'homme que le connétable Anne de Montmorency avait choisi pour lui construire une demeure en harmonie avec ses goûts, ses habitudes et les impérieuses exigences du climat. Peu amoureux de l'Italie, et, en telle matière, ne craignant pas de fronder l'engouement du roi pour la nouvelle école, Montmorency lui remit le soin de reconstruire son vieux château d'Écouen, et une fois cette recommandation faite, il lui laissa le champ libre. Les façades commençaient à prendre figure vers 1540, à l'époque où François Ier se disposait à s'occuper du Louvre. « Bientôt, dit M. Vitet, il ne fut plus bruit que des *bâtisses* du connétable ; c'était la première fois qu'apparaissait en France une construction aussi châtiée, aussi scrupuleusement fidèle aux préceptes de l'antiquité. Son aspect général n'avait cependant rien d'exotique, ni par trop nouveau ; ses ordres si purement profilés, ses pilastres et ses chambranles d'une si juste proportion, ses détails si sobres et si bien encadrés se mariaient sans efforts et tout naturellement aux données principales et essentielles d'un château seigneurial français. Non seulement les grands toits à pentes abruptes n'étaient pas sacrifiés, mais l'édifice était flanqué de pavillons en saillie. Souvenir persistant des anciennes tours féodales, un fossé en défendait l'approche, et du côté des campagnes, les façades, par leur simplicité sévère, conservaient quelques traditions du château-fort, tandis que du côté de la cour leur délicate construction annonçait le plus élégant palais (1). Le problème était donc résolu ; la colonie italienne elle-même ne trouva rien à mordre ; il fallut reconnaître chez ce jeune Français une si sérieuse étude, un si parfait sentiment du caractère propre à chacun des ordres, en un mot une telle *maestria*, que le rire était hors de saison. Outre l'honneur historique d'avoir ouvert et inauguré la seconde période de notre renaissance, Jean Bullant venait de s'acquérir un éternel renom en créant un des types les plus exquis de cette gracieuse architecture. Ecouen est son chef-d'œuvre original éclos d'éléments empruntés, combinaison à la fois si naïve et si savante que les ennemis du genre classique en admirent malgré eux l'expressif et pittoresque ensemble, tandis que les sectateurs fougueux du style antique, Chambray lui-même, en citent les moindres détails comme les plus sûrs modèles de leurs doctrines et de leurs prescriptions (2). »

Jean Bullant est un de ces hommes ayant droit à cette gratitude nationale qui a surgi en France depuis une trentaine d'années, et qui s'est faite visible par des milliers de statues décernées et élevées sur tous les points du pays, à tous les genres de mérites et de talents. Autrefois, le bronze et le marbre n'étaient guère mis en œuvre que pour

---

(1) *Revue contemporaine*, tom. iii e, 15 septembre 1852.
(2) Le même contraste du *château-fort* et du *palais* existe au château de Serrant, appartenant à la famille *Walsh de Serrant*, à quatre lieues d'Angers sur la route de Nantes.

les puissances et les illustrations du monde, les princes, les rois et les empereurs, les guerriers, les pontifes et les hautes notabilités littéraires ; aujourd'hui, nous étendons notre reconnaissance bien plus loin. L'homme *utile* est honoré comme l'homme *illustre ;* et l'inventeur *du flottage du bois*, modeste petit bourgeois du Nivernais, a son buste haut placé sur le pont de sa ville natale, comme Vauban a sa statue dans la royale chapelle des Invalides. Je voudrais savoir où est né Jean Bullant, véritable grand architecte qu'il n'a pas fallu aller chercher par delà les Alpes ; lui a compris le caractère de la noblesse française, il en avait étudié les mœurs. Ayant vécu avec les descendants des chevaliers croisés, il savait ce qui convenait à ces fiers gentilshommes, vivant sur leurs terres et préférant le logis natal au palais de nos rois. Chez eux, ces nobles provinciaux se tenaient droits ; à la cour, il fallait se courber. Ils voulaient que leurs demeures ne disparussent pas sous l'ombrage des hautes futaies ; ils tenaient à ce que l'on vît de loin, par-dessus les plus vieux chênes, les toitures élevées de leurs pavillons et de leurs puissantes tours, car ils voulaient que leurs châteaux fussent aperçus à distance et que leurs girouettes de fer doré pussent guider vers eux l'étranger riche chevauchant par le pays pour en admirer les beautés, comme le mendiant se traînant avec peine sur le chemin rocailleux pour aller chercher chez le seigneur le pain de l'aumône.

Je me rappelle avoir vu, dans ma jeunesse, en Anjou et en Bretagne, encore quelques-unes de ces anciennes résidences françaises ; elles restaient debout avec leur vénérable aspect comme de nobles vieillards qui ne veulent pas changer leurs habitudes de familles ; et cependant, tout près et autour d'elles, un engouement nouveau faisait sortir de terre des constructions dites à l'italienne, toutes blanches, bien pimpantes, enjolivées comme des parvenues. Pour adopter ces nouveautés renouvelées des Grecs et des Romains, nous avons vu des gentilshommes français ôter au château natal son noble caractère pour le transformer en villa. La villa a fait son temps, et aujourd'hui que les architectes sont fort employés en province comme à Paris, nous souhaitons qu'il y en ait quelques-uns qui se souviennent des vieux modèles que Jean Bullant nous a laissés.

En 1608, les travaux sont très-avancés.

Henri IV a laissé au Louvre non seulement des traces de son bon goût dans les constructions accomplies sous son règne, mais nous retrouvons dans des ordonnances relatives à ce palais de nouvelles preuves de l'amour qu'il portait aux Français.

« Comme entre les infinis biens qui sont causés par la paix, lisons-nous dans les lettres-patentes signées de lui, celui qui provient de la culture des arts n'est pas des moindres, nous avons eu égard, en la construction de notre galerie du Louvre, d'en disposer les bâtiments en telle forme que nous puissions commodément loger quantité des meilleurs ouvriers, et plus suffisants maîtres qui se pourroient recouvrer tant de peinture, orfèvrerie, horlogerie, insculpture en pierreries, qu'autres de plusieurs excellents arts, tant pour nous servir d'iceux, comme pour être employés par nos sujets, en ce qu'ils auroient besoin de leur industrie, et aussi pour faire une pépinière d'ouvriers de laquelle, sous l'apprentissage de bons maîtres, il en sortiroit plusieurs qui par après se répandroient dans notre royaume et sauroient très-bien servir le public. »

Voilà longtemps que nos Bourbons ont étendu leurs mains protectrices sur l'industrie et les arts; les arts et l'industrie ont-ils été reconnaissants d'un si noble et si auguste patronage? Hélas! ce n'est pas une question!

On voit, à tous les travaux que le Béarnais a fait faire au Louvre, qu'il aimait cette demeure. Il y avait vécu jeune avec ses cousins; et les liaisons d'enfance et de parenté, malgré les événements, les changements qui surviennent plus tard, poussent des racines difficiles à arracher du cœur.

Ces grandes et somptueuses demeures où les princes mènent leur vie royale, ces magnifiques palais, où les courtisans abondent, où les ambitieux se pressent, où les orgueilleux se courbent, où les puissants s'ennuient, où la vérité se tait, ou l'adulation ment, sont loin d'être pour le peuple ce qu'ils sont pour les empereurs et les rois qui y naissent, y grandissent, y vieillissent et y meurent!

Autrefois, la foule qui passait et repassait devant leurs murailles illustrées de sculptures, de pilastres, de colonnes, de corniches et de galeries à jour couronnant leurs toitures, était assez simple, assez ignorante pour penser qu'il n'y avait derrière ces murs si épais et si hauts que quiétude, contentement et bonheur! Aujourd'hui, il n'en est plus ainsi, le peuple sait maintenant que les puissants du monde souffrent comme de simples hommes. Il a vu les reines pleurant comme de pauvres femmes, et il ne s'étonne plus de la quantité de larmes que contiennent les yeux des rois. A notre époque, il n'y a plus nulle part d'illusions pour personne; le Parisien sait l'histoire du Louvre, il l'a apprise dans le *Tableau historique de Dulaure!* Aussi nous voyons comme il aime, comme il traite les représentants de Dieu.

Dans leurs annales, les palais ont leurs jours de joie et de deuil, les naissances et les morts; les baptêmes, les mariages et les sépultures, voilà ce qui remplit leurs archives. Et quand je passe en revue les jours écoulés du Louvre, je n'en rencontre pas un aussi lugubre que le lendemain du sacre de la reine Marie de Médicis, le 14 mai 1610!

Ce jour-là, le roi se lève tard et se plaint de n'avoir pas dormi; des rêves fâcheux l'ont agité toute la nuit. Il prie Dieu plus longtemps que de coutume et se fâche même de ce qu'on a interrompu sa prière. Il va entendre la messe aux Feuillants, et quand il a dîné, moins gaîment qu'à l'ordinaire, il essaie inutilement de prendre un peu de repos. Alors il demande son carrosse et annonce l'intention d'aller à l'Arsenal voir le duc de Sully, qui est malade. Vitry, capitaine des gardes, lui offre de l'accompagner. « Non, répond le roi, allez où je vous ai dit. — Pour le moins, trouvez bon, Sire, que je vous laisse mes gardes. — Non, répète Henri, je ne veux ni de vous ni de vos gardes. Je ne veux personne autour de moi. »

On assure que des prédictions d'astrologues avaient annoncé que ce jour serait fatal au roi, et qu'il lui arriverait malheur en carrosse. Mais Henri avait pour maxime que jamais la peur ne doit entrer dans une âme généreuse, et il n'était pas homme à s'alarmer de prophéties.

A quatre heures du soir, il monte dans un carrosse à panneaux ouverts. Le duc d'Épernon est près de lui, dans le fond; vis-à-vis, le marquis de Mirabeau et le grand écuyer de Liancourt ; à la portière de droite, les maréchaux de Lavardin et de Roquelaure ; à la portière de gauche, le duc de Montbazon et le marquis de la Force. Au coin de la rue de la Ferronnerie, un coche, une charrette, qui obstruent le passage, forcent le carrosse à s'arrêter. En ce moment, un homme s'élance d'une borne sur la roue et en même temps frappe le roi d'un couteau qu'il tenait caché. « Je suis blessé!... » s'écrie Henri, et de son bras gauche il repousse l'assassin, qui profite de ce moment pour lui porter au cœur un second coup qui y pénètre profondément. D'Épernon couvre le roi de son manteau pour cacher le sang qui coule en abondance, tandis que les autres seigneurs s'élancent et arrêtent le meurtrier, qui ne cherche ni à fuir ni à se défendre.

Le carrosse retourne au Louvre au pas et les panneaux fermés ; la foule muette, inquiète, le suit. Les gens du palais, les officiers accourent. La portière du carrosse s'ouvre ; il ne rapportait qu'un cadavre, celui du meilleur des rois !

Louis XIII a très-peu habité le Louvre ; il l'avait en quelque sorte abandonné à la reine Anne d'Autriche, avec laquelle il avait eu longtemps peu d'intimité ; et cependant, je trouve dans l'ouvrage de M. Hippolyte Meynadier (1) que, sous le règne de ce prince, *on continua les travaux de ce palais sur un plan quatre fois plus considérable que celui de Pierre Lescot ;* ce serait à lui qu'il faudrait attribuer la principale entrée tournée vers les Tuileries. Jacques Lemercier était son premier architecte.

La façade, du côté de Saint-Germain-l'Auxerrois, con-

---

(1) *Paris monumental*, par M. Hippolyte Meynadier.

servait encore, sous *Louis-le-Juste*, son ancien caractère féodal. Aux deux angles, elle était flanquée de deux tours rondes coiffées d'une toiture de forme conique. On arrivait à la porte principale par un pont composé d'arches en pierre et d'un pont-levis.

Le fils de Henri IV, d'un caractère sérieux et timide, fuyait la représentation; il s'était fait une solitude à Grosbois. Il aimait aussi beaucoup son pavillon de chasse de Versailles, ce petit château bâti en briques rouges, et qu'une pensée filiale a fait conserver au milieu des gigantesques et merveilleuses constructions de Mansard.

« Dans les premiers jours de décembre 1637, Louis XIII
« était demeuré tard au couvent de la Visitation auprès
« de mademoiselle de Lafayette, pour laquelle il avait
« une tendre et chaste amitié. Le mauvais temps l'empê-
« chant de retourner à Grosbois, il se retira au Louvre, où
« la reine lui donna l'hospitalité. »

Depuis plusieurs années, ce prince n'avait pas habité le Louvre, et l'on a attribué à l'heureuse influence de mademoiselle de Lafayette le changement de résidence du roi et son rapprochement de la reine.

En 1625, cette princesse, que ses malheurs, son courage ont rendue célèbre, et que le grand Bossuet a immortalisée, Henriette de France, sœur de Louis XIII, quitte le palais du Louvre pour aller épouser à White-Hall Charles Stuart, le roi martyr de l'Angleterre, et lorsque le régicide anglais est accompli, c'est au Louvre que la veuve de Charles Ier pleure et commence son long deuil. C'est là qu'elle a pu apprendre que les plus puissants du monde sont souvent courbés sous de lourdes nécessités, et que la résignation est aussi indispensable aux rois et aux reines qu'aux plus humbles et aux plus pauvres de leurs sujets.

Lorsque la fortune adverse s'abat sur les trônes, on dirait qu'elle se plaît à amasser sur la tête de ceux qui y ont été assis toutes les dérisions du sort ; celui qui a été puissant est réduit à demander de l'appui ; et celle qui a été riche et opulente, qui a répandu autour d'elle des aumônes et des bienfaits souffre des angoisses du dénuement et de la misère. Au mileu des troubles de la Fronde, la royale veuve de Charles Stuart, sous les lambris dorés du Louvre, a plus d'une fois souffert du froid ; et alors la fille de Henri IV a montré qu'elle savait, comme son vaillant père, grandir dans les revers et l'adversité que parfois le roi du ciel envoie aux rois de la terre.

Du temps de Henri IV, la salle du conseil, où le roi et ses ministres se rassemblaient, était dans cette partie du Louvre qui longe le quai et regarde la rivière. Louis XIII y a aussi fait entendre des paroles pleines d'amour pour son peuple, qu'il a mis sous la protection spéciale de la très-sainte Vierge. Louis XIII, venu au trône entre Henri IV et Louis XIV, comme Louis-le-Jeune entre Philippe-Auguste et saint Louis, montrait toujours, dans les discussions du cabinet, un constant amour de la religion, de la justice et de la France. Dans sa vie de monarque, il fut aussi intrépide que son père, et n'eut rien de la grandeur de son fils.

« Il n'y a, dans le règne de Louis XIII qu'une seule chose et qu'un seul homme, Richelieu (1). Il apparaît comme la monarchie absolue personnifiée venant mettre à mort la vieille monarchie aristocratique. Puis ce génie du

---

(1) Chateaubriand.

despotisme s'évanouit et laisse en sa place Louis XIV, chargé de ses pouvoirs. »

Le Louvre, où *Louis-le-Juste* était aimé et respecté de tous ses serviteurs, fut plein de regrets et de tristesse lorsque la reine d'Autriche tomba en disgrâce ; et, parmi eux, ce n'était pas sur le fils que retombait le blâme, c'était sur une tête plus dominante que la tête couronnée.

Sous ce règne, le drame ne manqua pas à cette grande cour du Louvre, si tourmentée, si bouleversée par nos perpétuels changements politiques et les rivalités de nos architectes. Le 24 avril 1617, au moment où le maréchal d'Ancre vient de franchir la première porte de la résidence royale, précédé de cinquante personnes qui forment son cortége, le baron de Vitry lui barre le passage dans la cour, et lui demande son épée ; en même temps cinq coups de pistolet partent à la fois, trois atteignent le maréchal, qui tombe sur ses genoux et meurt sous les épées. On porte aussitôt ses vêtements et ses armes à Louis XIII, au cri de : *vive le roi !* Le colonel des Corses, Ornano (1), lève dans ses bras le jeune roi, et le montre aux meurtriers du maréchal : « *Grand merci à vous*, crie le prince ; *maintenant je suis roi.* »

Une heure après, on n'entendait plus retentir dans tout Paris que ces mots : *le roi est roi !*

Peu de temps après ce meurtre politique, la maréchale d'Ancre, Léonore Galigaï, favorite de la reine, marchant au supplice réservé au *crime de lèse-majesté divine et humaine*, à la vue de tout le peuple rassemblé sur son passage, disait : « *Que de monde pour voir une pauvre affligée !* »

(1) Un général Ornano est aujourd'hui gouverneur des Invalides (1854).

Certes, il n'y a jamais eu que les gens mal élevés qui se soient permis d'écrire avec la pointe de leur couteau leurs noms sur les murs des châteaux et des palais. Eh bien, malgré tout ce que l'on m'a dit à ce sujet pendant que j'étais écolier, je regrette presque que ce n'ait pas été un usage de bonne compagnie; si cela avait été reçu, comme ces noms donneraient *à penser*, là où l'on ne trouve pas une âme à qui *parler!* Seulement, pour ce temps de Louis XIII, on retrouverait souvenir visible de Mazarin, de Richelieu devenu ministre, de de Luynes fait duc et maréchal, de Rohan, de Soubise, de Guise, d'Épernon, Turenne, le jeune Villars et le jeune Condé, Mathieu Molé, le cardinal de Retz, et cent autres encore.

Sous le règne de Louis XIII, les travaux faits au Louvre ont eu deux sortes de résultats; d'une part, ils avaient fixé d'une manière irrévocable les dimensions futures de ce palais. Cette aile occidentale, achevée dans toute sa longueur; cette amorce de l'aile septentrionale correspondant à tout ce qu'il y avait de fait du côté du Midi, c'en était assez pour qu'il fût désormais impossible, soit de revenir à de moindres proportions, soit de chercher à les étendre; d'un autre côté, ces travaux avaient donné pour ainsi dire une consécration nouvelle aux façades de Lescot, et assuraient dans l'avenir leur inviolabilité.

C'est là un vrai service rendu par l'architecte Lemercier, service d'autant plus estimable, que, ni de son temps, ni peut-être à aucune époque, soit plus ancienne, soit plus récente, on ne trouverait beaucoup d'artistes disposés à se mettre ainsi à la gêne et à descendre à un rôle aussi modeste pour respecter les chefs-d'œuvre d'autrui (1).

(1) Vitet, de l'académie française, *Not. sur le Louvre.*

Enfin voici venu Louis XIV, avec son cortége de grands hommes, avec son patronage des lettres, avec son amour des arts, avec son administration si éclairée, avec ses fêtes, ses magnificences, sa gloire et ses conquêtes. C'est aux rayons de ce soleil vivifiant que le Louvre va grandir.

Cependant, gardons-nous de penser que pendant la minorité du grand roi, et pendant les troubles qui l'agitèrent, tout travail était suspendu au Louvre ; il y fut fait, au contraire, d'assez importants ouvrages. L'architecte Levau était loin d'être oisif. A peine entré en charge, il se signala par son zèle et son activité ; démolitions, restaurations, constructions, tout cela marchait ensemble. Mais parmi tous ces travaux menés de front, il y en avait un qui le préoccupait bien plus que tous les autres : c'était l'aile méridionale du Louvre. Telle fut la rapidité mise à ce travail, que, dès la fin de 1663, la grosse construction touchait à sa fin. Restait la façade de l'Est. « Autrefois Lescot avait eu la pensée d'y établir l'entrée principale du palais ; mais pour que cette entrée eût quelque majesté (1), ce n'était pas assez d'enrichir cette aile, il fallait pouvoir ouvrir aux abords du monument une large et belle place ; or, le terrain n'y prêtait guère, obstrué qu'il était de bâtiments d'habitation. Quelques-uns étaient d'un grand prix : c'était d'abord l'hôtel du Petit-Bourbon, immense demeure féodale, palais crénelé bâti sous Charles V ; au-delà de cette construction, pour déblayer l'accès du Louvre, il fallait acquérir à prix d'argent, d'abord l'hôtel de M. de Choisy, puis le grand et bel hôtel du duc de Longueville, ci-devant l'hôtel d'Alençon ; puis enfin les hôtels de Villequier, d'Aumont, de la

(1) Vitet, *le Louvre*.

Force et de Créquy. Le jeune roi donna des ordres pour que tout fût acquis, et par là le terrain devint libre, depuis le Louvre jusqu'à la rue des Poulies ; déjà on avait fait brèche au Petit-Bourbon. La charge de surintendant des bâtiments venait alors de passer des mains de M. de Ratabon en celles de Colbert. »

Colbert était homme à comprendre Louis XIV. Aussi, il entra tout de suite dans la pensée de son royal maître, qui venait de faire disparaître et de réduire en poussière les baraques, les constructions ignobles qui tenaient, comme une hideuse lèpre, aux murailles bâties par les rois ses prédécesseurs.

Il faut l'avouer, le palais du Louvre était bien digne d'occuper le génie du monarque et du ministre. D'après leur avis commun, il fut résolu dans le conseil que tout ce qu'il y avait de plus habile parmi les architectes en renom serait consulté, et le concours ne se bornait pas à la France seule, la pensée du roi allait plus loin et passait les monts, dans sa recherche d'hommes de mérite transcendant pour achever dignement un palais sans pareil.

Lorsqu'en 1664, Colbert fut nommé surintendant des bâtiments, un de ses premiers soins fut de se faire présenter tous les plans, tous les dessins qui avaient été faits pour l'achèvement du Louvre. Dans le public parisien, l'idée de Levau passait pour la meilleure, et obtenait le plus de suffrages ; ce ne fut pas l'opinion du nouveau ministre. Alors il invita tous les architectes de Paris à venir donner leur avis sur le modèle en menuiserie de la façade principale, celle qui regarde l'église de Saint-Germain-l'Auxerrois ; il les engagea à fournir chacun un dessin, leur donnant sa parole que celui qui serait jugé le meilleur serait adopté par le roi.

Presque tous ces hommes spéciaux censurèrent le plan de Levau, et fournirent des projets plus ou moins bien, plus ou moins adoptables. En faisant ce travail, ils s'appuyaient sur les études de toute leur vie, ils ne sortaient pas de leur mission, de leur spécialité; mais voici que, parmi tous les dessins remis au surintendant des bâtiments, et placés sous les yeux de Louis XIV, ce fut le plan d'un médecin, de Claude Perrault, qui trouva grâce; Colbert en fut enchanté, le roi ravi. Ce dessin, exposé en public, obtint tous les suffrages. On aurait donc pu ne pas aller plus loin; mais le ministre que Louis-le-Grand écoutait le plus, son nouveau surintendant, ayant à cœur de faire de cette façade un ouvrage parfait et irréprochable aux yeux du monde, prit la résolution de soumettre les dessins de Levau à la censure des plus célèbres architectes d'Italie. Il fit écrire au célèbre peintre Nicolas Poussin, qui était alors à Rome, pour le charger de recueillir les opinions des plus habiles artistes de la ville éternelle.

Il y avait alors à Rome un cavalier Bernin dont la réputation était grande parmi ses compatriotes; le cardinal Barberin et un abbé Benedetti en parlèrent à Versailles. Colbert voulant l'attirer à Paris, détermina le roi à adresser à l'artiste romain, par un courrier extraordinaire, une lettre excessivement flatteuse.

Le cavalier Bernin ne pouvait résister à de pareilles instances; il se rendit *aux prières* et aux offres brillantes de Louis XIV.

Son voyage de Rome à Paris ressembla beaucoup à une ovation; les fonctionnaires et les officiers reçurent du roi l'ordre de le complimenter et de lui porter les présents de la ville. La superbe cité de Lyon, qui sait son importance et qui d'ordinaire ne gaspille pas sa dignité, obéit comme les autres, et rendit au cavalier romain les honneurs auxquels peut prétendre un prince du sang. Des officiers de la bouche du roi lui apprêtaient sur sa route des mets à l'italienne.

M. de Chambray, seigneur de Chantelou, maître d'hôtel du roi, fut envoyé au-devant de lui pour *lui donner la bienvenue et lui tenir compagnie*. On le logea, toujours d'après l'ordre du grand roi, à l'hôtel de Frontenac, que l'on venait de faire meubler par le garde-meuble de la couronne pour lui et pour son fils.

Le cavalier Bernin salua sa majesté très-chrétienne le 4 juin 1665, au château de Saint-Germain-en-Laye. On lui donnait trois mille louis d'or par an, six mille livres à son fils, autant au sieur Mathias, son élève, et des sommes proportionnées à tous ses domestiques (1).

CE BOURBON (il faut bien l'avouer, au risque de déplaire aux gens qui prétendent que le pays de saint Louis, de Henri IV et de Louis XIV répudie à jamais la famille la plus française de toutes les familles de France), CE BOURBON savait récompenser royalement les étrangers lorsqu'il en employait.

Les plus grands ministres se trompent parfois comme les esprits vulgaires; au bout de quelques mois, l'enthousiasme de Colbert pour le cavalier Bernin n'était plus le même; cependant le 17 octobre 1665 le roi posa avec grande solennité la première pierre de la façade du Louvre. Les con-

(1) *Mémoires de Perrault.*

structions faites par Levau furent démolies pour faire place aux nouvelles; on pouvait donc espérer que tout allait marcher, et que l'architecte venu de loin allait créer sa merveille. Les Français, les Parisiens surtout, sont impatients, et lorsque les travaux qu'on leur fait ont l'air de languir, une longue attente les mène facilement à l'injustice.

L'architecte romain aurait eu le génie de Michel-Ange, que l'engouement des habitants de Paris ne leur serait pas revenu : leur amour dure si peu! Pour les excuser, il faut dire que Bernin était orgueilleux, excentrique, emporté, et qu'il avait très-mal pris des observations que l'on s'était permis de lui faire. Il avait aussi peine à s'acclimater en France, sa santé s'altérait, l'hiver lui faisait peur; par moments, il regrettait donc le beau soleil, le ciel bleu d'Italie. Si le cavalier Bernin était disposé à quitter la France, le ministre ne l'était pas moins à le laisser partir et avait déjà trouvé un prétexte pour motiver le retour au pays natal.

Le cavalier Bernin fit la première ouverture du départ à Colbert, et dès le lendemain le ministre lui fit porter par Charles Perrault trois mille écus d'or, un brevet de douze mille livres de pension annuelle, et un autre de douze cents livres pour son fils.

Une autre version raconte différemment le refroidissement survenu entre le ministre de Louis XIV et l'architecte de Rome.

« Le peintre Lebrun, qui était au premier rang dans la faveur de Louis XIV, dit Saint-Victor, s'effraya de l'idée de la partager avec le cavalier Bernin, dont le mérite passait alors pour très-grand, qu'on avait reçu avec tant de distinction et qu'on parlait de fixer pour toujours à Paris. Mais celui qui intrigua le plus fortement contre lui fut

Charles Perrault, secrétaire du conseil des bâtiments; il avait la confiance du ministre, et l'on peut juger qu'il désirait avec ardeur faire adjuger l'entreprise du Louvre à son frère. » Il y eut alors ligue entre Levau, Lebrun et Charles Perrault, et Le Bernin, aimé de Louis-le-Grand et de son grand ministre, abreuvé de dégoûts, repartit pour Rome. Oh! les rois ne sont pas toujours les plus puissants! L'envie et la jalousie n'ont point, comme les monarques, de trésors ni de ministres, mais elles ont de la constance, de la ténacité, et avec cela que ne renverse-t-on pas?

Quand Le Bernin, comblé d'honneurs et de pensions, retourna dans sa patrie, il put croire que son plan serait suivi; car Louis XIV avait posé la première pierre de ce projet. Cependant il n'en fut rien : la pensée de Claude Perrault, aidée de l'intrigue, fut réalisée, et si ce fut une faute d'avoir agi ainsi, qui pourra reprocher cette faute en face de la grande, de la magnifique, de la majestueuse colonnade que le monde admire aujourd'hui?

On se mit donc à l'ouvrage, et l'on bâtit, cette fois, pour ne plus démolir. Colbert, incessamment occupé à complaire au roi, mit tout en œuvre pour hâter les travaux. La façade principale du Louvre, commencée en 1666 sur les dessins de Claude Perrault, fut terminée en 1670. Ce bâtiment a cinq cent vingt-cinq pieds d'étendue; cette longueur se compose de trois avant-corps : deux aux extrémités et un autre au centre, où s'ouvre l'entrée principale. Les deux intervalles que laissent ces trois saillies sont occupés par deux galeries, dont le fond était autrefois garni de niches.

Claude Perrault avait d'abord fait des fenêtres dans le fond de ses deux galeries, mais voyant qu'elles ne correspondaient pas à celles de la façade de la cour, il leur avait substitué des niches pour y placer des statues de rois et de reines. Cette substitution enlevait à cette magnifique façade le caractère que doit avoir un lieu d'habitation. En 1804, et dans les années suivantes, le Louvre fut réparé et presque achevé. Pendant les travaux, on découvrit la trace des fenêtres que Perrault avait d'abord adoptée, et on les rétablit (1).

Le tympan du fronton qui couronne le corps avancé du milieu était resté vide. Sous l'empire, M. Lemot fut chargé de le remplir. Il composa un bas-relief au centre duquel était placé, sur un piédestal, le buste de Napoléon ; Minerve et la muse de l'histoire étaient de chaque côté du soldat couronné ; et la muse qui gardait, dans les temps mythologiques, les archives des peuples, inscrivait sur le piédesdal ces mots : NAPOLÉON-LE-GRAND A ACHEVÉ LE LOUVRE. C'était là de la *poésie louangeuse* plutôt que de *l'histoire vraie*. Napoléon avait achevé *cette partie du Louvre*, mais pas *tout le Louvre*, puisque son neveu y travaille aujourd'hui sur un plan plus grandiose que tout ce que l'on avait entrepris jusqu'à ce jour.

En 1815, les petits-fils de Louis XIV étant remontés sur leur trône héréditaire, substituèrent au buste de Napoléon celui de leur aïeul, et firent inscrire ces deux mots : LUDOVICO MAGNO. Ceci était vrai, et c'étaient des petits-fils qui rendaient à leur aïeul ce qui lui appartenait.

Je ne suis pas de ceux qui louent sans réserves et sans restrictions l'époque actuelle ; mais, pour être juste envers tous, il faut reconnaître qu'à certains égards elle montre

---

(1) Dulaure, *Tableau de Paris*.

plus de sagesse que ses devanciers. Pour le moment, nous avons l'air d'avoir renoncé à ce perpétuel grattage et regrattage des noms et des emblèmes historiques, tels que *fleurs de lis*, *bonnet phrygien*, *coq gaulois et aigle*. Nous laissons la pierre plus ou moins illustrée par un de ces signes, plus tranquille que par le passé ; nous ne lui faisons plus subir toutes nos inconstances ; nous nous contentons de changer nous-mêmes, sans exiger que nos monuments nous imitent. Nous laissons à Philippe-Auguste, à Louis IX, à Charles V, à François Ier, à Henri II, à Charles IX, à Henri III, à Henri IV, à Louis XIII, à Louis XIV, à Louis XV, à Louis XVI, à la république de 1793, à Napoléon, à Louis-Philippe, à la république de 1848, au prince-président et à l'empereur, la part que chacun a eue et aura dans les travaux du Louvre. Ce majestueux palais est assez vaste pour abriter et garder tous les souvenirs ; qu'on n'en bannisse donc aucun ; il faut que tout le monde vive, même les morts...

Sous Louis XV et sous Louis XVI, on pensa peu à l'achèvement du Louvre ; cependant les écrits du temps sont remplis de justes plaintes contre ce scandaleux abandon. Mais on laissait se plaindre, car je ne sais quelle sombre préoccupation, peut être un secret pressentiment de prochains malheurs, pesait sur tous les esprits. Le léger et insouciant Louis XV lui même s'effrayait de ce qui arriverait après lui.

Il y avait alors comme une ville entre le Louvre et les Tuileries ; ces deux gloires ne se voyaient plus que pardessus les toits. A présent que le vide s'est fait entre ces deux Palais, on a peine à concevoir comment cela n'a pas, de tous temps, été de même ; et nos petits-fils se figureront difficilement qu'il y avait là de beaux hôtels, de pauvres échopes, de magnifiques écuries, des cabarets mal famés, et plusieurs rues sur des plans inégaux, tels que celle de *Saint-Thomas-du-Louvre* avec son théâtre, et celle *du Doyenné*, avec son imprimerie et le bureau de la *Gazette de France*.

Là où nous voyons la grille à fers de lances dorés, séparant la cour du château des Tuileries de la place du Carrousel, j'ai vu, dans mon enfance, un long et vilain mur avec un portail en bois, juste derrière le petit arc-de-triomphe élevé à la gloire du grand Napoléon. Le portail fut enfoncé par les bandes révolutionnaires du 10 août. Ce fut entre ce mur et le château des Tuileries que commença le carnage des Suisses.

Les jardins de l'Infante et du duc de Nevers servaient de cour aux écuries, qu'on avait établies dans les appartements de la reine Jeanne de Bourbon, et dans ces salles voûtées qui brillent aujourd'hui de tant de chefs-d'œuvre !

Deux grands vilains bâtiments servant de magasins déshonoraient la majestueuse cour carrée ; et là, dans ce sanctuaire de notre vieille monarchie, des plâtras, des déblais, des débris, des décombres, des immondices, s'étaient amoncelés à une telle hauteur, qu'un nouveau sol cachait l'ancien et montait presque jusqu'au premier étage. C'était là, il faut l'avouer, une lamentable incurie, un coupable abandon ! Il ne faut pas que la royauté délaisse ce que la royauté a commencé. Nos Bourbons, dans leur légitimité, n'avaient pas assez à cœur de continuer les travaux commencés par leurs pères ; dans leur bon droit, ils ne doutaient pas de leur durée, et ainsi que Dieu, qui est immortel, ils ne se pressaient pas, comme si tous les siècles avaient été à eux.

En 1755, le marquis de Marigny obtint du roi de faire tomber quelques-unes de ces constructions parasites qui étaient venues cacher, serrer et étouffer le palais de François Ier et de Louis-le-Grand. A ce moment les hommes qui aiment le beau et le bien coordonnés eurent une lueur d'espérance; ils crurent qu'ils allaient voir le complet achèvement de ce Louvre auquel tant de rois avaient travaillé, et auquel il restait si peu à faire !

Louis XVI et Marie-Antoinette, jeunes tous les deux, et tous les deux aimant les arts, venaient de monter sur le plus beau trône qui soit sous le soleil ! Quels rêves dorés ne firent-ils pas ! Et la France, que ne pouvait-elle pas espérer alors !... Tout à coup, le vent de la colère (de la colère contre les scandales passés) se leva, et sous le souffle du courroux d'en haut, plus d'embellissements, plus de constructions nouvelles, plus d'achèvements des édifices commencés ! mais partout des dévastations, des débris, des ruines, du fer, du feu, des larmes et du sang !

Lorsque le long et terrible orage fut apaisé, le général Bonaparte, fils de la révolution de 1789, reniant sa mère à cause de ses excès, se fit un sceptre de sa glorieuse épée, et de ses lauriers une impériale couronne. Alors il se sentit de taille à continuer l'œuvre des monarques français, et il se promit bien de terminer *l'interminable Louvre*. Il ne l'est pas encore ; et le victorieux qui avait couché dans les palais des rois et des empereurs est allé mourir captif dans la maison de bois de Sainte-Hélène !

Nos bons et catholiques paysans de Bretagne ne font pas le plus petit projet sans ajouter bien vite : S'IL PLAIT A

Dieu. Il serait sage aux puissants de la terre d'adopter aussi cette locution ; car, par eux-mêmes, ils ne peuvent pas grand'chose.

Napoléon, s'il n'a pas mis la dernière main aux travaux du Louvre, y a fait beaucoup, et lorsque l'on songe combien la gloire de vaincre au dehors lui laissait peu de loisirs au dedans, on s'étonne de tous les grands ouvrages entrepris par lui.

« Les façades (1) intérieures et extérieures furent entièrement ragréées, achevées et couronnées de balustrades, couvertes d'une toiture et terminées. Celle du côté du nord, celle du côté du midi, construites en partie sur des dessins de Pierre Lescot, furent refaites d'après ceux de Claude Perrault et surmontées pareillement de balustrades. La façade intérieure *du vieux Louvre* ne peut se raccorder avec les trois autres. Elle resta avec ses beautés et ses défauts comme un monument de l'architecture du seizième siècle.

« Une immense quantité de sculptures, des voûtes, des toitures, des portes, riches d'ornements, des encadrements de fenêtres, qui correspondent à la magnificence de l'édifice, et une infinité d'autres détails, furent accomplis en moins de huit ans, et ce palais, vieilli avant d'être achevé, noirci, dégradé par le temps, sembla sortir de ses ruines, glorieux et rajeuni. »

Des quatre façades extérieures de ce palais, celle qui fait face à l'église de Saint-Germain-l'Auxerrois est sans comparaison la plus belle, et le génie du médecin Claude Per-

---

(1) Dulaure, *Tableau de Paris.*

rault l'emporte sur le talent des architectes de renom qui ont, à diverses époques, concouru à illustrer cette résidence royale. Tous ceux qui admirent l'imposante colonnade regrettent qu'elle ne déploie pas sa majesté parallèment au courant du fleuve. Ainsi placée, son mérite et ses beautés seraient bien plus admirées.

Qui de nous ne s'est arrêté dans cette magnifique cour carrée qui a le ciel pour voûte, et pour encadrement les quatre façades couronnées de leurs balustres à jour?

Dans sa brochure si pleine d'intérêt et de savoir, M. Vitet nous assure que pour avoir une juste idée du vieux et du nouveau Paris, il faut monter sur les terrasses de cette cour. Ecoutons le docte archéologue :

« Qui n'a pas vu Paris du sommet du vieux Louvre ne connaît, à vrai dire, ni le Louvre ni Paris. Ces terrasses sont comme un vaste observatoire, d'où la vue plonge sur toute la chaîne de bâtiments qui de la colonnade s'étend jusqu'aux Tuileries ; le meilleur plan, la meilleure vue cavalière n'en sauraient donner une idée aussi nette, aussi saisissante, en faire aussi bien comprendre la grandeur, les divers caractères, les irrégularités et les complications ; puis les yeux se portent au-delà, de quelque côté qu'ils se tournent, ils ont devant eux le tableau de Paris le plus complet et le mieux composé. C'est un panorama que l'on ne retrouve ni sur le Panthéon, ni sur le dôme des Invalides, ni même sur les tours de Notre-Dame. Tous ces points culminants sont trop écartés du centre, trop voisins des faubourgs ; de là, des premiers plans sans style et sans grandeur, l'abaissement des principaux édifices dont l'éloignement fait descendre l'échelle et la diminution de la ville elle-même qui semble en partie s'effacer et disparaître de

Paris ; tout ce qu'il renferme de constructions monumentales se dresse autour de vous; la Seine s'élargit sous vos pieds pour embrasser dans sa courbe élégante cette île de la Cité, qui semble avancer comme un imposant navire; puis, pour couronner ces magnifiques premiers plans, pour encadrer les longues forêts de maisons qui leur succèdent à tous les points de l'horizon, s'élève une ceinture de collines verdoyantes. Quand on veut mettre notre capitale à son vrai rang parmi celles qu'on lui compare, c'est sur ces terrasses de la cour du Louvre qu'il faut avoir soin de la faire admirer.

« Eh bien, cette place si favorable pour contempler le moderne Paris est peut-être aussi la mieux faite pour rêver, pour imaginer le Paris d'autrefois, le Paris contemporain des premiers temps du Louvre.

« Commencez par reconstruire sur l'autre rive de la Seine, autour de ce clocher encore debout de Saint-Germain-des-Prés, la vaste enceinte crénelée de l'antique abbaye, avec ses vigies, ses tourelles, ses herses, ses ponts-levis; puis, tout alentour dans la plaine, en guise de ses flots de maisons à quatre étages, faites renaître les métairies, les granges de la puissante communauté en descendant cette rive gauche du fleuve jusqu'aux coteaux d'Issy. Continuez à tout démolir pour laisser reparaître une immense prairie entrecoupée de bouquets de verdure, de petites pièces de vignes et de cultures potagères; des saules, des érables s'élèvent çà et là, au bord de l'eau, sur la berge mal endiguée; vis-à-vis sur la rive droite, l'aspect est aride, le terrain sablonneux, on voit fumer des fours à briques et quelque pauvres *tuileries*. Mais au-delà commence une épaisse forêt, qui va se perdre à l'horizon, et s'étend vers le nord jusqu'au pied du *Mont-Martre*. Ne changez pas grand'chose à la silhouette de ce coteau, laissez-lui ses moulins.

« En inclinant vers l'est, vous rencontrez au-delà du rempart de la ville les tours de l'abbaye de Saint-Martin et comme un gros village autour d'elles, le Bourg-l'Abbé ; puis en-deçà du rempart des longues files d'habitations et de jardins qui descendent jusqu'à la Grève. Passant de là dans la Cité, vous y trouvez un amas de maisons plus serrées encore qu'aujourd'hui et les deux tours de la métropole, qui, quoique inachevées, dominent déjà la ville entière. Enfin, après ce grand circuit, il ne vous reste plus qu'à regarder à vos pieds ; transformez en créneaux et en machicoulis ces balustres italiens sur lesquels vous vous appuyez ; de ce jardin de l'Infante, faites un fossé plein d'eau, séparez-le de la rivière par une double muraille garnie de robustes tourelles, et vous voilà transportés à six siècles en arrière. Vous êtes sous Philippe-Auguste, au sommet de la grosse tour qu'il vient de faire construire, et si le soleil commence à baisser, vous pouvez voir le roi, au retour de la chasse, passer l'eau dans son bateau, s'en retournant coucher dans son palais de la Cité. »

Voici comment Le Bernin (1) rêvait les abords du Louvre : En avant de la grande entrée, du côté de l'est, il voulait une place immense ouverte jusqu'au Pont-Neuf, et dans cette place, autour d'une statue colossale du roi, étaient groupés des bassins, des fontaines jaillissantes et tout un système de décorations annonçant les approches d'un palais ; puis, entre le Louvre et les Tuileries, à peine avait-il

---

(1) *Revue contemporaine.*

vu cette grande galerie de Henri IV se prolongeant au bord de l'eau, que l'idée lui était venue de la répéter du côté opposé, et d'opérer ainsi, non seulement la communication, mais la jonction des deux palais. Cette idée est de lui, comme l'atteste M. de Chantelou. Sa vue avait percé cette forêt de maisons qui, depuis le commencement du siècle, s'était interposée entre les deux édifices; il l'abattait dans sa pensée; et cet espace, une fois découvert et aplani, croit-on qu'il s'amusait à le découper en petits compartiments? « Ce serait un crime, disait-il, que d'obstruer une partie quelconque de cette place, la plus grande qui sera dans le monde. Si vous y bâtissez quelque chose, j'aime autant ce que j'y vois que ce que vous y mettrez. On ferait le tour de l'Europe pour trouver sa pareille, et vous voulez détruire cette grandeur que le hasard vous donne! Pourquoi? Pour cacher un défaut de parallélisme! Mais qui saura qu'il existe, ce défaut, quand une fois les maisons seront à terre? Il n'y aura que les oiseaux qui s'en apercevront? »

Le corps de bâtiment ouvrant sur la rue du Coq-Saint-Honoré a été en partie construit par Perrault; il est d'un style pur. Il produisait peu d'effet à cause des maisons particulières qui le serraient de trop près; mais, d'après les travaux de l'année 1853 et ceux qui vont suivre, le Louvre ne sera plus comprimé, étouffé par des constructions de tous genres. Les rois ne marchent pas dans la foule, leurs demeures ne doivent pas non plus y être confondues.

Depuis que tout ce qui obstruait l'espace entre le Louvre et les Tuileries a été abattu et balayé, on s'aperçoit que la façade tournée du côté du chef-d'œuvre de Philibert de Lorme manque de style. A l'époque où elle a été achevée, on ne pouvait lui reprocher son trop de simplicité, car alors elle donnait sur des vergers, des jardins potagers, des basses-cours et autres dépendances rustiques qui s'étendaient jusqu'au guichet de Lesdiguière ; à présent que cette partie du Louvre va, en quelque sorte, faire sans intermédiaire le pendant de l'élégant palais bâti pour la reine Catherine de Médicis, il faudra qu'elle se pare de plus de dignité et que ses *œils-de-bœuf* disparaissent de la partie qui domine l'entrée du palais faisant face aux Tuileries.

D'après le plan de M. Visconti, le déploiement de cette façade va perdre de son étendue ; deux énormes massifs de bâtiments, subdivisés par des cours intérieures, s'avancent de droite et de gauche et cachent les deux extrémités de cette aile. Ces constructions sont, il faut le dire, généralement désapprouvées, on leur en veut de diminuer la magnifique place du Carrousel, telle que nous la montre le vide qui vient de s'y faire en si peu de temps et avec tant de succès. Lorsque les Parisiens l'ont vue désobstruée, délivrée de toute une ville, où pendant près de deux siècles s'étaient élevés pêle-mêle des églises, des écuries, de grands hôtels, des baraques et des logis bourgeois, leur joie fut grande, car dans ce peuple il y a l'instinct du beau.

Avant que les démolitions ne fussent toutes terminées, généralement on avait cru que l'espace serait trop immense et ressemblerait à un désert ; cette opinion, partagée par des hommes de l'art, n'était pas fondée, nous avons tous été à même de nous en convaincre ; aussi regrettons-nous que l'architecte en chef des travaux ait, pour régulariser le Carrousel, autant diminué son espace par l'avancement (beaucoup trop saillant à notre gré) de ses casernes, de ses hôtels ministériels et de ses ateliers d'imprimeries. Des imprimeries, des hôtels de ministres et des casernes pourront être fort commodes pour le pouvoir, mais n'ajouteront rien au grandiose de la cour du Louvre. Certes, dans la vie du soldat tout est noble, et cependant sa demeure, la *caserne*, est presque toujours d'un aspect vulgaire. Regardez toutes celles de Paris ; leurs façades plates, hautes et longues, ressemblent à des couvents sans cloître, sans église et sans poésie.

Plusieurs fois, les architectes Percier et Fontaine, dans leurs projets de régulariser la place du Carrousel, avaient proposé à l'empereur des constructions intermédiaires, soit pour satisfaire aux besoins des deux palais, soit pour cacher leurs défectuosités respectives. En les écoutant, Napoléon trouvait du beau et du bon dans ce qu'ils lui présentaient, mais il regrettait le grand espace où il pouvait faire manœuvrer quarante mille soldats entre les deux ailes, répétant toujours : *Il n'y a de beau que ce qui est grand; l'étendue et l'immensité peuvent faire oublier bien des défauts.*

Il est fâcheux que l'idée du grand empereur n'ait pas été celle du grand architecte ; s'ils avaient été d'accord, l'immensité de la place nous serait restée, et nous nous serions facilement consolés de ne pas y voir les deux constructions qui se sont élevées dernièrement, et qui empiètent tellement sur l'espace séparant les deux galeries du quai et de la rue de Rivoli, que la partie du Carrousel qui vient aboutir au Louvre n'aura plus que l'aspect d'une rue un peu plus large que les autres.

Pour dissimuler l'irrégularité de la place du Carrousel, il y a eu des projets et des plans par centaines ; dans toutes ces pensées, sur papier et en relief, je n'en connais pas de mieux conçue, de plus simple et de moins dispendieuse que celle qu'avait eue le comte de Forbin d'Oppède. Ce projet avait l'avantage de laisser apercevoir le développement des deux palais réunis en en masquant les irrégularités (qui se perdaient dans la différence d'épaisseur du mur de la fausse façade) par une colonnade aussi légère qu'agréable à l'œil. Il n'avait point l'inconvénient d'écraser le château des Tuileries, et laissait au Carrousel son immense espace si beau pour les grandes revues aimées des Parisiens et de ceux qui les gouvernent. Londres se passe de ces spectacles guerriers : Paris en est avide ; ce qu'il y a de plus rare dans les rues de la capitale des trois royaumes, c'est un soldat ; en France, on aime à les voir partout, et l'on a raison, car c'est bien certainement ce qu'il y a de plus honnête chez nous.

Vers le guichet ouvert au-dessous de la bibliothèque du roi, d'après le plan du comte de Forbin d'Oppède, aurait commencé une colonnade corinthienne, élevée sur douze marches et sur quatre de profondeur faisant face au château des Tuileries, et qui, après avoir décrit la courbe gracieuse d'un large fer à cheval, serait allée rejoindre le guichet de la rue de Rivoli.

Cette galerie à jour, d'un style en rapport avec l'architecture si riche du palais, aurait pu être sur sa terrasse supérieure ornée de vases de marbre et d'arbustes toujours verts ; le regard, passant entre les colonnes de cette élégante construction, serait allé jusqu'au mur du Louvre sans rien voir de son irrégularité.

Je me suis étendu sur ce projet, parce que je l'ai vu en relief chez le fils du comte de Forbin. Il y a des familles heureuses, où l'illustration du talent se joint à l'illustration du nom.

Alors que l'on parlait beaucoup de l'achèvement du Louvre et que l'on n'y faisait rien, il était fort à la mode de faire des projets et d'en présenter les plans aux divers pouvoirs, qui, depuis soixante ans et plus, se sont succédé sur cette terre, autrefois la patrie des Gaulois si renommés *pour leur légèreté et leur amour du changement*. Dans ces temps-là, il fut question d'élever au milieu de l'immense espace qui devait succéder à cette Babel de maisons bourgeoises et de nobles hôtels, d'écuries royales et d'hôtel des pages, d'églises et de théâtres, une immense rotonde, toute de fer et de vitraux, bien close et bien chauffée, vrai jardin d'hiver pour les Parisiens. Cette idée, fort en harmonie avec le goût de promenade et de *flânerie* des habitants de la grande ville, fut sur le point d'être mise à exécution. Le vieux roi goutteux Louis XVIII a été partisan de ce projet, mais les rois d'antiques races ne se pressent jamais. La vieille légitimité se croyait éternelle, parce qu'elle avait pour elle un des premiers attributs de Dieu : la justice.

Le prince bâtisseur, Louis-Philippe, eut aussi son projet pour la place du Carrousel. Dans les arrangements qu'il aimait à faire, il entrait presque toujours un ressouvenir de l'Angleterre. Ce fut donc un *square*, avec pelouse de gazon, corbeilles de fleurs, massifs d'arbustes et fontaines jaillissantes, le tout entouré et défendu par une grille de fer à pointes de lances dorées. Cet immense ovale, encadrant pour ainsi dire ce paysage rustique, aurait, à ce que l'on assure, suffi pour faire disparaître le défaut de parallélisme entre les deux palais, et l'irrégularité de la place, *la plus grande qui soit au monde*, à ce qu'assurent les Parisiens pur sang.

Je pourrais mettre encore sous les yeux des personnes

qui veulent bien me lire beaucoup d'autres plans et projets dont on a beaucoup parlé dans le temps et qui ne seront plus remis en lumière, puisque nous avons aujourd'hui un fait accompli, et accompli comme par un coup de baguette (la baguette des fées était de coudrier, celle de Napoléon est d'or).

Tout ce qui est ouvrage de main d'homme porte en soi comme un vice originel, qui l'empêche de durer toujours; ce que fondent, ce qu'établissent les plus grands monarques *pour demeurer à jamais, à perpétuité*, est peu respecté par les siècles. Ainsi, tout ce que Louis-le-Grand a fait pour le Louvre, tout ce qu'il voulait faire pour l'avenir de ce magnifique palais de la royauté française a été trop vite oublié.

Perrault, il faut le dire, n'avait pas achevé sa grande entreprise; sa majestueuse colonnade était bâtie et complétement sculptée, mais le corps du logis du côté de la cour n'était pas terminé. Du côté de la rivière, la nouvelle façade restait aussi inachevée, et de hauts échafaudages attestant qu'il restait encore beaucoup à faire attendaient la reprise des travaux; ils attendirent si longtemps qu'ils tombèrent de pourriture, il fallut les enlever. Quand les hommes se reposent et ne travaillent plus, il y a une main qui ne s'arrête pas et qui dégrade toujours, c'est celle du temps. Les charpentes de plusieurs façades n'étant pas recouvertes, les pierres du couronnement des corniches n'étant pas toutes placées, des espaces restant vides et béants, l'ennemi s'introduisit à petit bruit dans la place; le vent, la pluie, la poussière, y firent germer tout un fouillis de ces plantes que Chateaubriand appelle *amantes des ruines*.

« Ah! s'écrie M. Vitet (1), si du moins ce malheureux monument n'avait eu pour ennemis que cette végétation parasite et les injures du temps, mais les hommes s'en étaient emparés et l'outrageaient bien mieux encore. Du vivant de Louis XIV cette invasion s'était contenue dans certaines bornes ; on s'était contenté de concéder des logements à quelques officiers de la couronne, et par faveurs particulières, des ateliers à quelques artistes éminents. C'était aussi inoffensif que celle qu'avait donnée le roi à plusieurs corps savants, à l'académie française, aux académies des inscriptions et des sciences, à l'académie de peinture et de sculpture, puis enfin à l'académie d'architecture. Mais sous la régence et dans les vingt-cinq ou trente années qui suivirent, il n'y eut plus un rapin en faveur qui ne s'arrogeât le droit d'avoir au Louvre un atelier, pas un valet de cour qui n'y introduisît sa famille. Pour décupler les logements, il fallut entresoler presque toutes les grandes salles, les couper de deux ou trois cloisons, ouvrir dans l'épaisseur des murs des cages d'escaliers, des gaînes de cheminée ; de tous côtés et à tous les étages, on vit des tuyaux de poêles vomir la suie et la fumée. C'était une grande hôtellerie où chacun faisait son lit à sa façon et travaillait pour soi. Ceux qui avaient des chevaux trouvaient moyen de les loger. Le vestibule qui fait face à la rue du Coq (qui n'existe plus) servait de remise à cinq voitures et d'écurie à quatorze chevaux. M. le duc de Nevers avait sa petite écurie dans une des salles, aujourd'hui occupée par des sculptures de la renaissance. M. de Champlot et M. de Tessé avaient installé leurs carrosses et leurs chevaux dans la grande salle des

---

(1) *Revue contemporaine* du 13 septembre 1852.

moulages. Mais ce n'était pas encore tout ; pour aider à cette dégradation intérieure, on avait adossé aux façades extérieures, et plus particulièrement au soubassement de la colonnade, les établissements les mieux faits pour ronger un bâtiment à sa base. Ainsi, dans l'ancien hôtel de Longueville, démoli seulement en partie, comme nous l'avons dit, on avait transporté la poste au chevaux et les relais du royaume. Les chevaux avaient leurs mangeoires contre le mur de la colonnade, et les poutres du hangar qui les couvrait étaient scellés dans le mur. »

Avec l'aide du savant que je viens de citer, et avec mes propres souvenirs de ce que j'ai vu à mon arrivée à Paris, à mon retour de l'émigration, je pourrais signaler encore de grands et criants abus. Mais je m'arrête, l'âme s'attriste en redisant les torts de nos devanciers. Après avoir vu tout ce qu'ils ont souffert et combien longue et cruelle a été l'expiation de leurs fautes, je n'ai plus le courage de prendre la pierre et de la leur jeter.

Aidé du savant M. Denon, le général Bonaparte revenu d'Italie, avec l'autorité que donne la gloire des champs de bataille, s'occupait à peupler la grande et longue galerie du Louvre de tous les chefs-d'œuvre de l'Europe, amenés à Paris par la victoire. C'était en 1802, et je me souviens encore de la foule de dieux et de déesses, de demi-dieux et de héros, de nymphes et de faunes, d'empereurs et de consuls romains, de poètes et de philosophes grecs, que je vis le soir même de mon arrivée à Paris à mon retour de Londres. Cette foule illustre, blanche et silencieuse produisait devant la porte du vieux Louvre un saisissant effet. Moi et mes frères (nous sortions du collége) nous regardions cet immense rassemblement d'illustrations antiques aux premières lueurs de la lune, dont le disque d'argent se montrait à cette heure au-dessus du long toit de la galerie qui relie le Louvre aux Tuileries ; c'était solennel à regarder. L'Apollon du Belvédère, la Pallas antique, la Vénus de Médicis, le Laocoon, l'Antinoüs, et les chevaux de Corinthe étaient là,... où sont-ils aujourd'hui ?

M. Denon, comme le maréchal-des-logis de tous ces habitants de l'Olympe, venait d'être chargé par le vainqueur de Marengo de désigner à chacun de ces prodiges de l'art la place qu'il devait occuper dans le palais de nos anciens rois.

Les logements furent bien faits, et parmi les grands travaux entrepris et achevés par Napoléon, il faut en première ligne placer LE MUSÉE ; la galerie des tableaux au premier étage et celle des antiques au rez-de-chaussée doivent beaucoup à la science, au bon goût et à la persistance de M. Denon.

Dans cette même année 1802, j'ai vu dans la cour du Louvre, alors que le citoyen François de Neufchâteau était ministre de l'intérieur, une exposition des produits de l'industrie française. Le luxe des exhibitions d'alors semblerait bien mesquin, comparé à ce que nous voyons aujourd'hui ; en ce temps, où se passaient tant de grandes choses, on ne bâtissait pas *des palais de cristal* pour les marchands et les manufacturiers ; alors, sans doute, on encourageait l'*industrie*, mais on n'en faisait pas UNE REINE.

Les plus belles *expositions françaises* étaient celles de nos gloires guerrières, et c'était à l'église royale des Invalides, que l'on appelait alors le *Temple de Mars*, que l'on appendait aux murailles élevées par Louis XIV les riches produits des champs de batailles.

L'exposition industrielle que j'ai vue en 1802, dans la cour du Louvre, autant que je me la rappelle, était peu riche. Cette époque ne produisait guère que du fer et des soldats. L'étalage était sévère et simple ; la terrifiante révolution qui tirait à sa fin, mais dont on apercevait encore de pâles reflets, avait condamné trop longtemps au repos les usines et les manufactures pour que l'industrie eût rien de remarquable à dérouler devant le public. Tout ce qui tenait au service d'intérieur me semblait bien moins soigné que tout ce que j'avais vu en Angleterre. Si, sur ce point, je fus humilié de la comparaison entre Londres et Paris, je relevai fièrement la tête en face de trois magnifiques vases de porcelaine de Sèvres. L'orgueilleuse Albion n'avait rien pu nous montrer de pareil. Je respirai plus à l'aise.

Pendant que mes frères et moi nous marchions dans la foule, longeant autant que possible *les boutiques* dressées sous un toit en appentis, appuyé sans beaucoup de précaution contre les murailles illustrées du palais, nous nous aperçûmes tout à coup d'un flux et reflux dans la multitude de curieux. Ce qui causait ce mouvement était celui qui remuait le monde; le désir de voir le premier consul, sa famille et son entourage, était ce qui nous préoccupait plus que toute chose depuis les deux jours que nous étions arrivés en France. C'étaient toutes ces grandeurs déjà historiques qui venaient par leur présence encourager l'industrie. Un homme de belle apparence, à la longue et épaisse chevelure, portant haut la tête, donnait le bras à madame Bonaparte. C'était Murat, beau-frère du premier consul ; sur le bras victorieux du vainqueur de l'Italie, s'appuyait mademoiselle de Beauharnais, dont la démarche, ainsi que celle de sa mère, se faisait remarquer par l'élégance et la grâce créole. Louis Bonaparte, frère du premier consul, et plusieurs de ses sœurs, étaient très-remarqués par la foule qui se pressait sur leurs pas. En passant devant un étalage d'armes anciennes et modernes, tout le groupe officiel s'arrêta, c'était la spécialité de tout ce monde, et le public trouvait, en les regardant, que rien dans l'exposition ne pouvait les intéresser autant que ces faisceaux guerriers. Cependant, au bout de quelques instants, madame Bonaparte, suivie de quelques-unes des femmes qui l'accompagnaient, quitta les trophées d'armes pour aller à un étalage voisin tout émaillé de fleurs artificielles.

Déjà j'avais remarqué et admiré ces fleurs, bien au-dessus, par leur grâce et leur vérité, à toutes celles que j'avais vues en Angleterre. L'illustre revenant d'Égypte, après avoir manié quelques-unes des armes et admiré leur fini et leur légèreté, abandonna l'étalage de l'armurier et vint rejoindre la gracieuse Joséphine, qu'il se plaisait à appeler alors son *heureuse étoile*. Nous fûmes à même de remarquer le charme de son sourire et la beauté de son regard. Ce regard pouvait devenir terrible et pouvait lancer de foudroyants éclairs; mais, quand il le voulait, il savait le voiler de douceur. Madame la vicomtesse de Beauharnais, à la cour de Marie-Antoinette, avait été remarquée par sa beauté; sous le Directoire, en sortant de la prison du Luxembourg, elle avait brillé aussi dans les salons de cette époque, et le jeune vainqueur de l'Italie était encore tout à fait sous le double charme de la bonté et de la grâce. En étudiant sa physionomie, pendant qu'il écoutait Joséphine lui vanter les merveilleuses fleurs de Batton, on eût dit que rien ne l'intéressait autant que ces bouquets, ces guirlandes et ces diadèmes de fleurs. Pour plaire à sa femme, il prenait de ses mains ce qu'elle venait d'admirer et l'admirait à son tour. Parmi les tours de force de son art, le marchand fleuriste était parvenu à imiter, de manière à ce que tout le monde s'y trompât, une bien humble plante des champs (*le pissenlit*). Pour jouer avec cette difficulté, l'artiste n'avait pas imité *sa fleur, mais sa graine*. Ces légers globes de duvet, montés sur une tige droite et verte, et sur lesquels les petits enfants aiment à souffler, car leurs bonnes de campagne leur ont dit souvent : Si votre souffle emporte toute cette petite boule, s'il ne reste plus rien sur sa tige, c'est signe que vous savez bien NOTRE PÈRE.

Voilà donc que l'homme qui a si vaillamment tenu l'épée, et qui bientôt s'en fera un sceptre, à la prière de sa femme, prit une des plantes qu'elle lui montrait en lui disant : « Il y en a une artificielle et une vraie, choisissez et soufflez dessus. »

Le général obéit. Il en prit une : c'était la vraie ; il souffla dessus, et pas une des petites graines ailées ne resta sur la tige, toute la petite boule diaphane et légère s'envola et disparut.

— C'est bon signe, dit Joséphine.

Et dans la foule on pensa comme elle.

Un homme tout à côté de nous ajouta : « Il n'a pas laissé le plus petit brin de duvet. Il sait joliment son *Pater*.

— Il faut bien qu'il le sache d'un bout à l'autre, dit un autre Parisien, puisque la prophétie annonce que le pape viendra le sacrer roi ou empereur. »

. . . .

Le pape est venu, le victorieux a été sacré; il a conquis le monde. Puis un jour s'est levé, le vent de la mauvaise fortune a soufflé,... et de toutes ses conquêtes plus rien n'est resté, pas plus que de duvet sur la petite plante que j'ai nommée plus haut.

Par mon âge, j'ai été, comme on le voit, contemporain et sujet de l'empereur Napoléon; j'ai vu la gloire de l'Empire et j'ai été témoin de ses revers. J'ai entendu les vivats des soldats et les gémissements des mères ; et dans le monde où je vivais, je trouvais des échos de la cour impériale qui me redisaient des anecdotes et des propos du cercle doré et brodé des Tuileries. Je voyais alors deux fois la semaine l'aimable et excellent comte de Lascases, alors chambellan de l'empereur et depuis courtisan de son malheur à Sainte-Hélène. Un jour, chez la comtesse W.... de S.... il nous raconta à propos DU LOUVRE une conversation qu'il avait eue la veille avec Napoléon. C'était aux plus beaux jours de la prospérité et de la gloire impériale ; tout souriait alors au vainqueur de l'Europe ; la fille des Césars, la petite-fille de la grande Marie-Thérèse, l'impératrice Marie-Louise, venait de lui donner un fils; que pouvait-il ambitionner encore? On cherchait en vain quelle conquête il aurait encore pu rêver, sa pensée semblait détournée des champs de bataille, il s'occupait des embellissements de Paris, la première ville de son vaste empire. Rome n'en était que la seconde! « Je veux, disait-il au comte de Lascases, lorsque je recevrai l'empereur Alexandre et mon beau-père, l'empereur d'Allemagne, les étonner par la magnificence de l'hospitalité que je leur offrirai à eux et aux autres monarques mes frères. Je les ferai entrer par l'avenue de Neuilly ; ils passeront sous l'arc-de-triomphe élevé aux grandes armées françaises; pour mes illustres visiteurs, ce sera là comme le seuil de ma bonne ville de Paris. De là, ils descendront les Champs-Élysées, traverseront la place Louis XV. Je ne veux rien au centre de cette place, le monument qui y attirerait leurs regards pourrait éveiller en eux le souvenir de Louis XVI et de *ma tante la reine Marie-Antoinette ;* je ne veux rien de ce qui est de nature à rappeler *le régicide;* c'est pourquoi j'ai fait démolir le donjon du Temple.

« Pour les jours d'apparat, la grande allée du jardin des Tuileries servira d'avenue; c'est par là que mes hôtes parviendront au Louvre, en passant sous le porche du château ; *la cour du Carrousel*, encadrée du côté de la Seine par *la galerie des Valois* et par celle que je fais bâtir, partant du pavillon Marsan pour aboutir au vieux Louvre, quand elle sera déblayée de toutes les constructions qui l'obstruent, sera la plus grande cour qui soit au monde, et je pourrai y passer des revues de plus de trente mille hommes.

« L'aile bordant le fleuve restera ce qu'elle est : *la galerie du Musée* ; là toutes nos richesses en fait d'art, tableaux des plus grands maîtres et de toutes les écoles, des statues antiques et modernes, des chefs-d'œuvre de la renaissance, du siècle de Louis XIV et du mien.

« Dans l'autre aile, tous les trésors littéraires et scientifiques sacrés et profanes, que garde aujourd'hui dans ses salles obscures et tristes la bibliothèque de la rue de Richelieu.

« Dites, mon cher Lascases, continua Napoléon en s'exaltant à la pensée qu'il rassemblerait ainsi toutes ces richesses, toutes ces merveilles dans sa propre demeure et pour ainsi dire sous sa main, dites, y aura-t-il jamais sous le soleil quelque chose de plus beau que ces deux galeries de communication entre les Tuileries et le Louvre, entre mes hôtes et moi? Pour arriver et s'asseoir à ma table, ils n'auront eu à marcher qu'au milieu des grandeurs et des prodiges de la France.

« Le Louvre a quatre façades, chacune d'elles aura à son

premier étage un vrai logement d'empereur ou de roi, et ce sera de plain-pied que mes frères couronnés viendront chez moi et que j'irai chez eux. Le monde a-t-il quelque chose de semblable? »

Il disait encore: « Je déteste la chapelle des Tuileries, elle ressemble trop à une salle de spectacle. Je veux que l'église de Saint-Germain-l'Auxerrois soit plus que jamais *la paroisse du Louvre*. C'était de ce côté que s'étendaient les jardins du roi; j'y veux faire planter un mail d'arbres toujours verts, ce sera par une large allée d'ifs taillés comme ceux de Versailles que nous irons prier le Dieu de Charlemagne, le Dieu des armées par qui règnent les rois. »

Tels étaient les gigantesques projets de l'empereur, et il faut avouer que Louis-le-Grand n'aurait pas mieux rêvé. Ces empereurs et ces rois, que Napoléon appelait *ses frères couronnés*, sont venus à Paris, voyageurs armés et traînant à leur suite huit cent mille étrangers; et l'homme qui, dans ses jours de prospérité et de puissance, avait désiré leur visite, après avoir couché au Kremlin, n'avait plus alors pour tout empire que la petite souveraineté de l'île d'Elbe.

J'ai cherché dans les siècles déjà bien loin de nous à rattacher des souvenirs historiques à ce Louvre que j'ai entrepris de décrire. En voici un qui ne date que d'une quarantaine d'années. Dans ce grand salon carré (si aimé des peintres exposants à cause de sa belle lumière) j'ai vu un autel élevé pour de grandes et mémorables épousailles, celles de Napoléon Ier, par les constitutions de la République empereur des Français, roi d'Italie, protecteur de la Confédération germanique, etc., etc. avec S. A. I. l'archiduchesse Marie-Louise d'Autriche, fille de S. M. l'empereur François II, roi de Bohême, de Hongrie, etc., etc.

L'homme ne vit que peu de temps, mais dans ce peu d'années que d'événements passent encore rapides et fugitifs sous ses yeux! De ces faits transitoires beaucoup se perdent dans l'oubli que l'âge nous amène, d'autres restent profondément gravés dans notre esprit.... Près d'un demi-siècle s'est écoulé depuis ce mariage, et il me semble voir encore les deux augustes fiancés s'avançant vers l'autel du Dieu de Jacob et de Rachel.

Depuis la porte qui ouvre du château dans la galerie du musée jusqu'au grand salon de l'Horloge, régnait de droite et de gauche un quadruple rang de banquettes recouvertes de velours cramoisi à crépines d'or. Une foule immense de Parisiens et de délégués des provinces, de curieux français et étrangers, hommes et femmes en grande toilette, robes et habits de cour, en uniforme militaire et civil, occupait ces siéges, ces places enviées et sollicitées longtemps d'avance. Ma pensée, rétrogradant d'une dizaine d'année, (de 1804 à 1793), s'étonnait encore une fois de l'inconstance française, au milieu de toutes ces *toilettes de cour*, de tous ces *habits à la française* loués chez Babin, grand fournisseur de travestissements et de mascarades. On avait beau faire, malgré soi, et en dépit de tout, on se souvenait que ce Paris, qui se faisait alors courtisan, la brette au côté et le chapeau emplumé sous le bras, avait porté la carmagnole et le bonnet rouge de Marat et du père Duchesne... Cette facilité de changer si souvent, si vite et si facilement, est par beaucoup d'écrivains appelée *légèreté*. Pour être juste, je crois qu'il faudrait lui appliquer un autre mot.

J'ai encore dans la mémoire l'expression du regard de Napoléon, c'était l'orgueil et le bonheur, le triomphe et la joie, l'ambition rassasiée et presque sans un désir... Et vraiment, que pouvait-il vouloir encore? Voyez son point de départ, et celui où il est arrivé! Aussi quel sourire sur ses lèvres! quelle fierté dans sa démarche! La couronne d'or au front, sur les épaules le manteau impérial, sa glorieuse épée au côté, il avançait sur les plus riches tapis des Gobelins et d'Aubusson sans qu'on entendît le bruit de ses pas, ni le retentissement de la marche de son long et magnifique cortége!

La petite-fille de la grande Marie-Thérèse, la nièce de la reine Marie-Antoinette, marchait de front avec lui. L'éclat de sa jeunesse brillait encore auprès du rayonnement des pierreries de son diadème et de toute sa parure : les partisans de l'empire voulaient la trouver belle, et comme dans leur conscience ils ne pouvaient prononcer le mot de *beauté*, ce qu'ils vantaient surtout c'était *son air de bonté*. On ne parlait pas de *sa grâce*, on la laissait toute à l'impératrice Joséphine.

Cette journée de l'impérial hyménée dut être cruelle pour la gracieuse et excellente femme qui avait été ointe par le pape impératrice des Français, dans la vieille basilique de Notre-Dame de Paris. Malgré toute l'amertume de sa destinée, Joséphine fit preuve de l'extrême bonté de son caractère. Elle donna une magnifique parure de rubis (les plus beaux qui fussent alors en France) à sa belle-fille, vice-reine d'Italie, pour que la charmante femme d'Eugène de Beauharnais brillât d'une manière éclatante à la cérémonie nuptiale.

Les reines de Naples, d'Espagne, de Hollande, de Westphalie et la vice-reine d'Italie, portaient la queue du lourd et long manteau de la fille des Césars, nouvelle impératrice des Français. Plus d'une fois, à ce que l'on a assuré dans le temps, Napoléon, fronçant le sourcil, s'est retourné dans sa marche pour faire signe à ses royales sœurs qu'elles laissaient trop peser le manteau sur les épaules de sa fiancée.

Après les reines marchaient *Madame mère* et les princesses de la famille impériale. Parmi elles on distinguait la jeune et charmante grande-duchesse de Bade, née Beauharnais, et fille adoptive de l'empereur. L'étiquette n'avait donné qu'un carreau à madame Lætitia Bonaparte pour s'agenouiller pendant la messe de mariage : l'empereur s'en aperçut et fit porter un fauteuil à sa mère. Cette fois le grand maître des cérémonies, le comte de Ségur, était trouvé en défaut.

Ces longues et magnifiques galeries du Louvre ont vu passer sous leurs voûtes illustrées d'allégories, chefs-d'œuvre de nos premiers peintres, de grands et historiques visiteurs. Nommons, avant tous les autres souverains, le pape Pie VII; lorsque son amour pour la religion catholique l'amena à Paris pour le sacre de Napoléon, le saint-père fut logé au château des Tuileries, au *pavillon de Flore* ; son appartement au premier étage ouvrait dans la galerie même du musée. Dans les bien rares moments de loisir dont il pouvait jouir, il aimait à venir visiter les chefs-d'œuvre des arts. Au milieu de tant de richesses artistiques, plus d'une fois, il en reconnaissait dont l'origine n'était pas française, et qu'il avait admirés ailleurs. Mais avec la résignation toute chrétienne, avec l'inaltérable douceur dont il était doué, il ne fronçait pas le sourcil et gardait sur ses lèvres son gracieux sourire.

Un matin Pie VII, accompagné de quelques personnes de sa maison, et croyant que les galeries n'étaient pas encore ouvertes à tous les Parisiens, y était entré. Il n'y avait pas encore de foule, mais un assez grand nombre d'amateurs des arts qui venaient copier et étudier les tableaux des grands maîtres. Devant une toile rappelant une scène de l'histoire romaine, était arrêté un groupe de ces jeunes hommes, que l'on reconnaît tout de suite pour *artistes* à leur mise visant à l'effet. Pie VII, qui se connaissait en tout ce qu'il y a de beau, comme en tout ce qu'il y a de bon, et qui aimait la jeunesse studieuse, s'approcha du groupe, et avec sa grâce et sa bonté ordinaire, adressa quelques paroles d'encouragement et de louange au jeune peintre qui copiait l'œuvre d'un des plus grands maîtres de l'école italienne. Tous ceux qui s'étaient arrêtés devant ce tableau, à l'approche du vénérable souverain pontife, s'étaient découverts; un seul gardait sa toque sur sa tête, et c'était l'artiste à qui le pape venait de dire quelques mots. L'élève de Voltaire et de Jean-Jacques, dans son grossier et stupide orgueil, persistant dans son insolente malhonnêteté, le vicaire du Dieu qui pardonne, s'approchant de lui, lui donna sa bénédiction et ajouta d'une voix toute paternelle : « Jeune homme, je vous bénis, la bénédiction d'un vieillard n'a jamais porté malheur à personne. »

Ces paroles, si remplies de mansuétude, produisirent un grand effet sur toutes les personnes à portée de les avoir entendues ; l'homme à qui elles avaient été adressées demeura seul impassible dans son orgueil impie ; *demeura impassible* ce jour-là, mais je me persuade que la bénédiction du Saint-Père ne demeura pas inefficace sur celui à qui elle avait été donnée ; la grâce divine, comme la rosée, tombant des nuées, n'agit pas tout de suite; quelquefois son effet est soudain, éclatant, d'autres fois lent et caché. Eh bien, il en aura été ainsi pour le jeune peintre, esprit fort; la bénédiction tombée sur sa tête aura pénétré en lui, et, à son insu, aura plus tard fait germer en son esprit quelque bonne pensée. A la campagne, vous avez parfois remarqué un jeune arbre dont le feuillage est moins frais, moins verdoyant que la végétation qui le touche et l'entoure; c'est que l'humidité fécondante indispensable à toute plante n'est pas parvenue à ses racines qui ont eu soif de la pluie du ciel qui a coulé ailleurs. Laissez venir le jour où une autre ondée tombera d'en haut, la brise propice poussera de son souffle les gouttes de pluie sur l'arbrisseau aux racines desséchées, et bientôt vous verrez sa verdure native reparaître, et de nouvelles feuilles s'entr'ouvrir.

Je viens d'écrire ces mots: *l'humidité fécondante est indispensable à toute plante*. La grâce divine aussi est indispensable à toute âme, et elle nous vient sans que nous la voyions, sans que nous l'entendions descendre. Elle sera ainsi venue, j'en ai l'espérance, au jeune peintre béni par Pie VII.

Un pape, arrivant en plein dix-neuvième siècle dans la ville des philosophes, dans la Babylone moderne, qui avait répandu le sang des rois et des reines, des pontifes et des vierges, des religieux et des justes, ne pouvait être que l'accomplissement d'un grand et impérieux devoir, celui de conserver à la France le catholicisme que les philosophes avaient juré d'éteindre dans le pays régénéré par la RAISON et par *le code des droits de l'homme!*

Un refus de venir oindre le jeune victorieux qui déposait le casque pour ceindre son front de la couronne, aurait pu faire éclater une colère dont les suites auraient été fatales à cette nation longtemps appelée *la fille ainée de l'Église.*

A cette époque, l'indifférence en matière religieuse était la maladie de bien des cerveaux, et beaucoup de Français, imbus des principes nouveaux, auraient penché vers le protestantisme préconisé par l'école philosophique. Dans de telles circonstances, nous le répétons, c'était un devoir pour le chef de l'Église catholique, apostolique et romaine, de se rendre aux désirs du général Bonaparte, prêt à s'asseoir sur le trône impérial.

Lorsque le vénérable vicaire du Dieu crucifié eut répondu officiellement à notre ambassadeur à Rome qu'il consentait à venir prochainement sacrer le nouveau souverain de la France, il y eut une grande joie dans le parti bonapartiste; mais parmi les vieux révolutionnaires, ce fut un cri de rage qui retentit à Paris et dans les provinces, à entendre ces incorrigibles survivants de Marat, de Danton et de Robespierre, *le pays qu'ils avaient tiré des ténèbres de la superstition allait retomber dans l'épaisse nuit des préjugés et de l'ignorance, pour croupir de nouveau sous le joug des prêtres et des moines.*

En entendant ce langage, en étudiant la force du parti hostile à la religion catholique, beaucoup d'honnêtes gens, par nature timides, redoutaient la venue du Saint-Père au milieu de tant d'éléments divers, et sur un sol encore tout tremblant des secousses révolutionnaires qui l'avaient si rudement et si longtemps ébranlé! Pour ceux qui connaissaient à fond la France nouvelle, France sans foi, et sans respect pour les choses du passé, ces frayeurs, ces appréhensions n'étaient pas sans fondement, et réellement, sous le point de vue humain, on pouvait alors redouter des scandales pour le monde et des humiliations pour le chef visible de l'Eglise. Mais le Seigneur qui tient en ses mains puissantes les cœurs de tous les hommes, et qui les pétrit à son gré, cette fois encore dérouta la sagesse du monde.

Le vicaire de Jésus-Christ, dès qu'il eut mis le pied en France, eut à se féliciter de la résolution qu'il venait de prendre ; les populations des villes et des campagnes du midi, vives et enthousiastes, se levaient en masse, couraient au-devant du souverain pontife, et dès qu'ils l'apercevaient se jetaient à genoux dans la poussière pour recevoir sa bénédiction. Tant d'empressement, tant de foi, tant de respect dans un peuple que Dieu (pour le punir) avait livré au gouvernement des philosophes voltairiens, étonnaient le Saint-Père et remplissaient son cœur d'une vive et pieuse gratitude ; et c'était avec ravissement, qu'élevant les mains au ciel, il en faisait descendre les bénédictions sur l'immense multitude prosternée.

Les royalistes, qui avaient tant souffert de la révolution de 1789, et qui restaient victimes de ses œuvres et opposés au nouvel ordre de choses, disaient : Les provinces méridionales, renommées de tout temps par leur amour de la religion, ont dû recevoir le pape avec les transports qu'ils font éclater ; ce n'est pas dans ces pieuses contrées que le scandale des mauvaises opinions éclatera, ce sera à Paris !.. Paris, la ville athée et régicide, où le peuple a foulé aux pieds les choses saintes, et que l'on a vu dansant sur les débris des autels et des trônes ! Eh bien ! en pensant ainsi, on se trompait grandement, et ce fut au milieu d'acclamations de joie, de vivats, et de cris de : BÉNISSEZ-NOUS, BÉNISSEZ-NOUS, SAINT-PÈRE ! que le père commun des fidèles fit son entrée dans Paris, dans ce Paris berceau du philosophisme.

La France et l'Europe s'étonnèrent de ces égards, de ces hommages, et Pie VII en fut profondément touché ; de bonne heure tous les jours une foule nombreuse stationnait et sur le quai et sur la place du Carrousel, attendant le moment où les fenêtres de la chambre du pape s'ouvriraient. A ce moment, et dès que le saint pontife se montrait, les cris de Bénissez-nous ! bénissez-nous, Saint-Père ! recommençaient, s'élevant de la multitude agenouillée sur le pavé ; et, parmi tous ces chrétiens rassemblés par une pensée de foi, on distinguait souvent de vieux soldats de cette terrible république qui venait de bouleverser le monde. La douceur paternelle d'un vieillard qui avait souffert avec résignation et dignité opérait ces miracles.

La bénédiction que le peuple parisien demandait chaque matin avait encore lieu chaque soir ; et pendant tout le temps que le Saint-Père passa à Paris, la foule des fidèles était aux aguets pour savoir chaque jour où sa Sainteté porterait ses pas pour se trouver sur son passage et la saluer de nouveau.

Lorsque l'on a été témoin de cette soudaine transformation du peuple qui s'était, quelques années avant, jeté, corps perdu, dans toutes les saturnales ensanglantées de la république, on ne désespère pas de lui ; sans doute cette mobilité ne rehausse pas son caractère, mais en pensant à ses inconstances, on peut se dire, il changera encore et il adorera de nouveau ce qu'il a brûlé.

Sept ou huit ans après le séjour de Pie VII à Paris, d'autres grands visiteurs firent résonner leurs pas dans les grandes galeries du Louvre ; les aigles de l'empire ayant pris leur vol s'étaient abattus presque sur toutes les capitales de l'Europe ; mais depuis que les conquérants se sont mis à parcourir le monde pour en changer la face, n'a-t-on pas toujours vu que le vent de la fortune est inconstant et passe en un clin-d'œil d'un drapeau à un autre ? Cette inconstance de la prospérité que les siècles passés avaient vue, notre siècle l'a vue, et l'aigle qui avait porté ses foudres partout à son tour a été foudroyé.

C'est alors que les empereurs et les rois, terribles voyageurs armés, ont visité le Louvre, le Louvre, enrichi par nos victoires !..... Sous les voûtes de nos musées plusieurs d'entre eux ont pu reconnaître ce que leurs longues défaites nous avaient laissé prendre ; et, chose inouïe dans les annales des guerres, ceux qui avaient été vaincus et que l'inconstance de la fortune venait d'amener vainqueurs à Paris, laissèrent, en 1814, à la France toutes les dépouilles opimes que ses mains puissantes avaient enlevées à Bruxelles, à Bruges, à Anvers, à la Haie, à Munich, à Vienne, à Prague, à Berlin, à Varsovie, à Madrid, à Tolède, à Cordoue, à Lisbonne, à Gênes, à Milan, à Naples, à Florence et à Rome. Pour avoir été traitée ainsi, traitée avec tant d'égards par les étrangers, il faut qu'entre toutes les nations la France ait été regardée comme bien grande, bien puissante et bien noble ! Si la parole donnée par le grand vaincu d'alors avait été tenue, si l'île d'Elbe l'avait mieux gardé, tous les trésors, tous les chefs-d'œuvre récoltés dans les capitales de l'Europe seraient encore dans notre royal Louvre. Au retour des Bourbons, aucune main ne voulut les reprendre.

Napoléon aimait le Louvre, et, alors même qu'on aurait pu le croire absorbé par ses préoccupations guerrières et par les embarras sans cesse renaissants que lui suscitaient les coalitions européennes, il y faisait toujours travailler; il y a eu un temps où, dans nos campagnes, on ne trouvait plus de bras d'hommes pour remuer la terre et cultiver les champs, l'empereur en a toujours eu pour ses travaux de Paris.

Assainir, embellir la capitale d'un grand et puissant empire, c'est bien, c'est une vraie et bonne pensée de monarque; mais il ne faut pas que tous les bras soient employés pour les embellissements et les monuments de luxe. La terre en réclame aussi pour ses sillons et ses défrichements : le père de la patrie doit se préoccuper de la *métairie* au moins autant que du *palais*.

Dieu a voulu que le pauvre qui revient, après des années de bannissement, à sa cabane natale, éprouvât autant de joie que le roi, qui, après l'exil, rentre dans le palais paternel. J'ai vu en 1814 et 1815 des bannis de tous rangs, de toutes classes, revenir aux lieux où ils étaient nés, et je me suis convaincu que le cœur du monarque ressemble beaucoup à celui du sujet. Les Bourbons rentrant en France et revoyant la maison de leur père, pleuraient de joie comme de simples hommes.

S. A. R. Monsieur, comte d'Artois, était tellement transporté de bonheur le jour où il est rentré au château des Tuileries, que, sur le grand escalier, il embrassait tous ceux qu'il y rencontrait. Au Palais-Royal, c'étaient les mêmes scènes et la même joie.

Ce fut alors que Monsieur, en retrouvant le Louvre et

les Tuileries si complétement réparés, dit à ceux qui se pressaient sur ses pas : *Ma foi, il faut avouer que le général Bonaparte était un excellent locataire!*

Le surlendemain de son entrée à Paris, Monsieur alla visiter le Louvre. Après en avoir parcouru les salles et les galeries, et s'être réjoui de tous les trésors, de toutes les merveilles qu'il venait d'y admirer, le gentilhomme de service qui l'avait accompagné proposa à son altesse royale de rentrer aux Tuileries par la galerie du Musée. « Avant de retourner au château, répondit le prince, allons à la paroisse du Louvre, à Saint-Germain-l'Auxerrois, remercier Dieu qui nous a fait rentrer dans la maison de nos pères. »

Louis XVIII suivit de près; son bonheur fut moins expansif que celui de son frère: *lui se modelait toujours sur l'antique*, et, quand il se retrouva sous le toit de ses aïeux, ont eût dit le vieux Priam rendu à ses pénates, à ses dieux domestiques.

Quant à madame la duchesse d'Angoulême, que le frère de Louis XVI appelait *son Antigone*, les Tuileries (d'où elle était sortie à douze ans avec son père, sa mère, son frère et sa tante pour aller souffrir, gémir et prier à la prison du Temple) lui offrirent de si cruels souvenirs, que la joie du retour fut noyée dans ses larmes. Une foule immense de femmes de tous rangs et de toutes classes attendaient dans le vestibule du château l'auguste fille de Louis XVI et de Marie-Antoinette. Dès que le pied de la princesse eut franchi le seuil de la grande entrée, toute cette foule, et sous le péristyle, et sur les marches de l'escalier, et dans la salle des maréchaux, tombait à genoux comme devant une sainte, et mille voix lui crièrent : « *Fille de saint Louis, bénissez-nous! bénissez-nous!*

Ces mêmes paroles étaient, il y a quelques années, répétées sur la terre étrangère, tout proche de la frontière de Hongrie. Lorsque l'auguste tante de monseigneur le comte de Chambord se promenait dans la campagne, les pauvres paysans se prosternaient sur son passage, en lui criant : *Bénissez-nous! bénissez-nous!* Le peuple qui bannit les saints et qui éloigne de lui les providences terrestres, a-t-il le droit de se vanter de sa civilisation?

Tout était *méthodiquement réglé* dans la vie du roi législateur auteur de la Charte ; il commença donc par rendre les honneurs funèbres à son frère et prédécesseur Louis XVI, à la reine Marie-Antoinette, au petit roi Louis XVII et à madame Elisabeth. Ces pieux devoirs accomplis, il voulut visiter le Louvre, et ce fut par la porte qui communique du château des Tuileries dans la galerie du Musée que le prince infirme et goutteux se fit pousser dans son fauteuil à roulettes par ses gens de service, et escorté de ses vieux amis de l'exil et des nouveaux que la bonne fortune venait de lui donner. Cette visite, cette exploration, ravirent le petit-fils de Louis-le-Grand ; il en revint enthousiasmé. Sans la sagesse qui réglait toutes ses actions, il aurait fait continuer sans retard de grands travaux ; mais il y avait dans son royaume beaucoup de misère, beaucoup de veuves et d'orphelins à secourir après de si longues guerres, et il pensa qu'avant toute autre dépense il fallait faire passer celles qui pourraient consoler des douleurs et cicatriser des plaies.

Le roi se borna donc à quelques travaux extérieurs aux

façades du Louvre. Alors (il faut bien le dire) recommença la guerre aux emblèmes politiques. Napoléon avait prodigué les N couronnées sur les murs du palais de Philippe-Auguste et de François Ier, Louis XVIII les fit disparaître pour y substituer les deux L croisées, et de nouveau les abeilles et les aigles furent remplacées par les fleurs de lis.

Au Louvre, Charles X a décerné au milieu de toutes les merveilles que les siècles et la victoire ont données à la France, des prix, des cordons, des croix, des médailles à toutes les célébrités de son temps. Un de nos premiers graveurs a reproduit cette fête des beaux-arts donnée dans la grande galerie du Louvre. Accorder des grâces, distribuer des récompenses, donner des croix, des cordons, des pensions au talent, au mérite, à l'honneur, doit être un des plus grands bonheurs de la royauté. Charles X jouissait mieux que tout autre de ce plaisir de roi. Parmi les porteurs de couronnes, pas un ne savait aussi bien que lui rehausser par la grâce le prix d'un bienfait. C'était de son cœur que partaient ces mots qui consolent et qui récompensent : aussi jamais avénement de prince au trône ne fut salué par autant d'enthousiasme, par autant d'heureux présages que celui du frère de Louis XVIII. Le comte d'Artois, devenu Charles X, est resté ce que Dieu l'avait fait, franc, loyal, généreux, magnifique dans ses largesses et constant dans ses amitiés.

Les infirmités que nous ressentons tous plus ou moins depuis le péché du premier homme atteignent les majestés de la terre comme les derniers de leurs sujets. Louis XVIII, perclus de goutte, ayant éprouvé de la fatigue à aller au

Palais-Bourbon faire l'ouverture de la Chambre législative et la Chambre des Pairs, a plusieurs fois ouvert les sessions et prononcé le discours de la couronne dans le grand salon du Louvre. Le roi législateur aimait les solennités politiques, et ce n'était pas sans pompe et sans dignité que le petit-fils de Louis XIV entrait dans cette salle; il y arrivait par la porte des Tuileries précédé de ses fidèles gardes-du-corps et entouré des hauts dignitaires de l'État, des ministres et des membres des deux Chambres, rayonnants de fleurs de lis d'argent et d'or.

Monseigneur le duc de Berry, amateur éclairé et protecteur généreux des arts, aimait à venir rêver dans la grande galerie du Louvre, bien avant l'heure où elle était ouverte au public; il y arrivait seul par le pavillon de Flore. Les princes, comme nous autres simples mortels, aiment les tableaux de famille. Souvent donc le fils de Charles X se sera arrêté devant les tableaux rappelant la mémoire de Henri IV. Lorsqu'il laissait, en face de ces souvenirs, aller son imagination, combien le généreux prince devait être loin de penser qu'un jour il mourrait de la même mort que son royal et vaillant devancier, et que, dans la même salle du Louvre où le corps du meilleur des rois avait été exposé aux regrets des bons Français, le sien, aussi percé du poignard d'un assassin, serait couché sur un lit funéraire, au milieu de toutes les pompes de la mort, pour être encore, comme Henri de Navarre, porté au caveau de famille de Saint-Denis!

Les palais des rois de la terre ont besoin d'être visités par le Roi du ciel. Aussi lorsque la France s'enorgueillissait d'être la fille aînée de l'Église, le Louvre n'était jamais aussi beau, aussi magnifique que le jour de la Fête-Dieu. Pour cette grande solennité, il se parait comme un époux pour son épouse, comme un fils qui va recevoir son père sous son toit !

Alors la demeure royale s'embellissait de toutes les merveilles des arts : les plus magnifiques tapisseries de la couronne, les chefs-d'œuvre des Gobelins, étaient tendus aux murailles des portiques et des vestibules ; le pavé avait disparu sous des fleurs effeuillées, sous des litières de roses ; les vases contenant les bouquets des reposoirs étaient admirables de forme et de couleur et sortaient de la royale manufacture de Sèvres.

Dès la matin de la plus belle des fêtes, le roi se rendait à sa paroisse de Saint-Germain-l'Auxerrois et y communiait. Je l'ai vu en 1828 agenouillé à la table sainte, entre son fils M. le Dauphin et madame la Dauphine, fille des martyrs. La grand'messe paroissiale terminée, il se fit un mouvement dans l'église : la croix de vermeil, la bannière de pourpre, les grands flambeaux, les torches de cire, les reliquaires portés sur les épaules de lévites vêtus d'aubes de dentelles, descendirent du sanctuaire précédant les chanoines et les autres prêtres marchant sur deux lignes en chapes de brocard, de velours et de drap d'or. Entre les rangs des vétérans du sanctuaire, rien de plus gracieux que de voir de jeunes enfants couronnés de guirlandes et jetant de leurs légères corbeilles une vraie pluie de fleurs, celle des champs, ce jour-là ; les coquelicots et les bluets formaient tapis sur le pavé de Paris. Au-dessus des têtes de ces petits anges de la terre on voyait s'élever et retomber pour s'élever encore, les urnes flottantes des parfums. Puis enfin, et comme au bout d'une longue avenue mouvante, voici venir sous le dais, dont les gros panaches blancs ondulent majestueusement, la rayonnante Eucharistie portée par le curé de la paroisse des rois... A quelque pas du Dieu de l'univers, cet homme dont les cheveux ont blanchi sur la terre d'exil, et dont la taille a conservé toute la grâce de sa race, c'est Charles X, marchant à la suite de son Dieu, avec ses enfants, et au milieu de son peuple. Tant de bonheur, tant de sainte joie se révèlent sur sa belle figure. Les hérauts d'armes avec leurs dalmatiques fleurdelisées, les fidèles gardes-du-corps recrutés dans les familles les plus dévouées, les dignitaires de la maison du roi ajoutent ainsi les illustrations *du château* aux magnificences de l'église paroissiale. En avant de la façade qui regarde l'Académie française, le Louvre a élevé un reposoir plus riche, plus magnifique que tous les autres : c'est là que la bénédiction du Saint-Sacrement descend sur le roi, sur les princes, sur les grands seigneurs et sur les pauvres, sur l'artisan et sur le soldat, sur les femmes, les enfants et les vieillards.

Ce que nous avons vu, nos enfants le verront-ils? Espérons-le, car la France a plusieurs illustres patrons dans le ciel.

Lorsque les petits-fils de Louis XIV, après plus de vingt-cinq années d'exil, rentrèrent dans les palais de leurs pères, ils ne durent pas, en s'occupant du bonheur général de la France, oublier le bien-être des compagnons de leur bannissement. A ce beau moment du retour, dans ce délire de joie, dans cette ivresse de bonheur, qui nous faisaient tous croire que la discorde et les divisions ne surgiraient jamais plus parmi nous, Monsieur comte d'Artois, fit nommer par le roi son frère le comte de Vaudreuil, ancien grand fauconnier, gouverneur du Louvre. Cet homme d'esprit et de cœur, fort en faveur à la cour de Louis XVI et de la reine Marie-Antoinette, avait toujours été l'ami éclairé des arts et des artistes; c'était donc un excellent choix que Monsieur avait fait faire au roi.

Je connais encore à Paris des peintres et des statuaires qui ne parlent du comte de Vaudreuil qu'avec des regrets que le temps n'a pu user. Les années qui font oublier tant de choses ne sont pas parvenues non plus à effacer de ma mémoire un trait qui rappelle cette bonne et pieuse amitié que Louis IX portait au sire de Joinville. Le Louvre a été témoin de ce trait, qui m'a été raconté dans la chambre même où il s'est passé.

Rien d'aussi bon que les vieilles amitiés, le temps qui nuit à tant de choses, leur est utile et favorable, il les épure, les éprouve et souvent les sanctifie. M. le comte d'Artois et M. de Vaudreuil s'étaient liés au milieu des plaisirs et des enivrements de la cour; tous deux étaient jeunes, et la légèreté de leur âge ne leur manqua pas tant que brillèrent les jours prospères; mais dès que ceux de l'adversité se levèrent sombres, lugubres et menaçants, leur liaison perdit de sa frivolité, mais resserra sérieusement ses liens : le lierre croît dans les mauvais comme dans les bons terrains, l'amitié grandit sur la terre étrangère comme sur la terre natale.

Sous l'infortune que Dieu envoie, souvent il y a comme cachée une grâce miséricordieuse; ce ne fut donc point en vain que la main rude du malheur pesa sur M. le comte d'Artois: *il pleura, et il crut.* Cette foi vive, cette piété ardente qui étaient devenues le baume de son âme pendant l'émigration, ne pouvaient que s'accroître lorsqu'arriva la fin de l'exil, car quelle est l'âme noble qui ne se rapproche pas davantage de Dieu quand elle reçoit de lui un bienfait?

Pour son ami, pour son frère en chevalerie (le comte de Vaudreuil était aussi chevalier des ordres), M. le comte d'Artois se félicitait chaque jour d'avoir obtenu le gouvernement du Louvre, car tout ce qui tenait aux beaux-arts chantait les louanges du grand seigneur, homme de goût et de gracieux accueil que le roi avait nommé. Une des plus douces joies de ce monde, c'est d'entendre louer ceux que nous aimons; cette joie venait continuellement au cœur du prince.

Au pavillon Marsan, un matin, il était question d'un concert que le comte et la comtesse de Vaudreuil devaient donner dans leur bel appartement du Louvre; Monsieur demanda quand cette soirée, qui devait être mêlée de proverbes et de musique, aurait lieu, et quelqu'un de sa maison répondit: « Elle sera retardée, car M. de Vaudreuil est malade.

— Depuis quand donc? je l'ai vu avant-hier, dit le prince.

— Cette nuit, il a causé une assez vive inquiétude à sa famille, » ajouta M. de Menars.

Monsieur n'eut pas besoin d'en entendre davantage, et tout de suite il descendit rapidement l'escalier, traversa le Carrousel d'un pas leste, arriva en quelques minutes chez le comte et fut sur-le-champ rassuré; la crise de la nuit était passée, la fièvre aussi; il ne restait que de la lassitude et un peu d'oppression.

« Puisqu'il est aussi bien, je vais aller m'asseoir quelques minutes auprès de son lit, et le gronder de ne m'avoir pas fait avertir, alors qu'il vous avait tous effrayés. » Disant ces mots, M. le comte d'Artois entra chez son ami; un regard du prince fit aussitôt comprendre aux personnes qui étaient dans la chambre qu'il serait bien aise d'être seul avec le malade. Tout le monde sortit.

M. de Vaudreuil s'était soulevé de dessus ses oreillers pour témoigner à son auguste et chaleureux ami toute sa gratitude ; Monsieur le fit se recoucher et s'assit sur le lit. Alors entre le frère du roi et le gentilhomme français, les doux épanchements commencèrent, comme jadis il y en avait eu entre saint Louis et le loyal sénéchal de Champagne. Il y a des races qui conservent à travers les siècles leur type primitif : celle des Bourbons est de ce nombre.

Le prince tenait la main du comte, qui lui racontait comment, la veille au soir, quelques instants après être rentré dans sa chambre, en ôtant son cordon bleu et en plaçant sa plaque du Saint-Esprit sur un guéridon, près de la cheminée, il avait tout à coup senti un grand serrement de tête suivi d'un tel étourdissement, que, sans son valet de chambre, il serait tombé sur le tapis.

« Vaudreuil, c'est un avertissement comme nous en recevons presque tous à notre âge.

— Eh! mon Dieu, oui, c'est la tête qui pèche la dernière ; pourquoi bouillonne-t-elle ainsi quand le cœur devient si calme?

— Je ne pourrais guère te le bien expliquer ; je t'enverrai aujourd'hui *le père Elysée* (1) : tu sais son profond savoir en anatomie, il répondra à ce que tu me demandes. Moi, j'ai de mon côté, une question à te faire : je vois là, devant moi, ton cordon et ta plaque ; te souviens-tu qu'à Londres, dans Baker-Street, quand tu pleurais avec moi, je fis vœu de réparer un oubli, une négligence coupable, le jour où

(1) Ancien frère de Saint-Cosme et excellent médecin-chirurgien.

mon frère Louis XVI m'avait passé le collier, et reçu mon serment? Comme chevalier des ordres, j'avais pris l'engagement solennel de réciter chaque jour *le petit office du Saint-Esprit*, et cependant, durant un grand nombre d'années, tout entier au monde, sans scrupule, j'ai omis ce devoir.

— Monsieur a bien réparé depuis.

— Je fais de mon mieux pour ne plus oublier; mais toi, vieux camarade, je crains bien que mon mauvais exemple n'ait agi sur ta mémoire, et que tu n'aies aussi oublié.

— La crainte de Monsieur n'est, hélas! que trop fondée; je suis encore coupable, et cependant j'ai votre exemple.

— Tiens, Vaudreuil, il faut en finir; nous avons marché ensemble dans de mauvais sentiers, ensemble il faut maintenant suivre les bons; tous deux, nous ne sommes plus jeunes, et tous les deux nous avons reçu des avertissements, moi, il y a quelque temps, toi, hier. Crois-tu avoir encore ton livre du petit office?

— Je le chercherai.

— Ne te donne pas ce soin, demain je reviendrai, et t'en apporterai un, et nous dirons notre office ensemble. Dieu aime, tu le sais, les prières en commun. »

A ces mots, si affectueusement dits, M. de Vaudreuil se courba sur la main du digne descendant de saint Louis, et la baisa en la mouillant de ses larmes; très-ému lui-même, le prince sortit de la chambre, en répétant : « A demain, à demain! »

Le lendemain Monsieur fut exact; et ce fut chose touchante (quand la comtesse de Vaudreuil et quelques amis furent sortis de la chambre) que de voir le frère du roi agenouillé près du lit de son vieil ami, récitant alternativement

..... et pardessus tout, il était fortement remué par cette voix d'un fils de France priant pour lui.

avec lui les versets de l'office du Saint-Esprit. Pour arriver au cœur, la grâce d'en haut a bien des moyens ; elle pénétra facilement dans la belle âme du comte : il avait fait de graves études, il aimait la bonne latinité, il admirait la divine poésie des psaumes, et par dessus tout, il était fortement remué par cette voix d'un fils de France priant avec lui. Sous les voûtes de cet antique Louvre, palais de nos anciens monarques, de ce lieu, berceau des rois très-chrétiens, que de pieux élans, que de ferventes supplications pour le bonheur de la France seront montés vers le Roi des rois!

Ce qu'avait éprouvé le comte de Vaudreuil fut plus sérieux qu'on ne l'avait cru d'abord ; d'autres symptômes fâcheux suivirent et commencèrent à inquiéter la famille et les nombreux amis du gouverneur du Louvre. Nous savons tous comme le mal va vite, comme l'inquiétude arrive, et comme l'espérance s'en va. M. de Vaudreuil perdait chaque jour de sa force physique, mais plus que jamais ses facultés intellectuelles rayonnaient d'un éclat céleste ; l'heure du jour qu'il attendait le plus impatiemment, c'était celle choisie par Monsieur pour la prière et l'entretien d'amitié et d'édification. Hélas ! arriva bientôt le jour où M. le comte d'Artois s'agenouilla encore auprès du lit du comte de Vaudreuil, mais, cette fois, ce ne fut pas pour réciter avec lui l'office du Saint-Esprit, mais pour joindre sa voix à celle de l'abbé de Latille, disant alors, au milieu des larmes de la famille, les saisissantes prières des agonisants. Parmi toutes les voix, le comte de Vaudreuil reconnut celle de son royal ami, et lui tendit sa main presque déjà glacée, en murmurant ces mots : *J'avais toujours espéré mourir avant vous, monseigneur,... Dieu a exaucé mes vœux,... il vous a ramené en France... Vous y êtes aimé, béni, adoré;... vous êtes un saint!, priez, priez pour moi!* Après ces paroles, entrecoupées par le râle de l'agonie, le moribond essaya de porter à ses lèvres la main de Monsieur, mais le prince, prenant le crucifix que tenait un des fils du comte, l'approcha des lèvres pâles de son vieil ami, qui rendit l'âme en baisant les pieds du Sauveur.

Noble et bon comte de Vaudreuil, ah! vous avez bien fait de mourir avant le prince qui devait être votre roi! Vous avez quitté ce monde en croyant que votre auguste ami en avait fini avec la mauvaise fortune et l'exil. Vous, vous dormez votre sommeil dans votre tombe de Saint-Germain-l'Auxerrois, royale paroisse du Louvre; et lui, banni une troisième fois, est couché auprès d'un de ses fils et de la fille de Louis XVI et de Marie-Antoinette, dans l'humble caveau des franciscains de Goritz à 300 lieues de la France! De là reviendront-ils jamais aux caveaux de Saint-Denis? Dieu a ses décrets, et l'imprévu est dans ses puissantes mains!

Le comte d'Autichamps, autre gentilhomme de vieille roche, et, comme le comte de Vaudreuil, modèle de loyauté, de franchise et de fidélité éprouvée, lui succéda au gouvernement du Louvre. L'inconstance française ayant fait éclater, en 1830, une nouvelle révolution qui mettait le duc d'Orléans sur le trône du roi Charles X, le duc de Choiseul fut nommé gouverneur du Louvre. Ce fut par les fenêtres du Louvre, par celles qui donnent sur le jardin de l'Infante que les *les héros des trois journées de* 1830 entrèrent dans le palais de nos anciens rois pour en bannir trois générations. Alors que Paris en révolte élevait des barricades et tirait des coups de fusils du fond des caves et du haut des greniers contre nos braves soldats, le général à qui le commandement suprême avait été donné, s'était empressé de faire occuper les salles et galeries du premier étage du Louvre par deux régiments suisses. Du dehors, dans les rues, les mutins apercevaient aux fenêtres ces étrangers esclaves de leurs serments et dont les pères avaient été naturalisés *Français* par leur fidélité et leur courage dans la sanglante et néfaste journée du 10 août 1792, et, tant que ces hommes à l'épreuve de la corruption occupèrent ce poste d'une manière apparente, les révoltés se tenaient à distance. Mais un malheureux ordre ayant été donné par le commandant en chef de la garnison de Paris, les Suisses eurent à descendre des étages supérieurs et à venir stationner dans la cour d'honneur, pour de là se porter où l'émeute se montrait menaçante. Dès que la foule n'aperçut plus les Suisses aux fenêtres avec leurs armes chargées, toute cette multitude fit irruption dans les jardins qui bordent les quais, et, à l'aide de baraques de bois appuyées aux murs du palais pour abriter les tailleurs de pierres, *les gamins devenus historiques* montèrent sur les toits en appentis de ces ateliers, escaladèrent les croisées et pénétrèrent dans les galeries; de là, des coups de fusils furent tirés sur les Suisses entassés dans la cour carrée;... alors tout fut fini. Le Louvre et les Tuileries furent abandonnés,... et, un peu plus tard, Saint-Cloud. Dès que la tourmente des journées de juillet fut apaisée, dès que les traces du vandalisme stupide et impie commencèrent à s'effacer dans l'église de Saint-Germain-l'Auxerrois, le nouveau roi, sans bruit et sans ostentation, commença des travaux dans l'intérieur du Louvre, et fit d'abord restaurer les chambres de la *reine Marguerite, celle de Marie de Médicis et de Henri IV.*

Louis-Philippe avait toujours *aimé la truelle;* il s'entendait en travaux, en constructions, et avait une confiance sans bornes dans son fidèle architecte Fontaine. Sous son règne de dix-huit ans, beaucoup de démolitions eurent lieu sur le Carrousel, et l'aile du côté de la rue de Rivoli s'allongea un peu pour rejoindre le Louvre.

L'idée fixe de Louis-Philippe n'était pas l'achèvement de ce palais, c'était Versailles, et certes, il l'a menée à bien. Sans doute, les chefs-d'œuvre sont peu nombreux dans les *galeries* des *gloires françaises*, et toutes ne sont pas assez pures; mais, grâce à cette exhibition, la vie et le mouvement sont en partie revenus à la ville veuve des rois. LA SALLE DES CROISADES est née d'une pensée digne de Louis-le-Grand.

Pendant bien peu de temps une statue équestre du duc d'Orléans a occupé le milieu de la cour d'honneur du Louvre; le jour de son inauguration avait été une brillante fête pour la famille et les partisans du jeune et vaillant prince compagnon d'armes de nos soldats; mais ce jour de gloire touchait presque à ceux de 1848. La république, dès qu'elle se sentit vivre, décréta que là où il y avait eu un hommage rendu à un prince d'Orléans, on consacrerait un monument funèbre aux citoyens morts en combattant pour le triomphe de la défense des lois... Nous sommes accoutumés, depuis soixante ans, à voir bien des décrets émanés de différents pouvoirs rester à l'état de décret et n'avoir pas même le plus petit commencement d'exécution : c'est ce qui est arrivé à celui concernant les républicains de la veille, et qui devait être une des illustrations DU PALAIS DU PEUPLE.

D'après les plans actuels, une fontaine jaillissante, et

en parfaite harmonie avec les ornements des quatre façades intérieures, va s'élever sur l'emplacement de la statue du père du comte de Paris. Il reste une autre statue de ce prince ; elle est sur sa tombe dans la chapelle de Saint-Ferdinand, tout près du château de Neuilly, à l'endroit même où il a rendu le dernier soupir. J'aime mieux que l'hommage rendu à un mort soit près d'un sanctuaire que sur la place publique ; ce que la religion garde est bien gardé.

Ce nom de PALAIS DU PEUPLE a passé lui-même pour aller tomber dans l'oubli, comme tant d'autres choses pompeuses que les siècles à venir avaient été chargés de conserver *à perpétuité!*

Cette république, qu'il m'a bien fallu nommer pour mémoire, n'a pas tout à fait perdu son temps ; sa Chambre législative a voté deux millions pour les travaux d'ornement et de restauration du Louvre. Elle a accordé aussi des crédits nécessaires au déblaiement de la place du Carrousel.

Ce n'est plus la vieille monarchie, ce n'est plus la grande et terrible république, ce n'est plus le consulat, ce n'est plus l'empire de Napoléon Ier, ce n'est plus la restauration, ce n'est plus 1830, ni la république de 1848 : c'est l'empire sous Napoléon III qui a promis le complet achèvement de l'ancien palais de nos rois. Au train dont les travaux sont poussés depuis dix-huit mois, on peut espérer que cette œuvre immense et tant désirée sera bien près d'être accomplie dans quatre ans.

Le comte de Nieuverkerke est aujourd'hui directeur des musées du Louvre et de la France, c'est un grand artiste ;

élevé à la surveillance des beaux-arts. *Savoir* oblige comme noblesse : M. le comte de Nieuverkerke a les deux.

D'après la pensée dirigeante, le Louvre ne doit plus être un palais comme les autres résidences de souverain; le Louvre ce sera *le cœur du gouvernement sous une armure de bonne trempe;* ses murailles seront belles et élevées, mais fortes et bien gardées, son enceinte à l'abri de tout coup de main. Lorsque Louis XIV alla asseoir son imposante majesté à Versailles, il voulut avoir tous les hôtels des différents ministères presque attenant au royal château. Au Louvre (tel qu'on dit qu'il doit être), l'ensemble gouvernemental sera encore plus resserré. Rien ne pourra plus séparer, isoler les membres agissants de la tête qui règle et qui commande : ministères, imprimeries, télégraphes, casernes, fantassins, cavaliers, artilleurs, officiers, généraux, conseillers, tout ce qui agit, tout ce qui garde, tout ce qui défend sera là sous la main du chef de l'Etat. Et si, dans des circonstances critiques, les rues conduisant à ce centre des arts et de la force, si les voies visibles étaient coupées ou interceptées, des voies souterraines de communication existeraient toujours du dehors au dedans et du dedans au dehors. La prévoyance, l'habileté, la sagesse humaine peuvent-elles jamais rien inventer de plus complet pour la défense de l'ordre et le salut de tous? Je ne le crois pas, et cependant j'applaudirais à la main chrétienne et pieuse qui graverait bien creux dans le granit de la grande porte du Louvre ces deux versets des psaumes :

Nisi Dominus œdificaverit domum, in vanum laboraverunt qui œdificant eam.

Nisi Dominus custodierit civitatem, frustrà vigilat qui custodit eam.

(26ᵐᵉ PSAUME.)

J'ai écrit plus loin dans cette notice « *que lorsque le carrosse de Henri IV était rentré au Louvre, il n'avait rapporté qu'un cadavre.* » Je ne crois pas que cette version soit la vraie.

« Il râlait son agonie, dit Chateaubriand (dans ses Mémoires sur la vie et la mort de monseigneur le duc de Berry). C'est sur la neuvième marche d'un escalier de service que sa belle âme s'est envolée de son corps percé et ensanglanté. »

Henri IV, frappé par Ravaillac, fut rapporté au Louvre et exposé mort dans la salle des gardes. Il rendit le dernier soupir sur la septième marche d'un escalier à gauche du vestibule qui regarde Saint-Germain-l'Auxerrois.

Monseigneur le duc de Berry fut placé dans la même salle que son aïeul : comme à lui le poignard lui avait atteint le cœur.

Ravaillac et Louvel eurent la main heureuse pour ceux qui les employaient ; ils choisissaient bien les cœurs qu'ils voulaient percer et ne les manquaient pas.

J'ai vu le père de Henri Dieudonné sur son lit de parade, et, en pleurant sur le père, j'ai pris en amour ses enfants. L'exil ne doit pas mettre fin à cet amour, car Dieu a dit : Tu ne fuiras pas, tu n'oublieras pas ceux qui sont dans l'adversité et dans l'amertume du cœur.

LE TEMPLE.

La chevalerie religieuse a fait de grandes choses. Ses traces se retrouvent partout, et parmi les monuments qu'elle a élevés, il n'y en a pas un seul qui ait été aussi saintement consacré que celui que le frère Hubert, trésorier de l'ordre des Templiers, a érigé à Paris, en l'an de grâce 1212. Lorsque ce dignitaire du premier de tous les ordres militaires et religieux entreprit de construire cet édifice, il avait certes la conviction qu'il traverserait bien des siècles. Sa masse se faisait surtout remarquer par son caractère de solidité. Il était composé d'un donjon carré de la hauteur de cent cinquante pieds, et dont les murs ne comptaient pas moins de neuf pieds d'épaisseur; quatre grosses tours rondes flanquaient ses quatre angles; du côté du nord s'avançait un massif attenant au carré du donjon et surmonté de deux tourelles moins élevées. Un fossé ceignait le bâtiment et l'isolait des jardins.

Dans ses arrangements, Hubert avait destiné la grosse tour au trésor et aux archives des chevaliers du Temple, et trois des quatre tourelles devaient servir et ont servi de prison aux membres de l'ordre guerroyant et monastique : semblables prisonniers étaient rarement vulgaires, et leur réclusion produisait presque toujours certain effet; le peuple, en passant, relevait la tête et cherchait à apercevoir, entre les gros barreaux de fer des étroites fenêtres, les captifs dont les noms avaient eu du retentissement; quelque éclat qu'aient pu avoir les noms inscrits dans les siècles passés sur les écrous du Temple, ils pâlissent, ils s'effacent devant ceux que la Convention de 1793 a fait enregistrer sur le grand livre de ses crimes.

Mais, avant d'écrire sur ces pages les noms des grandes et saintes victimes qui ont, par leurs vertus, leurs malheurs, leur résignation et leur courage, consacré jusqu'à la dernière pierre de la prison du Temple, remontons dans le passé aux événements qui se rattachent aux croisades, à Philippe-Auguste, à Philippe-le-Bel, à Jacques Molay et à ses cinquante-neuf chevaliers, compagnons de ses tortures et de sa mort.

Parmi les hommes du dix-neuvième siècle qui ont écrit l'histoire du passé, il y a une école dont l'infernal esprit ne s'inspire que de la double haine de Dieu et des rois. Dans cette classe anti-religieuse et anti-chevaleresque, Dulaure se distingue et marche un des premiers; quand, pour écrire sur le vieux Paris, on consulte son histoire, on se sent presque à chaque page pris de dégoût. Aux monuments qu'il décrit, il ne manque jamais de jeter la boue de ses calomnies et de ses antipathies voltairiennes. Ainsi, au sujet du Temple, au lieu de faire voir à la jeunesse française ce qu'il y avait de noble et de chrétien dans l'institution de l'ordre des chevaliers de Saint-Jean de Jérusalem, qui, sur les champs de bataille, se montraient des héros, et qui, après le combat, pansaient les blessures et les plaies de leurs ennemis vaincus et prisonniers, Dulaure ne trouve que cette ignoble peinture :

« Des expéditions nouvelles amènent de nouvelles institutions. Les croisades produisirent l'ordre des Templiers, association bizarre de deux conditions opposées, de moines et de soldats, et qui prouve l'extrême dérèglement des idées dans ce temps de barbarie. Cet ordre, qui fut institué dans des intentions pieuses, change bientôt le but de son institution. Les premiers membres étaient tenus de servir les pauvres malades dans l'hôpital du Temple de Jérusalem ; *ces garçons de salles* devinrent des chevaliers, les plus riches et les plus orgueilleux de toutes les chevaleries. »

De la charité, de l'héroïsme de *ces garçons de salles*, l'écrivain philosophe ne dit pas un mot de louange. Le pouvait-il? N'avait-il pas juré haine à la croix? et n'a-t-il pas toujours tenu ce serment-là?

L'époque précise de l'établissement des Templiers dans Paris est inconnue; mais il est notoire qu'il existait une maison de cet ordre, à Paris, avant 1147, puisqu'en cette année ils tinrent un chapitre où se trouvèrent cent trente chevaliers. Mais il n'est pas démontré que ce chapitre fut tenu dans le lieu aujourd'hui nommé le Temple. Les Templiers possédaient une autre maison plus ancienne, voisine de l'église de Saint-Gervais, où ils auraient pu se réunir. On a la certitude de leur établissement dans l'emplacement du Temple avant 1182.

Philippe-Auguste, en 1190, avant de partir pour l'expédition d'outre-mer, fit son testament, et dans ses dernières et royales volontés, il ordonna que tous ses revenus, services, obventions, seraient apportés à Paris, à trois époques de l'année, et reçus par six bourgeois de Paris et par son vice-maréchal, et déposés au Temple.

Au treizième siècle, l'enclos du Temple s'était considérablement accru par des acquisitions de terrains et embelli par des bâtiments cités pour leur magnificence dans le temps où ils avaient été élevés ; on nommait l'ensemble et les dépendances, *la Ville neuve du Temple*. Henri III, roi d'Angleterre, lorsqu'il vint à Paris, en 1254, préféra ce logement, *la maison du Temple*, au palais que lui offrait saint Louis.

Là où nous avons vu, et là où l'on voit encore tant de petites rues étroites et obscures, que le cordeau n'a point alignées et que l'opulence n'habite pas, s'étendaient (il y a cinq siècles) alentour du palais des grands maîtres, des espaces plantés d'ormeaux et de tilleuls, longs promenoirs, où les religieux batailleurs, revêtus de leur tunique et de leur manteau blanc (illustré de la croix de gueule, rappelant les saints combats), devisaient souvent ensemble sous les épais ombrages, des journées de Ptolémaïs et de Mansourha. Ces hommes de foi et de vaillance avaient vu au-delà des mers des infidèles, des barbares dont la cruauté et les hideuses superstitions faisaient honte à l'humanité, et certes, si l'un d'entre les chevaliers du Temple avait alors eu l'idée de dire qu'un jour à venir les Français surpasseraient en barbarie les peuplades les plus sauvages de l'Asie, il n'y aurait eu parmi tous ces chevaliers qu'un cri de réprobation et d'indignation contre lui!... Eh bien! retournons d'un demi-siècle en arrière, et, au peu qui reste aujourd'hui du vieux palais du Temple, demandons ce qui s'est passé sur ce point de Paris en 1793, alors que la France se vantait de ses lumières et prétendait régénérer le monde... Ah! nous savons tout ce que nous répondraient les pierres!

Les gloires de ce monde sont muables. L'astre brillant des Templiers disparut sous des nuées sombres, alors que Philippe-le-Bel tenait le sceptre. Les chevaliers hospitaliers furent accusés de grands crimes ; leur glorieux passé devait répondre d'eux ; cette voix ne cria point assez haut pour repousser les accusations... Ils étaient riches et puissants: la puissance et la richesse trouvent dans le monde bien des jaloux. L'envie et la calomnie sont sœurs et toujours empressées à ternir ce qui est pur et ce qui leur porte ombrage. Chaque siècle a des exemples qui démontrent tout le mal que ces deux vices ligués ensemble peuvent faire ; la politique y a souvent recours. Car toutes les armes, tous les traits ne sont pas dans les arsenaux ; il y en a d'invisibles contre lesquels les boucliers et les hautes murailles ne peuvent rien. En interrogeant le passé et même le présent, ne peut-on pas penser que les compagnons de Jacques Molay et de Guy, dauphin d'Auvergne, ont été victimes d'odieuses calomnies ? Malgré tout le temps qui s'est écoulé depuis la destruction de l'ordre des Templiers jusqu'à nos jours, leur procès ne se plaide-t-il pas encore, tant il est difficile de discerner à cinq siècle de distance la vérité de l'erreur, la justice de l'iniquité.

Ce qui est avéré, c'est que cinquante-neuf chevaliers du Temple, par ordre de Philippe-le-Bel, après des procédures qui durèrent depuis 1307 jusqu'à 1314, furent conduits de leur palais à un champ voisin de l'abbaye Saint-Antoine, et tous y périrent dans les flammes d'un immense bûcher. « Tous, sans exception, dit un chroniqueur, se déclarèrent innocents des crimes qui leur étaient imputés et persistèrent constamment dans cette déclaration, ne cessant de répéter qu'on les faisait mourir sans cause et sans justice. » Le 11 mars 1314, Jacques Molay, grand-maître de l'ordre, et Guy, commandeur de Normandie, en protestant de leur innocence, furent également brûlés vifs, dans une petite île de la Seine, située entre le palais et le couvent des Augustins.

Avant la *sanglante* et néfaste année de 1793, l'exécution cruelle et peut-être inique des Templiers était le souvenir historique qui pesait lourdement sur le vieux palais, bâti par le frère Hubert, trésorier de l'ordre. Ce souvenir, remontant au règne de Philippe-le-Bel, a été effacé par des souvenirs récents; et, comme l'a si bien dit l'historien de Louis XVII, *le bûcher du grand-maître est masqué désormais par l'échafaud du roi!*

Une partie des biens de l'ordre des Templiers fut donnée aux chevaliers hospitaliers de Saint-Jean de Jérusalem, nommés plus tard chevaliers de Malte. Le palais du Temple devint alors le chef-lieu du grand prieuré de France.

Après la suppression de l'ordre de Malte (regrettable iniquité contemporaine), et contre laquelle lutta quelque temps le czar Paul Ier, le palais du Temple, avec ses dépendances, ainsi que tous les biens, toutes les commanderies et prieurés appartenant à l'ordre de Saint-Jean de Jérusalem, furent confisqués au profit de la révolution et déclarés propriétés nationales. A cette époque, il y avait en France comme deux peuples; l'un d'eux ne rougissait pas des excès, des spoliations, des crimes et du régicide de 1793 ; comme sa fortune s'était faite au milieu des ruines et du sang, il était loin de vouloir qu'on répudiât cette époque, dont il cachait les hontes, les vols et les assassinats, sous le titre fastueux de *Régénération de la France et émancipation des nations*.

L'autre peuple avait bien comme un lien de parenté avec celui que je viens de signaler, mais il était plus honnête; nos plus mauvais jours, il les avait passés sous la tente, et ne s'était mêlé ni de dénonciations, ni de *démonstrations civiques;* ce n'était point lui qui récompensait les patriotes zélés désignant dans l'ombre, aux proconsuls des départements, aux Carrier, aux Goulin, aux Fouché, les prêtres insermentés et les émigrés rentrés. Non, cette partie de la nation n'était pas royaliste, mais elle estimait les hommes qui l'avaient toujours été. Ce parti, dont les chefs avaient brillé dans les camps et souvent à la tête des armées conquérantes, n'aurait certes par ordonné les spoliations ; mais il s'arrangeait de la vente et de la jouissance des biens du clergé et de la noblesse. Dans son honnêteté, il maudissait les conventionnels qui avaient emprisonné Louis XVI, Marie-Antoinette, Madame royale le Dauphin, Louis XVII et madame Elizabeth au Temple; il regardait comme honteuses et flétrissantes pour le pays les journées du *21 janvier*, du *16 octobre* et du *10 mai!* mais son intérêt, *sa pitié* pour la royale famille s'arrêtait là ; et l'exil, le bannissement sans terme lui semblait bon pour les frères, pour la fille et les proches parents du roi décapité. Nous le répétons, cette partie de la nation se distinguait, heureusement pour elle, de la nation de 1793 ; elle avait une véritable horreur du crime, un amour vrai de la délicatesse, mais cette délicatesse n'était jamais portée jusqu'à l'extrême, jusqu'au sacrifice ; elle aimait à garder ce qu'elle avait acquis.

Le temps avait marché. Le Directoire s'était éteint dans sa nullité et le mépris public, et le pouvoir qui lui succédait tenait à honneur de ne pas marcher sur les traces des citoyens collègues de Barras. . . . .
. . . .

Loin de là, il suivait tout une autre pente. Le général Bonaparte (1), dès son avénement au consulat, avait empêché l'aliénation de la maison du Temple, et n'avait pas voulu qu'elle devînt une propriété privée ; mais, l'œil ouvert sur le passé et sur l'avenir, Napoléon repoussait les souvenirs qui humiliaient l'ancienne souveraineté, et il évitait ceux qui gênaient la nouvelle. Cette tour du Temple, témoin de la tyrannie populaire la plus atroce et de l'agonie royale la plus touchante l'inquiétait doublement. Comment laisser sous l'œil du peuple une prison où le peuple avait tenu un roi captif? Comment offrir aux émotions publiques un monument qui ravivait la pensée de la dynastie ancienne? Se souvenir, c'est moral, mais parfois dangereux.

Il fut donc décidé que pas une pierre ne resterait debout de cette sainte tour, pas une de ces pierres qui avaient gardé une voix pour se plaindre. *Lapides clamabunt!*

Le 3 juin 1808, d'après l'ordre d'un ministre de l'empereur Napoléon, fut adressé ce qui suit à Fauconnier, concierge de la maison d'arrêt du Temple :

---

(1) *Louis XVII.* par M. de Beauchesne. 2 vol., pag. 413.

Paris, le 3 juin 1808.

« Le sénateur, ministre de la police générale de l'empire, ordonne au concierge de la maison d'arrêt du Temple de remettre les prisonniers confiés à sa garde à M. Pâques, inspecteur général du ministère, qui est chargé de les faire transporter dans le donjon de Vincennes. Après cette remise, il se transportera à Vincennes pour y recevoir lesdits prisonniers dont il continuera de rester chargé dans cette nouvelle prison.

« Fouché. »

Les prisonniers remis à M. Pâques étaient au nombre de dix-sept. Je veux citer leurs noms, car la cause que ces Français fidèles avaient défendue a été celle que j'ai servie et à laquelle mes vieux jours restent attachés. Parmi ces noms, je trouve ceux de plusieurs amis de ma jeunesse.

Voici les noms des prisonniers qui ont été renfermés au Temple. Je ne change rien à la liste du ministre Fouché :

« David, prêtre; Lavillate, propriétaire; Garrès de Mézières, ancien officier; Begon de la Rouzière; Collin, dit Cupidon, domestique; Vaudricourt, rentier; de Rousse de Puyvert, rentier; Polignac (Armand), vivant de son bien; Bournissac, propriétaire; La Neuville, prêtre; Chassuart ou Chassour, distillateur, Daniaud Duperrat, négociant; Couchery, employé; Anerweck, cultivateur; Montmayeux, professeur de mathématiques; Tilly Blaru, ex-propriétaire à Saint-Domingue (1). »

(1) Cadoudal, Hyde de Neuville et autres fidèles royalistes ont été aussi prisonniers du Temple.

Pour expliquer comment il ne reste plus rien de la vieille tour du Temple, pour nommer celui qui l'a fait disparaître comme une tache de sang de dessus le sol de France, il m'a fallu, dans les deux pages qui précèdent, arriver tout de suite au Consulat et à l'Empire, époque de la destruction d'un monument sacré, mais accusateur, qui aurait gêné un nouveau pouvoir. Maintenant je retourne aux plus hideux jours de notre malheureuse patrie. Déjà, dans un livre que j'ai publié il y a douze ans, et que j'ai dédié à la jeunesse chrétienne (*les Journées mémorables de la Révolution française*), il m'a été imposé le dur et terrible devoir de fouiller dans les archives ensanglantées de la TERREUR. Dans nos malheurs, il y avait des leçons ; j'ai dû les mettre sous les yeux des nouvelles générations qui s'élevaient. J'ai voulu leur montrer que, pour les nations comme pour les individus, le bonheur est dans la sagesse et l'observance des lois divines. Aujourd'hui, dans ce que j'écrirai en décrivant la prison du Temple, je ne raconterai point dans tous ses émouvants détails la longue et douloureuse passion de la famille royale ; je tâcherai de décrire un monument qui n'existe plus et que j'ai visité, alors qu'il était encore tout imprégné, tout sanctifié par de grands et douloureux souvenirs.

La funeste journée du 10 août, qui avait paru si longue, si horrible à la famille royale et à tous les royalistes, était sur son déclin ; le soir commençait. Le roi, la reine, leurs enfants, madame Elizabeth, la princesse de Lamballe, la marquise de Tourzel et sa fille sortant des Feuillants, où ils avaient passé la plus affreuse nuit, arrivèrent avec peine jusqu'aux carrosses destinés à les transporter au Temple. C'étaient deux larges voitures attelées chacune de deux chevaux seulement. Pour faire souffrir le roi et sa famille, pour prolonger la torture, tout avait été habilement calculé, et la lenteur de ce lamentable cortége, qui devait être un tourment pour l'auguste famille, serait une joie de plus pour leurs ennemis. Dans le premier carrosse, montèrent Louis XVI et Marie-Antoinette, leurs enfants, les princesses et les personnes que je viens de nommer plus haut. Au milieu d'eux, le maire de Paris, le procureur de la commune et Michel, officier municipal, prennent place le chapeau sur la tête.

Dans la seconde voiture, s'installèrent, avec la suite du roi, les officiers municipaux. Des gardes nationaux forment cortége avec leurs armes renversées ; puis une populace, comme celle qui ne manque jamais de se montrer hideuse et menaçante dans les plus affreux jours, obstruent les rues et les boulevarts et forcent les chevaux à n'aller qu'au pas. Dans tout le parcours, depuis les Feuillants jusqu'au Temple, même foule et même lenteur. Perdus dans cette multitude d'honnêtes gens, des royalistes marchent silencieux et consternés. Il y a de tristes époques où les honnêtes gens pleurent encore sur les familles royales, mais où l'on ne s'arme plus pour les défendre.

Le trajet dura plus de deux heures. Les carrosses de la cour s'arrêtèrent ; on était arrivé au terme de cette voie douloureuse. La famille royale mit pied à terre dans la cour lugubrement éclairée par quelques lampions placés à plusieurs fenêtres. Santerre fut la première personne qui se présenta pour recevoir, dans cet antique palais qui se changeait en prison, tout ce que la France, tout ce que le monde avait de plus illustre.

Le seuil du palais des chevaliers du Temple vient d'être

franchi par les petits-fils de Louis-le-Grand, *comment et quand le repasseront-ils?* Cette question, beaucoup de gens se la firent alors; et ni parmi les partisans de la royauté, ni parmi ses adversaires, aucun, ni ami ni ennemi, ne pouvait, dans ses prévisions, approcher du secret que gardait encore, pour quelques mois, L'AVENIR.

« En 1793 (1) l'enclos du Temple proprement dit n'avait plus guère que cent toises environ sur sa plus grande longueur et autant à peu près sur sa plus grande largeur; le reste était couché sous les pavés et sous les maisons de la grande ville, avec ses baraques, ses jardins et son cimetière. Il y a peu d'années qu'en creusant un nouvel égout, on a trouvé, dans la rue des *Enfants-Rouges,* un cercueil qui renfermait le corps d'un homme revêtu de l'ancienne robe d'un Templier. La riche agrafe de son manteau fit supposer que l'on venait de découvrir les restes d'un commandeur de l'ordre du Temple.

« Dans un des angles de cette enceinte se trouvait l'hôtel qu'on était convenu d'appeler le Palais du Grand-Prieur, dénomination ambitieuse appliquée à une maison peu élevée et peu étendue qui, bien que placée entre une cour et un jardin, n'a rien de princier ni de seigneurial. »

Cependant M. le comte d'Artois, frère de Louis XVI, a habité pendant quelques années cette demeure; c'était un pied à terre pour ce prince, lorsqu'il venait de Versailles à Paris.

« Au-dessus des bâtiments (2) informes qui lui étaient contigus, on distinguait une tour très-élevée, de forme carrée et flanquée de tourelles; c'est cette tour que la

---

(1) *Louis XVII*, par M. de Beauchesne.
(2) *Louis XVII*, par M. de Beauchesne.

Commune de Paris destinait à la prison de Louis XVI et de sa famille. Pour la première fois le peuple regretta d'avoir démoli la Bastille.

« On a vu que le roi arriva au Temple à sept heures du soir. Louis XVI se persuada *que le palais du Temple* serait désormais sa demeure ; il en visita les appartements et s'occupa à en faire d'avance la distribution dans sa pensée. Tandis qu'il s'abandonnait à cette dernière illusion, Santerre faisait garnir de factionnaires les cours, les portes, les dépendances du Temple, et les personnes de service préparaient d'après l'ordre des officiers municipaux le coucher de la famille royale dans la petite tour ; ce n'est qu'après le souper, qui eut lieu à dix heures, que Manuel prévint le roi de ces dernières dispositions, et offrit de le conduire lui et sa famille dans les appartements qui leur étaient *provisoirement* destinés, jusqu'à ce que la grande tour fût prête pour les recevoir. « En attendant, lui dit-il, vous pourrez habiter le palais et vous y réunir avec votre famille. »

« Louis ne répondit rien : avec une dignité calme et en apparence indifférente, il répéta à la reine ce qu'il venait d'entendre, et à la lueur des lanternes que portaient les municipaux, LES PRISONNIERS furent conduits à la petite tour.

« La petite tour était adossée à la grande, sans communication intérieure, et elle formait un carré long, flanquée de deux tourelles, précédée de quatre marches extérieures ; la porte d'entrée basse s'ouvrait sur un palier auquel, à une certaine distance, attenait l'escalier en coquille de limaçon. Cette porte, jugée trop frêle, fut, dès le lendemain, raffermie par de fortes traverses et garnie d'une grosse serrure apportée des prisons du Châtelet. A gauche, en entrant, était la loge des deux cerbères à face humaine, chargés par la Commune de la garde et du service de la porte; l'un se nommait Risbey, l'autre Rocher.

« Il n'y avait au rez-de-chaussée qu'une grande pièce qui servait d'entrepôt aux archives et une cuisine, dont on ne fit aucun usage : le corps du bâtiment avait quatre étages.

« Le premier se composait d'une antichambre et d'une salle à manger qui communiquait à un cabinet pris dans la tourelle, où se trouvait une bibliothèque de douze à quinze cents volumes; cette salle servit de chambre à coucher à mesdames Thibaud, Bazire et Navarre, attachées au service des princesses pendant le peu de jours qu'elles passèrent au Temple.

« L'escalier s'élevait en tournant; large à son point de départ jusqu'au premier étage, il se rétrécissait en montant au second.

« Voici quelle était la distribution du second étage : on entrait dans une antichambre fort obscure où couchait madame la princesse de Lamballe; à gauche, la reine occupait avec Madame royale une chambre dont la fenêtre donnait sur le jardin. C'était ordinairement dans cette chambre, moins triste que les autres, que la famille royale passait presque toute la journée. A droite, le prince royal, mademoiselle de Tourzel et la dame Saint-Brice couchaient dans la même chambre. Il fallait traverser cette pièce pour entrer dans le cabinet de la tourelle qui servait de garde-de-robe à tout ce corps de bâtiment, et qui était commun à la famille royale, aux municipaux et aux soldats.

« La mesure décrétée par l'Assemblée nationale sur la proposition de la Commune, pour affecter le Temple au séjour de Louis XVI et de sa famille avait été si inopinée que rien n'était préparé pour les recevoir ; plusieurs pièces étaient presque entièrement sans meubles, particulièrement celle qui était destinée au roi, ainsi que le rapporte M. Hue. Ce ne fut qu'au bout de quelques jours qu'on distribua plus également le mobilier de M. Barthélemy, ancien garde des archives de l'ordre de Malte.

« Le troisième étage était la répétition du second. Dans l'antichambre placée au-dessus de la pièce où couchait madame de Lamballe, il y avait derrière une cloison un réduit étroit n'ayant de jour que par un châssis à vitrage adapté au toit, ce fut là le logement de Hue et de Chamilly. Dès les premiers jours, le châssis disparut recouvert de maçonnerie, sous prétexte que par cette ouverture le valet du tyran entretenait des intelligences avec la sentinelle en faction sur la terrasse, sentinelle dont il pouvait apercevoir les jambes et qui était relevée d'heure en heure.

« A droite de l'antichambre se trouvait la chambre du roi, éclairée par une fenêtre qui donnait sur la rotonde du Temple ; à droite en entrant, une petite alcôve ; quelques gravures, dont le sujet était peu décent, étaient appendues aux murs de la chambre ; le roi en arrivant les ôta lui-même en disant : « Je ne veux pas laisser cela sous les yeux de ma fille. » La petite pièce de la tourelle servait au roi de cabinet de lecture.

« De l'autre côté de l'antichambre, et vis-à-vis de la chambre du roi, était une pièce destinée à servir de cuisine et qui en contenait les ustensils ; on y dressa deux lits de sangle : ce fut le logement de madame Elisabeth et de mademoiselle de Tourzel.

« Voilà quelle fut l'habitation du roi, depuis le 13 août

jusqu'au 29 septembre, et de sa famille jusqu'au 26 octobre. »

On aurait pu croire que la haine des ennemis de la royauté serait satisfaite d'avoir réduit les nobles possesseurs de Saint-Cloud, de Compiègne, de Rambouillet, de Fontainebleau, des Tuileries, du Louvre et de Versailles, à un logement aussi inconvenant, aussi misérable que celui que nous venons de décrire. Cette république française, qui s'intitulait GRANDE ET GÉNÉREUSE, révélait bien la bassesse de son origine en mettant ainsi sous les yeux du monde entier ses envieuses et bourgeoises rancunes.

Dès le lendemain de l'installation des augustes prisonniers dans la petite tour du Temple, les vexations, les allées, les venues, les bruits incessants, les travaux commencèrent, de nombreux ouvriers envahirent l'enclos, les arbres les plus voisins de la tour furent abattus, et les murs d'enceinte élevés : il était écrit qu'aucune torture ne serait épargnée à la famille royale, aussi elle voyait chaque jour travailler à sa prison !

Le cadre qui m'est donné est trop petit pour que je puisse y faire entrer toutes les scènes de douleur et de désespoir, de résignation et de magnanimité dont les murs de l'ancien donjon ont été témoins. Cette longue et douloureuse histoire, comme je l'ai déjà dit, je l'ai racontée, et un petit neveu de Louis XVI et de Marie-Antoinette, le fils adoptif de L'HÉROÏNE DU TEMPLE, du fond de son exil, a bien voulu m'écrire pour approuver mon œuvre (1) ; je n'ai donc dans ce que j'écris aujourd'hui qu'un but, c'est de faire

(1) *Les Journées mémorables de la Révolution française racontées par un père à son fils.* 5 volumes, chez M. Vermot.

connaître à la jeunesse actuelle un monument que la France aurait dû conserver et protéger contre les ravages du temps et les inconstances du peuple; au lieu de le faire disparaître, c'était une relique sacrée à conserver. Je sais bien que les ossements des martyrs font penser aux bourreaux; mais l'homme qui a fait démolir le Temple, tout fils de la révolution de 1789 qu'il était, n'avait jamais prêté la main aux insultes, aux outrages et à la captivité de la famille royale; les murailles du vieux donjon n'avaient rien à redire contre lui.

Pour bien faire connaître ce qu'a été la prison du Temple, j'ai emprunté à l'éloquent historien de Louis XVII plusieurs de ses pages si vraies, si touchantes; pages qui font pleurer les vieillards qui se souviennent, et les petits enfants qui demandent des histoires du passé. M. de Beauchesne ne m'en voudra pas, je l'espère; dans son beau et bon livre, qui doit devenir classique pour la jeunesse, il a voulu faire aimer, admirer et regretter la famille royale de France, et moi, voilà plus de quarante ans que j'écris avec la même pensée, celle d'honorer de grandes et saintes infortunes et de faire aimer autre chose que la prospérité.

Entre le 13 août et le 29 septembre, toutes les journées furent mauvaises. Celles des 2 et 3 septembre furent plus horribles que les autres, et quand le Temple existait encore, on montrait la fenêtre par laquelle la reine aperçut la tête de madame la princesse de Lamballe portée au bout d'une pique!..

Les ennemis de la royauté ne s'endormaient pas : le sang répandu à si grands flots pendant les exécrables journées de septembre n'avait pas étanché leur soif!... La *Convention* remplaçait l'*Assemblée nationale*, le dénoûment se faisait proche. Le 21 du mois rougi de massacres, la royauté fut abolie en France. Désormais le sceau de la république de France représentera une femme assise sur un faisceau d'armes, tenant une pique surmontée du bonnet de la liberté. Quelle femme et quelle liberté!

On a vu combien la famille royale était à l'étroit dans la petite tour. Bien souvent les moins mauvais des municipaux de service au Temple et Santerre avaient assuré au roi que bientôt le lieu de sa détention et celle de sa femme, de sa sœur et de ses enfants serait transféré dans la *grosse tour*, et que là ils seraient tous bien plus à l'aise et réunis. C'était donc avec impatience que les augustes prisonniers attendaient ce changement.

Une partie de ces promesses se réalisa. Le 26 octobre 1792, ce moment tant attendu par toute la famille fut marqué, de la part des municipaux, par un nouveau trait d'hostilité contre Marie-Antoinette. Ces hommes de rancune et de vengeance savaient que, dans sa captivité, il y avait parmi toutes ses douleurs une consolation, celle d'avoir son fils auprès d'elle. Ceux donc qui s'étaient faits ses ennemis firent prendre à la Convention un arrêté, sous la forme de *convenance et d'ordre*, qui retirait le jeune prince des mains de sa mère et le remettait entre celles de son père. « Sa douleur fut extrême, dit M. de Beauchesne. Depuis son séjour au Temple, elle avait consacré son existence au soin de cet enfant et trouvé quelque adoucissement à ses peines dans sa reconnaissance et dans ses caresses. C'était la dernière joie de sa triste vie, le dernier rayon qui éclairait la nuit de ses pensées sombres comme la mort. »

L'homme haineux n'a de joie complète que lorsque la

victime qu'il torture n'a plus l'ombre d'une consolation. Les ennemis de l'héroïque reine furent donc au comble de leur satanique bonheur quand ils surent quelles larmes et quels cris déchirants avaient marqué l'instant où l'enfant fut enlevé à sa mère.

A l'aide du livre de l'historien de Louis XVII, nous avons décrit l'intérieur de la petite tour du Temple ; c'est encore à lui que nous empruntons la description de la nouvelle prison de la famille royale.

Nous avons dit que la hauteur de la grande tour dépassait cent cinquante pieds et que l'épaisseur de ses murs était de neuf pieds dans leur moyenne proportion.

Ce bâtiment formait quatre étages qui étaient voûtés et soutenus au milieu par un gros pilier depuis le bas jusqu'au quatrième etage ; l'intérieur de chacune des salles était d'environ trente-six pieds carrés.

REZ-DE-CHAUSSÉE DE LA GROSSE TOUR.

« Le rez-de-chaussée n'eut à subir aucune transformation ; il resta avec ses vieux murs dégarnis, rappelant, malgré sa nudité, les temps et les choses d'autrefois qui se reflétaient encore dans les arêtes de sa voûte, dans le fût lourd et dans l'élégant chapiteau de son pilier, et jusque dans les quatre lits à colonnes torses adossés aux quatre murailles de sa vaste salle. C'est dans cette pièce, d'une architecture grandiose et sévère, qu'à dater du 8 décembre devront se tenir habituellement, délibérer, manger et coucher les officiers municipaux qui n'étaient pas de service à la porte du roi... Des trois tourelles du rez-de-chaussée, l'une servait de cabinet et d'armoire aux commissaires, la seconde de bûcher, la toisième de garde-robe, la quatrième contenait l'escalier. »

PREMIER ÉTAGE.

« Le premier étage, que respectèrent aussi les combinaisons des geôliers et la truelle des maçons, demeura dans son intégrité première, et servit de corps-de-garde. C'était la répétition du rez-de-chaussée, moins ses lits à colonnes. Aux deux parois les plus larges de la muraille, on avait placé des planches légèrement inclinées pour former avec quelques matelas un lit de repos pour la garde. Au milieu de cette salle, autour du pilier, les armes se groupaient en faisceaux. Deux tourelles servaient de cabinets aux officiers, et la troisième de garde-robe. Ce corps-de-garde était, après celui du château du Temple, le plus important de l'enclos. »

DEUXIÈME ÉTAGE.

« Le second étage avait été consacré au logement du roi; étant comme tous les autres étages d'une seule pièce, on l'avait divisé en quatre chambres par quatre cloisons en planches avec de faux plafonds en toile. La première pièce était une antichambre, d'où trois portes différentes conduisaient séparément aux trois autres pièces. En face de la porte d'entrée était la chambre de Louis XVI. On y plaça un lit pour son fils. A gauche, la chambre de Cléry ainsi que la salle à manger qu'une seule cloison en vitrage séparait de l'antichambre. La chambre du roi avait une cheminée, les autres étaient chauffées par un grand poêle placé dans l'antichambre. Chaque pièce était éclairée par une croisée, mais de gros barreaux de fer et les abat-jours scellés et posés en dehors empêchaient l'air de circuler. Les embrasures des fenêtres avaient neuf pieds de profondeur. Toutes les cloisons de l'appartement étaient recouvertes d'un papier peint; celui de l'antichambre représentait des pierres de taille superposées les unes sur les autres, comme on les figure au théâtre pour simuler l'intérieur d'une prison.

« Au milieu du mur, à gauche en entrant, on avait placardé la *Déclaration des droits de l'homme et du citoyen* écrite en gros caractères et encadrée dans une large bordure aux trois couleurs.

« En ouvrant la chambre du roi, on voyait la cheminée en face, la fenêtre à main droite, ainsi que la tourelle à main gauche, le lit de Louis XVI, et, tout à côté de lui, le petit lit du prince royal. Un papier jaune glacé, semé de fleurs blanches, tapissait la chambre du roi... La tourelle qui donnait dans cette pièce servait au roi d'oratoire et de cabinet de lecture. Un petit poêle était placé dans ce cabinet, où le pieux monarque passa tant d'heures dans l'étude, la prière et la méditation. Dans le coin de la chambre, à droite du lit du dauphin, s'ouvrait une porte sur un couloir conduisant à la chambre de Cléry, et, plus loin, en inclinant vers la droite, à la garde-robe que contenait la tourelle.

« La tourelle communiquant avec la salle à manger servait au bûcher. »

TROISIÈME ÉTAGE.

« Le troisième étage, destiné au logement de la reine,

était distribué, à peu de chose près, de la même manière que le second : l'antichambre précédée de même de deux portes, l'une en chêne, l'autre en fer.

« La chambre de Marie-Antoinette et de sa fille était au-dessus de celle du roi : c'était la même répétition, moins le couloir. C'est dans l'encoignure placée au-dessus de ce couloir que se trouvait le lit de Madame royale. Le lit de la reine occupait la même place que celui du roi. Une pendule représentait la Fortune et sa roue, singulière ironie en face de cette grande fortune renversée !

« La chambre de madame Élisabeth ouvrait sur l'antichambre et était attenante à celle de la reine. »

QUATRIÈME ÉTAGE.

« Le quatrième étage, ne devant pas être occupé, était resté dans sa simplicité primitive ; il paraissait plus grandiose que les autres étages, à cause de sa voûte élevée et de l'absence de pilier central arrêté sous le plancher qu'il soutenait ; quelques vieux meubles de rebut et quantité de planches étaient relégués dans les bas côtés de cette vaste salle.

« Entre les créneaux et le toit de la grande tour régnait une galerie qui servait quelquefois de promenade ; les entre-deux des créneaux furent garnis dans la suite de planches, jalousies sans treillis qui ne laissaient point au promeneur la possibilité de voir ou d'être vu.

« Voilà quel était le palais définitif des rois de France, restauré par la truelle des révolutions. »

Grâce au pinceau de M. de Beauchesne, mes jeunes lecteurs seront à même de connaître ce DONJON DU TEMPLE qui a tant préoccupé l'esprit et tant agité le cœur de leurs devanciers. Malgré la froideur et l'indifférence qui, ainsi que la neige et la glace, se sont étendues sur la France, j'ai peine à croire qu'il ait existé des familles françaises qui, à leurs foyers, n'aient pas raconté à leurs enfants l'emprisonnement du roi et de la reine, leur mort, celle de madame Elisabeth et la longue agonie du petit dauphin ! Si cependant cette honte a existé, si, pour ne pas décréditer les révolutions, des familles de Jacobins avaient caché sous le silence tant de méfaits et de crimes, il faut que ce coupable silence soit rompu, il le faut d'autant plus que l'ancien monument, témoin de tant de douleurs et de tortures, n'est plus debout, que ses pierres ont été dispersées, et qu'aujourd'hui ce serait en vain qu'on chercherait un grain de sa poussière !

Le 13 août 1792, l'ancien palais des chevaliers du Temple a vu pour la première fois entrer dans son enceinte la famille royale, tombée captive aux mains de Français révoltés. Alors *la petite tour* attenant au vieux donjon devint la prison du roi, de la reine, de Madame royale, du jeune dauphin, de madame Elisabeth, de la princesse de Lamballe, de madame et de mademoiselle de Tourzel et de quelques serviteurs dévoués.

Le 26 octobre de la même année, les augustes prisonniers furent transférés *de la petite à la grosse tour*... Depuis plusieurs mois, les amis dévoués dont nous avons donné les noms n'étaient plus auprès d'eux. *Des amis*, c'était une consolation qui, dès le surlendemain de leur arrestation, leur fut enlevée.

De cette *grosse tour*, le roi sortit le lendemain de Noël pour comparaître devant la barre de la Convention.

Le 15 janvier 1793, un décret de la Convention nationale déclara Louis Capet coupable de conspiration contre la liberté de la nation et d'attentat à la sûreté de l'Etat.

Enfin, le jour à jamais lamentable, le jour du 21 janvier se leva, et pour la dernière fois les portes de la prison du Temple s'ouvrirent devant le juste condamné par quelques centaines de ses sujets qui venaient de se faire ses accusateurs et ses juges.

Louis, avant de sortir de cette enceinte où, depuis six mois, il avait avec tant de magnanimité enduré tant d'outrages, s'arrêta quelques secondes, leva les yeux vers la fenêtre de la reine ; là il laissait tout ce que Dieu lui avait donné, tout ce qu'il aimait le plus sur cette terre qu'il allait quitter... Deux heures plus tard, des planches de l'échafaud, le fils de saint Louis montait au ciel.

Voici donc la grosse tour du Temple avec un de ses prisonniers de moins. Oh! quel vide affreux pour ceux qui restent!... Ils ne sont plus que quatre, trois femmes et un enfant.

Le père est parti, la mère va le suivre... Mais avant de mourir sur le même échafaud que son mari, Marie-Antoinette aura à souffrir pire que la mort : son fils lui sera enlevé, cruellement arraché de ses bras. Ecoutons l'historien de Louis XVII :

« Le comité de salut public a arrêté que le fils de Capet serait séparé de sa mère et remis aux mains d'un instituteur, au choix du conseil général de la Commune. »

« Ces deux mesures, sanctionnées par la Convention, furent mises à exécution le 3 juillet.

« Il était près de dix heures du soir; l'enfant royal était

couché et dormait profondément. Son lit n'avait pas de rideaux ; mais un châle tendu par les soins de sa mère empêchait la lumière d'arriver à ses paupières closes et d'altérer le calme empreint sur sa douce figure. La veillée s'était cette fois prolongée un peu plus que de coutume. La reine et sa sœur étaient occupées à réparer les vêtements de la famille, et Marie-Thérèse, assise entre elles deux, après avoir lu quelques pages du dictionnaire historique, venait, pour terminer la soirée, d'ouvrir la semaine sainte que Turgy avait trouvé le moyen de faire parvenir à madame Elisabeth vers la fin de mars 1793. Souvent, quand la jeune fille faisait une pause, soit après le chapitre du livre d'histoire, soit après un psaume du livre de prière, soit en tournant un feuillet, sa mère relevait la tête, laissait tomber son ouvrage sur ses genoux, et, regardant du côté du lit, prêtait l'oreille au souffle paisible de son autre enfant. Ainsi s'écoulait la soirée. »

Tout à coup des pas nombreux retentissent sur l'escalier, les verroux, les cadenas s'agitent, la porte s'ouvre. Six municipaux se présentent : « Nous venons, dit brutalement l'un d'eux, vous notifier l'ordre du salut public, portant que le fils de Capet sera séparé de sa mère et de sa famille. »

A ces mots, la reine se lève, pâle de saisissement : « M'enlever mon enfant ! s'écrie-t-elle. Non, non, ce n'est pas possible. » Et Marie-Thérèse, tremblante, était debout à côté de sa mère ; et madame Elisabeth, les deux mains étendues sur le livre saint, regardait, le cœur serré, mais sans verser une larme... « Messieurs, dit la reine, en domptant de toutes ses forces le frisson de fièvre qui rendait sa voix frémissante, la Commune ne peut songer à me séparer de mon fils; il est si jeune, il est si faible, mes soins lui sont si nécessaires! — Le comité a pris cet arrêté, répliqua le municipal, la Convention a ratifié la mesure, et nous devons en assurer l'exécution immédiate. — Ah! je ne pourrai jamais me résigner à cette séparation, s'écriait la malheureuse mère. Au nom du ciel, n'exigez pas de moi cette cruelle épreuve. » Et ses deux compagnes mêlaient leurs larmes et leurs prières à ses prières et à ses larmes. Toutes les trois s'étaient placées devant le lit de l'enfant ; elles en défendaient les abords, elles sanglotaient, elles joignaient les mains. C'étaient les plaintes les plus touchantes, les supplications les plus humbles. Cette scène eût attendri les plus insensibles; mais que pouvaient-elles sur le cœur des mandataires de la Commune? « A quoi bon toutes ces criailleries? disaient-ils ; on ne vous le tuera pas votre enfant... Livrez-le-nous de bon gré, ou nous saurons bien nous en rendre maîtres. » Et déjà ils employaient la force. Violemment secoué dans cette lutte, le rideau factice se détache et tombe sur la tête du jeune prince. Il se réveille, il voit ce qui se passe, il se jette dans les bras de sa mère et s'écrie : *Maman! maman! ne me quittez pas!* Et sa mère le pressait tremblant sur son sein, le rassurait, le défendait, se cramponnait de toutes ses forces au pilier du lit.

« Ne nous battons pas contre des femmes, » murmura un des commissaires qui n'avait point encore pris la parole. « Citoyens, faisons monter la garde... » Et déjà il se tournait vers le guichetier qui était debout devant la porte. « Ne faites pas cela, dit madame Elisabeth, ne faites pas cela. Ce que vous exigez par la force, il faut bien que nous l'acceptions ; mais donnez-nous le temps de respirer. Cet enfant a besoin de sommeil ; il ne pourra dormir ailleurs. Demain matin il vous sera remis. Laissez-le au moins passer la nuit dans cette chambre et obtenez qu'il y soit ramené tous les soirs. »

A ces mots, pas de réponse.

« Du moins, promettez-moi, dit Marie-Antoinette, qu'il restera dans l'enceinte de la tour et qu'il me sera permis de le voir tous les jours, ne fût-ce qu'aux heures du repas!

— Nous n'avons pas de comptes à te rendre, et il ne t'appartient pas d'interroger les intentions de la patrie. Parbleu, parce qu'on t'enlève ton enfant, te voilà bien malheureuse ! Les nôtres vont tous les jours se faire casser la tête par les balles des ennemis que tu attires sur nos frontières.

— Mon fils est trop jeune pour servir encore son pays, dit la reine avec douceur, mais j'espère qu'un jour, si Dieu le permet, il sera fier de lui consacrer sa vie. »

« Cependant, elle l'habillait, et, bien qu'elle fût secondée par les deux princesses, jamais toilette d'enfant ne fut plus longue. Chaque vêtement qu'on lui mettait était retourné en tous sens, passé de main en main et mouillé de pleurs. On éloignait ainsi de quelques secondes l'instant de la séparation. Les municipaux commençaient à perdre patience.

« Enfin, la reine, ayant ramassé toute ses forces au fond de son cœur, s'assied sur une chaise, prend son fils devant elle, pose ses mains sur ses petites épaules, et, calme, immobile, recueillie dans sa douleur, sans verser une larme, sans pousser un soupir, elle lui dit d'une voix grave et solennelle : « Mon enfant, nous allons nous quitter. Souvenez-vous de vos devoirs quand je ne serai plus auprès de vous pour vous les rappeler. N'oubliez jamais le bon Dieu qui vous éprouve, ni votre mère qui vous aime. Soyez sage, patient et honnête, et votre père vous bénira du haut du ciel. » Elle dit, baise son fils au front et le remet à ses geôliers. Le pauvre enfant se précipite encore vers sa mère, embrasse ses genoux, s'attache de toutes ses forces à sa robe. « Mon fils, il faut obéir! Il le faut... »

« Allons! tu n'as plus, j'espère, de doctrine à lui faire, dit un des commissaires. Il faut avouer que tu as fièrement abusé de notre patience. Tu pouvais te dispenser de lui faire la leçon, » disait un autre en entraînant violemment le prince hors de la chambre. « Ne vous inquiétez plus, continua un troisième, la nation, toujours grande et généreuse, pourvoira à son éducation. » La porte se referma.

« Oh! ce furent alors des larmes, des sanglots, des cris de désespoir, des grincements de dents! La pauvre mère, dans les convulsions de sa douleur, se roulait sur la couche déserte. Elle avait un moment repris sa dignité royale en présence de ses ravisseurs, sa gravité maternelle en face de son fils, qu'elle bénissait pour la dernière fois; mais cet effort suprême avait absorbé l'énergie de son caractère. Jamais désespoir ne fut plus grand. »

Elle n'en aura plus d'aussi pénible! Voici le moment de sa délivrance qui approche. Dieu a vu ses larmes, il a entendu ses prières, il a laissé marcher le temps. Voici LE 16 OCTOBRE qui va briser les chaînes de la prisonnière de la *Conciergerie*, car depuis près de trois mois elle ne souffre plus derrière les épaisses murailles de la grosse tour du Temple. Là, la veuve avait sous les vieilles voûtes du donjon son fils, sa fille et sa belle-sœur. Là, il y avait des mains chéries pour essuyer ses pleurs; à la *Conciergerie*, rien !... rien de tous ces adoucissements à la douleur. Toutes les angoisses des prisonniers ont été calculées, pesées par des hommes passés maîtres dans l'art de torturer. La malheureuse mère, l'héroïque reine montera à l'échafaud sans savoir ce que sont devenus sa fille et son fils, et ce sera avec cette désespérante incertitude que, dans sa dernière nuit, elle écrira à madame Elisabeth pour lui recommander ses *chers enfants* et pour la supplier d'enseigner aux deux orphelins la miséricorde et le pardon.

La révolution aurait pu d'un seul coup en finir avec la famille royale. La prison du Temple, malgré son enceinte fortifiée, l'épaisseur de ses hautes murailles, ses gardes et ses portes de fer, n'était pas imprenable ; ceux qui la gardaient étaient frères et amis des septembriseurs des Carmes, de la Force et de l'Abbaye. L'exécution collective des cinq prisonniers de la grosse tour était donc facile, et ce n'eût été, pour Samson et ses aides, qu'une matinée de plus !... Mais non, la haine des Jacobins tient de la cruauté des hyènes et veut aussi faire durer ses horribles jouissances.

Depuis le 16 octobre 1793, le second étage de la grosse tour n'a plus que deux femmes, Madame royale et madame Elisabeth. Le malheureux petit Dauphin, séparé de sa sœur et de sa tante, ne les voit jamais ; mais les regards qui lui manquent le plus sont ceux de sa mère, dont il ignore complétement la mort. Les deux princesses, la sœur de Louis XVI et sa nièce aperçoivent parfois le pauvre orphelin (comme alors que la reine existait encore), en montant auprès de la plateforme de la tour ; mais lui, dans ses rares promenades avec l'infâme Simon, a beau lever les yeux, rien d'ami ne se montre à ses regards.

Le temps marche, la révolution, les pieds dans le sang, court vite. Huit mois se sont passés depuis la journée du 16 octobre, depuis cette date du second régicide. Madame royale n'a plus de mère, mais auprès d'elle, Dieu a laissé un ange, madame Elisabeth; c'est là son seul appui, sa seule consolation. L'angélique sœur de Louis XVI va aussi disparaître du Temple et passera comme la reine par la Conciergerie pour aller à l'échafaud.

Le 10 mai aura sa consécration comme le 21 janvier, comme le 16 octobre, et plus tard une autre date viendra allonger notre calendrier de deuil.

Si la prison du Temple existait encore, comme elle nous serait sainte! combien nous y ferions de pèlerinages quand l'année ramènerait les anniversaires des martyrs! Un moment cette grosse tour n'avait pas assez de chambres pour les augustes captifs. Le vide s'y est fait; dans l'antique demeure des chevaliers, il ne restait plus que deux enfants de roi : une jeune fille de quatorze ans, un enfant qui n'a pas atteint sa dixième année; mais ce dernier, Louis-Charles de Bourbon, est roi, et c'est à lui qu'appartiennent les trônes de France et de Navarre. Louis XVI, son père, lui a laissé sa couronne d'épines et son sceptre de roseau. Par la vieille loi française, il est roi et reconnu comme tel par l'Angleterre, la Sardaigne, l'Espagne, l'Autriche, la Prusse et la Russie. Louis-Stanislas-Xavier, fils de France, oncle du roi Louis XVII, régent de France, le proclame aussi comme successeur de Louis XVI. La Vendée, en armes dès qu'elle a appris le régicide du 21 janvier 1793, a crié sous le drapeau blanc en deuil : *Le roi est mort! vive le roi!*

La noble et vaillante armée de Condé a fait entendre le même cri.

Tandis que l'Europe proclamait ainsi le fils du roi martyr sous le nom de Louis XVII, ce jeune prince pleurait son père dans les bras de la royale veuve sous les verroux de la prison du Temple. Dès cette époque le malheur pesait bien cruellement sur lui ! Mais depuis l'horrible et sanglante journée de janvier, que de larmes, que de sang répandus ! Dans ce hideux progrès du mal, pour les révolutionnaires, ce n'était plus assez que d'immoler les victimes, il fallait les humilier et les dégrader en les faisant descendre aussi bas qu'eux-mêmes ! Ainsi, dans cette famille royale, qu'ils avaient calomniée, outragée, renversée du trône et jetée dans les fers, ils trouvaient toujours une grandeur, une élévation, une majesté que rien n'altérait, que rien ne pouvait courber et qui irritait de plus en plus ceux qui s'étaient faits ses ennemis. C'est ce sentiment de basse jalousie qui fit choisir le cordonnier Simon pour instituteur *du jeune Capet, fils du tyran.* C'est ce protégé de Marat qui va enseigner les vertus républicaines au descendant des rois ; c'est déjà lui qui règne et qui commande dans cette partie de la grosse tour qu'a occupée et sanctifiée Louis XVI.

Voici comment M. de Beauchesne raconte l'entrée en fonctions du citoyen Simon :

« Escorté de six commissaires et d'un guichetier, le jeune roi fut conduit à la chambre de son père. Là, un hôte l'attendait et semblait attendre depuis longtemps. L'appartement était mal éclairé. Les municipaux s'entretinrent quelques instants avec cet homme. Ils lui donnèrent des instructions à voix basse ; puis ils se retirèrent. L'enfant se trouva seul en présence de Simon, dont peut-être il ne reconnut pas tout d'abord les traits ; mais l'allure dégagée, la voix rude et brève et le geste hautain de ce nouveau personnage le lui révélèrent bientôt.

« Voici en peu de mots le signalement de Simon : cinquante-sept ans, taille au-dessus de la moyenne, stature robuste et carrée, teint basané, visage rude, cheveux noirs descendant jusqu'aux sourcils, favoris épais. »

Voici le portrait de l'instituteur républicain. Mettons en face de cet être ignoble l'enfant-roi. C'est la grâce et la noblesse en face de la bassesse et de la laideur, l'innocence vis-à-vis le crime, un ange vis-à-vis un démon.

Louis-Charles de Bourbon avait alors à peu près huit ans, sa taille était svelte et bien prise, sa carnation éclatait de blancheur, ses cheveux blonds encadrant merveilleusement bien par leur nuance son frais et gracieux visage, tombaient avec grâce autour de son cou et jouaient sur sa collerette de mousseline plissée. Déjà la mise du royal enfant se ressentait de la gêne de la prison ; déjà sa mère et sa tante, dans leurs tristes et longues soirées du Temple, avaient raccommodé ses habits.

Qui pourrait jamais redire ce qui dut se passer alors dans l'esprit du jeune prince? Ne plus voir sa mère, ne plus entendre sa voix et et se trouver face à face avec l'homme méchant et grossier qu'il vient de reconnaître, n'y avait-il pas dans ce contraste, dans ce subit changement, de quoi faire trembler le pauvre enfant, de quoi briser son cœur? Aussi il resta plusieurs heures assis sur une chaise, dans le coin le plus reculé de la chambre, ne faisant que pleurer, et, par instants, répétant à travers ses sanglots : *Mon Dieu! mon Dieu!*

La nuit avançait, et je ne sais quelle pensée préoccupait alors le brutal Simon, mais lui aussi restait à l'écart, à l'autre bout de l'appartement, sans brusquer, sans violenter la tremblante victime pour la forcer à se coucher. Ce ne fut que bien avant dans la nuit que le sommeil vint fermer les yeux rouges et gonflés du fils de Marie-Antoinette... Chagrin d'enfant n'est souvent qu'un léger nuage que la moindre brise chasse et emporte au loin. Il n'en fut pas de même de la profonde affliction de Louis XVII. Non, à la suite de l'orage, le beau lis resta courbé ; sur sa tige froissée, la royale fleur, si proche du hideux reptile, ne releva sa belle tête que longtemps après.

Le désespoir de l'enfant était si profond, que pendant plusieurs jours il ne voulut accepter de Tison et de sa femme qu'un morceau de pain. Immobile, silencieux, il écoutait sonner les heures et les roulements du tambour à la garde montante et descendante des différents postes de la prison. Son geôlier avait à peine entendu le son de sa voix, lorsque des municipaux entrèrent dans la chambre, sous le prétexte de venir prendre des renseignements, afin de rendre compte à la Convention de l'état du prisonnier ; mais le désir de voir un fils de roi sous la tutelle d'un cordonnier, était bien plus le but caché de tous ces hommes, que la pensée de remplir un devoir de leur charge... Eh bien ! s'ils ont tout redit à l'Assemblée régicide, elle aura pu apprendre que le fils de Louis XVI avait du vrai sang de roi dans les veines... A ces hommes impies dans leur curiosité, Louis-Charles de Bourbon avait dit d'une voix qui ne sanglotait plus : « Je veux savoir quelle est la loi qui vous ordonne, qui vous donne le droit de me séparer de ma mère et de me mettre en prison... Montrez-moi cette loi... Je veux la voir.. »

Peut-être ce jour-là se trouvait-il parmi ces hauts dignitaires du Temple, décorés de l'écharpe tricolore, quelque royaliste déguisé, avide d'apercevoir le fils du roi martyr. Ah! si un bon Français s'était introduit dans cette bande, il aura éprouvé un sentiment de joie, il aura vu que la race de Henri IV n'était pas abâtardie.

Trois jours après sa séparation d'avec sa mère, l'enfant royal pleurait moins, mais demeurait toujours silencieux. Tison, impatienté, lui dit : « Ah çà, petit Capet, tu es donc muet? Il faudra que je t'apprenne à parler, moi, et à chanter la Carmagnole, et à crier vive la république! Ah! tu as perdu ta langue!

— « Si je disais tout haut ce que je pense tout bas, répondit le petit prisonnier, vous me prendriez pour un fou; je me tais, parce que j'aurais trop à dire.

— « Oh! oh! M. Capet aurait trop à dire! cela sent fièrement l'aristocrate; mais cela ne me convient pas, entends-tu? Tu es jeune, et l'on te pardonne, mais je ne dois pas, moi qui suis ton maître, te laisser croupir dans l'ignorance, il faut te faire aux progrès et aux idées nouvelles. »

« Il y eut dans la manière dont Simon traita son élève (écrit M. de Beauchesne), un singulier mélange de dédain très-franc et de sévérité étudiée; il ne voyait en lui qu'une créature criminelle par sa naissance, et qu'un enfant sans conséquence; mais il y avait autour de cet enfant comme un reflet attrayant de sérénité, comme un parfum d'atmosphère royale, qui soulevèrent parfois contre le prince des susceptibilités haineuses du savetier.

« Oui, ce fut surtout parce que c'était un enfant d'élite, qu'on eût remarqué dans la rue et qu'on eût aimé chez l'étranger, un de ces enfants qui attirent l'attention et la tendresse, suave créature devant laquelle la haine semblait impossible, et dont le regard, désarmant toute colère et toute cruauté, semblait devoir autour de lui faire taire toute chose, excepté l'amour ; oui, ce fut pour tout cela que Simon devint impitoyable. »

Si impitoyable, si bassement cruel, que nous ne chercherons plus à peindre les douleurs et les tourments de l'enfant roi ; c'est AU TEMPLE que cette longue passion déroula toutes ses différentes phases. Espérons que le père de Louis XVII, le 21 janvier 1793, en descendant l'escalier de la grosse tour avec l'abbé Edgeworth et l'exécrable Santerre, n'aura pas eu la prévision que dans cette même chambre, qu'il quittait pour aller mourir, son fils souffrirait encore plus que lui, et que les tortures de l'enfant orphelin y dureraient bien plus longtemps que les siennes.

C'est dans cette chambre, sanctifiée par l'invincible résignation du roi martyr, que l'ange de la prison (à son tour) a fait preuve de son inaltérable douceur et de la force de son caractère. Ah! que de sataniques et que d'incessants efforts n'a-t-il pas fallu à l'infâme instituteur du jeune prince, pour éclipser cette intelligence si vive, pour assombrir cette âme si aimable et si pure, et pour ôter à ce royal enfant la grâce de son esprit et la beauté de son corps. Non, n'en doutons pas, le génie du mal avait fait alliance avec l'assemblée révolutionnaire contre Louis XVI et sa famille ; ils étaient trop purs pour la France corrompue par le voltairianisme. Cette pureté dure toujours, aussi la haine des méchants ne s'est pas éteinte.

Je viens de le dire, la chambre de Louis XVI était devenue la prison du jeune prince, et Simon y commandait en maître. « De jour (1) en jour il devenait plus cruel envers la jeune victime confiée à sa haineuse brutalité. » Ce n'était plus cet enfant soumis qu'un geste de son père, qu'un mot de sa mère faisait agir. C'était l'esclave en lutte continuelle avec le despote : l'esclave tendait le cou, tant qu'il n'était attaqué que dans son indépendance et dans ses goûts ; mais dès qu'il était outragé dans ses affections, il se redressait et tenait tête au despote. A cette époque la police faisait distribuer et vendre dans les rues des pamphlets et des chansons contre madame *Véto*, contre la *Louve autrichienne*. C'était une préface contre la reine. Ces écrits, qu'un calcul pervers faisait parvenir à Simon, empoisonnaient l'atmosphère de cette chambre, où la piété filiale était torturée à chaque instant et dans la sainte mémoire de son père, mort sur l'échafaud, et dans les souvenirs d'une mère absente! « Allons, Capet, lui dit un jour le maître en lui présentant des couplets infâmes contre sa mère, voici une chanson nouvelle, il faut que tu la chantes ; » de la main qui lui présentait cet écrit, l'enfant, naturellement, ne le prit qu'avec défiance ; il y jeta les yeux, et, bien que son intelligence n'eût pas tout saisi, son cœur lui avait dit que ses appréhensions ne l'avaient pas trompé ; il remit sur la table, sans souffler mot, la chanson obscène, énigme pour son esprit, mais révoltante injure pour sa tendresse. Simon se leva avec la colère qui lui était habituelle en présence d'un refus ; et, d'un ton doctoral : « J'ai cru avoir dit : il faut que tu chantes.

— « Je ne chanterai jamais pareille chanson.

— « Je déclare que je t'assomme si tu ne chantes pas. »

(1) Beauchesne.

— « J'ai cru avoir dit : il faut que tu chantes
— « Je ne chanterai jamais pareille chanson
— « Je déclare que je t'assomme si tu ne chantes pas,
ce disant il saisissait un gros chenet et . . . . .

Ce disant, il saisissait un gros chenet, et, au mot JAMAIS, que lançait pour toute réponse la filiale opiniâtreté du petit martyr, le chenet de fer partit;... le généreux enfant l'eût été s'il n'eût eu l'adresse d'esquiver le coup.

Oh! pourquoi royal enfant, avez-vous eu cette adresse? Bien mieux aurait valu pour vous mourir au commencement de cette ignoble et cruelle tyrannie! Que de maux, que d'outrages, que de tortures la mort vous aurait alors épargnés! alors elle vous eût été amie! et, comme un jeune ange, vous auriez tout de suite pris votre essor vers le Dieu qui aime les enfants. Mais non, dans les temps de grandes expiations, il faut que tous les mérites des victimes qui doivent être immolées soient révélés et mis en lumière aux yeux des nations.

Ainsi le second saint Louis, votre auguste père, fera éclater dans sa prison, plus que dans ses palais, la dignité de son caractère, la force de son âme, et au milieu des outrages et de l'ingratitude, la magnanimité du pardon!

Votre aimable et gracieuse mère, belle et renommée parmi toutes les reines, dès que le malheur étendra sa rude main sur elle, grandira aux yeux de tous; captive elle deviendra *femme forte*, et sa pieuse résignation égalera son héroïsme!

Votre angélique tante, sainte à la cour, dans les jours prospères, par son abnégation d'elle-même, se fait l'ange consolateur de tous sous les voûtes du Temple; et quand le jour du martyre est venu, elle prouve une fois de plus qu'elle est bien la sœur de Louis XVI!

Et vous, orphelin, tombé de si haut, sous une tutelle si basse! Dieu a eu aussi ses desseins sur vous; il a voulu montrer, à ceux qui la méconnaissaient, tout ce que votre royale race a en elle de grandeur et de clémence ; vous, petit enfant enlevé des bras de votre mère et livré *aux soins* du cordonnier Simon et de sa femme, vous avez, jeune prince, trouvé le moyen, à l'exemple de votre père, de léguer à nos fils des exemples de clémence chrétienne ; car c'est bien vous qui avez répondu à Simon lorsqu'il vous demandait un jour : « Capet, si les Vendéens qui se battent pour ta cause arrivaient à Paris et s'emparaient de toi pour te placer sur le trône, que me ferais-tu, louveteau ?

— « Je vous pardonnerais !!! »

Ah ! c'est bien là, Louis Charles de Bourbon, un mot de famille ! et Marie-Thérèse, sœur du petit martyr, qui, de tous les siens renfermés au Temple est la seule qui en ait franchi le seuil pour aller ailleurs qu'à l'échafaud, a porté par toute l'Europe et dans tous ses exils la même passion du pardon. . . . .

Revenons à la prison du Temple, l'homme que Marat avait désigné comme tout à fait digne de faire l'éducation républicaine du fils du tyran, régnait en maître au premier étage de la grosse Tour où Louis XVI *avait fait son temps.*

Pendant les six mois que le roi y était resté, les fidèles serviteurs qui avaient été successivement attachés à son service, avec un zèle que l'on conçoit auprès de pareil maître, avaient constamment apporté tous leurs soins à maintenir une grande propreté dans ce misérable appartement.

Depuis le 21 *janvier*, il était resté vide et négligé ; dès qu'il eut été remis à Simon et à sa femme, l'aspect en changea tout de suite ; aux yeux de l'instituteur jacobin, la propreté était un luxe aristocratique qui devait être éloigné des yeux et des habitudes de son élève. Parfois la citoyenne Simon balayait la chambre du petit prisonnier, mais dès que son mari lui voyait prendre ce soin, il s'emportait contre elle, et lui reprochait de perdre son temps à nettoyer le *gîte du louveteau*. On aurait pu croire que la douceur triste et silencieuse de l'enfant qui s'étiolait de plus en plus chaque jour, faute d'air et de mouvement, finirait par user les colères du tyran de bas aloi; mais non, il y a des haines inextinguibles, celles des hommes qui crient vive *l'égalité et la fraternité* sont de ce nombre!

Là, dans cette même chambre, où Louis XVI avait donné des enseignements religieux à son fils et à sa fille; là où il avait le 20 janvier 1793 fait ses déchirants adieux à sa famille; là où il avait ouvert son cœur à M. de Malesherbes, et révélé son âme à l'abbé Edgeworth; là où Cléry avait dressé l'autel pour la dernière messe et la dernière journée du monarque qui se préparait au martyre, dans cette même chambre, dans ce sanctuaire de la prison, les paroles les plus grossières, les refrains les plus jacobins, les jurements les plus impies, retentissaient depuis le matin jusqu'au soir; le pauvre enfant en était tellement assourdi, qu'il n'aimait plus que le silence, et quand, pendant plusieurs heures, il n'avait rien entendu, c'était pour lui comme du bonheur; ç'avait été du repos.

Quelquefois, sans prêter l'oreille à ce que disaient Simon et sa femme, le petit prince avait entendu des mots qui ne pouvaient qu'augmenter sa tristesse. Le couple républicain ne doutait aucunement que la *république française ne fût immortelle*, que ceux et celles qui la servaient avec un zèle pareil au leur seraient toujours ses protégés, et que, par conséquent, tous les deux jouiraient longtemps de la haute charge qui leur était confiée, et des mille écus qui en étaient le salaire. Tout allait donc pour le mieux chez l'instituteur monté à un poste que tout ami de Marat et de Robespierre devait envier, puisqu'on y avait le *devoir* d'humilier, d'insulter et de torturer un fils de roi, et le *droit* de poser sur le front qui devait porter la couronne l'ignoble bonnet rouge! Semblable emploi était tellement selon le cœur du jacobin, qu'il espérait bien être inamovible au Temple, et voir, à l'égard du fils du tyran, s'accomplir les vœux et desseins de *la république toujours grande et généreuse*. Mais, sous le soleil, tout est fragile, tout est muable, et la faveur la mieux établie souvent se change en disgrâce. C'est ce qui advint à Simon, malgré le zèle qu'il n'avait cessé de montrer dans son infernale mission.

Le 13 nivôse an 11 (2 janvier 1794), le corps municipal prend un arrêté qui, conformément à l'article 8, section 3, de la loi du gouvernement provisoire, interdit le cumul des fonctions de municipal et des emplois salariés par l'État. Simon, instituteur de Capet, et Coru, économe du Temple, se trouvent atteints par cette mesure.

Dès le lendemain Coru se rendit à l'Hôtel-de-Ville et déclara à ses collègues qu'il n'hésite point entre la place salariée d'économe de la prison du Temple et l'honneur de ceindre l'écharpe tricolore, et qu'il reste attaché à la Commune. Simon, malgré le désir qu'il avait de continuer les hautes fonctions d'instituteur d'un prince, devenu citoyen, fut contraint par son orgueil à donner sa démission. Coru avait été applaudi par ses collègues, il voulut l'être aussi. D'ailleurs il s'était depuis quelque temps, depuis la mort de son protecteur Marat, aperçu que sa faveur baissait, et que diverses demandes faites par lui à la Convention n'avaient point été écoutées.

Le 30 nivôse an 11 (19 janvier 1795), un grand bruit se fit entendre dans la grosse tour, c'était une puissance qui croulait, celle de Simon. Lui et sa femme délogeaient et prenaient bruyamment congé de tous les employés du Temple. « Les adieux du maître à son élève (1) furent ce qu'ils devaient être, une injure et un blasphème. La femme Simon avait dit : Capet, je ne sais quand je te reverrai. Oh! le crapaud, reprit Simon, il n'est pas encore écrasé, mais il ne sortira pas de la crapaudière, quand bien même tous les capucins du ciel se mêleraient de l'en tirer! Et en même temps, en disant ces horribles paroles, il appuyait sa main sur la tête du jeune prisonnier, qui, muet et les yeux baissés, reçut immobile cette dernière malédiction de son geôlier. »

Le règne du hideux instituteur n'avait duré que quinze mois. Quand on a lu, quand on se souvient de tout ce que le royal enfant a souffert, on a peine à concevoir combien tant de mauvais traitements, de brutalités, de cruautés et de colères ont pu être entassés dans ce laps de temps. Pendant qu'à toutes ces cruautés Louis XVII n'avait opposé que tristesse et silence, que douceur et résignation, le Saturne révolutionnaire continuait à dévorer ses enfants. Les bourreaux, après avoir immolé tant de justes, après avoir, le 10 mai 1794, ajouté la mort de madame Élisabeth à tous leurs crimes passés, enivrés de sang, s'entre-tuaient tous! Le 9 thermidor s'était levé, justice allait être faite à beaucoup. Robespierre, qui avait envoyé Danton à l'écha-

---

(1) Beauchesne.

faud, s'y rendait à son tour, et, dans la même charrette que lui, l'exécuteur des justices nationales avait fait monter Simon l'instituteur jacobin. Robespierre portait ce jour-là l'habit dont il s'était paré pour paraître à sa fête de l'Être-Suprême, et le savetier gouverneur la même carmagnole et le même bonnet rouge qu'il avait au Temple dans l'exercice de ses fonctions.

Pour punir le crime et venger l'innocence, Dieu, le roi des siècles, n'attend donc pas toujours son éternité.

La Convention, malgré tous ses vols et ses déprédations, se trouvait pauvre; elle pensait à faire des économies et elle ne nomma pas de successeur à Simon. Par suite de cet arrêté, il y eut quelques changements de faits dans la prison du Temple; et, chose que l'on a peine à concevoir lorsque l'on passe en revue tout ce qu'a souffert l'enfant roi sous la tutelle du protégé de Marat, c'est que le fils de Louis XVI et de Marie-Antoinette va, dans la captivité qui durera long-temps encore, avoir plus à souffrir que sous l'horrible autorité du couple Simon. Le 1er pluviôse an 11 (20 janvier 1794), les membres de la Convention chargés de la surveillance de la prison du Temple, où il ne restait plus de la famille royale que Marie-Thérèse, fille des martyrs, et Louis-Charles de Bourbon, firent restreindre le logement du petit prisonnier dans la chambre du fond, du premier étage de la grosse tour, qui avait été habitée par le fidèle Cléry, et plus tard par la femme Tison pendant sa maladie.

Comme si le pauvre enfant avait eu trop d'espace, trop de distraction sous la domination de son terrible instituteur, il allait être désormais condamné à la plus cruelle de toutes les cruautés, à la torture de l'isolement complet, absolu, torture à laquelle les hommes les plus robustes ne peuvent souvent résister.

La porte de communication du premier étage de la grosse tour fut coupée à hauteur d'appui, scellée à clous et à vis et grillée de haut en bas avec des barreaux de fer : on dirait qu'un tigre va être enfermé là, et ce n'est, hélas ! qu'un petit agneau blanc qui va y mourir !

On ne donnait dans cette mauvaise chambre obscure au prisonnier ni feu ni lumière, il n'y était réchauffé que par le tuyau d'un poêle placé dans la première pièce. C'est par un guichet pratiqué entre les barreaux de fer qu'on doit faire parvenir la nourriture du prisonnier ; pour l'installer dans ce nouveau cachot, on choisit l'anniversaire de l'exécution régicide de son père, le 21 janvier 1794 !

Madame Royale est aussi seule dans la chambre, d'où elle a vu partir sa mère *l'héroïne*, et sa tante *la sainte*; cette chambre, ou plutôt ce sanctuaire est à l'étage au-dessus de celui habité par le Dauphin; le frère et la sœur ne sont séparés que par l'épaisseur de la voûte; vingt marches de l'escalier conduisent du premier au second. Eh bien, malgré ce rapprochement, chacun d'eux gémira, souffrira, pleurera et priera isolé, et comme abandonné de tous ! Marie-Thérèse ne sait pas où est renfermé son frère, et Louis XVII ignore où est cachée Madame Royale; son ignorance de tout va bien plus loin encore : il ne sait ni la mort de sa mère, ni celle de sa tante;... il ne sait qu'une chose, c'est son malheur.

Le nouvel arrangement de la prison fut arrêté et entrepris dans la journée du 1er nivôse; les conventionnels avaient si grand'peur de laisser la chambre de Louis XVI à son fils, que tout ce changement fut achevé dans la même journée à la clarté des lanternes. Sans dire un mot, mais non sans verser beaucoup de larmes, le prisonnier obéit et alla s'asseoir sur la chaise de paille que le nouveau geôlier lui montra. Que de jours, que de nuits ne passa-t-il pas dans ce lieu sombre, dans cette morne solitude, sans un mot d'intérêt, sans une preuve de compassion! Personne ne le servait, l'enfant roi balayait sa chambre et faisait son lit!... Mais, au bout de quelque temps, la tristesse de son esprit, la lassitude de son corps, la maladie lui firent négliger les soins matériels.

« Le lendemain du 9 thermidor, à six heures du matin (1), Barras, qui avait été un des principaux acteurs de cette journée, avec plusieurs membres des comités et quelques députés de la Convention en grand costume, se rendit au Temple. Dans le nombreux cortége qui environnait le nouveau commandant des troupes parisiennes, se trouvait le citoyen Laurent, membre du comité révolutionnaire de la section du Temple. « J'aurais à causer avec vous, lui dit Barras, venez me voir quand nous serons rentrés. »

« Laurent fut exact au rendez-vous. « Nous avons disposé de vous sans vous consulter, lui dit le nouveau dictateur : indépendamment des municipaux qui se relèvent de jour en jour à la tour du Temple, et qui veillent à sa sûreté, il est bon que le gouvernement y possède un agent permanent, digne de toute sa confiance. Les comités viennent, sur ma proposition, de vous nommer gardien des enfants de l'ex-roi. Nous comptons sur votre zèle, demain vous recevrez votre commission. »

Oh! certes, Barras, ancien gentilhomme, s'était honteu-

---

(1) *Vie de Louis XVII*, par M. de Beauchesne.

sement dégradé en se faisant révolutionnaire conventionnel; mais cette première démarche qu'il s'empresse de faire dès le lendemain du 9 thermidor, cette visite à la prison du Temple, cette nomination d'un honnête homme pour gardien des enfants de l'ex-roi le relèvent dans mon esprit. Ce qui l'a fait agir ainsi, c'est un ressouvenir de sa naissance ; ce jour-là, il se sera rappelé l'écusson de son père et n'aura pas voulu y ajouter une souillure.

Laurent, dont Barras a fait choix, était créole de Saint-Domingue ; il avait chaudement épousé les idées de liberté et d'égalité républicaines, mais sans approuver les cruautés révolutionnaires. Comme tous les habitants de la plus riche des colonies françaises, il aimait le plaisir, et se tenait, autant qu'il le pouvait, éloigné des mesures sanguinaires.

Ce fut le soir que le nouveau gardien des prisonniers de la grosse tour s'était présenté pour visiter la prison et les deux enfants de Louis XVI. Les municipaux de service, cette nuit-là, étaient réunis dans la grande salle du rez-de-chaussée, que nous avons déjà décrite; la majorité de ces surveillants populaires et fanatiques ne voyaient qu'avec regret la nomination d'un gardien spécial; aussi, sous prétexte de bien examiner tous les pouvoirs dont le dictateur l'avait investi, ils s'étaient arrangés de manière à le retenir une grande partie de la nuit dans leur corps-de-garde, et ce ne fut qu'à deux heures du matin qu'ils le conduisirent à l'appartement du petit Capet.

« Laurent venait d'être informé de la manière dont était traité le prisonnier, mais il était loin (1) de se faire une idée exacte de l'état dans lequel il allait le trouver; il ne

---

(1) *Vie de Louis XVII*, par M. de Beauchesne.

supposait pas que la retraite de Simon et de sa femme eût pu aggraver sa situation. Quel fut son étonnement lorsqu'arrivé à la porte d'entrée, il fut saisi par une odeur infecte qui s'exhalait à travers les grilles de la chambre du royal orphelin! Et quel fut son effroi quand, plongeant par le guichet le regard dans le cachot, l'un des municipaux appela à grands cris Capet, et que Capet ne répondit pas! Après plusieurs sommations, un faible oui répondit enfin, mais nul mouvement ne l'accompagna, nulle menace ne put faire lever la victime et la faire venir au guichet, et ce fut à vingt pas de distance et à la lueur d'une chandelle dirigée sur un grabat, que les commissaires présentèrent à son nouveau gardien l'héritier de la vaillante race qui, pendant huit siècles, avait occupé le premier trône de l'univers. Force fut à Laurent d'accepter en cette forme la remise du fils de Louis XVI; il comprit toutefois que sa responsabilité était engagée à faire constater l'état dans lequel on le lui laissait; et, dès le lendemain, il s'adressa au comité de sûreté générale pour demander une enquête. La nouvelle visite qu'il avait faite le matin au prisonnier lui faisait sentir encore davantage la nécessité de cette démarche. En regardant par le guichet, une sainte horreur s'était saisie de lui, et lui avait étreint le cœur. L'immobilité, le mutisme de l'enfant n'avaient point cédé à un appel bienveillant et à de douces paroles. Quoique révolutionnaire, Laurent, devant un tel spectacle, tressaillait sous l'influence d'un sentiment religieux. »

De douces paroles venaient d'être adressées à l'orphelin. Oh! que Dieu pardonne au révolutionnaire qui les a dites au fils de Marie-Antoinette! Que la miséricorde divine étende un voile sur les crimes que le protégé de Barras aura commis dans les voies où il était égaré ! Laurent a dit *de douces paroles* au royal enfant ; il a rendu moins horrible son cachot, moins dure sa détention. Oh ! que Dieu fasse paix au révolutionnaire ! Grâce à lui, l'orphelin du Temple, après une si sévère et si lugubre solitude, obtient quelques distractions : un petit billard, un bilboquet, un jeu du solitaire, des cartes lui sont donnés pour raccourcir les longues heures de ses journées monotones. Quelques promenades au jardin sous les vieux arbres et sur l'herbe qu'il n'a pas vue, qu'il n'a pas foulée depuis près de deux ans. Même parmi les municipaux et les commissaires civils, depuis que Laurent a remplacé Simon, le pauvre enfant rencontre quelques hommes bienveillants pour lui, fils de roi !

Le beau livre de M. de Beauchesne fait connaître les noms des êtres compatissants qui sont venus verser quelques gouttes de miel dans le calice si rempli d'absinthe que l'ange des douleurs a apporté à l'enfant des martyrs. Écoutons l'éloquent historien du roi Louis XVII raconter deux promenades à la plate-forme de la vieille et puissante tour, élevée par le frère Hubert, trésorier du très-noble et très-illustre ordre des Templiers :

« Autour de cette prison où l'on souffre est la ville souveraine où l'on parle de plaisirs et de guerre, d'amour et de crimes ; la ville où l'on rit et où l'on tremble, la ville où l'on s'embrasse et où l'on se dénonce, la ville où l'on se divertit et où l'on guillotine. De tous les domaines de ses pères, Louis XVII n'a pas même à lui le couloir où l'on se promène ; et il lui sera plus facile d'entrer au paradis que de sortir d'ici, car il n'y a qu'une porte ouverte pour lui à la prison, c'est la mort. De la plate-forme il ne voyait que le ciel, et il ne cherchait pas à voir autre chose. Il entendait quelquefois les cris des porteurs d'eau et des marchands qui passaient dans les rues voisines; il entendait le bruit des voitures qui roulaient au loin sur le pavé; il entendait cette voix des hommes heureux et indépendants pour qui la vie est douce et qui voient le soleil quand ils veulent; toutes ces clameurs qui sortent des poitrines libres, ces gazouillements d'enfants du peuple qui passent en bas, au pied de la tour, en courant à leurs plaisirs. Mais tous ces bruits venaient railler le pauvre orphelin, captif, dépouillé, et lui faire sentir sa misère ; mais tous ces murmures sourds et confus de la grande ville lui apportaient moins de distraction que d'inquiétude ; cette vie qui s'agitait au dehors était comme une voix ennemie qui le menaçait, après avoir poursuivi son père et sa mère. Et cependant, depuis plus de deux ans, le petit prisonnier n'avait pas eu tant de bonheur; cet air qu'il respirait ranimait dans son sein un reste de chaleur et de vie. La nature ne s'était pas faite complice de la perversité des hommes. Il fallut rentrer bientôt: je ne sais si un reflet de soleil en touchant ce jeune cerveau malade en avait rafraîchi les idées, si la brise du ciel en entrant dans cette poitrine desséchée en avait rafraîchi le cœur, mais l'enfant s'arrêta, en descendant, devant la porte du troisième étage, qu'il n'avait pas observée en montant, et, serrant fortement le bras de son conducteur, il s'appuya au mur, en fixant sur cette porte le regard le plus mélancolique et en même temps le plus avide. Laurent l'entraîna pour l'arracher aux souvenirs qui lui arrivaient en foule. L'enfant se retournait toujours pour prolonger l'adieu qu'il disait à cette porte, qui, dans sa pensée sans doute, lui cachait encore sa mère, et une impression pénible le suivit dans sa chambre....

Une autre fois, jouissant encore avec son gardien et le municipal de service d'un moment de liberté au sommet de la tour, le prince n'attacha pas ses regards sur le ciel comme il le faisait presque constamment, il les ramena vers la terre, c'est-à-dire sur la plate-forme et sur les créneaux ; ses compagnons ne virent pas d'abord ce qu'il cherchait, tant ce qu'il cherchait était chose petite et imperceptible : c'étaient de pauvres et chétives fleurettes jaunes nées par hasard et par malheur loin du sol végétal, et puisant misérablement un semblant de vie dans les interstices des pierres. Il manquait à ces fleurs étiolées comme lui, et presque aussi malheureuses que lui, il manquait la terre et souvent la pluie. Mais elles vivaient pourtant, elles ! Le prince les ramassait d'une main avare, essayant d'en former un faisceau, tâche difficile tant leur tige était courte et menue ; les fleurs ses anciennes amours, hélas ! comme lui déchues ! la musique et les fleurs, ses deux grandes joies de Versailles et des Tuileries et dont il venait de retrouver un pâle et dernier reflet dans une prison ! Il mit une grande patience et une extrême attention à rassembler ces brins d'herbes et de fleurs, il en forma comme un bouquet qu'il emporta soigneusement quand arriva l'heure de la retraite. A mesure qu'en descendant dans l'escalier il approchait de l'appartement sur le seuil duquel, comme nous l'avons dit, il avait suspendu sa marche le jour de sa première promenade, il usa tout ce qui lui restait de force à ralentir le pas de son gardien, et à l'arrêter tout à fait lorsqu'ils se trouvèrent en face de la porte. « Tu te trompes de porte, Charles, cria le commissaire qui marchait derrière eux. — JE NE ME TROMPE PAS, » répondit tout bas l'enfant emmené par son conducteur et rentrant dans sa cellule pensif et soucieux. Ce furent les seuls mots qui lui échappèrent ce jour-là. Ne croyez pas que cette petite moisson de fleurs lui devint une distraction dans sa solitude : il les avait toutes laissées tomber sur le seuil de la porte où il s'était arrêté.... Pauvre enfant, il savait que son père n'existait plus ; mais sa mère, sa tante, sa sœur, il pouvait les croire encore près de lui ! »

Ce que je viens de citer de ces deux promenades de l'enfant-roi m'a semblé tellement beau, tellement bon à donner à lire à la jeunesse de France, que je n'ai pu me décider à retrancher une seule ligne de ces admirables pages.

Regardant LE DONJON DU TEMPLE comme le monument qu'il fallait, avant tout autre, laisser debout pour l'instruction des rois et des peuples, j'ai voulu faire connaître à l'enfance et à l'adolescence de notre époque le lieu le plus rempli de souvenirs historiques et d'enseignements chrétiens. Du vieux Temple, de ses murailles, de ses tours, on chercherait vainement une pierre, un débris, tout a été démoli, enlevé, et sa poussière cachée sous d'autre poussière. A la place du palais des chevaliers, un autre édifice a été construit il y a près d'un demi-siècle, *une halle aux guenilles et aux vieux habits.* Cependant il ne faut pas que la prison à laquelle se rattache la mémoire de Louis XVI, de Marie-Antoinette, de madame Elisabeth, de Louis XVII et de Madame Royale, devenue notre sainte reine Marie-Thérèse, se perde dans l'oubli. La partie matérielle de ce sanctuaire, où les plus grandes vertus ont brillé à côté des plus poignantes douleurs, nous manque complétement ; il faut donc évoquer l'âme du monument : elle est tout entière dans le livre de M. de Beauchesne.

Il y a cinquante ans que j'ai vu LE TEMPLE ; je me souviens

de l'émotion triste et respectueuse que j'éprouvai devant ses hautes et sombres murailles ; et à présent que je relis pour la troisième fois Louis XVII, sa vie, son agonie et sa mort, je retrouve tout ce que je ressentis en face de la prison de la famille royale.

Par décision du 18 brumaire an III (8 novembre 1794), le comité de sûreté générale, sur la présentation de la commission de police administrative, adopte et choisit Gomin pour être adjoint à la garde du Temple, et charge la section de police de l'appeler à son poste.

Gomin, tapissier de l'île Saint-Louis, homme honnête et tranquille, n'avait certes pas brigué cet emploi doux et paisible ; il n'avait rien qui le recommandât aux suffrages des jacobins. Laurent le reçut pour adjoint, et dès le premier jour de sa réception, il monta avec son collègue et un commissaire civil visiter les prisonniers ; leur nombre était réduit à deux, à la sœur et au frère. Gomin n'avait jamais vu le prince, il ne fallut qu'une seconde pour qu'instantanément le cœur de l'honnête bourgeois se sentît sous la double magie du malheur et de l'enfance. Le jeune roi captif dépérissait de jour en jour, ses forces s'en allaient, mais sa douce patience restait ; accoutumé aux injures, aux outrages, aux brutalités de l'infâme Simon, le malade ne pouvait comprendre comment et pourquoi on le servait avec bonté, souvent même avec respect ; déshabitué de prévenances et d'égards, la moindre attention lui devenait comme un bienfait, et pour si peu, son petit cœur battait de reconnaissance.

Il avait, dans les jours prospères, deux goûts bien marqués, les oiseaux et les fleurs. Ses deux bons gardiens lui apportèrent un jour une tourterelle et plusieurs pots de rosiers et d'œillets. Sa joie fut extrême ; faute de rayons de soleil et du grand air, les fleurs se flétrirent et moururent; l'enfant allait faire comme elles, ses derniers jours n'étaient plus loin. Laurent et Gomin le portaient dans leurs bras, ses genoux enflés, son extrême faiblesse ne lui permettaient plus de marcher, et quand sa tourterelle grise à collier noir sautillait par la chambre, il la regardait avec envie, et disait : « Elle est plus heureuse que moi. » Le mal fit en quarante-huit heures des progrès effrayants. Un chirurgien municipal vint visiter le malade et crut devoir en avertir l'autorité suprême.

Des commissaires civils se rendirent en effet, le 28 ventôse (26 février), au comité général, annonçant un danger imminent que couraient les jours du prisonnier. Un médecin nommé Harmand fut amené auprès du prince, qui ne voulut jamais répondre à aucune de ses questions, malgré toutes les instances que lui faisait le docteur. Cette invincible résolution à garder ce silence obstiné prouve que le malheureux enfant ne *voulait plus vivre* : il comprenait que la mort serait sa seule libératrice.

Laurent quitta le TEMPLE le 9 germinal an III (dimanche 29 mars 1795); le prince et Gomin le regrettèrent. Malgré son abattement, le petit prisonnier se souvenait que c'était lui qui l'avait mené se promener sur la plate-forme de la tour, et qui lui avait permis de s'arrêter en descendant l'escalier devant la porte de sa mère, le jour où il avait cueilli *pour elle* son bouquet de giroflée.

Le nouvel adjoint de Gomin était peintre en bâtiments, nommé Lasne ; il avait été gendarme : c'était un honnête homme. En 1789, il était capitaine de la garde nationale parisienne. Le 20 juin il avait été blessé aux Tuileries, alors il avait eu le bonheur de voir le Dauphin et Madame Royale....

Le 12 germinal (mercredi 1ᵉʳ avril), Lasne entra en fonction. Hélas! nous allons le voir, son service ne durera pas longtemps! Dans ce court laps de temps il avait trouvé le moyen de distraire ce jeune roi ; comme un autre Blondel, il chantait (bas et à l'oreille du royal enfant) :

> O RICHARD! Ô MON ROI!
> *L'Univers t'abandonne....*

Et cet autre chant royaliste, *le Troubadour béarnais*, fort en vogue dans la Vendée.

> Un troubadour béarnais,
> Les yeux inondés de larmes,
> A ses compagnons chantait
> Ce refrain, si plein d'alarmes :
> Louis, le fils de Henri,
> Est prisonnier dans Paris.

Les distractions que Gomin et Lasne cherchaient à donner au prince raccourcissaient pour lui les longues heures de la captivité, mais n'arrêtaient pas les progrès de la maladie. Le nouveau médecin, M. Desault, ancien médecin des enfants de France, homme de talent et de bien, vit tout de suite le danger du pauvre petit être auprès de qui il était appelé. Il renouvela ses visites et ses soins pendant plusieurs jours. Un matin, Gomin et Lasne l'attendaient avec impatience... Ils apprirent qu'il était mort subitement. Tous les honnêtes gens le regrettèrent; les mauvais se réjouirent, *parce qu'il témoignait*, disaient-ils, *trop d'égards au fils du tyran.*

M. Pelletan, chirurgien très-renommé, remplaça M. Desault auprès du royal prisonnier, et fit tout de suite donner plus de jour et plus d'air à l'enfant de plus en plus étiolé et affaibli. Pendant que l'honnête et habile médecin disait aux commissaires civils qui l'avaient conduit auprès du malade : « Si vous ne faites pas, citoyens, disparaître immédiatement ces verroux et ces abat-jour, du moins vous ne pouvez vous opposer à ce que nous transportions cet être souffrant dans une autre chambre, car nous sommes, je suppose, envoyés ici pour le soigner. » Le prince eut alors une crainte qui lui fit rompre le silence ; il eut peur que de la chambre placée au-dessus de la sienne, sa mère, sa tante et sa sœur, qu'il y croyait toujours, n'entendissent ce que disait le médecin. Au milieu de ses souffrances, et alors même que l'esprit du pauvre enfant déclinait de plus en plus, il gardait au dedans de lui une pensée fixe, qui lui était comme une consolation, qu'aucun de ses persécuteurs ne pouvait lui enlever. Il ne se croyait séparé de sa mère que par un mur, une voûte et une porte de prison. Et lorsqu'il disait à M. Pelletan : *Parlez plus bas, on pourrait vous entendre dans la chambre au-dessus,* c'est que la Providence lui avait laissé parmi tous ses maux encore de l'espoir ! Il y a des infortunes si grandes, si profondes, que l'œil de l'homme n'y peut apercevoir aucun soulagement. Mais là où nous ne découvrons rien, Dieu a mis quelque chose, un baume secret pour apaiser les douleurs.

Voilà donc auprès du prisonnier des gardiens bien différents de l'odieux Simon ; le sombre et brutal geôlier n'est plus là pour lui faire peur et le maltraiter. Au lieu d'injures, le royal enfant entend de douces et bienveillantes paroles; au lieu d'outrages, on a pour lui des égards. Bientôt, d'après les démarches de M. Pelletan auprès de quelques commissaires municipaux obligeants, Gomin fut autorisé à porter à bras-le-corps le malade affaibli dans la chambre de la petite tour, qui avait autrefois servi de salon à M. Barthélemy. Cette pièce était claire et aérée. Oh! pour le captif, voilà déjà deux bienfaits, de l'air et de la lumière! Mon Dieu, les anges du ciel vont-ils donc enfin avoir pitié de l'ange de la prison?

Une grande fenêtre sans barreaux, sans abat-jour, laisse pénétrer dans cette chambre la bienfaisante influence d'une belle journée de juin... Quelle créature ne se réjouit du rayon de soleil qui lui vient après la maladie et l'obscurité? Pour elle, c'est comme un sourire, comme une caresse de Dieu. Ce bienfait, le royal enfant le dut à M. Pelletan... Que ce nom soit donc béni, et dans l'avenir toujours noblement et chrétiennement porté!

En lisant tous les détails du service intérieur de la prison du Temple, on ne conçoit pas que depuis le renvoi de Simon, depuis que l'on était devenu humain envers le prince malade et prisonnier, on l'ait condamné à n'avoir personne auprès de lui pendant l'obscurité et la longueur des nuits. Depuis huit heures du soir jusqu'à huit heures du matin, il était seul, abandonné à lui-même et à ses souffrances. Les auteurs de ce règlement barbare n'avaient donc jamais souffert, jamais compté les éternelles heures de la nuit se traînant lentement et lourdement sur nos maux et nos douleurs! Cette consigne cruelle ne fut pas levée. La délivrance du fils des martyrs ne devait pas venir de la main des hommes.

« Le 6 juin au matin (1), Lasne monta le premier dans la chambre du fils de Louis XVI ; il lui fit une friction sur le genou droit et sur le poignet gauche, et lui donna une cuillérée de sirop qu'il prit sans opposition. Le voyant si bien disposé et le croyant réellement mieux, Lasne le leva. A huit heures et demie, M. Pelletan arriva, lui tâta le pouls, examina ses tumeurs et ne prescrivit rien de nouveau. Il dit seulement à l'enfant : « Êtes-vous content d'être dans cette chambre? — Oh! oui, bien content! » répondit le dauphin d'une voix faible et avec un sourire triste et doux qui serra le cœur de ceux auxquels il s'adressait.

« Vers deux heures, Gomin monta avec le dîner et le nouveau commissaire civil, du nom d'Hébert. L'enfant, soulevé de son oreiller, prit un peu de soupe, et, comme fatigué de cet effort, il s'allongea de nouveau après avoir mis sur son lit quelques cerises, que de temps en temps sa main défaillante allait chercher et portait à ses lèvres. Le citoyen Hébert (il n'était pas indigne de son homonyme), s'adressant à Gomin : « Ah çà! citoyen, tu me montreras l'ordre que tu as reçu de déménager le louveteau? — Nous n'avons pas d'ordre écrit, répondit le gardien; mais le médecin, que tu verras demain, te dira que nous n'avons agi que d'après son ordre.—Depuis quand, reprit Hébert d'une voix haute, les carabins gouvernent-ils la république? Il faut, entends-tu, que tu fasses demander l'ordre au comité. » En entendant tomber cette rude menace, l'enfant abandonna ses cerises et retira sa main qui plongea lentement dans le lit. Le bonheur d'avoir une chambre bien éclairée et un peu d'air était trop grand pour ne pas être mêlé d'inquiétude.

(1) M. de Beauchesne, auteur de la vie, de l'agonie et de la mort de Louis XVII,

« La nuit revint, la nuit morne et taciturne, qui laissait le craintif agonisant en proie à ses cruelles pensées, à ses douleurs solitaires. Qui sait ce qu'il a souffert pendant cette longue nuit, où des mains avides et des voix haineuses semblaient venir lui disputer la couche sur laquelle il s'éteignait? »

Pauvre fils de roi, il y a quelques années, dans le royaume de ton père, pas un malheureux enfant ne mourait aussi solitairement, aussi cruellement que toi. Sous le toit de l'indigence et de la misère, la petite créature qui allait quitter la terre pour monter aux régions des anges, avait sa mère ou ses sœurs pour lui donner à boire, pour le soulever et le retourner sur sa misérable couche, pour lui dire de ces douces paroles de tendresse qui sont un autre baume pour les malades. Auprès de lui il voyait du mouvement, il entendait prier pour lui. Un prêtre que l'on avait eu hâte d'aller chercher, se penchait sur lui, l'appelant son cher fils, et lui parlant du bon Dieu qui aimait les petits enfants. Il lui montrait le crucifix, l'image de la bonne Vierge avec le petit Jésus dans ses bras! Mais toi, enfant royal, né au milieu des splendeurs du palais paternel de Versailles, toi qu'entouraient toutes les grandeurs de France, toi qui, dès la première minute de ton existence as eu tant de nobles seigneurs, tant de grandes dames à te servir, à ta dernière nuit de ta rude existence, qui as-tu pour te dire un mot de prière, pour te donner un verre d'eau? Personne, personne, pas même un garçon de prison.

M. Pelletan avait demandé que le comité lui adjoignît un autre médecin. On lui accorda M. Dumangin, une des notabilités de l'époque. Tous les deux ensemble virent que le royal prisonnier était proche de sa délivrance. Quelques instants leur avaient suffi pour les convaincre qu'il n'y avait plus moyen de raviver tant de débilité, mais ils cherchèrent à rendre moins pénibles les derniers instants de la jeune victime. Tous les deux exprimèrent un vif étonnement de l'abandon dans lequel on laissait le petit prisonnier pendant la nuit et une partie de la journée.

Le comité, *toujours grand et généreux*, prit, en date du lendemain, un arrêté pour autoriser les médecins à placer une garde-malade auprès du fils de Capet.

Cette pitié des révolutionnaires venait trop tard... Le 7 juin, M. Pelletan, après avoir consciencieusement examiné l'état de l'enfant, pensa que le prince ne passerait pas la journée du lendemain; M. Dumangin était d'avis que le terme était un peu plus éloigné.

Quand une existence est proche de sa fin, elle se ranime un peu avant de s'éteindre tout à fait. Il y a comme une relâche dans les souffrances, comme une trêve d'agitation et de délire, comme un moment de repos que la Providence accorde au voyageur pour qu'il ait le temps de regarder encore une fois le pays qu'il a parcouru et entrevoir celui auquel la mort va le conduire.

Le 8 juin au matin, Louis-Charles de Bourbon entendit avec bonheur la porte de sa chambre s'ouvrir, sa solitude si triste allait enfin finir. Gomin, par tout ce qu'il allait lui dire, romprait ce lourd et sinistre silence qui pesait tant sur lui. « Ah! c'est vous, dit le prince en voyant son bon gardien. » Et ces deux mots furent dits avec un accent tout à fait inaccoutumé et qui ressemblait à de la joie.

Cet accent alla droit au cœur de l'honnête Gomin.

« Enfin, vous souffrez moins, monsieur Charles? dit le brave homme.

— Moins, répondit l'enfant.

— C'est à cette chambre que vous le devez. Ici, du moins, l'air circule librement, la lumière y pénètre, les médecins viennent vous voir, et vous devez être un peu consolé? »

A ces mots, l'enfant ne dit rien; car si matériellement il se sentait mieux dans cette nouvelle chambre, il était loin d'être consolé, et des larmes s'échappaient de ses yeux.

— « Qu'avez-vous à pleurer?

— Toujours, toujours seul…, ma mère est restée dans l'autre tour… »

Un peu de mieux était venu au corps du pauvre malade. Mais à son âme, le soulagement, la consolation n'arriveraient jamais ici-bas, puisque ce n'était que dans le ciel qu'il reverrait sa mère. Sa pensée fixe, immuable, oppressante restait donc toujours sur son cœur.

Ici je dois copier textuellement une des plus belles pages de l'historien de Louis XVII.

« La nuit vint, nuit suprême, que les règlements le condamnaient encore à passer dans la solitude côte à côte avec la souffrance, sa vieille compagne, mais cette fois du moins avec la mort à son chevet. Ce fut encore Lasne qui le lundi, 8 juin, entra le premier entre huit et neuf heures. Gomin nous a avoué qu'il n'osait plus depuis plusieurs jours y monter le premier, dans l'appréhension de trouver le sacrifice accompli.

« Les médecins arrivèrent chacun à l'heure convenue, l'enfant était levé quand Pelletan vint le voir à huit heures.

Lasne le croyait mieux depuis la veille. Mais le bulletin du médecin ne lui fit que trop comprendre qu'il se trompait. L'entrevue fut courte; se sentant de la pesanteur dans les jambes, le jeune malade demanda bientôt lui-même à se coucher.

Il était au lit quand Dumangin entra vers onze heures. L'enfant le reçut avec cette douceur inaltérable qu'il conservait toujours au milieu de ses souffrances, et à laquelle le médecin a rendu témoignage.

« Les deux bulletins partis du Temple à onze heures dénonçaient des symptômes effrayants pour la vie du malade.

« M. Dumangin s'étant retiré, Gomin remplaça Lasne dans la chambre du dauphin. Il s'assit auprès de son lit et ne lui parla pas de peur de le fatiguer. »

Le prince n'entamait jamais la conversation, et par conséquent il ne dit rien non plus; mais il arrêta sur son gardien un œil profondément mélancolique. « Que je suis malheureux de vous voir souffrir comme cela! lui dit Gomin.

— Consolez-vous, répondit l'enfant, je ne souffrirai pas toujours. » Gomin se mit à genoux pour être plus près de lui. L'enfant lui prit la main et la porta à ses lèvres. Le cœur religieux de Gomin se fondit en une prière ardente, une de ces prières que la douleur arrache à l'homme et que l'amour envoie à Dieu. L'enfant ne quitta pas la main fidèle qui lui restait. Il éleva un regard au ciel pendant que Gomin priait pour lui.

« Vous écouterez sans doute avec émotion les dernières paroles du mourant, car vous avez entendu celles de son père, qui, du haut de l'échafaud, envoyait le pardon à ses assassins. Vous avez connu celles de sa mère, de cette reine héroïque qui, impatiente de quitter la terre où elle avait tant souffert, priait le bourreau de se dépêcher. Vous avez connu celles de sa tante, de cette vierge chrétienne qui, d'un œil suppliant, lorsqu'on lui enlevait son vêtement pour mieux la frapper, demandait au nom de la pudeur qu'on lui couvrît le sein, et maintenant oserai-je vous répéter les paroles suprêmes de l'orphelin? Ceux qui recueillirent son dernier souffle me les ont rapportées, et je viens fidèlement les inscrire dans le martyrologe royal. »

Gomin voyant l'enfant calme, immobile, muet, lui dit : « J'espère que vous ne souffrez pas dans ce moment?

— Oh! si, je souffre encore, mais beaucoup moins... la musique est si belle! »

« Or, on ne faisait de musique ni dans la tour, ni dans les environs; aucun bruit du dehors n'arrivait en ce moment à cette chambre où le jeune martyr s'éteignait. Gomin étonné lui dit : « De quel côté entendez-vous cette musique?

« — De la haut.

« — Y a-t-il longtemps?

« — Depuis que vous êtes à genoux. Est-ce que vous ne l'avez pas entendue? Ecoutez... écoutez... » Et l'enfant souleva par un mouvement nerveux sa main défaillante, en ouvrant ses grands yeux illuminés par l'extase. Son pauvre gardien ne voulant pas détruire cette douce et suprême illusion, se prit à écouter aussi avec le pieux désir d'entendre ce qui ne pouvait être entendu.

« Après quelques instants d'attention, l'enfant tressaillit de nouveau, ses yeux étincelèrent, et il s'écria dans un transport indicible. « Au milieu de toutes les voix j'ai reconnu celle de ma mère! » Ce nom tombé des lèvres de l'orphelin semblait lui enlever toute douleur; son regard s'éclaira de ce rayonnement serein que donne la certitude de la délivrance ou de la victoire. Captivé par un spectacle invisible, l'oreille ouverte au bruit lointain d'un de ces concerts que l'oreille humaine n'a pas entendus, il sentait éclore dans sa jeune âme toute une existence nouvelle. Un instant après, l'éclat de son regard s'était éteint et un froid découragement était empreint sur son visage. Gomin suivait d'un œil inquiet les mouvements du malade; sa respiration n'était pas plus pénible, seulement sa prunelle errait lentement, distraite, ramenant lentement son regard vers la fenêtre. Gomin lui demanda ce qui l'occupait de ce côté. L'enfant regarda son gardien quelques intants, et, bien que la même question lui eût été faite de nouveau, il ne parut pas l'avoir comprise et il ne répondit point.

« Lasne remontait pour remplacer Gomin; celui-ci sortit le cœur serré, mais non pas plus inquiet que la veille, car il ne prévoyait pas encore une fin prochaine. Lasne s'assit auprès du lit; le prince le regarda longtemps d'un œil fixe et rêveur. Comme il fit un léger mouvement, Lasne lui demanda comment il se trouvait et ce qu'il désirait. L'enfant lui dit : « Crois-tu que ma sœur ait pu entendre la musique ? Comme cela lui aurait fait du bien ! » Lasne ne put répondre. Le regard plein d'angoisse du mourant se lançait perçant et avide vers la fenêtre. Une exclamation de bonheur s'échappa de ses lèvres; puis, regardant son gardien : « J'ai une chose à te dire. » Lasne lui prit la main; la petite tête du prisonnier se pencha sur la poitrine du gardien, qui écouta, mais en vain : tout était dit. Dieu avait épargné au jeune martyr l'heure du dernier râle. Dieu avait gardé pour lui seul la confidence de sa dernière pensée ! Lasne mit la main sur le cœur de l'enfant; le cœur de Louis XVII avait cessé de battre : il était deux heures et un quart après midi. »

Louis XVI, Marie-Antoinette, Madame Elisabeth ont rendu leur dernier soupir sur la place publique, et c'est de l'échafaud que leurs âmes sont montées au ciel; leur compagnon de captivité, devenu orphelin, n'a franchi le seuil de la prison du Temple que dans son cercueil. Puisque sa jeune tête n'est pas tombée sous le fer de la guillotine, c'est qu'un crime de plus a été trouvé inutile : les hommes qui buvaient l'iniquité comme l'eau ne se seraient pas arrêtés devant l'immolation d'un enfant.

Un homme politique de cette affreuse époque dit, en apprenant la mort du Dauphin, *Tout s'est passé comme nous le voulions, il n'a été ni tué, ni déporté, mais on s'en est défait.*

Oh! oui, on s'en est défait, et par de lentes et infernales tortures, et maintenant son pauvre petit corps usé, maigre et rachitique, est là gisant sur ce lit où il a tant souffert, et dans cette chambre qui avait été celle de son père! Les funérailles de ce roi qui n'a régné que dans les fers ressembleront à sa vie : on n'apportera point auprès de son cadavre la croix du Sauveur, ni les cierges bénits, ni l'eau sainte, ni l'encens; pour envelopper le corps du royal enfant, il n'y aura pas même de linceul; et un de ses gardiens sera obligé d'aller quérir un drap de lit, car le faiseur du cercueil avait déjà pris le corps de l'enfant et l'avait déposé nu dans la bière. Alors un spectateur, ému de tant de misère, donna un mouchoir blanc, en disant à l'ouvrier : *Tiens, voici pour lui mettre sous la tête.* Lasne ayant achevé l'ensevelissement, les quatre planches de sapin furent clouées, et nul regard humain ne vit plus jamais les traits du prince qui était né au milieu des splendeurs de Versailles et qui aurait dû être porté et conduit en grande pompe au caveau royal de Saint-Denis.

Les coups de marteau qui enfoncèrent les clous dans les planches du cercueil auraient pu être entendus de la sœur du petit défunt, car sa chambre était directement au-dessus de la prison de son frère; par pitié pour la jeune sainte, Dieu détourna ce lugubre bruit qui ne monta pas vers elle.

Nous savons tous que les coups de la mort nous frapperaient bien plus rudement si la main de la religion ne s'étendait sur nous; pour nous soutenir dans ces moments terribles, pour rendre nos regrets moins amers, elle place sous nos yeux, et tout à côté du lit du trépassé le signe sacré de la résurrection, l'image du Dieu qui a proclamé au monde qu'il était *la résurrection et la vie.*

Ce crucifix entre deux flambeaux, où brûlent des cierges, cette eau bénite et la branche de rameau, ce prêtre en surplis agenouillé et priant auprès du lit funèbre, toutes ces choses font du bien à l'âme que la mort d'un être chéri vient de transpercer de douleur. Non, ce n'est point en vain que le catholicisme accorde cette pompe au cercueil; nous tous qui avons vieilli, avons appris par expérience qu'il n'y a pas une main humaine qui sache aussi bien que celle de la religion essuyer nos larmes et tempérer nos regrets.

Lorsque notre jeune roi Louis XVII est passé de vie à trépas dans le vieux palais des chevaliers du Temple, la mort n'était adoucie par aucune des choses sacrées que nous venons d'énumérer tout à l'heure; dans ces hideux jours d'athéisme, elle était dépouillée de tous les symboles d'espérance, elle n'était plus autre chose que la fin de la vie, que le sommeil éternel, que le triomphe des vers du cercueil sur la matière un instant animée et destinée au néant.

Aussi lorsque le fils des martyrs fut renfermé dans sa bière, personne ne vint s'agenouiller près de ses restes et prier pour lui. Gomin et Lasne au dedans d'eux-mêmes regrettaient le jeune roi, mais témoigner leur douleur aurait été regardé comme un crime contre la nation. La petite châsse resta donc bien solitaire dans un coin de la chambre, ce ne fut que vers le soir qu'on vint la prendre et qu'on la déposa sur deux tréteaux placés dans la première cour; un drap noir fut jeté sur le cercueil, ce fut là toute la pompe de deuil.

Un commissaire de police vint ordonner la levée du corps et le départ pour le cimetière. Il y avait alors du monde rassemblé devant la porte du Temple, des curieux du quartier, et dans ce groupe sans doute quelques royalistes qui refoulaient leurs larmes et priaient tout bas, non pour le petit ange qui venait d'être délivré d'une si affreuse vie, mais pour la malheureuse France et pour Madame Royale, encore captive dans la grosse tour.

L'église catholique, lorsqu'on lui apporte le cercueil d'un enfant ne dit pour le petit mort ni de *de Profundis*, ni de *Libera;* elle chante sur lui le cantique d'actions de grâce; sur les restes du jeune martyr, c'était bien là l'hymne qu'elle aurait entonné s'il y avait eu alors des hymnes et des prêtres.

Dans les villes, il y a une heure plus triste que toutes les autres heures de la journée, c'est celle de *l'entre chien et loup;* à la campagne elle a du charme, mais dans ces grandes prisons de pierre que l'on appelle *capitales* la fin du jour me serre le cœur en voyant les habitants des quartiers pauvres descendre de leurs mansardes, ou sortir de leurs noires boutiques et échoppes et venir s'asseoir au seuil de ces misérables demeures; ils viennent là dans l'espoir de sentir une brise passer sur leur tête, et pour apercevoir quelque part un rayon de soleil; ils viennent là pour chercher la fraîcheur, ils n'y trouvent encore qu'une étouffante atmosphère.

Dans le quartier du Temple, le 9 juin, entre sept et huit heures du soir, la population était assise aux portes des maisons. Les groupes étaient plus nombreux que de coutume, la journée avait été lourde et orageuse, chacun avait besoin d'aspirer un peu de fraîcheur, et puis la nouvelle de la mort *du Dauphin, du petit prisonnier de la grosse tour* s'était répandue dès le matin. La curiosité pour le plus grand nombre, l'intérêt et la pitié chez les honnêtes gens, avaient fait descendre la foule dans les rues que suivrait le convoi funèbre. Le cercueil de l'enfant que la mort venait de délivrer de prison était recouvert d'un drap mortuaire et porté à bras sur un brancard par quatre hommes qui se relevaient deux à deux par intervalles. Six ou huit hommes le précédaient, commandés par un sergent. Immédiatement derrière la bière, et représentant la *famille*, marchaient Lasne, le bon gardien, et des commissaires civils surveillants du Temple; après eux, six autres soldats et un sous-officier. A mesure que le convoi avançait vers le cimetière de Sainte-Marguerite, en suivant les rues de *la Corderie, de Bretagne, du Pont-aux-Choux, Saint-Sébastien* et *Popincourt*, les habitants de ce quartier populeux et pauvre regardaient avec des sentiments divers l'enterrement de *ce dauphin* dont ils avaient tant entendu parler; la haine, s'il y en avait encore parmi les jacobins contre *le fils du tyran*, se taisait. Ce qui dominait dans cette multitude, c'était la compassion. Dans tous les ménages, depuis près de trois ans, dans le voisinage du Temple, on s'était entretenu des prisonniers de la grosse tour, mais surtout de l'enfant du roi. En le voyant passer, bien des mères laissaient couler leurs pleurs, et les hommes, spectateurs comme elles, ne leur reprochaient point leur pitié. Ce jour-là l'insulte fut muette.

A l'intérêt avec lequel on regardait avancer l'humble et simple convoi, se joignait la curiosité : ces quelques soldats accompagnant ce cercueil d'enfant préoccupait la foule. Etait-ce une précaution contre une émotion populaire? était-ce un hommage? Si peu d'hommes armés contre une manifestation royaliste eussent été insuffisants; Si c'était un hommage, l'opinion du peuple parisien devenait donc meilleure; les révolutionnaires commençaient donc à rougir de leurs œuvres.

Sur le boulevart, un groupe de femmes et d'enfants saluèrent la châsse du jeune martyr, et de cet attroupement s'élevait le nom *du petit dauphin.* On s'appitoyait sur ses longues souffrances, et quelques-uns même osaient maudire la mémoire de l'infâme Simon. Sous le soleil tout s'use. Nous nous lamentons lorsque nous voyons le peuple s'enivrer des mauvaises doctrines, nous devons nous réjouir quand son ivresse passe et que la sagesse recommence à poindre. L'abîme du malheur n'est jamais assez creux pour qu'il n'y descende pas un rayon d'espérance. Quelle que soit notre adversité, gardons donc de l'espoir : les trésors du ciel sont inépuisables!

L'antique abbaye de Saint-Denis n'avait pu sauver des sacriléges profanations révolutionnaires les tombes royales qui lui avaient été données en garde. L'humble fosse qui va (au cimetière de Sainte-Marguerite) se refermer sur le descendant de plus de soixante rois conservera-t-elle mieux le dépôt que lui fait la république française? Hélas! non, et un jour ce sera en vain qu'on y cherchera les ossements du petit prisonnier du Temple!

Né à Versailles, le....., Louis-Charles de Bourbon, fils du roi Louis XVI et de Marie-Antoinette d'Autriche, reine de France, a vécu onze ans. Pendant cette courte existence, il *a régné* dans les fers l'espace de deux ans et cinq mois. Du jour où le régicide du 21 janvier eut posé sur sa jeune et blonde tête la couronne d'épines de Louis XVI jusqu'au jour où la mort mit fin à sa captivité, quels ont été les événements de son règne? Séparé de sa mère, il a pleuré, prié et souffert; il a été doux et résigné; il a révélé une âme miséricordieuse; il a tendu sa petite main à de fidèles gardiens pendant son agonie, voilà toute l'histoire de la royauté de Louis XVII dans la tour du Temple; c'est assez pour que son règne ait sa place dans l'histoire. IL A RÉGNÉ.

Ce mot a inspiré un de nos grands poètes, *un fils de Vendéenne*, que j'ai aimé et chaleureusement admiré dans mes jeunes années, et que je plains profondément sur mes vieux jours, car lui-même s'est plu à souiller sa gloire par l'apostasie de toutes ses croyances et de ses premières affections. Comment est-il tombé si bas ce beau génie qui a chanté *la Vendée, les Vierges de Verdun, Quiberon, la Mort du duc de Berri, la Naissance du duc de Bordeaux* et *Louis XVII!*

Ecoutons ce qu'a dit Victor Hugo du royal orphelin. Et, comme le poète (pur alors), élevons-nous au-dessus de la terre, prêtons l'oreille aux voix d'en haut:

CAPET, ÉVEILLE-TOI !

En ces temps-là, du ciel les portes d'or s'ouvrirent ;
Du saint des saints ému, les feux se découvrirent ;
Tous les cieux un moment brillèrent dévoilés ;
Et les élus voyaient, lumineuses phalanges,
Venir une jeune âme entre de jeunes anges
    Sous les portiques étoilés.
C'était un bel enfant qui fuyait de la terre ;
Son œil bleu du malheur portait le signe austère ;
Ses blonds cheveux flottaient sur ses traits pâlissants,
Et les vierges du ciel, avec des chants de fête,
Aux palmes du martyr unissaient sur sa tête
    La couronne des innocents.

On entendit des voix qui disaient dans la nue :
— « Jeune ange, Dieu sourit à ta gloire ingénue ;
« Viens, rentre dans ses bras, pour ne plus en sortir,
« Et vous, qui du Très-Haut racontez les louanges,
    « Séraphins, prophètes, archanges,
« Courbez-vous, c'est un roi ; chantez, c'est un martyr ! »
— « Où donc ai-je régné ? demandait la jeune ombre.
« Je suis un prisonnier, je ne suis point un roi.
« Hier je m'endormis au fond d'une tour sombre.
« Où donc ai-je régné ? Seigneur, dites-le-moi.
« Hélas ! mon père est mort, d'une mort bien amère !
« Ses bourreaux, ô mon Dieu ! m'ont abreuvé de fiel :
« Je suis un orphelin, je viens chercher ma mère,
    « Qu'en mes rêves j'ai vue au ciel. »

Les anges répondaient : — « Ton Sauveur te réclame.
« Ton Dieu d'un monde impie a rappelé ton âme.
« Fuis la terre insensée où l'on brise la croix,
« Où jusque dans la mort descend le régicide,
    « Où le meurtre d'horreur avide
« Fouille dans les tombeaux pour y chercher des rois ! »
— « Quoi ! de ma longue vie ai-je achevé le reste ? »
disait-il ; « tous mes maux, les ai-je enfin soufferts ?

« Est-il vrai qu'un geôlier, de ce rêve céleste,
« Ne viendra pas demain m'éveiller dans mes fers?
« Captif, de mes tourments cherchant la fin prochaine,
« J'ai prié, Dieu veut-il enfin me secourir?
« Oh! n'est-ce pas un songe? a-t-il brisé ma chaîne?
 « Ai-je eu le bonheur de mourir?

« Car vous ne savez point quelle était ma misère!
« Chaque jour dans ma vie amenait des malheurs;
« Et lorsque je pleurais, je n'avais pas de mère,
« Pour chanter à mes cris, pour sourire à mes pleurs.
« D'un châtiment sans fin, languissante victime,
« De ma tige arraché comme un tendre arbrisseau,
« J'étais proscrit bien jeune, et j'ignorais quel crime
 « J'avais commis dans mon berceau!
« Pourtant, écoutez, bien loin dans ma mémoire
« J'ai d'heureux souvenirs : avec ces temps d'effroi,
« J'entendais en dormant des bruits de gloire
« Et des peuples joyeux veillaient autour de moi.
« Un jour tout disparut dans un sombre mystère;
« Je vis fuir l'avenir à mes destins promis;
« Je n'étais qu'un enfant, faible, seul sur la terre,
 « Hélas! et j'eus des ennemis.

« Ils m'ont jeté vivant sous des murs funéraires;
« Mes yeux voués aux pleurs n'ont plus vu le soleil!
« Mais vous que je retrouve, anges du ciel, mes frères,
« Vous m'avez visité souvent dans mon sommeil.
« Mes jours se sont flétris dans leurs mains meurtrières,
« Seigneur, mais les méchants sont toujours malheureux;
« Oh! ne soyez pas sourd comme eux à mes prières,
 « Car je viens vous prier pour eux. »
Et les anges chantaient : — « L'arche à toi se dévoile;
« Suis-nous : sur ton beau front nous mettrons une étoile.
« Prends les ailes d'azur des chérubins vermeils,
« Tu viendras avec nous bercer l'enfant qui pleure,
 « Ou dans leur brûlante demeure
« D'un souffle lumineux rajeunir les soleils. »

Soudain le chœur cessa, les élus écoutèrent;
Il baissa son regard, par les larmes terni,

Au fond des cieux muets les mondes s'arrêtèrent,
Et l'éternelle Voix parla dans l'infini.

« O roi, je t'ai gardé loin des grandeurs humaines,
« Tu t'es réfugié du trône dans les chaînes ;
   « Va, mon fils, bénis tes revers.
« Tu n'as point su des rois l'esclavage suprême.
« Ton front du moins n'est pas meurtri du diadème
   « Si tes bras sont meurtris des fers.
« Enfant, tu t'es courbé sous le poids de la vie,
« Et la terre pourtant d'espérance et d'envie
   « Avait entouré ton berceau.
« Viens, ton Seigneur lui-même eut ses douleurs divines,
« Et mon fils, comme toi, roi couronné d'épines,
   « Porta le sceptre de roseau. »

Le roi enfant délivré a pris possession de l'humble sépulture du cimetière de Sainte-Marguerite ; et, d'après des renseignements dignes de foi, le corps du jeune martyr n'a point été jeté dans la fosse commune. Mais la tour du Temple garde encore, après tant de victimes, un membre de la famille royale. Marie-Thérèse-Charlotte, fille de Louis XVI et de Marie-Antoinette, la sœur du petit Louis XVII, est toujours captive dans le vieux donjon du Temple ; et parmi le grand nombre de Français qui ont pleuré ses parents sans pouvoir les défendre, bien peu ont conservé l'espoir de voir la fille des martyrs échapper à la haine des révolutionnaires. Pour être haïe et détestée d'eux, n'a-t-elle pas toutes les vertus des siens ? n'est-elle pas pure et sans tache, pieuse et croyant en Dieu ? n'a-t-elle pas aimé et vénéré son père ? n'a-t-elle pas admiré l'héroïsme de sa mère ? n'est-elle pas la digne élève de sa tante Elisabeth ? comme elle, n'a-t-elle pas toujours été forte, douce et résignée? Et lorsque les bourreaux l'ont eue faite orpheline de tous, lorsque la pauvre jeune fille a eu à pleurer sur la mort de son frère, l'enfant avec qui elle avait joué à Versailles et dans la sombre chambre de la prison, bien peu de royalistes, je le répète, conservaient l'espoir de voir la blanche colombe échapper aux vautours toujours altérés de sang.

Honneur aux chrétiens qui avaient espéré malgré toute espérance ; ils avaient dit et répété aux faibles, aux découragés : « Hommes de peu de foi, est-ce que Dieu ne tient pas dans ses puissantes mains le cœur des nations comme celui des simples hommes? Pourquoi donc ne sauverait-il pas la fille des saints? Le tigre est rassasié de sang. »

Et, parlant ainsi, ils avaient dit vrai (1). « Du jour où la Convention ne craignit plus un prétendant au Temple, elle permit à la pitié d'en approcher. Neuf jours après la mort de Louis XVII, la ville d'Orléans, sauvée par une jeune fille héroïque, osa intercéder pour la jeune fille innocente de Louis XVI et de Marie-Antoinette. Cette ville envoya la première des députés à la Convention. »

Nantes, la ville natale de Charette et de tant de confesseurs et martyrs de la foi catholique, fut la seconde à demander que la liberté fût rendue à Madame Royale; Dreux fut aussi une des villes qui témoigna le même vœu.

Lorsque cette demande fut faite, la jeune princesse bénissait en pleurant la délivrance du royal enfant. Dieu enlevait son frère et son roi à un long supplice; elle, désaccoutumée de toute chose heureuse, s'apprêtait en

---

(1) M. de Lamartine, *Histoire de la Restauration.*

silence à supporter le sien. Sa tante Elisabeth lui avait appris sa belle prière pour demander au ciel la résignation, et elle l'avait obtenue *pour toute sa vie !* Et ce n'est pas seulement la France qui a été à même d'attester que jamais cœur de reine n'a contenu autant de miséricorde envers ceux qui s'étaient faits ses ennemis, que notre Marie-Thérèse. Entre elle et le malheur, la lutte a été longue, et jamais les coups répétés de la fortune adverse n'ont pu lasser sa résignation.

La fille de Louis XVI était encore au Temple que déjà ses jours étaient moins sombres; il lui était maintenant permis de passer quelques heures dans le jardin, en dehors des épaisses murailles, et de respirer l'air sous les grands ormeaux du palais des Templiers et des chevaliers de Malte.

Madame Royale avait connu la mort de son père, mais elle ignorait le sort de sa mère et de sa tante. Elle croyait son malheureux frère toujours malade; et toutes les fois qu'elle avait demandé la permission de le voir, elle s'était étonnée et affligée des refus qu'on lui opposait sans cesse. Ce fut à cette époque que, sur la demande du *comité de salut public*, il fut arrêté qu'une femme serait placée auprès de l'auguste détenue comme dame de compagnie et pour lui donner ses soins. Madame de Chantereine, c'était elle qui avait obtenu cet honneur, ne manqua d'aucun égard dans la charge qui lui était confiée; et, pour apprendre à *l'orpheline* du Temple toute l'étendue de ses malheurs, elle ne manqua ni de sensibilité ni d'esprit.

« Toutes les plaies de Madame Royale, dit M. de Beauchesne, ne furent plus qu'une seule plaie, toutes ses douleurs se réunirent dans une seule douleur. L'histoire du

Temple se résuma dans son âme, et le dernier cri de la passion lui échappa : Tout est consommé ! »

On ne tarda pas à savoir dans tout Paris que la jeune fille de Marie-Antoinette, belle et majestueuse comme elle, se promenait presque tous les jours avec sa dame de compagnie dans le jardin du Temple ; et dès cet instant plusieurs royalistes, parmi lesquels il faut compter le fidèle M. Hue, louèrent des chambres aux second et troisième étages des maisons avoisinant l'ancien enclos des Templiers. Hâtons-nous de le dire, un autre sentiment que celui de la curiosité amenait à ces fenêtres recherchées ces confesseurs de la foi royaliste et chrétienne ; les femmes et les hommes, *si affamés* d'apercevoir par-dessus les hautes murailles du jardin, l'auguste fille des martyrs, ont appris par expérience les tortures morales de la captivité : ils ne sont en liberté que depuis le 9 thermidor, et dès qu'ils auront pu entrevoir, fraîche et forte, la jeune princesse que la France a surnommée *l'orpheline du Temple*, ils oublieront leurs souffrances passées et béniront le Seigneur, qui brise, quand il lui plaît, les fers du captif, et qui commande à ses anges d'aller ouvrir les portes des prisons, pour que son nom soit glorifié par ses apôtres.

On raconte qu'entre la royale captive et les amis dévoués de sa famille, il y eut des échanges de signes, qui donnèrent quelque ombrage aux hommes de la police, et ces démonstrations de dévouement et d'espérance cessèrent au bout de quelques semaines.

Aux jours les plus mauvais et les plus périlleux, au 10 août 1792, madame et mademoiselle de Tourzel s'étaient plus étroitement que jamais attachées à la famille royale, plus que jamais elles avaient revendiqué les dangers de leur charge. Manuel, grand maître de cérémonies du palais du Temple, répondit au vœu de la mère et de la fille, et elles eurent l'honneur de partager pendant une nuit la captivité de leurs augustes maîtres.

Mais dès le surlendemain, les hommes du pouvoir de ces horribles jours ayant pensé que *des amies comme elles* seraient une douce consolation pour la famille royale, on était revenu sur cette première décision, et il avait été arrêté dans l'infernal conciliabule des tortionnaires que madame la princesse de Lamballe, l'amie de cœur de la reine, mesdames de Tourzel et quelques fidèles encore seraient rappelés du Temple.

La vraie fidélité ne se lasse pas. Pendant les années de captivité de la famille royale, et à mesure que le fer des bourreaux faisait couler le plus pur, le plus illustre sang de la France, madame de Tourzel n'avait pas cessé de faire des démarches pour se rapprocher des enfants de Louis XVI et de Marie-Antoinette.

En 1795, les demandes qu'elle adressa au pouvoir furent accordées, il fut permis à l'ancienne gouvernante des enfants de France, et à mademoiselle de Tourzel d'entrer au Temple et de parvenir jusqu'à Madame royale. Je n'essaierai pas de peindre cette entrevue ; cette joie après tant de larmes, ce bonheur après tant de poignants chagrins, que d'élans de tendresse, que d'égards, de respect! que de ravissements, que de regrets!

De tous les hauts personnages que madame de Tourzel avait quittés, quatre sont partis de notre vallée de larmes : le père, la mère, la tante, le frère. L'orpheline est restée seule. Madame la gouvernante se rattachera à elle, elle ne s'en séparera plus, elle s'exilera avec elle : son roi est son roi, son Dieu est son Dieu.

Tel était le désir et l'espoir de madame de Tourzel, mais des obstacles survenus du dedans et du dehors firent évanouir toutes ses espérances.

Si j'ai trouvé au-dessus de moi de bien redire tout ce qui se passa dans cette entrevue entre MADAME ROYALE et la femme de mérite et de caractère à qui l'enfance de la jeune princesse avait été confiée, je ne puis me résoudre à ne pas copier quelques-unes des paroles que l'auguste fille de Marie-Antoinette a adressées à madame de Mackau.

Après avoir répandu d'abondantes larmes dans le sein de sa sous-gouvernante, elle lui dit d'une voix déjà forte :

« Pleurons, mais non sur mes parents, leur tâche est achevée, ils en ont touché le prix ; on ne leur ôtera pas la couronne que Dieu lui-même leur a maintenant mise sur la tête. Prions, non pour eux, mais pour ceux qui les ont fait périr. Quant à moi, ces années si dures ne m'auront pas, je l'espère, été inutiles. J'ai eu le temps de réfléchir devant Dieu et avec moi-même. Je suis plus forte contre le mal. Je suis loin de confondre la nation française avec ceux qui m'ont enlevé tout ce que j'aimais le plus au monde. Sans doute, je serais charmée de quitter la prison, mais je préférerais la plus petite maison de France aux honneurs qui attendent partout ailleurs une princesse aussi malheureuse que moi. »

Pendant deux mois, il fut permis à Madame Royale de recevoir au Temple mesdames de Mackau, de Chantereine, de Soucy et de Tourzel. Après la longue torture du plus complet isolement, elle jouissait avec bonheur des visites de ces dames si sincèrement, si entièrement dévouées.

En novembre 1795, le journal officiel du gouvernement d'alors publiait ce qui suit :

« Le Directoire exécutif arrête que les ministres de l'in-
« térieur et des relations extérieures sont chargés de prendre
« les mesures nécessaires pour accélérer l'échange de la
« fille du dernier roi contre les citoyens Camus, Quinette
« et autres députés ou agents de la république ; de nommer
« pour accompagner jusqu'à Bâle la fille du dernier roi
« un officier de gendarmerie convenable à cette fonction ;
« de lui donner pour l'accompagner celles des personnes
« attachées à son éducation qu'elle aime davantage.

« Pour expédition conforme, Rewbel, président.

« Par le Directoire exécutif, Lagarde, secrétaire général.

« Le ministre de l'intérieur, Benezech. »

Voici donc enfin des noms de la révolution à bénir ! Voici que l'or le plus pur va être échangé contre des pièces d'alliage de peu de valeur. Car, qu'ont fait ces citoyens de la république française pour que leurs noms soient mis en regard du nom de Marie-Thérèse-Charlotte de Bourbon, noble et digne descendante des rois et des empereurs ? Rien qui s'élève au-dessus de la nullité.

Un souffle d'en haut avait changé toutes choses, et les hommes influents du gouvernement d'alors pliaient sous le vent du ciel, dans la direction du bien et de la justice. Benezech surtout, ministre de l'intérieur, se distinguait par son zèle et ses égards respectueux envers l'orpheline du Temple. Il eut même la pensée de faire traverser la France à la jeune et belle Marie-Thérèse dans une calèche attelée de huit chevaux et de la laisser accompagner de toutes les personnes qu'elle avait indiquées elle-même pour sa suite. Cet hommage public, selon lui, serait la preuve évidente de l'affermissement de la république. Malgré tout le feu et toute l'éloquence qu'il mit à soutenir son projet, le Directoire décida que Madame voyagerait incognito jusqu'à la frontière, et qu'elle n'emmènerait qu'*une dame* avec elle, « ce qui était une sorte d'interdiction pour mesdames de Tourzel, car la mère et la fille ne s'étaient jamais séparées, et Madame n'eût pu voir l'une sans que l'autre ne lui manquât (1). »

La princesse avait demandé d'emmener avec elle mesdames de Mackau et de Serent. Ce fut madame de Soucy, fille de madame de Mackau, qui remplaça sa mère, d'un âge fort avancé et alors dangereusement malade. Le fidèle Gomin et M. Méchain, capitaine de gendarmerie, eurent aussi l'honneur d'être désignés par Madame pour l'accompagner.

Dans le cours de cette notice sur la prison du Temple, j'ai eu bien souvent à écrire des noms tout entachés de sang. Alors, ma main vieillie éprouvait un tremblement nerveux, et ma pensée s'assombrissait des souvenirs qu'avaient évoqués les quelques lettres que je venais de tracer. A présent, c'est avec bonheur que j'écris le nom de *Benezech*, car c'est lui qui est devenu le consolateur de la royale orpheline. Non seulement il presse son départ pour l'Allemagne, et en confère presque tous les jours avec les membres du Directoire, mais il s'occupe encore de la confection d'un trousseau complet, afin que l'auguste petite-fille de la grande Marie-Thérèse se montre convenablement aux populations de l'Autriche.

(1) Beauchesne.

Dans les traits, dans la carnation et la belle chevelure blonde de la jeune captive délivrée, les Allemands reconnaîtront la fille de cette belle archiduchesse qu'ils ont vue partir de Vienne, alors que de si beaux jours lui étaient promis, alors que toute la France lui jurait de l'aimer toujours! Oh! comme cette France a tenu ses serments!

Le 16 décembre au matin, M. Benezech écrivit aux gardiens du Temple : « Je vous préviens, citoyens, que j'irai « voir ce soir, à cinq heures, la prisonnière du Temple. « Je vous charge de l'en prévenir, mais je désire conférer « avec vous avant d'entrer dans son logement. »

Fidèle à sa promesse, M. Benezech vint à la grosse tour, eut un entretien assez long avec les gardiens. Tout fut réglé pour le lendemain. Si quelqu'un, à Paris, devait connaître les dispositions du peuple, c'était lui, comme ministre de l'intérieur. Il crut qu'il y avait encore des ménagements à prendre, et il préféra l'ombre de la nuit à la clarté du grand jour. Le 18 décembre 1795, à onze heures du soir, il sortit de son hôtel, en voiture, en donnant ordre de le conduire rue de Meslay. De là au Temple il n'y avait pas loin; accompagné d'un homme de confiance, il arriva promptement à la prison. Il frappa deux coups à la grande porte. Lasne lui ouvrit, et quelques instants après le fidèle gardien du petit Louis XVII était tout haletant, tout radieux auprès de Madame Royale, lui disant que tout était prêt. Gomin attendait dans la salle du Conseil, et l'on devine comme son cœur battait! Celui de madame de Chantereine était oppressé de joie en voyant la délivrance de la princesse et de regret d'être séparée d'elle. Dans le plus profond silence, on descend les escaliers, on traverse les cours solitaires, aucun habitant du Temple ne se trouve sur le passage de Madame et ne prend congé d'elle. « Une sentinelle, dit M. de Beauchesne, est sous les armes; mais elle a le mot d'ordre; le poste reste tranquille et muet; l'officier seul s'avance et salue. »

La fille de Louis XVI aura souvent, dans les geôles, reçu des outrages sans s'en émouvoir, mais elle aura été profondément émue de ce salut silencieux. Dans le malheur, un égard nous touche bien plus qu'une insulte.

Les voilà devant la porte donnant sur la rue; elle s'entr'ouvre. Benezech a offert son bras à Madame, et elle l'a accepté. Gomin et le valet de chambre du ministre sont avec eux. Il n'y a plus qu'un pas à faire pour sortir de cette enceinte du Temple, où les martyrs et leur fille ont tant souffert! L'orpheline s'arrête, retourne la tête, lève ses yeux humides et les fixe sur la grosse et sur la petite tour. Elle tremble d'émotion. Le ministre sur le bras duquel elle s'appuie s'en aperçoit et lui adresse quelques paroles de respect et de dévouement. « Je suis touchée de vos soins, de vos égards, Monsieur, lui dit Madame; mais à l'heure même où je vous dois ma liberté, comment ne pas me souvenir de mon père, de ma mère, de ma tante et de mon frère, qui ont souffert ici avec moi et qui en sont sortis avant moi! Voilà plus de trois ans que cette porte s'est refermée sur nous tous... J'en franchis aujourd'hui le seuil, la dernière et la plus malheureuse!... »

La voiture roule dans les étroites rues qui avoisinent la grosse tour du Temple, maintenant entièrement vide de prisonniers. Au bout de peu de temps, elle arriva sur le boulevart où se trouvait la voiture de poste. Madame de

Soucy, M. Méchain y attendaient l'auguste princesse. Elle y monta, ainsi que le bon et fidèle Gomin.

Pour une jeune personne pendant si longtemps condamnée à l'immobilité de la prison, le grand air de la liberté, le mouvement rapide des chevaux devaient avoir un grand charme ; ce devait être comme la vie après la mort ! Et puis la pensée qu'elle allait revoir ce qui restait de sa famille, le rang qu'elle allait y reprendre ; les soins, l'amitié qui bientôt l'entoureraient ! Tout cela, sans doute, agitait son âme et faisait battre son cœur ; et cependant, sur cette joie si naturelle, il restait comme un point noir. De la prison, elle sortait seule. Son père, sa mère, sa tante, son frère y avaient souffert, et leur seule libératrice avait été la mort ! Être heureux seul, est-ce du bonheur ?

Madame Royale a écrit son voyage de Paris jusqu'à Huningue. Elle raconte que pendant ce rapide trajet, elle a été plusieurs fois reconnue pour la fille de Louis XVI et de Marie-Antoinette, et qu'elle a reçu mille bénédictions. Nommons les *bonnes villes* qui ont versé ce baume dans l'âme de la royale orpheline. A Gray, à Vandœuvre, à Chaumont, la foule s'attroupa auprès de la voiture, et par les noms prononcés et les vœux qui sortaient de la bouche de ces fidèles Français, elle reconnaissait des amis.

« Le nom de Sophie (1) cachait le vrai nom de Madame Royale, mais ne cachait pas son visage ; la ressemblance de cette jeune fille avec les images de Marie-Antoinette gravées dans les regards du peuple la firent trois fois soupçonner ou reconnaître en route ; mais il n'y avait plus, comme à Varennes, de gardes nationaux pour la ramener

---

(1) Lamartine, *Histoire de la Restauration*.

à la captivité. Il n'y avait que des regards humides pour l'admirer et des mains amies pour applaudir à sa délivrance.

« La beauté avait triomphé de la douleur et de la réclusion. La sève forte des Bourbons avait développé ses charmes à l'ombre du Temple. Des cheveux ondoyants, un cou flexible, une taille élancée, des yeux bleus, des traits à la fois majestueux et délicats, le coloris de l'adolescence sur un visage mûri avant les années par la solitude, cette fierté que donne le sang, cette tristesse que donne le souvenir, cette âme en deuil sur un visage rayonnant de jeunesse enchantaient et retenaient les regards; on ne pouvait la voir sans voir en elle tout ce qui avait traversé cette destinée et tout ce qui l'attendait encore.

« C'était l'apparition tragique de la révolution échappant à la hache des bourreaux, les pieds dans le sang des siens, et se réfugiant de la mort dans l'exil; on la reçut partout avec cette impression. On s'agenouillait en Allemagne sur son passage; on croyait voir une résurrection de tous ces tombeaux. »

Le prince de Gavre, commissaire de S. M. l'empereur d'Autriche, était arrivé à Bâle le 20 novembre, et comme M. Bascher et le baron Dogelmann, il ne cessait d'avoir l'oreille ouverte du côté de la France. Mais cette France était si mobile, si légère, si inconstante, qu'il y avait toujours à craindre et à redouter. Enfin, dans la matinée du vendredi, aussitôt que les portes de la ville furent ouvertes, ils apprirent que Madame venait d'arriver à Huningue.

Dans la journée du lendemain, l'échange des prisonniers fut faite.

Dans les villes par lesquelles l'auguste délivrée passa,

on montre encore les hôtels où elle a logé. A Huningue, ce fut à celle DU CORBEAU. A peine y était-elle installée, qu'elle écrivit au roi Louis XVIII, son oncle, pour lui rendre compte de sa sortie du Temple et son arrivée aux frontières.

Le même soir, M. Hue vint rejoindre son altesse royale. Ce fidèle serviteur amena le petit chien Coco, qui avait été, pendant les longues journées de la prison du Temple, une distraction, *un ami*, pour les enfants de Marie-Antoinette. MADAME ROYALE le prit sur ses genoux et le caressa en pensant à son frère. Pauvre frère! lui n'avait point été délivré de la main des hommes, il avait fallu celle de la mort!

A Huningue, la foule devint grande en face de l'hôtel du Corbeau; on y plaça des sentinelles pour empêcher cette multitude empressée de pénétrer dans la maison. L'autorité fit prier Madame de ne pas ouvrir les fenêtres de la chambre qu'elle occupait. Une femme trompa la surveillance des sentinelles, madame Splinder, femme d'un capitaine du génie, afin de voir Madame Royale, se déguisa en servante et monta une cruche d'eau dans sa chambre.

Maintenant les jours d'insultes et d'outrages s'éloignent, et sur la route, la bienveillance et le respect vont accourir au-devant de la petite-fille de Marie-Thérèse.

Au moment de quitter la France, si ingrate envers sa famille, Madame Royale dit à M. Hue : « Veuillez porter à M. Benezech mes remercîments de toutes les heureuses démarches qu'il a faites à mon égard auprès du gouvernement. Dites-lui que je ne puis accepter le trousseau qu'il a commandé pour moi. »

M. Hue exécuta cet ordre à l'instant; ce même jour, l'échange des prisonniers eut lieu. Tout le cérémonial de la remise de Madame Royale au prince de Gavre étant terminé, la princesse, avec madame de Soucy et l'ambassadeur autrichien montèrent dans le carrosse impérial attelé de six chevaux. En rentrant à Bâle, la voiture où se trouvait Madame Royale était suivie de cinq autres carrosses à six et à quatre chevaux. Pendant sa longue captivité, la pieuse nièce de madame Élisabeth n'avait pu assister à une cérémonie religieuse; depuis le 12 août 1793 jusqu'en 1795, elle n'était pas entrée dans une église; ce fut donc avec une sainte joie qu'à Bâle elle put aller se prosterner devant un autel, et adorer dans toute l'ardeur de sa foi et de sa gratitude le Dieu qui la rendait à la liberté.

Cette liberté venait de la mettre hors de la lugubre enceinte de la prison du Temple, mais allait aussi la faire sortir du pays natal et la pousser sur la terre étrangère. Malgré tout le mal que la France avait fait à tous les siens et à elle-même, ce ne fut pas sans une sensation de déchirement qu'elle franchit la frontière.

Dans les campagnes allemandes, comme pour la consoler de ce sentiment pénible, les populations accouraient sur les chemins que la fille des empereurs et des rois allait suivre. La mémoire de la belle archiduchesse Marie-Antoinette, la fille bien-aimée de la grande Marie-Thérèse, vivait encore en Allemagne, on en avait bien la preuve dans les démonstrations de respect et d'amour témoignés à l'orpheline du Temple. Depuis Bâle jusqu'à Vienne, elles ne cessèrent pas.

A Vienne l'empereur et tous les archiducs et les archiduchesses, toute la cour et la ville la reçurent avec des larmes de joie et de tristesse. Elle était toute jeune, et l'on s'inclinait devant elle comme devant une sainte! La fille des martyrs, la captive du Temple était sacrée pour tous.

La capitale de l'Autriche aurait voulu la retenir; déjà sa famille allemande avait pensé à l'unir avec son cousin, l'archiduc Charles, c'eût été certes une union sortable, une grande et haute existence. Mais pour notre Marie-Thérèse de France, il y avait quelque chose qui passait avant *la prospérité*, c'était *le devoir*.

Madame Royale aurait pu épouser un frère d'empereur, elle préféra donner sa main à un prince français exilé, parce qu'elle savait que le roi Louis XVI avait désiré cette union.

Au bout de quelques mois, elle quitta donc la cour de Vienne; elle y était entourée de respect, d'affection et d'amour; mais à la pauvre cour de son oncle le roi Louis XVIII, tout ce qui restait de la famille de son père vivait dans l'amertume du bannissement et de l'exil. Cette mauvaise fortune, cette noble adversité, tenta le grand cœur de l'héroïne du Temple. Elle céda à cette tentation, et depuis elle a été surnommée l'ange de l'exil, et nous l'avons vue consoler trois générations de rois.

Lorsque la démolition de la prison fut ordonnée, lorsque le pic de fer eut commencé son œuvre, comment quelque royaliste français n'a-t-il pas trouvé moyen de sauver de la destruction générale quelque morceau de pierre portant quelques-unes de ces inscriptions, quelques-uns de ces mots que les prisonniers tracent sur les murs des geôles pendant les lentes heures de leur captivité? La jeune fille de Louis XVI et de Marie-Antoinette, pendant son affreux isolement, après la mort de sa tante Elisabeth, s'était laissée aller à ce besoin de rendre visibles ses sentiments et ses regrets. Avec la pointe de ciseaux ou d'épingles, elle avait écrit sur une tenture de l'antichambre de la grosse tour du Temple :

Ô MON PÈRE ! VEILLEZ SUR MOI DU HAUT DU CIEL !

Sur un autre mur :

Ô MON DIEU ! PARDONNEZ A CEUX QUI ONT FAIT MOURIR MES PARENTS !

Quand Madame Royale écrivait ces mots, elle avait quatorze ans ; à soixante-huit ans, sur son lit de mort, dans dans l'exil, elle répétait les mêmes paroles. Il y a donc des miséricordes que rien ne peut user !

Lorsque le Temple n'eut plus à garder dans son enceinte des rois et des reines, il ouvrit ses cachots aux royalistes; c'est là que la police qui a suivi celle du Directoire renfermait ses suspects.

« Le 9 mars 1804, Georges Cadoudal, arrêté dans le voisinage de l'Odéon, comparaît devant le préfet de police (1). Interrogé par ce magistrat, le chouan n'a rien perdu de son calme habituel, et ne cherche ni faux-fuyants, ni banales excuses. — Que veniez-vous faire à Paris ? demande le magistrat révolutionnaire. — Attaquer le premier Consul, répond Georges. — Où avez-vous logé ? — Je ne veux pas le dire. — Pourquoi ? — Parce que je ne veux pas augmenter le nombre des victimes. — Quel était votre projet et celui de vos conjurés ? — De mettre un Bourbon à la place de Bonaparte. — Quel était ce Bourbon ? —

---

(1) *Histoire de la Vendée militaire*, par Crétineau-Joly. 1 vol., pag. 186.

Louis XVIII. — N'était-ce pas avec un poignard que vous vous proposiez de tuer le premier Consul? — Je ne suis pas un assassin, je devais l'attaquer avec des armes pareilles à celles de sa garde. »

Après cet interrogatoire, Cadoudal fut conduit au Temple, où les conspirateurs se trouvaient prisonniers. Pichegru était du nombre. « Tous ces prisonniers (1) avaient été d'abord mis au secret, mais leur attitude ne se démentant point, on jugea plus utile à la marche de la procédure de les placer en commun, dans l'espoir qu'ils pourraient se trahir par une conversation dont chaque mot était épié.

« Au soleil naissant, ils commençaient par la prière leur journée de captivité; ils la terminaient le soir par la prière encore et par des cantiques de mission qui leur rappelaient le souvenir de leur chère patrie. Résignés à la mort, ils vivaient entre eux comme des frères, obéissant à leur général et écoutant avec recueillement les exhortations moitié religieuses, moitié politiques que Georges leur adressait. Souvent dans la cour du Temple on les vit, ainsi que de joyeux écoliers, jouer aux barres avec leur chef, qui, toujours gai, toujours calme, leur disait : « Point de regard en arrière, mes enfants; nous sommes où nous sommes, où Dieu a voulu que nous soyons. »

« Ce stoïcisme chrétien soutenait tous les courages.

« La chouanerie venait finir au Temple, dans la prison même où la royauté avait été abreuvée d'outrages. »

Pichegru, prisonnier au Temple, lorsqu'il avait été interrogé, avait fait des menaces qui lui portèrent malheur.

---

(1) Crétineau-Joly, *Vendée militaire*, pag. 192, 1er vol.

Le 6 avril 1804, un placard affiché sur les murs de Paris apprit aux habitants de la capitale que

« Charles Pichegru, ex-général républicain, s'est étranglé dans sa prison.

« L'effroi fut aussi grand dans tout Paris que dans la prison du Temple. De vagues accusations se répandirent. On disait que des cris lugubres avaient, pendant cette nuit du 5 au 6 avril, percé l'épaisseur des murs. On parlait ensuite de mamelucks qui, avec leur obéissance orientale, pénétraient dans l'enceinte du Temple, se précipitaient sur les prisonniers, les saisissaient à la manière des muets et des eunuques du sérail, puis les étouffaient à petit bruit. Les inquiétudes et les romans furent poussés si loin, que pour faire cesser tout prétexte à ces manifestations, le ministre de la police ordonna de placer toutes les nuits un gendarme dans la chambre de chaque prévenu (1). »

Sur le livre des écrous du Temple, ont été inscrits les noms du marquis de Rivière, de Jules et d'Armand de Polignac, de Moreau, de Bouvet, de Joyant, des colonels d'Hozier et Gaillard, de Coster de Saint-Victor, Tamerlan, Picot, Lajolais, Roger Burban, Lemercier, Jean Cadoudal, Rusillon, Léridant, Mérille, Rolland-Ducorps. Tous ces hommes dévoués à la monarchie bourbonnienne comparurent devant des juges présidés par un ancien régicide, Thuriot.

« Au moment où s'ouvraient les débats de cet immense procès qui préoccupait toute la France, des chaloupes canonnières embossées à l'entrée du Morbihan capturaient une corvette anglaise (2). C'était le *Vencego*, toujours com-

---

(1) Crétineau-Joly.
(2) Crétineau-Joly.

mandé par son capitaine John Wright. Wright fut reconnu par le général Jullien, préfet du département, jeté dans une voiture et amené à Paris. Le (30 floréal) 28 mai, Réal le confrontait au Temple avec les chouans qu'il avait débarqués à la falaise de Beville, puis on l'oublia. »

Wright, dont la fortune avait trahi le courage, resta longtemps dans les fers ; mais le 26 octobre 1805, il fut trouvé comme Pichegru mort dans son cachot. Réal annonça que le capitaine anglais s'était coupé la gorge avec un rasoir. C'était une variante à la strangulation de Pichegru.

Un autre Anglais et d'un plus haut renom que le capitaine Wright, sir Sidney-Smith, marin célèbre, a été emprisonné au Temple en 1793 ; il avait été chargé par son gouvernement d'incendier la flotte française dans le port de Toulon. Fait prisonnier, il fut amené à cette prison d'Etat en 1795. Il y était renfermé depuis deux ans, lorsqu'un ancien camarade de Bonaparte à l'école militaire de Brienne, devenu officier d'artillerie et partisan de la cause royaliste, trouva le moyen de faire s'évader du Temple le commodore anglais. Cet officier était gentilhomme et portait le nom de Phélippeaux. Pour lui, il n'y avait plus de sûreté en France ; il en sortit avec Sidney-Smith, servit sous cet amiral anglais et se trouva avec lui à Saint-Jean-d'Acre quand Bonaparte vint mettre le siége devant cette place et en fut repoussé avec perte. C'était son ancien ami d'école qui avait été chargé, comme officier d'artillerie, des travaux de défense de la ville. L'honneur d'avoir fait reculer le grand homme a été accordé à peu de ses ennemis. Phélippeaux, son compagnon d'enfance, lui a fait rebrousser chemin !

« Enfin le 21 prairial (10 juin 1804), Hémart prononça le jugement de la commission qu'il présidait. Vingt accusés étaient condamnés à la peine de mort, Moreau à deux ans d'emprisonnement. Le reste des prévenus acquittés sortirent du Temple. »

« Bonaparte estimait les caractères. Il désirait sauver Cadoudal. Murat descendit dans le cabanon de Bicêtre, où le général venait d'être transferé. Les instances du beau-frère de l'empereur furent vaines. Trois jours après, le 24 juin, le geôlier remit au chouan un placet rédigé d'avance. Pour obtenir la vie, pour conserver celle de ses amis, il n'a qu'à signer, le papier est ouvert. Georges lit... AU NOM DE SA MAJESTÉ L'EMPEREUR... »

A ces mots il suspend la lecture commencée; il remet ce papier au concierge, et, avec un stoïque sang-froid, se tournant vers ses chouans : « Mes camarades, dit-il, faisons la prière. »

Le lendemain, ils la continuaient sur l'échafaud ! »

Ce que je viens de citer du bel ouvrage de Crétineau-Joly, les grandes scènes dont il évoque les souvenirs, m'ont paru en parfaite harmonie avec la prison DU TEMPLE. Là où le roi et la reine avaient souffert, les royalistes, prisonniers dans les mêmes cachots, devaient être façonnés à la résignation par l'exemple de leurs maîtres. Tant de magnanimité chrétienne avait dû attacher à ces murailles comme une grâce spéciale pour ceux qui, après les martyrs, royaux, seraient captifs et condamnés à souffrir dans ces lieux consacrés.

Il ne reste plus rien du vieux Temple, et là où se sont passés tant de grands et douloureux événements, il n'y a plus aujourd'hui une seule pierre pour en rappeler le souvenir. Nous savons que Louis-Napoléon a dans sa pensée et ses projets d'élever un monument à la mémoire des martyrs sur le lieu même où la famille royale de France, captive et outragée, s'est montrée si forte contre le malheur et si miséricordieuse envers les hommes qui s'étaient faits ses ennemis !

Du fond de notre âme, nous applaudissons à cette pensée du prince qui transforme Paris en y créant chaque jour des améliorations et des merveilles ; mais, avec notre franchise bretonne, nous dirons que la Restauration, en 1814, avait commencé à élever sur ce même emplacement devenu sacré, un monastère de pieuses filles ayant pour fondatrice et prieure une PRINCESSE DE CONDÉ ! Cette femme, d'un sang si illustre, se faisant humble victime expiatoire, avait en elle, aux yeux de Dieu et de la France, un mérite que rien de profane ne pourra avoir.

« Sans doute le sacrifice de cette victime (1) si chrétiennement immolée, les prières de cette sainte princesse qui, pendant les longues et dures années de l'exil, avait édifié les peuples étrangers, de retour dans son pays, renonçant aux palais paternels pour vivre et mourir dans un cloître, était de nature à conjurer par ses austérités et ses prières les tempêtes politiques qui, depuis vingt-cinq ans, bouleversaient le monde. Louise-Adélaïde de Bourbon-Condé s'étant vouée corps et âme à Dieu comme humble victime expiatoire, avait dans des cloîtres étrangers prié pour la France. En 1814, le Roi des rois tendit la main aux monarques chassés de leurs royaumes par des peuples révoltés : les fils de

(1) Vie de la princesse Louise-Adélaïde de Bourbon-Condé.

saint Louis rentrèrent dans leur héritage. Ce fut à cette époque de justice et de rétribution que l'arrière-petite-fille du grand Condé revint en France. Lorsqu'elle s'en était éloignée, en 1791, elle avait le droit de ceindre la couronne de princesse; au retour, c'est le voile qu'elle porte, le voile de religieuse bénédictine de l'Adoration perpétuelle du Saint-Sacrement. »

« Voici comment les feuilles politiques de ce temps (1814) rendirent compte de son retour à Paris : « Madame Louise-Adélaïde de Bourbon-Condé vient d'arriver de Londres. Son retour en France n'a aucun éclat, grâce aux soins que cette pieuse princesse prend à se cacher à tous les regards. Livrée aux austérités de la vie religieuse, elle est un grand exemple du détachement des grandeurs et des richesses... On dit que Sa Majesté (le roi Louis XVIII) se propose de faire revivre en elle une fondation royale et de l'établir avec ses sœurs dans un magnifique monastère qui serait rendu à sa destination primitive... » C'était le superbe édifice du Val-de-Grâce que l'art et la religion doivent à la reine Anne d'Autriche dont il était question. Dieu et la sainte avaient d'autres desseins. La révérende sœur Louise-Adélaïde et une de ses pieuses amies eurent l'idée de faire une neuvaine A LOUIS XVI, PRISONNIER DU TEMPLE, afin d'accélérer par son intercession le choix de la maison où devait s'établir l'Adoration perpétuelle du Très-Saint-Sacrement en expiation des crimes qui avaient attiré tant de maux sur la France. »

« Cette neuvaine fut en effet commencée par un certain nombre d'âmes pures et ferventes, et le septième jour, bien que d'autres affaires parussent plus dignes de fixer l'attention des ministres que celle de la formation d'un établissement religieux, un membre du conseil y rappela la demande de madame Louise; et, comme par le mouvement d'une inspiration irrésistible, proposa le palais du Temple. Le silence du saisissement fit place à l'agitation qui avait jusque-là tenu les esprits en suspens. Un mouvement unanime fit comprendre que c'était LA le lieu choisi, destiné par la Providence à devenir celui d'une éternelle expiation. »

« Le souvenir des vertus héroïques qui le consacrèrent, des sacrifices qui y furent consommés avec le courage que peut seule donner la religion, toutes ces choses redites avec chaleur anéantirent toutes les objections élevées jusqu'alors. L'âme du frère de Louis XVI en fut pénétrée. »

Cependant quelques-uns, en dehors du conseil, répétaient que madame la princesse de Condé n'aurait peut-être pas la force d'attacher tous les jours que Dieu lui accorderait à un lieu aussi lugubre que cette prison. On se trompait. Elle donna son consentement et se regarda dès ce moment comme la première pierre de l'édifice qui devait y être fondé dans la vue de détourner la colère de Dieu trop justement irrité par les crimes qu'elle allait s'efforcer d'expier.

Ce qu'elle avait eu le plus de peine à vaincre, c'était l'idée que la fille de Louis XVI et de Marie-Antoinette ne viendrait plus la voir; car madame la dauphine, malgré toute la force de son caractère, ne pouvait approcher de ces vieilles tours où elle avait tant vu souffrir et où elle avait tant souffert.

Le Temple ayant été accepté par madame Louise de Condé, la donation en fut confirmée par une ordonnance royale, et immédiatement de nombreux ouvriers furent employés à la transformation de l'antique palais des chevaliers en un monastère qui allait devenir la sainte et tranquille demeure de pieuses filles consacrées à la prière et à l'expiation des crimes de la révolution française.

Les travaux marchaient avec rapidité, lorsque Bonaparte s'évadant de l'île d'Elbe, revint en France et ressaisit, pendant cent jours, l'ombre de son ancien pouvoir, et, par cette folle démarche, ramena une seconde fois sur la France le fléau de l'invasion étrangère.

Ce nouvel orage arracha madame Louise à la solitude qu'elle avait su se faire aux environs de Paris et la força d'aller se réfugier en Angleterre. Elle y demeura jusqu'après la mémorable et sanglante bataille de Waterloo.

Un prêtre d'une grande piété et d'un grand courage, l'abbé d'Astros, devint son directeur et l'aida de ses conseils, et, avec la famille de Courson, contribua à l'achèvement du monastère. « Pendant la durée des travaux, après son retour d'Angleterre, madame Louise demeura chez madame la marquise de Vibraye, que la princesse se plaisait à nommer *la sainte mère*, par l'idée qu'elle avait de sa vertu si aimable, de sa piété si attrayante et qui a été et est laissée comme héritage à sa famille. »

Le 2 décembre 1816, M. l'abbé d'Astros, devenu plus tard archevêque de Toulouse, bénit la maison dont il fut reconnu supérieur ; il y dit la première messe et continua à donner les soins les plus zélés à la formation de l'établissement. Monseigneur de Quélen consacra plus tard l'église extérieure du Temple, et à cette cérémonie les plus hauts dignitaires du gouvernement et de la cour assistèrent. La fondatrice supérieure, s'enveloppant de plus en plus dans l'humilité chrétienne, était heureuse au milieu de ses austérités, lorsqu'une grande et cruelle épreuve lui survint.

Son loyal et vaillant père, le prince de Condé, fort avancé en âge, tomba dangereusement malade.

Madame Louise, instruite du dangereux état de son père, fut vivement sollicitée de lui procurer la consolation de se rendre auprès de lui. Ce fut alors que son cœur filial ressentit toute la force du sacrifice religieux. Mais, ferme, inébranlable dans l'accomplissement de son devoir, elle répondit à ceux qui étaient venus la prier de se rendre au Palais-Bourbon : « Si le saint Père le pape m'en donnait l'ordre, en fille soumise de l'Église, j'obéirais ; mais jamais je ne demanderai une dispense qui puisse autoriser d'enfreindre la clôture. »

Pour que ses prières fussent mieux écoutées de Dieu, elle y joignit le mérite de son sacrifice filial. Prosternée devant l'autel, elle fit monter vers le souverain Maître de outes choses un parfum précieux qui se répandit en abondantes grâces dans l'âme du héros chrétien. Le noble et pieux chrétien répète jusqu'à son dernier souffle : *In te, Domine, speravi, non confundar in œternum.* Et lorsque le prêtre qui l'assiste à l'agonie lui demande : *Pardonnez-vous à tous ceux qui vous ont fait du mal ?* Il répondit : *Je suis assuré de mon salut, si Dieu me pardonne comme je leur pardonne.*

Et cependant, vous le savez, on lui avait ravi l'espoir, l'orgueil de sa maison par le jugement et l'acte sanglant de Vincennes ! Dans son délire, le prince de Condé, se soulevant par instant de dessus son oreiller et agitant son bras droit comme s'il brandissait encore sa vieille et bonne épée, demandait : *Ubi est bellum ? ubi est bellum ?* Ajoutant à ces mots : *Credo in Deum... credo in Deum.*

Dans sa retraite, la fondatrice et supérieure du monastère du Temple se faisait raconter chacun des instants, chacun des mots de son grand-père, et elle puisait une grande consolation dans une mort si édifiante et si chrétienne. Elle pleurait déjà moins, lorsque l'assassinat du duc de Berry vint tout à coup consterner la France et rouvrir la plaie encore saignante du meurtre du duc d'Enghien. Lors de ce nouveau crime, les princes habitants des Tuileries vinrent puiser auprès de la noble et sainte recluse de la force pour supporter un tel coup. La visite de Monsieur fut surtout déchirante. Madame Louise trouva des paroles à dire au père inconsolable. C'est tout près de la croix que naît et grandit le baume qui apaise le mieux les souffrances.

Nous avons déjà dit que Dieu s'était réservé en madame Louise de Condé une victime expiatoire. Elle ne devait donc éprouver ici-bas que des amertumes. Nous allons en avoir une preuve de plus. Le jour fixé pour la joyeuse cérémonie de la bénédiction des cloches de son monastère fut celui où l'on put se convaincre que sa santé déclinait à grands pas. Le roi Louis XVIII et madame la dauphine étaient parrain et marraine ; il y avait donc grand appareil de fête, et monseigneur de Quélen devait bénir le don royal. Pendant la matinée de cette belle journée, le 13 août 1823, la sainte prieure était radieuse de joie. Le soir, elle se trouva faible, et cependant elle se préparait à la grande fête de l'Assomption. La veille, elle avait fait une chute dans un escalier. Depuis lors, la révérende mère fut dans un état alarmant. La gravité de l'un des derniers bulletins décida madame la dauphine à affronter les cruelles émotions que lui faisait éprouver la vue du Temple. Ses chevaux étaient attelés à sa voiture ; le roi en fut instruit, et appréhendant ce qui pouvait en résulter pour la fille de Louis XVI, il le lui fit défendre. On doit regretter ce contre-ordre donné par le roi. Quel entretien que celui de ces deux princesses! la fille des martyrs et celle des Condé, la sainte des palais et la sainte des cloîtres! les deux *femmes fortes*, les deux chrétiennes résignées, éprouvées par nos longues tourmentes!

Madame la dauphine s'était fait une habitude d'obéir aux désirs comme aux ordres du chef de la famille royale; elle sacrifia donc cette dernière consolation qu'elle eût voulu procurer à une amie que son noble cœur avait toujours su apprécier.

Les maladies les plus cruelles ont des moments de relâche, la révérende mère prieure profitait de ces instants pour s'occuper encore de la communauté confiée à ses soins. C'était la tendre mère qui appelait ses enfants près de son lit. Un matin qu'elle était moins accablée du poids de cette lourde somnolence qui est comme l'apprentissage du sommeil de la tombe, une de ses jeunes religieuses mit sous ses yeux l'emblême d'une âme pure qui va prendre son essor vers la patrie des anges. C'était une image représentant une colombe blanche et sans tache portant une croix sur ses ailes déployées, tenant dans son bec un épi de blé, et laissant voir sur son blanc plumage quelques gouttes de sang. Les mots suivants étaient écrits au bas du petit tableau :

Chargée de sa croix, nourrie du froment des élus, lavée de son précieux sang, je vole à lui avec confiance.

La sainte supérieure arrêta pendant quelques instants ses regards sur cette mystique allégorie, un sourire d'approbation parut sur ses lèvres déjà pâles, et levant sa main droite elle la posa sur la tête de la jeune religieuse qui lui avait présenté son ouvrage. Ce fut, ici-bas, la dernière bénédiction que donna Louise Adélaïde de Bourbon-Condé, fondatrice et prieure du monastère du Temple ; comme sur l'image, comme la colombe immaculée son âme venait de prendre son vol vers les cieux.

Morte, elle fut exposée sur un lit d'honneur pendant plusieurs jours, la foule fut nombreuse et recueillie autour de sa dépouille mortelle. On faisait toucher des chapelets, des médailles, des images au corps de la sainte revêtu de la robe de l'ordre de l'Adoration perpétuelle. Louise-Adélaïde avait voulu les obsèques les plus humbles; le roi ne voulut point obéir à ce vœu de la recluse, et les honneurs dus aux membres de la famille royale lui furent rendus.

Son corps fut déposé dans un cercueil de plomb, puis, plus tard, sous un monument de marbre blanc, sur lequel on lisait cette inscription gravée en lettres d'or :

—†—

ICI REPOSE
LE CORPS DE LA TRÈS-RÉVÉRENDE MÈRE
MARIE-JOSEPH DE LA MISÉRICORDE,
LOUISE-ADÉLAÏDE DE BOURBON-CONDÉ,
FONDATRICE ET PRIEURE
DE CE MONASTÈRE DU TEMPLE,
LIEU D'EXPIATION, D'ÉTERNELLE MÉMOIRE.

SA FOI ET SON AMOUR LA SOUTINRENT DANS LE MALHEUR;
SA NAISSANCE RELEVA SON HUMILITÉ;
SON SACRIFICE CONSOLA LA RELIGION;

SON ZÈLE FIT ÉLEVER UN TEMPLE AU SEIGNEUR,
VICTIME ADORATRICE DU TRÈS-SAINT-SACREMENT,
SA VIE SE CONSOMMA DANS CE SAINT EXERCICE.
ELLE DÉCÉDA DANS LA SOIXANTE-SEPTIÈME ANNÉE DE SON AGE, DANS LA
VINGT-DEUXIÈME DE SA PROFESSION, DANS LA HUITIÈME DE LA
FONDATION DE CE MONASTÈRE DES BÉNÉDICTINES DE
L'ADORATION PERPÉTUELLE,
LE X MARS M.DCCC.XXIV.

Nous savons tous par triste expérience que, lorsqu'un être aimé et digne de regrets vient de nous être enlevé par la mort, une de nos meilleures consolations, c'est de parler des qualités et des vertus de celui ou de celle qui a passé sous nos yeux, au milieu de nos larmes, de vie à trépas; dans le cercle de famille, chacun s'empresse de raconter quelques faits, de redire quelques belles paroles du trépassé descendu dans la tombe. Dans une communauté, il en est de même, et sous les voûtes du cloître, on s'édifie en se communiquant tout ce que l'on sait sur celui ou sur celle qui vient de partir.

De Louise-Adélaïde de Bourbon-Condé, de la révérende mère Marie-Joseph de la Miséricorde, on rappelait bien des choses propres à élever l'âme et à faire aimer Dieu et le roi.

Voici la prière que la tante du jeune et vaillant duc d'Enghien adressait chaque jour au Dieu des miséricordes :

PRIÈRE POUR LE REPOS D'UNE AME VICTIME DE LA VERTU
ET DE L'HONNEUR.

« Qui est semblable à Dieu, et qui peut entreprendre de juger ses vues adorables? C'est en m'y soumettant, Seigneur, que je viens vous conjurer de faire miséricorde à l'âme de Louis-Antoine. Daignez lui pardonner les fautes de sa jeunesse et vous souvenir du sang précieux de Jésus-Christ répandu pour tous les hommes, et avoir égard à la manière cruelle dont on a versé le sien. L'infortuné pour qui je réclame votre clémence, la gloire et le malheur, telle a été sa carrière. Mais ce que nous appelons la gloire est-elle un titre à vos yeux? Cependant, Seigneur, elle n'est pas non plus un démérite devant vous, quand elle a pour base l'honneur véritable toujours inséparable du dévouement à quelques devoirs. Vous le savez, Seigneur, ceux qu'il a si bien remplis, mais pour ceux auxquels il a pu manquer, que le malheur dont enfin il a été victime en soit la réparation, en soit la seule expiation. Encore une fois, Seigneur, faites miséricorde à son âme pour laquelle je vous offre mes vœux les plus ardents. Ecoutez-les, ainsi que tous ceux qu'on vous offre et qu'on vous offrira. Miséricorde! mon Dieu, miséricorde! Prosternée la face contre terre, tel a été mon cri prolongé aux premiers instants de ma douleur. Ah! je le renouvellerai sans cesse! Puissent les cœurs qui y sont si vivement intéressés, pousser le même cri. Ce cri, qui monte jusqu'à vous, inspirez-leur, ô mon Dieu, de vous le faire entendre. O jeune infortuné! intéressante victime! j'ai lieu d'espérer qu'à vos derniers moments votre foi et votre religion se sont renouvelées; vous l'avez témoigné, grâces en soient rendus à notre Dieu, c'était un commencement de votre miséricorde que j'implore et espère, par Jésus-Christ Notre-Seigneur. Ainsi soit-il! »

De Profundis, salve Regina.

La pieuse tante de monseigneur le duc d'Enghien, ajoutait toujours à cette prière un *de Profundis* pour le repos de l'âme de Napoléon Bonaparte.

Voici une lettre adressée à Louise-Adélaïde Bourbon-Condé par une jeune et belle reine de Prusse, qui, elle aussi, avait connu les mauvais jours.

« Charlottembourg, ce 14 août 1801.

« Madame,

« La confiance de votre altesse royale dans tous les temps
« m'eût flattée, combien, dans des circonstances aussi dou-
« loureuses, un vœu, qui par sa nature même les atteste,
« a-t-il dû exciter ma sensibilité? Votre altesse royale veut,
« dans une retraite profonde, pleurer ses pertes, ou plutôt
« s'étudier à ne les pleurer plus. Le roi laisse à votre choix
« cette consolation, et vient à ma prière d'intimer son aveu
« au ministre de la province. Madame de la Rosière est
« comprise dans les ordres que M. de Wols a reçus à cette
« occasion. Il est bien juste qu'au moins vous puissiez dé-
« poser vos peines dans le sein de l'amitié.

« Veuillez, madame, dans mon empressement à répondre
« à votre attente, voir l'expression de la parfaite estime
« avec laquelle je suis,

« de votre altesse royale,

« la très-affectionnée cousine,

« Louise. »

J'ai consacré plusieurs pages à ce monastère du Temple, pour répondre à bien des gens qui accusent la Restauration de n'avoir pas assez rendu de respects et d'honneurs à la mémoire des martyrs de la famille royale. Pour honorer ce qui mérite de l'être, pour faire vivre dans la mémoire des hommes les saints, les héros, les savants et les rois, il y a différents genres d'hommages, il y en a de profanes et de sacrés. Aujourd'hui nous voyons de toutes parts, dans les hameaux comme dans les villes, voter et élever des statues aux illustrations des différentes provinces ; la garde en est confiée à *la gratitude nationale*, à la police ou au garde-champêtre. On devine tout de suite quelle sera dans la mémoire du peuple *l'immortalité* des personnages ainsi récompensés. Quelques années encore, et de leur mémoire il ne restera plus rien.

Il n'en sera pas de même du monument élevé et consacré par le catholicisme, car lui veut autre chose qu'une vaine gloire pour le juste, pour le saint qu'il veut honorer. A ce monastère du Temple il y avait autre chose que de la pierre sculptée et de l'architecture, autre chose que de la matière. Là des prières, des services mortuaires, des jeûnes, des mortifications et de saints sacrifices offerts chaque jour pour le rachat des âmes. Les fils de saint Louis, ayant foi en ce que l'Eglise enseigne, avaient voulu, sur l'emplacement de la prison du Temple, élever un monument utile aux morts comme aux vivants, un monument de délivrance ! Et n'était-ce pas une noble et touchante pensée que celle d'avoir fixé, attaché par ses vœux Louise-Adélaïde de Bourbon-Condé sur cette terre encore humide du sang des siens, pour y prier la nuit, pour y prier le jour en expiation des crimes de la révolution ? Aujourd'hui il ne reste rien de la partie matérielle du monastère où la princesse a vécu sept ans avant de prendre son essor vers le ciel. Mais, s'il existe encore quelques-unes *des Bénédictines de l'Adoration perpétuelle du Saint-Sacrement*, elles prient toujours, pour que le Seigneur des seigneurs, que le Roi des rois, fasse miséricorde à la France. Après ces saintes filles, l'ordre religieux fondé par Louise-Adélaïde de Bourbon-Condé subsistera toujours; les choses de Dieu durent plus que celles des hommes, et nous voyons tout ce qui monte vers le ciel en faire descendre la miséricorde.

Espérons donc que le monument qui doit être érigé *là où fut le Temple* aura un caractère et un but catholique et expiatoire. Le régicide est un crime si énorme qu'il faut des siècles avant que la nation qui l'a commis soit pardonnée!

FIN.

TABLE.

	Pages.
Souvenirs historiques.	1
Le palais des Thermes et l'Abbaye de Saint-Germain-des-Prés.	7
Abbaye de Saint-Denis, sépulture des rois très-chrétiens.	47
Tombeau de Nanthilde.	136
Tombeau de François Ier.	136
Reine Anne de Bretagne.	138
Tombeau de Henri II, dit des Valois.	139
La Sainte-Chapelle.	159
La Conciergerie. — Le Palais-de-Justice.	195
Le Louvre.	217
Le Temple.	357

FIN DE LA TABLE.

PARIS. — IMPRIMERIE DE POMMERET ET MOREAU,
17, quai des Grands-Augustins.

Paris. — Imprimerie de POMMERET et MOREAU, quai des Grands-Augustins, 17.